U0534557

A LIBRARY OF DOCTORAL DISSERTATIONS IN SOCIAL SCIENCES IN CHINA

中国社会科学博士论文文库

# 唐代幽州地区的佛教与社会

Buddhism and Society in Youzhou Area in the Tang Dynasty

尤 李 著

导师 王小甫

中国社会科学出版社

## 图书在版编目（CIP）数据

唐代幽州地区的佛教与社会／尤李著 .—北京：中国社会科学出版社，2019.8

（中国社会科学博士论文文库）

ISBN 978－7－5203－4869－0

Ⅰ.①唐… Ⅱ.①尤… Ⅲ.①佛教史—研究—北京—唐代 Ⅳ.①B949.2

中国版本图书馆 CIP 数据核字（2019）第 167569 号

| 出版人 | 赵剑英 |
|---|---|
| 责任编辑 | 郭　鹏 |
| 责任校对 | 刘　俊 |
| 责任印制 | 李寡寡 |

| 出　版 | 中国社会科学出版社 |
|---|---|
| 社　址 | 北京鼓楼西大街甲 158 号 |
| 邮　编 | 100720 |
| 网　址 | http://www.csspw.cn |
| 发行部 | 010－84083685 |
| 门市部 | 010－84029450 |
| 经　销 | 新华书店及其他书店 |

| 印　刷 | 北京明恒达印务有限公司 |
|---|---|
| 装　订 | 廊坊市广阳区广增装订厂 |
| 版　次 | 2019 年 8 月第 1 版 |
| 印　次 | 2019 年 8 月第 1 次印刷 |

| 开　本 | 710×1000　1/16 |
|---|---|
| 印　张 | 25.25 |
| 字　数 | 410 千字 |
| 定　价 | 128.00 元 |

凡购买中国社会科学出版社图书，如有质量问题请与本社营销中心联系调换
电话：010－84083683
**版权所有　侵权必究**

# 《中国社会科学博士论文文库》
# 编辑委员会

主　　任：李铁映
副 主 任：汝　信　江蓝生　陈佳贵
委　　员：（按姓氏笔画为序）
　　　　　王洛林　王家福　王缉思
　　　　　冯广裕　任继愈　江蓝生
　　　　　汝　信　刘庆柱　刘树成
　　　　　李茂生　李铁映　杨　义
　　　　　何秉孟　邹东涛　余永定
　　　　　沈家煊　张树相　陈佳贵
　　　　　陈祖武　武　寅　郝时远
　　　　　信春鹰　黄宝生　黄浩涛
总 编 辑：赵剑英
学术秘书：冯广裕

# 总　序

　　在胡绳同志倡导和主持下，中国社会科学院组成编委会，从全国每年毕业并通过答辩的社会科学博士论文中遴选优秀者纳入《中国社会科学博士论文文库》，由中国社会科学出版社正式出版，这项工作已持续了12年。这12年所出版的论文，代表了这一时期中国社会科学各学科博士学位论文水平，较好地实现了本文库编辑出版的初衷。

　　编辑出版博士文库，既是培养社会科学各学科学术带头人的有效举措，又是一种重要的文化积累，很有意义。在到中国社会科学院之前，我就曾饶有兴趣地看过文库中的部分论文，到社科院以后，也一直关注和支持文库的出版。新旧世纪之交，原编委会主任胡绳同志仙逝，社科院希望我主持文库编委会的工作，我同意了。社会科学博士都是青年社会科学研究人员，青年是国家的未来，青年社科学者是我们社会科学的未来，我们有责任支持他们更快地成长。

　　每一个时代总有属于它们自己的问题，"问题就是时代的声音"（马克思语）。坚持理论联系实际，注意研究带全局性的战略问题，是我们党的优良传统。我希望包括博士在内的青年社会科学工作者继承和发扬这一优良传统，密切关注、深入研究21世纪初中国面临的重大时代问题。离开了时代性，脱离了社会潮流，社会科学研究的价值就要受到影响。我是鼓励青年人成名成家的，这是党的需要，国家的需要，人民的需要。但问题在于，什么是名呢？名，就是他的价值得到了社会的承认。如果没有得到社会、人民的承认，他的价值又表现在哪里呢？所以说，价值就在于对社会重大问题的回答和解决。一旦回答了时代性的重大问题，就必然会对社会产生巨大而深刻的影响，你也因此而实现了你的价值。在这方面年轻的博士有很大的优势：精力旺盛，思想敏捷，勤于学习，勇于创新。但青年学者要多向老一辈学者学习，博士尤其要很好地向导师学习，在导师的指导下，发挥自己的优势，研究重大问题，就有可能出好的成果，实现自己的价值。过去12年入选文库的论文，也说明了这一点。

什么是当前时代的重大问题呢？纵观当今世界，无外乎两种社会制度，一种是资本主义制度，一种是社会主义制度。所有的世界观问题、政治问题、理论问题都离不开对这两大制度的基本看法。对于社会主义，马克思主义者和资本主义世界的学者都有很多的研究和论述；对于资本主义，马克思主义者和资本主义世界的学者也有过很多研究和论述。面对这些众说纷纭的思潮和学说，我们应该如何认识？从基本倾向看，资本主义国家的学者、政治家论证的是资本主义的合理性和长期存在的"必然性"；中国的马克思主义者，中国的社会科学工作者，当然要向世界、向社会讲清楚，中国坚持走自己的路一定能实现现代化，中华民族一定能通过社会主义来实现全面的振兴。中国的问题只能由中国人用自己的理论来解决，让外国人来解决中国的问题，是行不通的。也许有的同志会说，马克思主义也是外来的。但是，要知道，马克思主义只是在中国化了以后才解决中国的问题的。如果没有马克思主义的普遍原理与中国革命和建设的实际相结合而形成的毛泽东思想、邓小平理论，马克思主义同样不能解决中国的问题。教条主义是不行的，东教条不行，西教条也不行，什么教条都不行。把学问、理论当教条，本身就是反科学的。

在21世纪，人类所面对的最重大的问题仍然是两大制度问题：这两大制度的前途、命运如何？资本主义会如何变化？社会主义怎么发展？中国特色的社会主义怎么发展？中国学者无论是研究资本主义，还是研究社会主义，最终总是要落脚到解决中国的现实与未来问题。我看中国的未来就是如何保持长期的稳定和发展。只要能长期稳定，就能长期发展；只要能长期发展，中国的社会主义现代化就能实现。

什么是21世纪的重大理论问题？我看还是马克思主义的发展问

题。我们的理论是为中国的发展服务的,绝不是相反。解决中国问题的关键,取决于我们能否更好地坚持和发展马克思主义,特别是发展马克思主义。不能发展马克思主义也就不能坚持马克思主义。一切不发展的、僵化的东西都是坚持不住的,也不可能坚持住。坚持马克思主义,就是要随着实践,随着社会、经济各方面的发展,不断地发展马克思主义。马克思主义没有穷尽真理,也没有包揽一切答案。它所提供给我们的,更多的是认识世界、改造世界的世界观、方法论、价值观,是立场,是方法。我们必须学会运用科学的世界观来认识社会的发展,在实践中不断地丰富和发展马克思主义,只有发展马克思主义才能真正坚持马克思主义。我们年轻的社会科学博士们要以坚持和发展马克思主义为己任,在这方面多出精品力作。我们将优先出版这种成果。

2001 年 8 月 8 日于北戴河

# 摘　　要

　　唐代佛教的蓬勃发展和深刻变化向为学界所瞩目。幽州地域位于唐朝的东北边疆，佛教十分盛行，因自然环境、社会条件和族群关系等原因，呈现出独有的特征。本书以唐代幽州地区佛教与社会的独特历史走向作为研究对象，在长时段背景下考察其演变和发展趋势。

　　唐代的幽州地域位于农耕与游牧文化交界处，是各族群频繁交流之地和东北边防重镇。居民成份相当复杂，胡汉混居。战争频繁，沾染胡化之风。幽州镇在东北族群与中原王朝之间发挥着桥梁和纽带作用。契丹和奚常常通过幽州镇与唐中央政府打交道。"情报战"也是两蕃和幽州镇之间特殊的文化交流和互动方式。唐代幽州地域不仅拥有举世闻名的房山刻经事业，还分布着大量佛寺。作为河北北部中心城市的幽州城及其所辖县乃整个幽州地域佛寺分布最为密集的区域，其次是北方地区禅宗的重要基地——蓟州。

　　唐廷针对幽州地区，在释、道两方面皆作出努力，某些政策得到贯彻执行，而在某些方面对宗教事务的干预程度又十分有限。安史之乱后，河朔藩镇割据，朝廷仍然通过佛教维持与幽州地区的联系。唐廷介入幽州宗教事务，跟它与幽州地方势力博弈、东北族群关系以及东北亚政局的演变息息相关。唐廷在此地推广道教失利，而参与佛教事务却取得成功。

　　幽州地区系安史集团的大本营。粟特胡人安禄山、史思明谈不上钻研佛学奥义，却热衷于做佛教功德，以安抚和团结幽州地区的汉人和汉化之胡人。本书着重选取史思明所立《悯忠寺宝塔颂》，对比密教经典《无垢净光大陀罗尼经》分析其宗教涵义。在安史叛乱期间，十一面观世音的化身——僧伽的信仰，在幽州地区一度流行。这是幽州军事集团用以激励士气的方式，充分体现出宗教信仰强大的精神感召力和动员能力。

在唐后期，幽州卢龙节度使所代表的地方利益集团大力支持房山石经等佛教事业。在这一过程中，当地官僚、文士、僧人和民众达成协作。无论是汉人节度使还是已经胡化的节度使，都借助佛教活动来营造祥和的社会氛围，扩大和夯实统治根基。从佛教题名能够窥知幽州卢龙节度使的兼官和官衔之升迁过程。此系中央政府与幽州卢龙镇的统治关系的象征。在幽州卢龙镇，支郡长官掌握行政、军事和监察权，又与节度使或牙兵存在"裙带"关系。支州兵马亦能影响当地权力格局。支郡官员也常常参加刻经活动，或者与牙兵共同为节度使造经。这是强化内部政治结构、凝聚幽州军事集团的重要手段。在唐后期，幽州当地优越的经济条件为精深佛学研究的延续和佛教事业的持续繁荣提供了必要的物质基础。尽管唐后期的幽州卢龙镇带有明显的胡化特征，但当地强势的佛教文化仍然影响到各阶层、各族群人士。汉文化因子依然在当地宗教活动和政治生态中扮演着重要角色。

本书通过考察《大唐云居寺故寺主律大德神道碑铭并序》（简称《真性大德神道碑》），拓展分析了安史之乱和会昌法难对唐幽州佛教的影响，揭示出中晚唐幽州卢龙镇佛教之特性。幽州地区律宗繁盛，出现学问修行皆非常高的代表人物真性大德。安史之乱对北方佛教造成巨大冲击，但是云居寺在战乱后仍很兴盛，得到众多富裕施主的供养。中晚唐以降，朝廷屡次下诏禁止私度僧尼。可是，幽州卢龙节度使却毫无顾忌地在自己的辖区内邀请高僧开设戒坛度僧。这与安史之乱后，幽州卢龙镇在政治、军事和经济方面俨然成为"独立王国"密切相关。幽州卢龙镇与唐廷在政治上存在隔阂和争斗，但是这并不影响幽州与长安在佛教文化方面的互动。在会昌毁佛期间，幽州地区受自然条件、手工业门类限制，佛教功德事业受到影响，与河东地区的佛教文化交流暂时受阻。

在幽州地域，禅宗所重视的典籍《金刚经》及其注疏通过刊刻石经的方式被反复生产、复制，向公众传播。石经中出现来自长安、洛阳的《金刚经》注疏，说明幽州地域的禅宗受到两京的影响。唐代社会还流传关于《金刚经》和幽州地域的灵验传说。在安史之乱后，幽州地域的云居寺流行北宗禅。幽州地区的盘山乃北方重要的禅宗基地，有著名禅僧在此活动。尽管后出的禅宗典籍将它描绘为马祖道的天下，但是较早的石刻和敦煌文书所描述的盘山佛教却不是这幅景象。显然，中唐时期马祖道已经渗入盘山的说法，是被后出的禅籍描述和建构出来的。在契丹统治之下，原幽州地域禅宗的发展遭受挫折，但在盘山地区依旧保留有根据地。孔存奖本为幽州人，后来拜临济义玄为师，至魏博镇大力弘法、开悟士众，被视为"当世如来"。此体现出同为河朔藩镇的幽州卢龙镇与魏博镇在精神文化方面存在竞争。

辽代的佛教深受唐幽州佛教之影响。中晚唐幽州地域流行的大众文化佛诞日巡礼、起佛名、佛号的习俗以及佛顶尊胜陀罗尼信仰，至辽朝均影响到契丹贵族。就辽代佛教文化来讲，阳春白雪和下里巴人之间其实并无泾渭分明的界限，精英和民众之间互动频繁，不少信仰为各阶层人士所共有。辽代密教的来源非常复杂。它不仅继承了唐密，也含有杂密和直接源于印度的因素。杂密经典《无垢净光大陀罗尼经》和《佛顶尊胜陀罗尼经》盛行于辽朝社会各族群、各阶层中。在实践中，这两部经典还与《妙法莲华经》合流，出现大量的无垢净光舍利塔和佛顶尊胜塔幢。这些佛教艺术品形制各异，深受唐幽州佛教的影响。来自中天竺摩揭陀国的契丹国师慈贤译出不少密教经典，辽代社会流行梵字陀罗尼经幢，官方还设有研习梵文的机构。

概言之，在唐朝，幽州地区的佛教与社会在一个特殊的文化地理区域经历了独特的发展轨迹。此深刻影响着辽朝的文化面貌。中晚唐汉族文化精英斥为"胡化"（"非主流"、"非正统"）的幽州地区，在契丹的统治之下，却成为汉文化的中心，并且为契丹人的汉化提供了重要资源。

**关键词**　唐朝　幽州　卢龙镇　佛教　辽朝

# Abstract

    Scholars always attach importance to the prosperous development and dramatic changes of Buddhism in the *Tang* Dynasty. Buddhism in *Youzhou*, northeastern boundary of the *Tang* empire, was in vogue, and demonstrated its special features because of its natural environment, social conditions and ethnic relations. The book focuses on Buddhism and Society in *Youzhou* area in the *Tang* Dynasty, and its special trajectory, change and trend over a long period.

    *Youzhou* in the *Tang* Dynasty was a special geographic and cultural zone. It was a boundary of agricultural and nomadic cultures. Many ethnic groups frequently communicated in this district. Also, *Youzhou* was a garrison post of northeastern boundary. Its population composition was very complicated. Many kinds of people lived in the zone, including Han-Chinese and ethnic groups. Wars occurred frequently and people in *Youzhou* were influenced by ethnic culture. *Youzhou* acted the role of a bridge and tie between China Proper and northeastern ethnic groups. *Khitan* (契丹) and *Xi* (奚) contacted the central government of the *Tang* Dynasty through *Youzhou* government. Information war was also a special means of cultural association and mutual communication between *Liangfan* (两蕃) and *Youzhou* province. There were worldly famous *Fangshan Stone Sutras* and a great number of Buddhist temples. The densest distribution of temples was *Youzhou*, the central city in the northern area of *Hebei*, and its subordinate counties. The second densest distribution was *Jizhou*, an important base of *Chan* sect in north China.

    *Tang* central government made its efforts in Buddhist and Taoist affairs in *Youzhou* district. Some of its policies were implemented, but the central government intervened in some religious affairs limitedly. After Rebellion of An Lushan and Shi Siming, *Hebei* area was independent. However, the central government still contacted *Youzhou* area by means of Buddhism. The participation of the central government was closely related to the relationship between the central government and *Youzhou*, the government and northeastern ethnic groups, and the political situations in *Northeastern Asia*. *Tang* central government failed in spreading Taoism in *Youzhou*, but succeeded in participating in Buddhist affairs.

*Youzhou* zone was the headquarter of *An Lushan* and *Shi Siming* bloc. Though *An Lushan* and *Shi Siming* were Sogdians and did not research Buddhism, they were enthusiastic about doing Buddhist merits in order to comfort and unite Han-Chinese or some non-Chinese who had accepted Chinese culture in this district. The book focuses on analyzing the religious meaning of t *the Song of the pagoda of Minzhong Temple* according to *Wu gou jing guang Da Dharani Scripture*. During the period of *An Lushan and Shi Siming Rebellion*, *Sangha*, the belief of the embodiment of *Eleven faced Avalokitesvara*, was fashionable in *Youzhou*. *Youzhou* military group used it to encourage their spirits. This phenomenon fully demonstrated strongly spiritual and motivational power of religion.

In the later part of the *Tang*, local interests groups whose representatives were provincial governors zealously supported carving *Fangshan Stone Sutras* and other Buddhist affairs. During this process, local officials, cultural elites, Buddhists and the common people cooperated each other. Whether Han-Chinese governors of *Youzhou-Lulong* province or *Hu* governors drew support from Buddhism to construct kind social atmosphere and enlarge and solid rule foundation. From names of Buddhism inscriptions, we can find out *Youzhou-Lulong* province governors' chief titles and their promotion process. This was a symbol of central government ruling *Youzhou-Lulong* province. Commanding officers of subordinate counties in *You-Lulong* province charged administrative, military and supervising affairs, and had relative or fake-relative links with their provincial governors or bodyguards. The military power of subordinate counties also influenced political structure. Commanding officers of subordinate counties often took part in *carving Fangshan Stone Sutras*, too. They also carved *Stone Sutras* with bodyguards for their provincial governors. This was a significant way of intensifying their political fabric and condensing *Youzhou* bloc. All walks of life in *Youzhou* participated in Buddhist affairs, which was not separated from prosperous economic situation in this area. This provided necessary material conditions for the successive development of profound Buddhist research and the successive prosperity of Buddhist cause. In the later part of the *Tang*, *Youzhou-LuLong* province had obvious *Hu* culture characteristics. However, mighty Buddhist culture still impacted all social levels and ethnic groups. All the same, Chinese culture played an significant role in local religious activities and political ecology.

The book investigates died abbot and discipline noble monk's tombstone in *Yunju* Temple in Da *Tang* (abbreviated as *Zhenxing* monk's inscription), and analyzes the influence of *An Lushan and Shi Siming Rebellion* and *Huichang Calamity* on Buddhism in *Youzhou* in the *Tang* Dynasty based on the inscription. Then the work discovers Buddhist characteristics in *Youzhou-Lulong* province in the middle and late *Tang*. Vinaya sect (律宗) prospered in *Youzhou* zone. *Zhenxing* monk, having broad knowledge and eminent practice, was a representative. Although *An Lushan and Shi Siming Rebellion* greatly shocked Buddhism in north China, *Yunju* temple supported by the rich was still flourishing after this rebellion. In the middle and late *Tang*, the central government frequently promulgated imperial edicts to ban issuing clerical certificates. However, *Youzhou-Lulong* province governors invited eminent monks who organized clerical certificates under their jurisdiction without any worry because *Youzhou-Lulong* province had become an independent kingdom in political, military and economical aspects after *An Lushan and Shi Siming Rebellion*. The political estrangements and conflicts between *Youzhou-Lulong* province and the central government did not affect the mutual communication between *Youzhou* and *Chang'an* (长安) in Buddhism. During the period of *Huichang suppression*, some Buddhist merits were impeded in *Youzhou* area because of the limitation of its natural environment and industrial types. Meanwhile, the Buddhist communication between *Youzhou* and *Hedong* zones was temporally obstructed.

In *Youzhou* district, *Diamond Sutra*-an important cannon for *Chan* sect-and its commentaries were repeatedly copied and widely disseminated by means of inscribing stone sutras. Some editions of *Diamond Sutra* and its commentaries in *Fangshan Stone Sutras* from *Changan* and *Luoyang*, which implied *Chan* sect in *Youzhou* area were affected from these two capitals. Miraculous tales about *Diamond Sutra* and *Youzhou* region spread in *Tang* society. Northern *Chan* sect was prevalent in *Yunju* temple after *An Lushan and Shi Siming Rebellion*. *Pan Mountain* in *Youzhou* zone was a significant base of *Chan* sect in north China. Some eminent *Chan* monks went in for religious activities in this district. Although late *Chan* Sutras described it as the base of *Mazu dao*, its Buddhism situation recorded by earlier inscriptions and *Dunhuang* manuscripts was not like that. Obviously, the argument that *Mazu dao* had permeated through *Pan Mountain* in middle *Tang* was described and constructed by late *Chan* documents. Under the rule of *Khitan*, the development of *Chan* sect in *Youzhou* area encountered setbacks. Nevertheless, it remained a base in *Pan Mountain*. *Kong CunJiang*, *Lin ji yi xuan*'s disciple, was a native figure in *Youzhou* district. However, he vigorously disseminated Buddhism and enlightened local people in *Weibo* province. Moreover, he was regarded as contemporary Buddha. This indicated the cultural contest between *Youzhou-Lulong* and *Weibo* provinces.

Buddhism in *Youzhou* area in the *Tang* Dynasty had a great influence on Buddhism in the *Liao* Dynasty. Some popular culture, such as tours on Buddha's birthday, Buddhist names, and *Fo ding zun sheng Dharani* beliefs, which was current in *Youzhou* district in the middle and late *Tang* affected *Khitan* aristocrats. For the *Liao* Buddhist culture, elite and the populace had no clear dividing line. Their mutual communication was frequent and they had common religion. The origins of *Tantric* in the *Liao* society were very complicated. It not only succeeded in *Tang Tantric*, but also included *miscellaneous Tantric* and *Indian Tantric*. *Wu gou jing guang Da Dharani Scripture* and *Fo ding zun sheng Dharani Scripture* as *miscellaneous Tantric* scriptures greatly influenced all social levels and ethnic groups in the *Liao* society. In practice, these two sutras were closely linked to *Lotus Sūtra*. Many *Wu gou jing guang sheli* stupas and *Fo ding zun sheng* dharani pillars and stupas mushroomed. Their various designs and styles were dramatically affected by those of *Youzhou* area Buddhism. *Cix-*

ian, emperor's advisor in the *Liao* Dynasty, came from *Mo jie tuo*, and translated many *Tantric* sutras into Chinese. *Sanskrit Tuoluoni* towers were prevalent in the *Liao* society. *Liao* government set up a special institution to study *Sanskrit*.

To sum up, Buddhismand society in *Youzhou* area in the *Tang* Dynasty, a special geographic and cultural zone, experienced a special trajectory, which greatly influenced *Liao* culture. In the middle and late *Tang*, *Youzhou* religion called a non-Chinese district by Han elite became the center of Han-Chinese culture under the rule of *Khitan*. Also it provided major Chinese resources for *Khitan* ethnic groups' assimilation.

**Key words**: *Tang* Dynasty; *Youzhou*; *Lulong* province; Buddhism; *Liao* Dynasty

# 目 录

**前 言** ………………………………………………………………（1）
  第一节  选题缘起、研究方法与资料运用 ………………………（1）
    一  选题缘起 ………………………………………………（1）
    二  研究方法 ………………………………………………（5）
    三  资料运用 ………………………………………………（8）
  第二节  研究文献综述 ……………………………………………（11）
    一  幽州地域的佛寺 ………………………………………（11）
    二  中央政府参与幽州地区的佛教活动 …………………（12）
    三  房山石经 ………………………………………………（14）
    四  幽州地方势力与佛教 …………………………………（18）
    五  "安史之乱"、"会昌法难"与幽州地区的佛教 ………（21）
    六  唐幽州佛教对辽代佛教的影响 ………………………（24）

**第一章  唐代幽州地区的文化面貌及寺院分布** ……………………（27）
  第一节  唐代幽州地域的文化特征 ………………………………（27）
    一  幽州——胡汉文化交融之地 …………………………（28）
    二  幽州——胡汉沟通的桥梁 ……………………………（37）
  第二节  唐代幽州地域的佛寺及其分布 …………………………（42）
    一  幽州（范阳郡）的寺院（按首字汉语拼音排序） ………（42）
    二  幽州大都督府或节度使辖区支州的寺院 ……………（62）
    三  位置不详、待考的佛寺 ………………………………（72）
  本章小结 ………………………………………………………（72）

## 第二章　唐廷对幽州地区宗教事务的介入 …………………… (75)
### 第一节　唐廷在幽州地区的佛教活动 ……………………… (75)
　　一　唐太宗在幽州地域的佛教活动 ……………………… (75)
　　二　武则天在幽州地区的佛教活动 ……………………… (78)
　　三　唐廷参与幽州地域佛教事务的高潮——
　　　　唐玄宗时代 …………………………………………… (81)
　　四　三阶教在幽州地区的传布 …………………………… (85)
　　五　"安史之乱"后唐廷对幽州地域佛教事务的参与 …… (87)
### 第二节　唐廷在幽州地域推广道教"流产" ………………… (89)
　　一　幽州城的天长观 ……………………………………… (90)
　　二　幽州良乡县的投龙仪式 ……………………………… (93)
### 本章小结 ……………………………………………………… (95)

## 第三章　安史集团与佛教 ……………………………………… (97)
### 第一节　安禄山和佛教 ……………………………………… (99)
### 第二节　史思明的佛教活动 ………………………………… (100)
　　一　《悯忠寺宝塔颂》及其相关问题 …………………… (100)
　　二　史思明的其他崇佛之举 ……………………………… (115)
### 第三节　十一面观世音及僧伽信仰的兴起 ………………… (118)
　　一　僧伽之事迹及神力 …………………………………… (120)
　　二　十一面观世音及僧伽信仰在幽州地区的流传 ……… (124)
### 本章小结 ……………………………………………………… (126)

## 第四章　唐后期幽州卢龙镇的佛教与社会 …………………… (128)
### 第一节　佛教与幽州地方权力结构 ………………………… (129)
　　一　幽州卢龙节度使的佛教活动及其权力基础 ………… (129)
　　二　幽州卢龙节度使的兼官 ……………………………… (184)
　　三　支郡兵的力量 ………………………………………… (187)
### 第二节　幽州卢龙镇佛教活动的经济基础 ………………… (192)
### 本章小结 ……………………………………………………… (197)

## 第五章 "安史之乱"和"会昌法难"对幽州佛教的影响
### ——以《大唐云居寺故寺主律大德神道碑铭并序》为中心 …………（201）
#### 第一节 安史乱后的幽州佛教 …………（203）
一 真性大德的律行和中晚唐幽州地区的律宗 …………（203）
二 中晚唐幽州佛教发展的物质条件 …………（207）
三 戒坛和度牒 …………（210）
四 幽州与长安佛教的互动 …………（215）
#### 第二节 "会昌法难"对幽州佛教的影响 …………（218）
一 会昌毁法对幽州佛教功德事业的冲击 …………（220）
二 "会昌法难"阻碍幽州与河东地区的佛教文化交流 …………（227）
#### 本章小结 …………（231）

## 第六章 唐代幽州地域禅宗的发展与传布 …………（233）
### 第一节 房山石经本《金刚经》及其相关问题 …………（233）
一 房山石经本《金刚经》及注疏的刊刻情况 …………（235）
二 房山石经本《金刚经》与唐幽州地域佛教 …………（238）
三 《金刚经》与幽州兵的灵验故事 …………（244）
### 第二节 中晚唐幽州地域禅宗的发展轨迹 …………（245）
一 云居寺与北宗禅 …………（247）
二 敦煌文书反映的盘山佛教 …………（249）
三 晚唐、五代和辽代碑刻所见之盘山佛教 …………（252）
四 禅门文献描述的盘山佛教 …………（256）
五 余论：政权更迭对唐幽州地域禅宗的影响 …………（259）
### 第三节 临济禅与幽州地域佛教 …………（261）
一 从《魏州故禅大德奖公塔碑》看奖公的求法历程 …………（261）
二 奖公与魏博镇 …………（264）
三 禅宗典籍的记载 …………（268）
### 本章小结 …………（271）

## 第七章 唐幽州佛教对辽代佛教的影响 …………（274）
### 第一节 唐幽州佛俗对辽朝社会的影响 …………（275）

一　佛诞日巡礼活动 …………………………………………（275）
　　二　佛名、佛号的流行 ………………………………………（280）
　　三　佛顶尊胜陀罗尼信仰的传布 ……………………………（287）
第二节　辽代密教的来源 ………………………………………（290）
　　一　《无垢净光大陀罗尼经》与《法华经》的交融 …………（291）
　　二　《佛顶尊胜陀罗尼经》和《法华经》的合流 ……………（304）
　　三　塔幢的形制及装饰 ………………………………………（321）
　　四　直接来自印度的密教 ……………………………………（325）
本章小结 …………………………………………………………（330）

**结　论** ……………………………………………………………（333）

**附录一　论唐前期幽州地域羁縻州的佛教活动** …………………（335）

**附录二　安史集团与度牒** …………………………………………（345）

**参考文献** …………………………………………………………（347）

**索　引** ……………………………………………………………（367）

**后　记** ……………………………………………………………（374）

# Contents

0 **Introduction** (1)
   0.1  Selected topic origins, research methods and material applications (1)
      0.1.1  Selected topic origins (1)
      0.1.2  Research methods (5)
      0.1.3  Material applications (8)
   0.2  Research document summary (11)
      0.2.1  Buddhist temples in Youzhou region (11)
      0.2.2  Central government participated in Buddhist activities in Youzhou (12)
      0.2.3  Buddhist classics engraved on stone tablets in Fangshan (14)
      0.2.4  Local power in Youzhou and Buddhism (18)
      0.2.5  An Lushan and Shi Siming Rebellion, Huichang Calamity and Buddhism in Youzhou (21)
      0.2.6  The influence of Buddhism in Youzhou in the Tang Dynasty on Buddhism in the Liao Dynasty (24)

1 **Cultural characteristics and Buddhist temple distributions in Youzhou in the Tang Dynasty** (27)
   1.1  Cultural characteristics in Youzhou in the Tang Dynasty (27)
      1.1.1  Youzhou——the district of cultural integration of Hu and Han (28)

        1.1.2  Youzhou——the bridge of connection of Hu and Han ............................................................. (37)

  1.2  Buddhist temples in Youzhou in the Tang Dynasty and their spread ............................................................. (42)

        1.2.1  Temples in Youzhou (Fayang prefecture) (Sort in the first letters of their Chinese phonetic alphabets) ...... (42)

        1.2.2  Temples insubsidiary states administered by Youzhou governor's office or Jie du shi ................ (62)

        1.2.3  No detailed location temples or need checking temples ............................................................. (72)

  Chapter Summary ............................................................. (72)

**2  Tang Court interposed religion affairs in Youzhou** ............... (75)

  2.1  Buddhist activities of Tang Court in Youzhou ................ (75)

        2.1.1  Tang Taizong's Buddhist activities in Youzhou ......... (75)

        2.1.2  Wu Zetian's Buddhist activities in Youzhou ............ (78)

        2.1.3  The climax of Tang Court participating in Buddhist affairs in Youzhou —— Tang Xuanzong's rule period ............................................................. (81)

        2.1.4  The Communication of Sanjie School in Youzhou ...... (85)

        2.1.5  Tang Court participated in Buddhist affairs in Youzhou after Rebellion of An Lushan and Shi Siming ............................................................. (87)

  2.2  Tang Court miscarried popularizing Taoism in Youzhou ...... (89)

        2.2.1  Tianchang Taoist temple in Youzhou city ............... (90)

        2.2.2  The Taoist sin-exempting incantation casting ceremony in Liangxiang county in Youzhou ............ (93)

  Chapter Summary ............................................................. (95)

**3  An Lushan and Shi Siming bloc and Buddhism** ................ (97)

  3.1  An Lushan and Buddhism ............................................ (99)

3.2　Shi Siming's Buddhist activities ················· (100)

　　3.2.1　The Song of thepagoda of Minzhong Temple and its related issues ················· (100)

　　3.2.2　Shi Siming's other Buddhist activities ················· (115)

3.3　The rise of Eleven faced Avalokitesvara and Sangha faiths ················· (118)

　　3.3.1　Sangha's deeds and superhuman strengths ················· (120)

　　3.3.2　The spread of Eleven faced Avalokitesvara and Sangha beliefs in Youzhou region ················· (124)

Chapter Summary ················· (126)

# 4　Buddhism and society in Youzhou-Lulong government in later Tang ················· (128)

4.1　Buddhism and Youzhou local power structure ················· (129)

　　4.1.1　Youzhou-Lulong governor's Buddhist activities andtheir power bases ················· (129)

　　4.1.2　Youzhou-Lulong governor's multiple official titles ······ (184)

　　4.1.3　The force oftroops in accessory prefectures ················· (187)

4.2　The economic basis of Buddhist activities in Youzhou-Lulong government ················· (192)

Chapter Summary ················· (197)

# 5　The influence of An Lushan and Shi Siming Rebellion and Huichang Calamity on Buddhism in Youzhou——around died abbot anddiscipline noble monk's tombstone in Yunju Temple in Da Tang ················· (201)

5.1　Buddhism in Youzhou after An Lushan and Shi Siming Rebellion ················· (203)

　　5.1.1　Zhenxing noble monk's Buddhist disciplines and the School of Vinaya in Youzhou in middle and late Tang ················· (203)

5.1.2 The material conditions of the development of Buddhism in Youzhou in middle and late Tang …… (207)
   5.1.3 Jie tan and Du die ……………………………… (210)
   5.1.4 The interaction of Buddhism in Youzhou and in Chang'an ……………………………………… (215)
  5.2 The effect of Huichang Calamity on Buddhism in Youzhou ………………………………………………… (218)
   5.2.1 The lash of Huichang Calamity on Buddhist merits in Youzhou …………………………… (220)
   5.2.2 Huichang Calamity hindered Buddhist culture exchange between Youzhou and Hedong ………… (227)
  Chapter Summary ……………………………………………… (231)

# 6 The development and dissemination of Zen Buddhism in Youzhou in the Tang Dynasty ……………………………… (233)
  6.1 Diamond Sutra engraved on stone tablets in Fangshan and its related questions …………………………… (233)
   6.1.1 Diamond Sutra and its notes and commentaries engraved on stone tablets in Fangshan ………… (235)
   6.1.2 Diamond Sutra engraved on stone tablets in Fangshan and Buddhism in Youzhou in the Tang Dynasty …… (238)
   6.1.3 The efficacious story about Diamond Sutra and soldiers in Youzhou ………………………… (244)
  6.2 The trajectory of Zen in Youzhou in middle and late Tang ………………………………………………… (245)
   6.2.1 Yunju temple and Northern Zen ………………… (247)
   6.2.2 Buddhism in Panshan from Dunhuang documents …… (249)
   6.2.3 Buddhism in Panshan from the inscriptions of late Tang, Five Dynasties and the Liao Dynasty ……… (252)
   6.2.4 Buddhism in Panshan from Zen documents ………… (256)

Contents 5

      6.2.5   Spare discussion: the influence of regime changing on Zen in Youzhou in the Tang Dynasty ………… (259)

  6.3  Linji Zen and Buddhism in Youzhou …………………… (261)

      6.3.1  Jiang Gong's exploring Buddha Dharma from the inscription of died Zen noble monk-Jiang Gong in Wei state ………………………………………… (261)

      6.3.2  Jiang Gong and Weibo government ……………… (264)

      6.3.3  The record from Zen documents ………………… (268)

Chapter Summary ………………………………………………… (271)

## 7 The influence of Buddhism in Youzhou in the Tang Dynasty on Buddhism in the Liao Dynasty ……………………………… (274)

  7.1  The effect of Buddhist customs in Youzhou in the Tang Dynasty on Society in the Liao Dynasty ………………… (275)

      7.1.1  Tours on Buddha's Birthday ……………………… (275)

      7.1.2  Buddhist names or titles were fashionable ………… (280)

      7.1.3  The spread of Fo ding zun sheng Dharani faith …… (287)

  7.2  The origins of Esoteric Buddhism in the Liao Dynasty …… (290)

      7.2.1  The blend of Wu gou jing guang Da Dharani Scripture and Lotus Sutra ……………………… (291)

      7.2.2  The confluence of Fo ding zun sheng Dharani Scripture and Lotus Sutra ……………………… (304)

      7.2.3  The shapes and ornaments of Buddhist pagodas and stone pillars ………………………………… (321)

      7.2.4  Esoteric Buddhism directly from Indian …………… (325)

Chapter Summary ………………………………………………… (330)

## Conclusion ……………………………………………………… (333)

## Appendix 1  Discuss Buddhist activities in Jimi States in Youzhou in earlier Tang ………………………………………… (335)

**Appendix 2  An Lushan and Shi Siming bloc and Du die** ········ (345)

**References** ······················································································ (347)

**Index** ······································································································ (367)

**Epilogue** ······························································································ (374)

# 前　言

## 第一节　选题缘起、研究方法与资料运用

### 一　选题缘起

隋唐时期乃佛教蓬勃发展、并彻底实现中国化的时代，佛教对整个国家的政治、经济、文化和社会诸方面都产生了深刻影响。由于各地自然环境和社会文化相异，隋唐时期宗教与社会的地域性差异日益受到学界重视。但是，关于这一时代佛教区域社会史的研究，目前多集中于长安（今陕西西安）、洛阳（今河南洛阳）、敦煌（今甘肃敦煌）、吐鲁番（今新疆吐鲁番）和成都（今四川成都）等地，专门探讨华北地区的佛教与社会的论著并不多见，系统性、综合性的研究更是相当匮乏。本书拟探赜索隐该领域，力求更加深入地认知唐代幽州地域佛教与社会丰富而多元的历史面相。

本书讨论的时空范围限定于唐代幽州大都督府（或称都督府、总管府）和幽州节度使（或称卢龙节度使、幽州卢龙节度使、范阳节度使）所统辖之广义的幽州地域，大致包括今北京、天津及河北省北部地区。在唐代，以幽州城（今北京）为中心的幽州地区处于河北通往东北的交通要道，农耕文化与游牧文化之交界处。幽州城系大运河的起点，既是唐朝东北边疆的军事重镇，又是河北北部的经济文化中心。质言之，唐代的幽州地区乃一特殊之地理文化单位，尤其在中晚唐"河朔割据"的特定政治格局下，具有相对独立的区域性社会和文化特征，同时亦可被视为中原与北族之间的"过渡地带"。选择该时段和该地区的佛教与社会进行研究，对深入理解中古时期河北北部的文化面貌以及中原王朝与东北诸族的互动关系，具有关键性意义。

唐朝正是幽州地区佛教发展的鼎盛时代，特别是良乡县（今北京房山区）云居寺的刻经事业，在东亚佛教史上占有重要地位。这一地域的佛教信

仰以幽州城为中心，向周边及我国东北地区甚至东北亚地区辐射，中央政府、地方官吏、文化精英、僧尼、手工业者、商人及其他平民广泛参与，并扮演着极为重要的角色。本书将重点聚焦于云居寺，通过考察这座寺庙及其各类僧人、施主的宗教实践，以揭櫫各种群体和朝廷、地方社会的互动关系。

近年来，诸多学者对唐代藩镇进行区域或者个案研究，取得令人瞩目的成果①。而且，单一地站在国家的角度俯视地方、从中央与地方关系层面片面批判藩镇割据的研究模式已经被打破，不少学者从多维视角探讨唐朝后期的藩镇②。如张国刚先生的《唐代藩镇研究》分析中央与藩镇之间的互动、各类藩镇的相互制约关系③。也有学者专门探究藩镇内部的历史，如日本学者堀敏一先生的《藩镇亲卫军的权力构造》④、韩国磐先生和毛汉光先生对魏博镇的讨论⑤，张国刚先生的《唐代藩镇的统兵体制》⑥，日本的森部丰先生、中国的张正田先生和陈翔先生对昭义军进行个案剖析⑦，等等。

早在20世纪50年代，日本学者松井秀一先生曾发表《卢龙藩镇

---

① 关于这方面的学术成果的评述，参见张达志《唐代后期藩镇与州之关系研究·绪论》，中国社会科学出版社2011年版，第26—33页。

② 张天虹先生总结出唐代藩镇研究的几种模式：藩镇跋扈说、藩镇与中央的关系（类型）论、藩镇的社会基础论、河朔藩镇的胡化说。这些理论模式无疑推进了唐代藩镇的研究，让我们看到唐代藩镇的不同面相。要使唐代藩镇研究重新充满活力，就必须转换研究视角。从社会流动的视角观察唐代藩镇，会使藩镇的形象更加全面、立体。河朔地区在中古时期政治军事形势格局的重大变化中具有重要地位。唐代河朔藩镇的个案研究学术积累深厚，藩镇内部的官僚体系进行等第的划分也有了可能，大量的墓志资料陆续得到整理并集结出版，提供了资料准备。因此，从社会流动的理论视角出发来研究唐代的河朔藩镇，已经初具条件。参见张天虹《唐代藩镇研究模式的总结和再思考——以河朔藩镇为中心》，《清华大学学报》2011年第6期，第55—65页。

③ 张国刚：《唐代藩镇研究》，湖南教育出版社1987年版。

④ [日]堀敏一：《藩镇亲卫军的权力构造》，原载《东洋文化研究所纪要》第20册，1959年。中译文见刘俊文主编《日本学者研究中国史论著选译》第4卷，索介然译，中华书局1992年版，第585—648页。

⑤ 韩国磐：《关于魏博镇影响唐末五代政权递嬗的社会经济分析》，《厦门大学学报》1954年第5期，第136—148页；毛汉光：《魏博二百年史论》，原载《中央研究院历史语言研究所集刊》第50本第2分，1979年，收入毛汉光《中国中古政治史论》，上海书店出版社2002年版，第349—417页。

⑥ 张国刚：《唐代藩镇的统兵体制》，《晋阳学刊》1991年第3期，第37—40页。

⑦ [日]森部丰：《关于昭义军的形成过程》，载[日]野口铁郎编《中国历史上的教与国家》，雄山阁1994年版，第207—229页；[日]森部丰：《唐代泽潞昭义军节度使考——围绕中晚唐时期唐朝与藩镇之间的关系》，载[日]野口铁郎先生古稀纪念集刊行委员会编《中华世界的历史的展开》，汲古书院2002年版，第97—131页；张正田：《"中原"边缘——唐代昭义军研究》，稻香出版社2007年版；陈翔：《关于唐代泽潞镇的几个问题》，载《陈翔唐史研究文存》，花木兰文化出版社2013年版，第149—204页。

考》，对唐代幽州卢龙镇展开精细的个案研究，包括该镇的政治、军事体制和经济状况[①]。自20世纪80年代以来，吴光华先生的《唐代卢龙镇之研究》也讨论过此问题[②]。王永兴先生根据房山石经题记所载幽州卢龙镇设官分职的信息，对照文献材料，考证该藩镇的官制[③]。冯金忠先生在《唐代河北藩镇研究》一书中，剖析了幽州镇内部的政局变迁、官僚体制、军事防御体系以及宗教活动[④]。另外，专门研究幽州镇的还有李凤先的《唐代幽州地区的人口流动与社会变迁》[⑤]、许辉的《隋唐时期幽州军事防御研究——兼论幽州与中央关系》[⑥]。荣新江先生系统考察归义军史[⑦]，杨晓燕女士探析唐代平卢军与地域社会[⑧]，张建宁先生通过考释《李宝臣纪功碑》来探讨成德镇[⑨]，等等，均为精深的研究。概括而言，藩镇内部的政治史研究可以说已经取得了丰硕的成果。

正如黄约瑟先生所言：藩镇应该不全是一个政治史的问题，藩镇内部的社会、经济、文化发展，是可以再下功夫的地方[⑩]。余欣先生对归义军节镇内部的民生宗教社会史进行过出色的研究[⑪]。刘进宝先生系统探讨过

---

① [日] 松井秀一：《卢龙藩镇考》，《史学杂志》第68编第12号，1959年，第1—36页。
② 吴光华：《唐代卢龙镇之研究》，硕士学位论文，台湾大学，1981年。
③ 王永兴：《关于唐代后期藩镇官制新史料考释》，载王永兴编《纪念陈寅恪先生百年诞辰学术论文集》，江西教育出版社1994年版，第267—276页。
④ 冯金忠：《唐代河北藩镇研究》第1章《唐代河北藩镇组织体制》、第5章《唐代河北藩镇统治下的人口流动——以宗教活动为中心》、第6章《唐代河北藩镇的军镇及其防御体系》、第7章《唐代河北藩镇统治下的屯田》、第13章《幽州镇与唐代后期政治》，科学出版社2012年版，第5—19、54—66、70—94、111—114、208—220页。关于冯著的书评，参见张天虹《唐代河北藩镇研究的最新进展——冯金忠〈唐代河北藩镇研究〉评介》，《兴大历史学报》第26期，2013年，第127—136页。
⑤ 李凤先：《唐代幽州地区的人口流动与社会变迁》，硕士学位论文，北京师范大学，2002年。
⑥ 许辉：《隋唐时期幽州军事防御研究——兼论幽州与中央关系》，博士学位论文，北京师范大学，2005年。
⑦ 荣新江：《归义军史研究——唐宋时代敦煌历史考索》，上海古籍出版社1996年版。
⑧ 杨晓燕：《唐代平卢军与环渤海地域》，载王小甫主编《盛唐时代与东北亚政局》，上海辞书出版社2003年版，第161—250页。
⑨ 张建宁：《从〈李宝臣纪功碑〉看成德军的早期发育》，载李鸿宾主著《隋唐对河北的经营与双方的互动》，中央民族大学出版社2008年版，第241—325页。
⑩ 黄约瑟：《近年隋唐五代史研究的回顾与反思》，原载《新史学》第3卷第3期，台北，1992年，第149—172页，此据黄约瑟著，刘健明编《黄约瑟隋唐史论集》，中华书局1997年版，第13页。
⑪ 余欣：《神道人心——唐宋之际敦煌地区民生宗教社会史研究》，中华书局2006年版。

唐宋之际归义军的经济史①。可是，关于幽州卢龙镇内部的宗教信仰与社会，具有深度的专门研究还十分欠缺。幽州地区位于唐朝东北一隅之地，系安禄山叛乱的大本营，之后又属于割据型藩镇。割据造成正史记载和其他相关文献史料相对缺失，再加上史家的主观偏见，长期以来，人们对这一区域的政治、军事、经济、文化和族群关系的认识非常不够。近些年，这种状况有所改观②，但是，该区域复杂多样的历史犹存待发之覆。公正地说，在中晚唐时期，幽州卢龙镇在政治、经济、军事和文化方面相对独立发展，它留下的诸多遗产被后来进入这一区域的契丹所继承，并对契丹王朝产生巨大影响。这种影响超乎很多人的想象。这也是超越王朝递嬗模式、从长时段推寻辽朝的制度建设和契丹人的汉化进程必须关注的问题。本书拟从佛教与社会的角度着手，重点挖掘石刻材料，并将之与传世文献互证，为综合、全面、立体、客观地认识这一时段的幽州地域文化做一些努力，避免陷入简单化、绝对化的道德评判。

北京城市史的研究，大体而言，偏重辽朝之后。此当然和金代以来王朝建都于此，材料丰富有一定关系③。然而，唐朝的幽州确系北京历史发展中承前启后的关键时期④，是它从一方的经济文化都会、政治军事重镇向全国政治中心攀升的重要阶段。对此，清代学者赵翼有自己的

---

① 刘进宝：《唐宋之际归义军经济史研究》，中国社会科学出版社2007年版。
② 如［日］气贺泽保规《唐代幽州的地域与社会——以房山石经题记为中心》，载唐代史研究会编《中国都市的历史的研究》，《唐代史研究会报告》第Ⅵ集，刀水书房1988年版，第157—167页；吴光华：《唐代幽州地域主义的形成》，载淡江大学中文系主编《晚唐的社会与文化》，台湾学生书局1990年版，第227—234页；马驰：《唐幽州境侨置羁縻州与河朔藩镇割据》，载荣新江主编《唐研究》第4卷，北京大学出版社1998年版，第199—213页；［日］森部丰：《唐代河北地域的粟特系住民——以开元寺三门楼石柱题名及房山石经题记为中心》，《史境》第45卷，第20—36页；王小甫主编：《盛唐时代与东北亚政局》，上海辞书出版社2003年版；李鸿宾主著：《隋唐对河北地区的经营与双方的互动》，中央民族大学出版社2008年版。
③ 吴建雍、王岗、姜纬堂、袁熹、于光度、李宝臣：《北京城市生活史》，开明出版社1997年版；侯仁之主编：《北京城市历史地理》，燕山出版社2000年版；朱希祖：《营国匠意——古都北京的规划建设及其文化渊源》，中华书局2007年版；于德源、富丽：《北京城市发展史（先秦—辽金卷）》，北京燕山出版社2008年版；王岗：《北京城市发展史（元代卷）》，北京燕山出版社2008年版；李宝臣：《北京城市发展史（明代卷）》，北京燕山出版社2008年版；吴建雍：《北京城市发展史（清代卷）》，北京燕山出版社2008年版；袁熹：《北京城市发展史（近代卷）》，北京燕山出版社2008年版；张艳丽主编：《北京城市生活史》，人民出版社2016年版。
④ 日本学者村井恭子女士在《唐代边境防卫城市幽州——以移动和流通为中心》一文中，对唐代幽州的研究进行过学术史清理。收入［日］井上彻、杨振红编《中日学者论中国古代城市社会》，三秦出版社2007年版，第148—177页。其他相关研究如张天虹《中晚唐幽州城的"坊市"与"街市"——从"房山石经题记"谈起》，《纪念房山石经与云居寺创建1400周年暨中国佛教协会发掘拓印房山石经60周年国际学术讨论会论文集》，北京，2016年9月，第383—400页。

一套解释：

> 唐开元、天宝间，地气自西北转东北之大变局也。……至开元、天宝，而长安之盛极矣。盛极必衰，理固然也。是时，地气将自西趋东北，故突生安（禄山）、史（思明）以兆其端。自后河朔三镇名虽属唐，仅同化外羁縻，不复能臂指相使，盖东北之气将兴，西方之气已不能包举而收摄之也。东北之气始兴而未盛，故虽不为西所制，尚不能制西；西之气渐衰而未竭，故虽不能制东北，尚不为东北所制。……当长安夷为郡县之时，契丹阿保机已起于辽，此正地气自西趋东北之真消息。特以气虽东北趋，而尚未尽结，故仅有幽蓟，而不能统一中原。而气之东北趋者，则有洛阳、汴梁（今河南开封）为之迤逦潜引，如堪舆家所谓过峡者。至一二百年，而东北之气积而益固，于是金源遂有天下之半，元、明遂有天下之全。至我朝不惟有天下之全，且又扩西北塞外数万里，皆控制于东北，此王气全结于东北之明证也。而抑知转移关键，乃在开元、天宝时哉。①

这段文字意为：唐代的幽州正是"东北之气始兴而未盛"的时代，亦为"王气"自西北转向东北之关键转折点。因此，这一过渡阶段的佛教与社会，在整个北京的历史长河中占有重要地位。对该问题进行研究，将有助于学界更有力地阐释全国性政治中心转移的过程、北京成为首都的历程。

## 二 研究方法

本书在探究唐代幽州地区的佛教与社会过程中，将运用以下方法：

第一，将微观研究与中观研究相结合，同时关照到宏观大背景。

佛教乃是具有广泛牵动面的问题。幽州地区的佛教信仰与当地的权力格局、经济状况、社会分层、民众的日常生活、精神世界和族群关系紧密相连，在一定程度上也是体现这段复杂历史图景的"晴雨表"。本书将借鉴"微观史学"的理念，寻绎关键且具有普遍性意义的问题，缩小研究范围，

---

① （清）赵翼著，王树民校证：《廿二史札记校证（订补本）》卷20，长安地气条，中华书局2001年版，第443—444页。

采用微观分析法，对相关材料做精细而深入的辨析①。近年来，刘淑芬先生将微观研究法运用到中古史研究——比如她的《从本愿寺石刻看唐代获鹿的地方社会》一文②。刘先生在此文中提出：所谓微观研究法，包括缩小研究范围，强调精读少量的相关原始文献，集中在一个较小范畴现象的研究；重视下层阶层及精英和平民文化的交互作用③。她通过今河北获鹿县一组唐代佛教石刻，来分析这一地区的佛教和社会，透过一个地方寺院的历史，延伸至当地历史的研究④。她在该文的结尾总结道："透过微观研究，妥善运用史料，则我们至少可为中古史增添中古地方史的研究、地方佛教的研究、平民的研究、非名僧的僧人的研究等新的课题。中古史的场景扩大了，它不仅是少数贵族、高等僧侣演出的舞台，多数平民百姓的生活也可望直接从久经湮沉的历史中浮显出来，和前者同台演出。"⑤ 的确如此！幸运的是，唐代幽州地域的佛教，尤其是云居寺及刻经事业，恰恰就是中央和地方的高官贵族、中下层官吏、一般文化精英和各族、各阶层民众共同演出的大舞台。本书将以幽州地区的佛寺和房山刻经为主轴，运用微观研究法，主要通过解读石刻资料，结合传世文献，探讨以幽州为中心的河北北部地区佛教的发展，并以此为基石，进一步发覆索隐幽州地域的社会结构、社会分层，佛教与国家、地方社会之间的互动。

在唐代，幽州地区佛教事业的主要支持者还是本地人士。因此，本地居民的生计与经济情况、社会阶层、族群身份、地方政府的政策和佛教事业皆有连带关系。房山石经捐赠人的变化，在某种程度上讲，也是当地社会群体变迁的指针，可以说是理解当时河北北部地区历史的一个十分有价值的"窗口"。本书力求通过该扇"窗口"，在最大程度上复原唐代幽州地域色彩斑斓的历史情景和异彩纷呈的文化面相，揭橥并展现各类人群、社会集团的物质生活与精神世界的立体画面。另外，幽州地区毕竟在唐王朝范围内。在整个唐代，中央政府的措施、东北族群关系的演变及东北亚

---

① Giovanni Levi, "On Microhistory", Peter Burk ed., *New Perspective on Historical Writing*, University Park, Pennsylvania: Pennsylvania State University Press, 1992, pp. 95–98.

② 刘淑芬：《从本愿寺石刻看唐代获鹿的地方社会》，原载《劳贞一先生九秩庆论文集》，兰台出版社1997年版，此据刘淑芬《中古的佛教与社会》，上海古籍出版社2008年版，第115—144页。

③ 同上书，第115页。

④ 同上书，第115—144页。

⑤ 同上书，第144页。

局势的变迁皆对幽州地域的佛教与社会产生过不同程度的影响。基于此，本书在解读和分析材料之时，宏观的历史背景需要贯穿始终。

第二，运用跨学科的知识与方法，借鉴社会学、人类学和艺术史的视角和理论。

在中国古代社会，寺院并非单纯的宗教场所，而是与世俗社会、民众日常生活具有千丝万缕的联系，它往往具备多重复杂的文化和社会功能。本书期冀打破学科之间的樊篱，借鉴一些跨学科的方法来帮助认识和理解特定时段、特定地域的佛教信仰和社会。

杨庆堃（C. K. Yang）先生很早就从社会学和人类学角度概括各种类型的宗教信仰在中国社会中的功能和作用[1]。受他的启发，美国学者太史文（Stephen F. Teiser）教授[2]和韩森（Valerie Hansen）教授[3]也运用社会学和人类学方法研究中国的宗教，在学界引起不小的反响。本书在论述过程中，亦将着力于幽州地域各类社会群体的佛教信仰、仪式、习俗、社会秩序和权力结构等，从宗教信仰与社会变迁、精英与大众、国家与社会的视角来进行阐释，不仅"自上而下"，同时还"自下而上"地进行剖析与论证。

在当代学界，结合文献材料和艺术史方法来研究佛教与社会愈益成为趋势。在佛教传播过程中，图像作用巨大。无论是内典还是外典，无论是传世文献还是石刻材料，称佛教为"像教"的例子甚多。美国的梅维恒（Victor Mair）先生早就注意到唐代变文中的画卷、寺院壁画对佛教传道的作用[4]。刘淑芬先生分析6世纪佛教造像碑上的图像对布道解说、宣扬佛理

---

[1] C. K. Yang, *Religion in Chinese Society: A Study of Contemporary Social Functions of Religion and Some of Their Historical Factors*, Berkeley and Los Angeles: University of California Press, 1961. 中译本见杨庆堃《中国社会中的宗教——宗教的现代社会功能与其历史因素之研究》，范丽珠等译，上海人民出版社2007年版。

[2] Stephen F. Teiser, *The Ghost Festival in Medieval China*, Princeton: Princeton University Press, 1988. 中译本见［美］太史文《幽灵的节日——中国中世纪的信仰与生活》，侯旭东译，浙江人民出版社1999年版。

[3] Valerie Hansen, *Changing Gods in Medieval China, 1127 - 1276*, Princeton: Princeton University Press, 1990. 中译本见［美］韩森《变迁之神——南宋时期的民间信仰》，包伟民译，浙江人民出版社1999年版。

[4] Victor Mair, "Records of Transformation Tableaux", *T'oung pao*, 72, 1986, pp. 3 - 43; Victor Mair, *T'ang Transformation Texts: A Study of the Buddhist Contribution to the Rise of Vernacular Fiction and Drama in China*, Cambridge. Mass: Harvard University Press, 1989, pp. 71 - 72, 152 - 170. 中译本见［美］梅维恒《绘画与表演——中国的看图讲故事和它的印度起源》，王邦维、荣新江、钱文忠译，北京燕山出版社2000年版。

的意义,并认为这对唐代的变文和变相均产生影响①。近年来,西方的中国宗教研究中"弥漫"着图像,关注中国艺术作品背后的更为广大的"文化"②。美国学者柯嘉豪(John Kieschnick)先生的《佛教对中国物质文化的影响》一书乃文字材料和艺术考古结合研究的有益尝试③。北京大学艺术学院的朱青生教授在他的"艺术考古学"课堂上提出:"把文献看成图像的说明,或将图像视为文字的佐证是研究中常犯的错误。画师的教育材料、知识背景可能根本没有留存下来,这跟精英用文字记录、整理并流传的文献不同。因此,文献与图像的流传既不平行,也不对应,二者的性质不等价。"这些诚然是我们解读宗教图像时需要注意的问题。但是,对于上层人士来讲,在一定条件下,图像和文字还是具有对应关系,可以互相印证④。总之,艺术史理论和方法也将是本书运用的分析手段之一。

## 三 资料运用

本书试图挖掘和利用多元化的材料,从多种角度进行论证,既关注上层精英,也探究下层平民,以及二者之间的互动。

---

① 刘淑芬:《五至六世纪华北乡村的佛教信仰》,《中央研究院历史语言研究所集刊》第63本第3分,1993年,第497—544页。

② 如 Wu Hung, *Monumentality in Early Chinese Art and Architecture*, Stanford: Stanford University Press, 1995. 中译本见巫鸿《中国古代艺术与建筑中的"纪念碑性"》,李清泉、郑岩等译,上海人民出版社2009年版;Qiang Ning, *Art, Religion, and Politics in Medieval China: The Dunhuang Cave of the Zhai Family*, Honolulu: University of Hawaii Press, 2004; Sarah Elizabeth Fraser, *Performing the Visual: The Practice of Buddhist Walling Painting in China and Central Asia, 618–960*, Stanford: Stanford University Press, 2004; Eugene Y. Wang, *Shaping the Lotus Sutra: Buddhist Visual Culture in Medieval China*, Seattle: University of Washington Press, 2007; Amy McNair, *Donors of Longmen: Faith, Politics, and Patronage in Medieval Chinese Buddhist Sculpture*, Honolulu: University of Hawaii Press, 2007; Stephen F. Teiser, *Reinventing the Wheel: Paintings of Rebirth in Medieval Buddhist Temples*, Seattle: University of Washington Press, 2007.

③ John Kieschnick, *The Impact of Buddhism on Chinese Material Culture*, Princeton and Oxford: Princeton University Press, 2003. 中译本见[美]柯嘉豪《佛教对中国物质文化的影响》,赵悠、陈瑞峰、董浩晖、宋京、杨增译,祝平一、杨增、赵凌云、李玉珍、吴宓芩、丁一校,中西书局2015年版。

④ 如邢义田先生对汉代画像内容与榜题之间的关系的分析。参见邢义田《汉代画像内容与榜题的关系》,原载《故宫文物月刊》1996年第8期,此据邢义田《画为心声:画像石、画像砖与壁画》,中华书局2011年版,第69—89页;邢义田《格套、榜题、文献与画像解释——以一个失传的"七女为父报仇"汉画故事为例》,原载《中世纪以前的地域文化、宗教与艺术》(中研院第三届国际汉学会议论文集历史组),台北,2002年,此据邢义田《画为心声:画像石、画像砖与壁画》,中华书局2011年版,第92—137页;邢义田《汉代画像中的"射爵射侯图"》,原载《中央研究院历史语言研究所集刊》第71本第1分,2000年,此据邢义田《画为心声:画像石、画像砖与壁画》,中华书局2011年版,第138—196页。

第一，传统文献史料。除了《资治通鉴》、《旧唐书》、《新唐书》、《唐大诏令集》、《唐六典》、《通典》和《唐会要》等系统的隋唐史基本史料外，本书还将采用保存丰富宗教信仰材料的文集、类书，如《文苑英华》、《全唐文》和《册府元龟》等，利用成熟和制度化的国家礼典，如《大唐开元礼》，注意国家礼典、宗教政策与地方政府、民间社会的宗教实践之间的关系。

第二，佛教文献。本书将运用《大正新修大藏经》（以下简称《大正藏》）中的相关材料，如佛教类书《法苑珠林》、重要的僧传《宋高僧传》等，在仔细研读佛教精英人物整理过的文献资料的基础上，结合其他材料来探赜幽州地域社会的佛教信仰。

第三，笔记小说。唐五代的众多笔记和传奇小说中蕴含诸多珍贵的宗教信仰（特别是普通民众的精神世界）和社会生活信息，如《冥报记》、《广异记》和《太平广记》等，值得充分发掘和利用。英国学者杜德桥（Glen, Dudbridge）先生说：对待小说，要了解作者教育和写作的社会背景，等于将作品看作历史文献。对于研究历史的人，研究一本文学作品就跟研究其他在同一时期的社会生活现象一样（至少是类似的）。如《广异记》蕴藏着很多宝贵的唐代历史资料，这本书里有各种各样的人，他们要对付日常生活上的许多问题。我们可以通过《广异记》的作者戴孚的眼光去看他所处的社会，从志怪小说里也能得到历史知识。我们不必相信鬼神、妖怪、预兆和托梦。但是我们应该相信唐代的人用这样的眼光来看他们周围的世界，从中可以看出唐人的观念、想法和行动[1]。撮要而言，将笔记小说作为"文本"，纳入当时的社会情景中进行辨析和解释，是推进宗教社会史研究的重要途径。

第四，石刻材料。佛教大藏经系精英整理过的文本，而石刻材料则多为表现民众的佛教信仰的文本，二者之间存在差异。荷兰学者许理和（Eirk Zürcher）先生指出：大藏经是数个世纪佛教僧侣审查制度下的产物，不能显现中国佛教的全貌。如佛典的翻译、译注，绝大多数是在帝王的资助下完成的[2]。以是观之，参与佛典整理和译注的高僧的出身、知识

---

[1] ［英］杜德桥：《用历史眼光看中国古典小说》，《文学遗产》1997年第3期，第95—96页。

[2] Eirk Zürcher, "Perspectives in the Study of Chinese Buddhism", *Journal of the Royal Asiatic Society*, 1982, pp. 161 – 167.

背景和赞助者的价值取向、主观意图会影响到大藏经的编撰。刘淑芬先生也认为：佛教大藏经多偏重于城市寺院及在其中活动的僧尼的记载，很少有乡村佛教的记录①。而石刻材料恰恰蕴含不少乡村佛教和平民信徒的宝贵资料。赵朴初先生谓房山石经为"国之重宝"，珍藏石经的云居寺为"北京的敦煌"②。房山石经中留存着传统文献史料中欠缺的地方史资料，特别是唐代幽州地区的宗教社会史材料。解读和剖析这些资料是我们理解并重构唐代河北北部地域的整体面貌和发展趋势的一个重要途径，而这批石经迄今尚未被充分利用。因此，房山石经将是本书所运用的核心资料，立论之重要基础。《房山石经》、《房山石经题记汇编》的出版为研究这批佛教刻经提供了新的契机。本书在论述过程中，还将挖掘其他石刻材料的信息，如《石刻史料新编》、《唐代墓志汇编》、《唐代墓志汇编续集》、《全唐文补遗》、《全辽文》、《辽代石刻文编》和《辽代石刻文续编》等。

第五，后世的地方志。地方志的内容常常包罗万象，在中国历史编纂学中占据特殊份量，也是探究区域社会史的重要依据。《析津志》、《元一统志》和《大清一统志》等方志中含有不少追记唐代幽州地域社会的宝贵记录，本书亦将审慎地利用。

第六，其他地域材料的互补和启发。敦煌文书中富含地方社会的各种原始材料③。近些年，《敦煌宝藏》④、《英藏敦煌文献》⑤、《敦煌愿文集》⑥、《敦煌变文校注》⑦和《英藏敦煌社会历史文献释录》⑧等图版或资料集相继出版，为敦煌学研究注入活力。在中古时代，幽州与沙州（今甘肃敦煌）皆为中原汉族与周边族群交流的重镇，中外交通之枢纽。这两地

---

① 刘淑芬：《五至六世纪华北乡村的佛教信仰》，《中央研究院历史语言研究所集刊》第63本第3分，1993年，第498页。
② 杨亦武：《云居寺》，华文出版社2003年版，第60页。
③ 余欣先生就明确提出："敦煌文献与其他地域的史料，在很多问题上是可以相互发明的。"参见余欣《余论：未完成的思考》，载余欣《神道人心——唐宋之际敦煌民生宗教社会史研究》，中华书局2006年版，第360页。
④ 黄永武主编：《敦煌宝藏》，新文丰出版公司1986年版。
⑤ 中国社会科学院历史研究所、英国图书馆等编：《英藏敦煌文献》，四川人民出版社1990—1995年版。
⑥ 黄征、吴伟：《敦煌愿文集》，岳麓书社1995年版。
⑦ 黄征、张涌泉：《敦煌变文校注》，中华书局1997年版。
⑧ 郝春文主编：《英藏敦煌社会历史文献释录》第1卷，科学出版社2001年版；第2—3卷，社会科学文献出版社2003年版；郝春文主编《英藏敦煌社会历史文献释录》第1—15卷，社会科学文献出版社2018年版。

社会存在某些相似之处，可以相互阐发。而敦煌学研究已经达到精耕细作的阶段，其材料、研究方法和成果皆能启发分析幽州地区的佛教与社会。

## 第二节 研究文献综述

唐代的幽州是北京乃至整个中国历史上极具重要意义的转折点。学界对这一时期幽州地区的文化面貌的研究硕果累累，关于当地佛教，也有一些考证史实的个案性研究。目前，关于唐代幽州地区的佛教与社会方面的研究，直接相关的成果较少，而间接有关的讨论却汗牛充栋。徐威教授在通论性著作《北京汉传佛教史》中简要叙述唐廷的佛教政策对幽州佛教的影响、唐代幽州地区的佛教宗派、社会各阶层的佛教信仰、佛寺和舍利塔的建造、云居寺刻经、佛教艺术以及对外交往的情况，勾勒出唐代幽州地域佛教的大致轮廓[①]。但是，这一特殊时段、特殊地域的佛教与社会，还需要更深入的学术研究。本书拟对一些重要的研究论著做一评述，以明了学术现状与问题所在。

总体来讲，关于唐代幽州地区的佛教与社会的研究成果主要涉及以下几个方面。

### 一 幽州地域的佛寺

唐代正是幽州佛寺修建的高潮阶段。黄春和先生利用碑刻和地方志资料，描绘出唐代幽州主要佛寺的基本情况，以及这些寺院和一些重要人物的关系[②]。李芳民先生广泛搜讨《全唐文》、《全唐诗》、《唐会要》、《宋高僧传》及地方志的材料，考出幽州大都督府和幽州卢龙节度使辖区内的佛寺[③]。何孝荣先生整理出幽州佛寺53座[④]。这对我们认清史实具有一定作用。但是，这些论著未全面爬梳相关文献和石刻资料，也没有结合河北地区特殊的地理条件和文化风貌来解析寺庙的布局特征及其社会功能。

---

① 徐威：《北京汉传佛教史》第3章《隋唐时期的北京佛教》，宗教文化出版社2010年版，第66—126页。

② 黄春和：《隋唐幽州佛教初探》，《佛学研究》1993年第2期，第212—220页；黄春和：《隋唐幽州城区佛寺考》，《世界宗教研究》1996年第4期，第16—23页。

③ 李芳民：《唐五代佛寺辑考》，商务印书馆2006年版，第120—126页。

④ 何孝荣：《明代北京佛教寺院修建研究》（上）第1章《明代以前北京佛教寺院的修建》，南开大学出版社2007年版，第20—29页。

## 二 中央政府参与幽州地区的佛教活动

很多学者提及唐廷参与幽州地区某些具体的宗教活动，如唐太宗征伐高丽回师途中，在幽州城为阵亡将士建悯忠寺（今北京法源寺）追福。陈金华先生揭示出：武周万岁通天二年（697）夏，在契丹首领李尽忠、孙万荣反叛的危急时刻，武则天任命高僧法藏为特使，赴幽州良乡县做佛教法事以鼓舞士气[①]。

在唐玄宗时代，中央政府参与幽州地域的佛教事务更加积极、规模更大。在开元年间（713—741），金仙公主奏请玄宗，将开元新旧译经赐予幽州良乡县云居寺。对此，学界多有讨论。至于金仙公主的动机，学者们有不同意见。劳允兴先生提出：在玄宗时期，朝廷十分重视佛教在河北的巨大影响。于是，金仙公主在此时奏赐译经，大力施助，智升推动了此举。房山石经山之金仙公主塔显示朝廷的影响，并蕴含着深刻的文化内涵。这是唐廷借助佛教在河北驯化人心，使百姓归顺[②]。劳先生关照到金仙公主和智升的送经之举对收服河北人心的作用，但没有具体论证。日本学者气贺泽保规先生推测：金仙公主作为崇道之人，曾受到佛教界和民众的激烈反对，她欲恢复与佛教界的关系、改善自己在洛阳的生活环境。因为金仙公主是玄宗的政敌太平公主的人，太平公主倒台后，金仙公主移居洛阳。云居寺可能对转变后的她做了一些请求援助的工作。金仙公主通过她的朋友徐峤跟云居寺建立联系，而徐峤又和早期云居寺刻经事业的两位主要支持者——萧瑀和其姐隋炀帝的萧皇后有关系[③]。陈金华先生却认为：日本学者气贺泽保规先生在论证徐峤家族和萧氏家族的关系方面，没有提供使人信服的证据；而且，他对徐峤家族的来源的推断有问题。陈先生极力证明法藏受武则天之命，赴幽州做御寇法的地点可能就在良乡县云居寺。法藏与唐睿宗及金仙公主的道教老师史崇玄关系密切，所以法藏和金仙公主也是

---

① Jinhua Chen, "A Daoist Princess and a Buddhist Temple: a New Theory on the Causes of the Canon-Delivering Mission Originally Proposed by Princess Jinxian (689 – 732) in 730", *Bulletin of the School of Oriental and African Studies*, vol. 69, Part 2, 2006, pp. 267 – 292.

② 劳允兴：《谈房山石经山之金仙公主塔》，载郑学檬、冷敏述主编，陈明光、潘泰泉副主编《唐文化研究论文集》，上海人民出版社1994年版，第571—574页。

③ ［日］气贺泽保规：《金仙公主和房山云居寺石经——唐代政治史的一个侧面》，载中国唐代学会编辑委员会编《第三届中国唐代文化学术研讨会论文集》，乐学书局1997年版，第307—310页。

朋友。因此，本系道教的热情支持者的金仙公主才会向玄宗提出：将新旧译经4000余卷送到云居寺①。诸位先生均从中央政局变化、人事关系以及对河北地区的政策出发进行讨论。他们没有注意到：在"安史之乱"前，唐廷在幽州地区设置许多羁縻府州，其中有相当一部分就是为安置从原营州（今辽宁朝阳）地域迁来的契丹、奚和靺鞨②。其中，良乡县侨置的羁縻州最多，以安置契丹、奚、新罗、靺鞨和突厥③。在开元年间（713—741），云居寺附近其实居住着大量内蕃④胡人，某些人（包括一些上层酋豪）甚至已经资助当地的刻经事业。唐玄宗对金仙公主的请求欣然应允，并在开元二十八年（740）派长安名僧智升亲自护送佛经到云居寺⑤。朝廷的这些举动很难说没有现实的政治考虑，如通过支持佛教，跟当地胡人联络感情。

在"安史之乱"前，幽州地区在政治、军事和文化方面已经存在与中央政府分离的倾向。学界对这一问题的探讨非常多⑥，但是几乎未涉及

---

① Jinhua Chen, "A Daoist Princess and a Buddhist Temple: a New Theory on the Causes of the Canon-Delivering Mission Originally Proposed by Princess Jinxian (689 - 732) in 730", *Bulletin of the School of Oriental and African Studies*, vol. 69, Part 2, 2006, pp. 267 - 292.

② 杨晓燕：《唐代平卢军与环渤海地域》，载王小甫主编《盛唐时代与东北亚政局》，上海辞书出版社2003年版，第172—173页。

③ 李松涛：《唐代前期政治文化研究》第6章《河北北部安史武装集团的形成》，台湾学生书局2009年版，第218—219页。

④ 王小甫先生认为：所谓内蕃和外蕃，主要从政治关系着眼。唐代对周边族群实行羁縻制，当地族群在保留原有群体凝聚和权力基础的条件下，以地方政权的名义从形式上进入中央集权帝国的政治体系。内蕃胡人进入帝国的政治体系，从而促成其政治演进，同时也为帝国统治者提供新的自由流动资源（包括人力、物力）。外蕃胡人与中原王朝只是象征性的关系，在其实际控制之外。参见王小甫《唐五代北边的内外之际与国家认同》，原载荣新江主编《唐研究》第16卷，北京大学出版社2010年版。此据王小甫《中国中古的族群凝聚》，中华书局2012年版，第187—192页。

⑤ 《山顶石浮图后记》，载北京图书馆金石组、中国佛教图书文物馆石经组编《房山石经题记汇编》第1部分《碑和题记（唐至民国）》，书目文献出版社1987年版，第11—12页。

⑥ 如陈寅恪《论唐代之蕃将与府兵》，原载《中山大学学报》1957年第1期，此据陈寅恪《金明馆丛稿初编》，陈美延编：《陈寅恪集》，生活·读书·新知三联书店2001年版，第309—310页；谷霁光《安史乱前之河北道》，原载《燕京学报》第19期，1935年，此据谷霁光《谷霁光史学论文集》第4卷《杂著》，江西人民出版社、江西教育出版社1996年版，第180—191页；吴光华《唐代幽州地域主义的形成》，载淡江大学中文系主编《晚唐的社会与文化》，台湾学生书局1990年版，第227—234页；马驰《唐幽州境侨置羁縻州与河朔藩镇割据》，载荣新江主编《唐研究》第4卷，北京大学出版社1998年版，第199—213页；李鸿宾《唐朝中央集权与民族关系——以北方区域为线索》第5章《安史之乱反映的蕃族问题》，民族出版社2003年版，第120—140页；李松涛《唐代前期政治文化研究》第6章《河北北部安史武装集团的形成》，台湾学生书局2009年版，第191—233页。

宗教信仰层面。稳定河北地区，不仅需要政治、军事手段，也需要思想意识和舆论支持。在国家宗教政策与权力运作的视角之下，幽州地域的佛教与社会究竟呈现出怎样的图景？迄今为止，关于唐廷与河北地区在宗教事务领域的"博弈"，学界还极少措意。有些学者虽然观察到唐廷介入和参与幽州佛教事务的一些现象，可是没有分析这些举动背后深层的政治原因和广阔的文化背景。

### 三　房山石经

隋代高僧静琬为防备法灭而发愿刊刻房山石经。这项伟业一直延续达千年之久，在中国乃至整个东亚佛教史上占有重要地位。最早的开拓性的实地考察和正式研究始于日本学者塚本善隆先生。他勾画出房山云居寺刻经和云居寺佛教的总体轮廓[①]。但受条件限制，塚本氏在当时无法了解房山石经的全部情况（特别是当时全然不知道埋藏在地下的辽金刻经的具体内容），所以也给房山石经的研究留下不少课题。

20 世纪 50 至 70 年代，林元白（即林子青）居士陆续发表一系列房山石经的文章，描述房山云居寺的佛塔、雕塑、石碑以及刻经之概况[②]。中华人民共和国成立以后，中国佛教协会于 1956 年至 1958 年对房山石经进行了详细调查，并发现了辽金刻经。这批成果在"文化大革命"之后正式发表。《房山云居寺石经》[③]、《房山石经题记汇编》[④]、

---

[①] [日] 塚本善隆：《石经山云居寺与石刻大藏经》，《东方学报》（京都），第 5 册副刊，1935 年，第 1—245 页。后该文经过整理补正成《房山云居寺与石刻大藏经》，收入 [日] 塚本善隆《塚本善隆著作集》第 5 卷，大东出版社 1975 年版。

[②] 林元白：《房山石经拓印中发现的唐代碑刻——介绍〈大唐云居寺石经堂碑〉》，原载《现代佛学》1958 年第 1 期；林元白：《唐代房山石经刻造概况》，原载《现代佛学》1958 年第 3 期；林元白：《房山辽刻石经概观》，原载《现代佛学》1961 年第 1、3 期；林元白：《房山云居寺塔和石经》，原载《文物》1961 年第 4 期；林元白：《房山云居寺石经·前言》，原载中国佛教协会编《房山云居寺石经》，文物出版社 1978 年版。这些文章均收入林子青《名山石室贝叶藏》，法鼓文化事业股份有限公司 2000 年版，第 17—158 页。另有林元白《房山石经初分过目记》，原载《现代佛学》1957 年第 9 期，此据吕铁钢主编、中国佛教文化研究所编《房山石经研究》第 1 册，中国佛教文化出版有限公司 1999 年版，第 101—136 页；林元白：《房山石经称赞净土佛摄受经简介》，原载《文物》1979 年第 1 期，此据吕铁钢主编、中国佛教文化研究所编《房山石经研究》第 1 册，中国佛教文化出版有限公司 1999 年版，第 257—260 页。

[③] 中国佛教协会编：《房山云居寺石经》，文物出版社 1978 年版。

[④] 北京图书馆金石组、中国佛教图书文物馆石经组编：《房山石经题记汇编》，书目文献出版社 1987 年版。

《房山石经》①、《云居寺贞石录》②和《云居寺老照片》③等资料集的出版，为学者提供了充足的材料，房山石经的研究遂进入一个新阶段。日本学者气贺泽保规先生同富山大学的同事、中国佛教协会的姚长寿先生共同探究房山石经，出版了《中国佛教石经的研究——特别以房山云居寺石经为中心》一书④。此书包含隋唐时期房山石经的一些值得注意的研究成果，下文将陆续提到。特别是日本学者气贺泽保规先生全面考述了隋唐时期云居寺的历史和刻经事业的发展情况，提出一些有价值的问题点⑤。吕铁钢先生主编的《房山石经研究》汇集了许多中国学者关于石经整理和研究的成果⑥。罗炤先生推测：房山石经的经碑当在磨碑寺磨制，这座寺庙正是为磨制石经碑石而建。在磨碑寺刻经，一是靠近采石场，能大大节省运力，二是地近幽州和涿州（今河北涿州）通向五台山、太原、长安、洛阳的交通大道，条件便利⑦。

归纳起来，房山石经的研究又主要分为以下几个方面。

（一）邑会

日本学者气贺泽保规先生很早就关注房山石经中的邑会。他梳理出其中的手工业、商业行会，并勾勒出一个以幽州良乡县云居寺为中心的信仰圈⑧。后来，他又分析《大般若经》题记中的同业组织"行"和信仰团体"社"，指出这是唐玄宗时代，在以幽州城为中心的新兴都市工商业者

---

① 中国佛教协会、中国佛教图书文物馆编：《房山石经》，华夏出版社 2000 年版。
② 云居寺文物管理处编：《云居寺贞石录》，北京燕山出版社 2008 年版。
③ 云居寺文物管理处编：《云居寺老照片》，北京市京龙印刷厂 2011 年版。
④ ［日］气贺泽保规编：《中国佛教石经的研究——特别以房山云居寺石经为中心》，京都大学学术出版会 1996 年版。
⑤ ［日］气贺泽保规：《唐代房山云居寺的发展与石经事业·附：房山石经山洞窟所藏隋唐石经一览表》，载［日］气贺泽保规编《中国佛教石经的研究——特别以房山云居寺石经为中心》，京都大学学术出版会 1996 年版，第 23—105 页。
⑥ 吕铁钢主编、中国佛教文化研究所编：《房山石经研究》第 1—3 册，中国佛教文化出版有限公司 1999 年版。
⑦ 罗炤：《〈山顶石浮图后记〉的三个问题》，《纪念房山石经与云居寺创建 1400 周年暨中国佛教协会发掘拓印房山石经 60 周年国际学术讨论会论文集》，北京，2016 年 9 月，第 199—205 页。
⑧ ［日］气贺泽保规：《唐代幽州的地域与社会——以房山石经题记为中心》，载唐代史研究会编《中国都市的历史的研究》，《唐代史研究会报告》第 Ⅵ 集，刀水书房 1988 年版，第 157—167 页。

的支持下进行的刻经。这是研究唐后期社会的重要资料①。利用房山石经研究幽州及附近地区邑会的中国学者有唐耕耦先生。他根据石经题记中行业性社邑的情况，以行社归类，制成一份统计表，侧重考察社邑的组织和规模。他还解析房山石经中以地域分类的行会及社邑的内部结构。社邑刻经活动集中于天宝（742—756）和贞元（785—805）时期。天宝年代的社邑多数为行业性社邑和以州郡县命名的社邑，其成员以工商业者和城市居民为主。而贞元时期则以村名、乡名的社邑为多，其成员以乡村居民为主。这反映出贞元时代城市工商业已大不如天宝时期兴盛。他还比对敦煌社邑文书与房山石经题记，钩稽幽州地区社邑的组织结构，指出不同民族的人参加同一社邑，有利于民族融洽。房山刻经的上经日多数与佛教节日有关，特别是佛诞日②。

（二）不同的捐赠群体

日本学者气贺泽保规先生指出：幽州地方的广泛支持和共同协力是云居寺刻经活动能持续发展的原因。唐玄宗开元年间（713—741），因金仙公主奏请，智升送经至云居寺，云居寺遂获得东亚佛学中心长安的"开元大藏经"，促使云居寺的刻经事业跃上一个新台阶③。除了提升房山刻经的规模和水平外，日本的竺沙雅章先生认定：智升也带来"开元大藏经"的某些编排方式，这影响到后来《契丹藏》的目录编排和辽朝佛教的发展④。

张国刚先生探讨房山石经《金刚经》的题记《故上柱国庞府君金刚经颂》，重在分析庞家的家世、亲属关系，扩展论及唐代世俗家庭的礼佛活动，包括举行法会、写经发愿等，并点出出家僧尼与世俗家庭的紧密

---

① ［日］气贺泽保规：《唐代房山云居寺的发展与石经事业》，载［日］气贺泽保规编《中国佛教石经的研究——特别以房山云居寺石经为中心》，京都大学学术出版会1996年版，第77—82页。

② 唐耕耦：《房山石经题记中的唐代社邑》，《文献》1989年第1期，第74—106页。

③ ［日］气贺泽保规：《唐代房山云居寺的发展与石经事业》，载［日］气贺泽保规编《中国佛教石经的研究——特别以房山云居寺石经为中心》，京都大学学术出版会1996年版，第23—105页。

④ ［日］竺沙雅章：《契丹大藏经小考》，原载《内田吟风博士颂寿记念东洋史论集》，1978年，此据［日］竺沙雅章《宋元佛教文化史研究》第2部第2章，汲古书院2000年版，第292—311页。

联系①。

据李志生教授研究，在唐代刻经大军中，妇女是一支不可小觑的力量。妇女参与刻经事业，或以个人名义，或与家人、邑人、村人共同刻之。她们有领头刻经者，但更多的是参与家庭及邑、村等组织的刻经。她们为家人而刻，也为朝廷、皇帝发愿，还为其时的地方统治者而刻。参与刻经的妇女，有节度使高级亲兵之妻，有地方长官之妻，而大多数为平民妇女。在石经刻造过程中，大多数妇女造经主一般仅止于施钱、施物；而妇女造经邑主则须走出家门，召集邑人会议，妇女邑人也会出门参加此类集会。妇女造经邑主或也会与工匠直接联络。还有一些妇女造经主则在石经刻造完毕后，走出家门，参加送经斋会②。

日本学者气贺泽保规先生注意到：幽州当地的道士、道观也参与云居寺的刻经活动③。雷闻先生将房山石经题记中的道教资料析出，认为这体现唐代华北地区民间佛道关系的某些面向。当地道教徒参与佛教刻经活动，道士或女冠往往参加与刻经活动有关的佛教社邑组织。在幽州这样一个具有浓厚佛教色彩的地域中，道教徒们往往无法自外于这种深入人心的刻经事业④。

（三）佛教文献的考证

日本学者竺沙雅章先生利用房山石经考证《契丹藏》的编目和版式，指出辽代佛教受到唐长安佛教之影响⑤。日本的小谷仲男先生探寻房山石经事业产生和发展的背景——末法思想的流传。南岳慧思的末法观、那连提耶舍所译《大集月藏经》和《莲花面经》、假托《大云经》称武则天是弥勒佛化身的构想，俱为末法思想的产物。北齐至隋的乱世之后，由于强烈的末法意识，人们等不及弥勒的到来，企求一种迅速有效的救济方

---

① 张国刚：《唐代世俗家庭的宗教生活——跋房山石经题记〈故上柱国庞府君金刚经颂〉》，《中华文史论丛》1999年第3辑，第138—152页。

② 李志生：《"立塔写经"与"内外之际"：唐代妇女的佛教功德活动》，载常建华主编《中国社会历史评论》第17卷，天津古籍出版社2016年版，第32—35页。

③ ［日］气贺泽保规：《唐代房山云居寺的发展与石经事业》，载［日］气贺泽保规编《中国佛教石经的研究——特别以房山云居寺石经为中心》，京都大学学术出版会1996年版，第38—51、64—76页。

④ 雷闻：《石刻所见隋唐民间之佛道关系》，载中国社会科学院历史研究所学刊编委会编辑《中国社会科学院历史研究所学刊》第5集，商务印书馆2008年版，第115—118页。

⑤ ［日］竺沙雅章：《契丹大藏经小考》，［日］竺沙雅章：《宋元佛教文化史研究》第2部第2章，汲古书院2000年版，第292—311页。

法，像房山石经那样，将经典刊刻在石板上，以备佛法灭亡的到来，这起始于犍陀罗弥勒信仰①。日本学者伊藤美重子女士探讨了房山石经本《大智度论》同敦煌本的关系②。姚长寿先生爬梳房山石经中保存的华严宗初祖杜顺的《游复偈》和二祖智俨的《一乘法界图合诗一印》，对这两部长期有争议的著作再行考证，认为：《游复偈》可能是唐末五代禅僧所作，房山石经中保存的《释花严游复偈》是了解唐末五代华严和禅交流的宝贵资料。《法界图》为智俨所作，《大正藏》所收《华严一乘法界图》系义湘对智俨《一乘法界图合诗一印》的注释③。

综合而言，精细地解读宗教文献、通过文献把握历史一直是日本学者最熟悉的路数和长项。这为我们进一步研究和阐释幽州地区的佛教与社会提供了必要的基础。

### 四 幽州地方势力与佛教

幽州地方势力乃推进当地佛教发展的主体。日本学者气贺泽保规先生明确提出：房山石经的施主、题记对探讨幽州地方的社会阶层、信仰组织是十分贵重的史料④。

在唐前期，房山石经题记中出现不少来自附近羁縻州的内蕃胡人。他们当中有人参与佛教活动，也有人正式皈依佛教。这是讨论胡汉文化交流以及幽州地域文化应该关注的问题。日本的森部丰先生研究过房山石经题记中的粟特胡人⑤。其实，石经题记中也出现不少其他族群的胡人，特别是酋豪家族。这对我们理解唐廷大力支持云居寺刻经事业的原因，原本信奉祆教的粟特胡安禄山、史思明在幽州地区大做佛教功德的动机，大有裨益。

---

① ［日］小谷仲男：《犍陀罗弥勒信仰同隋唐末法思想》，载［日］气贺泽保规编《中国佛教石经的研究——特别以房山云居寺石经为中心》，京都大学学术出版会1996年版，第107—131页。

② ［日］伊藤美重子：《敦煌本〈大智度论〉的整理》，载［日］气贺泽保规编《中国佛教石经的研究——特别以房山云居寺石经为中心》，京都大学学术出版会1996年版，第339—409页。

③ 姚长寿：《房山石经华严典籍考》，载［日］气贺泽保规编《中国佛教石经的研究——特别以房山云居寺石经为中心》，京都大学学术出版会1996年版，第411—437页。

④ ［日］气贺泽保规：《绪论——〈房山石经〉新研究的意义》，载［日］气贺泽保规编《中国佛教石经的研究——特别以房山云居寺石经为中心》，京都大学学术出版会1996年版，第9页。

⑤ ［日］森部丰：《唐代河北地区的粟特人——以开元寺三门楼石柱题名及房山石经题记为中心》，《史镜》第45卷，2002年，第20—36页。

林元白先生介绍了《大唐云居寺石经堂碑》的史料价值，并录文、标点。此碑乃幽州大都督府的一名官吏应沙门玄英之请而撰写，叙述佛法进入中国及流传过程、石经堂的经营状况。这是当地名士撰文表彰刻经事业①。魏来先生和翟杜鹃女士探讨了房山云居寺的开元十年（722）石塔，涉及这座七级密檐式塔的建筑形制、塔铭所透露的历史信息、塔身上精美纹饰的象征意义以及造塔功德主的身份。该文认为：此塔身第三层正面雕刻一狮逐二鹿一象之图，大象表示佛陀乘象入胎及以后的诞生，双鹿表示佛陀在鹿野苑初转法轮，而狮子则表示佛陀说法的狮子吼。塔身第三层背面为女人乘凤图，似乎是表达超度、升仙的图案。灵凤之上的女人形象极可能就是造塔功德主的亡妻。这篇文章还指出：造塔者李文安系易州（今河北易县）新安府的统军长官，其所辖兵丁不少，其亡妻薛氏当出自河东薛氏家族，为名将薛仁贵的后代。在唐前期，河东薛氏家族持续经略幽州地区，并立下赫赫战功，成为当地大族②。

日本学者气贺泽保规先生选取典型的造经题记研究府兵与幽州地域佛教之关系，关照到唐后期以刘济、刘总父子为代表的藩帅对云居寺刻经事业的支持③。冯金忠先生概括叙述了唐后期河北藩镇的佛教活动，其中涉及到幽州镇④。冯金忠先生认为：唐后期幽州地区佛教兴盛与幽州历任节度使崇重佛教的政策密切相关。幽州镇动乱频频，节度使继任多通过政变方式，这使节度使和军政官员常有很强的危机感，他们往往求助于佛教，从中寻求精神寄托和慰藉。冯先生主要关注僧传和房山石经等反映的宗教活动，指出在唐后期，幽州镇境内高僧进出十分频繁，以云居寺为中心的地区存在定期性人口流动。这种流动虽以幽州镇居多，但也有相当数量的人口来自其他地区，幽州镇跟其他地区的联系仍很紧密，

---

① 林元白：《房山石经拓印中发现的唐代碑刻——介绍〈大唐云居寺石经堂碑〉》，原载《现代佛学》1958年第1期，此据吕铁钢主编、中国佛教文化研究所编《房山石经研究》第1册，中国佛教文化出版有限公司1999年版，第137—148页。

② 魏来、翟杜鹃：《房山云居寺开元十年造石塔相关问题初探》，《纪念房山石经与云居寺创建1400周年暨中国佛教协会发掘拓印房山石经60周年国际学术讨论会论文集》，北京，2016年9月，第290—341页。

③ ［日］气贺泽保规：《唐代房山云居寺的发展与石经事业》，载［日］气贺泽保规编《中国佛教石经的研究——特别以房山云居寺石经为中心》，京都大学学术出版会1996年版，第51—64、78—82页。

④ 冯金忠：《燕赵佛教》第3章《隋唐五代时期燕赵佛教》，中国社会科学出版社2009年版，第71—76页。

并未因政治原因而中断,因此有必要重新认识割据型藩镇的性质和历史地位①。日本学者气贺泽保规先生通过对《房山石经(隋唐刻经)》的整理和分析,考察唐后期幽州地区的各种社会势力。在唐后期,刻经事业的主体是幽州卢龙节度使以及与之关联的地方权力。节度使自身是佛教徒,同时通过佛教收买人心,来巩固他们不安定的权力基础。刊刻石经正是具体表明其信仰的恰当手段②。日本的松浦典弘先生主要运用房山石经等碑志材料,概述唐后期幽州卢龙节度使在当地佛教事业发展中的主导作用,并指出其怀柔当地民众之意图③。刘琴丽女士利用《房山石经题记汇编》来探讨三个问题:其一,唐代幽州军人对云居寺刻经事业有巨大贡献;其二,幽州军人刻经除了为家人、亲属祈福外,主要体现为为节度使及其家人祈福、为节度使的生日祝寿,节度使及其属下军将为帝王或民众祈福等;其三,佛教已经成为幽州军将政治宣传的工具,房山石经题记反映出幽州军界的动荡局面及浓厚的地域主义观念④。

冯金忠先生注意到:在晚唐时期,河北地区石经山巡礼之风很盛。根据巡礼石碑的题记,题名多出于祈求自己和家人平安、去病消灾、延年益寿、官运亨通等。巡礼人员的构成非常复杂,有官吏、乡贡进士、乡贡明经、百姓、僧尼和道士,来自幽州镇和易定镇的信徒占绝大多数,幽州镇境内的营、平、檀、妫等州不见记载,妫州(今河北怀来东南)人口稀少是巡礼者留下的记载偏少的因素之一。巡礼者还往往单独刻经供奉。僧尼和俗信徒多选择四月八日佛诞节或二月八日释迦得道日等巡礼题名⑤。日本学者气贺泽保规先生认为:在唐朝后期,推进刻经事业的又一势力是

---

① 冯金忠:《幽州镇与唐代后期人口流动——以宗教活动为中心》,原载《青岛大学师范学院学报》2007年第1期,第5—11页,此据冯金忠《唐代河北藩镇研究》第5章《唐代河北藩镇统治下的人口流动——以宗教活动为中心》,科学出版社2012年版,第54—66页。

② [日]气贺泽保规:《从房山石经隋唐刻经看唐朝后期的河北社会》,打印稿,2009年,第1—3页。

③ [日]松浦典弘:《唐代河北地域的藩镇与佛教:以幽州(卢龙军)节度使为例》,《大手前大学论集》第10号,2009年,第57—76页。

④ 刘琴丽:《唐代幽州军人与佛教——以〈房山石经题记汇编〉为中心》,《世界宗教研究》2011年第6期,第24—32页。在20世纪50年代,日本学者松井秀一先生便论述过幽州卢龙镇内部具有强烈的地域主义思想,但是,他所采用的材料仅限于文献。[日]松井秀一:《卢龙藩镇考》,《史学杂志》第68编第12号,1959年,第13—19页。

⑤ 冯金忠:《唐代河北藩镇研究》第5章《唐代河北藩镇统治下的人口流动——以宗教活动为中心》,科学出版社2012年版,第62—66页。

河北地区的一般民众。他们从天宝年间（742—756）以"行"、"社"、"邑"等组织形式开始登场，其后个人姓名逐渐增加。开成五年（840）的《大般若经》石经碑的碑阴题记，整版皆为来自各地的"巡礼人"姓名，可能是为了纪念。作为其延续，唐末出现乖离刻经事业、专刻"巡礼"人姓名的"巡礼碑"。这些巡礼碑多刊刻于黄巢之乱发生的9世纪70、80年代[①]。自中唐以降，幽州城市居民组织的资金提供能力减退。幽州节度使辖区是云居寺的信仰圈和地域基础。唐朝后期河北地区人口移动频繁，房山石经题记中出现粟特人姓氏，他们与汉姓人士通婚，信仰佛教，汉化倾向明显。五台山和云居寺形成一系列"巡礼"热线。在黄巢之乱期间，河北地域人士可以聚集于云居寺，和平状态持续，证明黄巢之乱没能直接影响到河北[②]。

众多学者缕清了一些史实，揭示出一些非常有意义的现象。但是，他们未全面解析房山石经中大量的出自不同社会群体的祈愿文的心理动机和相关佛俗，也没有将这些现象纳入广阔的历史场景和社会背景中，进行系统深入的剖析。在唐后期，在胡化之风甚浓的幽州镇，军将和各阶层民众十分热衷于佛教事业。这一汉文化因子在当地宗教活动和政治生态中究竟扮演了什么角色？这又对晚唐、五代以及辽朝的文化面貌产生了什么影响？这对整个东亚世界的佛教发挥了什么作用？这些都是值得深入探索的问题。

### 五 "安史之乱""会昌法难"与幽州地区的佛教

安禄山叛乱和"会昌法难"对幽州地区佛教与社会产生的影响不容忽视。

关于安禄山和史思明在幽州城东悯忠寺所造之塔，以及史思明所立《悯忠寺宝塔颂》，已经有不少学者结合当时的政治形势做过分析[③]。但

---

① ［日］气贺泽保规：《从房山石经隋唐刻经看唐朝后期的河北社会》，打印稿，2009年，第1—3页。
② 同上书，第3—4页。
③ （清）王昶《金石萃编》卷91所收关于此碑的诸家题跋，参见新文丰出版公司编辑部编《石刻史料新编》第1辑第2册，新文丰出版公司1977年版，第1529—1532页；罗桑彭错述：《北平法源寺沿革考》，载吴柳屏主编《正风半月刊》第1卷第10期，1935年，第96—99页；《悯忠寺宝塔颂》史睿解题，载荣新江、张志清主编《从撒马尔干到长安——粟特人在中国的文化遗迹》，北京图书馆出版社2004年版，第153页。

是,《悯忠寺宝塔颂》本身蕴含的佛教思想,甚至安禄山、史思明与佛教的关系,俱能结合其他材料扩展讨论。这也是安禄山发动叛乱的宗教信仰背景。

日本学者气贺泽保规先生指出:在"安史之乱"中,幽州云居寺刊刻大部头的《大般若波罗密经》事业陷入低谷,但是仍未间断,至时局较为安定的唐德宗贞元年间(785—805),再度呈现繁盛局面。不过,刻经事业的援助者发生很大变化:其一,幽州地方的有关个人或组织成为承担者;其二,信奉佛教的庶民集团也发挥作用。在房山石经的题名中,组织名及代表者之姓名被大量个人名所取代。"安史之乱"以后,幽州地方势力兴起,各阶层信徒前往云居寺"巡礼"。被束缚在土地上的民众基于佛教信仰而进行流动。这种"巡礼"活动持续盛行,石经事业也获得"巡礼"人群的支持。这是中国从中世向近世转换的标志[①]。

关于幽州地域的禅宗,林元白先生概述了石经中唐玄宗《御注金刚经》的版本,玄宗亲自注释《金刚经》,并将之颁布天下、宣扬教化的始末,但此经并未入藏[②]。日本的衣川贤次先生认为:禅宗一直重视《金刚经》,玄宗可能在北宗神秀《观心论》的启发下作《御注金刚经》,然后,《御注金刚经》再影响到南宗文献《顿悟真宗论》[③]。据日本学者铃木哲雄先生研究,雪峰义存虽然在幽州悯忠寺受戒,却对今福建地区的禅宗影响甚大[④]。雪峰义存也重视戒律[⑤]。黄春和先生指出:在晚唐时期,河北北部的禅宗以盘山为基地,一些著名禅僧受到幽州节度使张仲武、张允伸的礼遇,形成幽州地区律宗与禅宗平分秋色的局面[⑥]。其实,在安史叛乱

---

① [日]气贺泽保规:《房山云居寺石经事业和"巡礼":唐代后半期的社会诸相与信仰世界》,郭雪妮译,载陈金华、孙英刚编《神圣空间:中古宗教中的空间因素》,复旦大学出版社2014年版,第236—253页。

② 林元白:《房山石经初分过目记》,载吕铁钢主编、中国佛教文化研究所编《房山石经研究》第1册,中国佛教文化出版有限公司1999年版,第129—132页。

③ [日]衣川贤次:《唐玄宗〈御注金刚般若经〉的复原与研究》,载项楚、郑阿财主编《新世纪敦煌学论集》,巴蜀书社2003年版,第124页。此文的修订本载《花园大学文学部研究纪要》第36号,2004年,第1—75页。目前,笔者尚未寻觅到该文的修订本,未及拜读。

④ [日]铃木哲雄:《唐五代禅宗史》前编第2章《福建之禅宗》,山喜房佛书林1997年版,第86—94页。

⑤ [日]铃木哲雄:《唐五代禅宗史》后编第2章《宗派的成立》,山喜房佛书林1997年版,第446—482页。

⑥ 黄春和:《唐幽州禅宗的传播及其影响》,《法音》1994年第7期,第18—21页。

之后，高深的佛学研究在幽州地区继续传承下来，并持续繁荣。既便在契丹的统治之下，华严宗和唯识学在这一区域仍然居于中心地位①。由此视之，"安史之乱"并未使幽州地区的佛教元气大伤，其深层原因还值得进一步探究。

以往许多学者认为：自唐中叶以后，河北藩镇骄纵跋扈，其节度使又都敬信佛教，不奉唐武宗毁佛之命，因此，"会昌法难"的影响不及河朔地区。日本僧人圆仁所撰《入唐求法巡礼行记》言河朔藩镇的节度使拒绝执行武宗的灭佛政策，汤用彤先生据此认为虽然"会昌毁法至严厉，但河北幸免也"②。冯金忠先生也提出：在"会昌法难"中，河北的佛教寺院和寺院经济不仅没有受到破坏和冲击，相反，这场法难成为河北佛教发展的重要契机。许多高僧投奔河北避难③。不过，地方政府的政策与当地佛教的实态虽有关联，却不能简单等同。刘淑芬先生解读成德镇镇州获鹿县本愿寺的佛教石刻，指出其碑刻、经幢上没有毁法期间的记录，所以，本愿寺应该没有受到"会昌法难"的影响④。严耀中先生分析"会昌法难"后湖州（今浙江湖州）地区陀罗尼经幢的信息，认为这次灭法其实并没有对当地佛教产生实质影响⑤。但是，对这一特殊时期幽州佛教的情况，学界还缺乏细致的专门讨论。佛教本来就牵涉到经济、社会和民众等诸层面，不完全是政府的态度和措施所能决定的。如日本学者气贺泽保规先生注意到：在"会昌法难"期间，云居寺的刻经事业陷于停滞，但幸免于毁坏，由此可以推测：灭佛的目的之一是阻止以信仰为理由的人群移动（即"巡礼"），使之重新束缚在土地上，谋求政治基础的安定⑥。日本学者气贺泽保规先生提及"会昌法难"影响石经的刊刻，值得注意。

---

① ［日］竺沙雅章：《宋元时代的慈恩宗》，原载《南都佛教》第50号，1983年，此据［日］竺沙雅章《宋元佛教文化史研究》第1部第1章，汲古书院2000年版，第3—26页。

② 汤用彤：《隋唐佛教史稿》第1章《隋唐佛教势力之消长》，中华书局1982年版，第49页。

③ 冯金忠：《幽州镇与唐代后期人口流动——以宗教活动为中心》，《青岛大学师范学院学报》2007年第1期，第7页。

④ 刘淑芬：《从本愿寺石刻看唐代获鹿的地方社会》，收入刘淑芬《中古的佛教与社会》，上海古籍出版社2008年版，第122—123页。

⑤ 严耀中：《会昌灭佛后的湖州唐陀罗尼经幢——兼论武宗灭法对佛教的影响》，《佛学研究》2000年第6期，第102—108页。

⑥ ［日］气贺泽保规：《从房山石经隋唐刻经看唐朝后期的河北社会》，打印稿，2009年，第4页。

但是，他推测灭佛的原因之一是阻止人口流动，并无任何史料支撑，显得有些牵强。

会昌毁佛对幽州地域的佛教与社会究竟产生了什么影响，我们不能仅停留在地方官的政策和行为层面进行推论，尽管这些因素在一定程度上确能左右当地佛教的运行轨迹，但绝对不能代表当地佛教的全部实际情况。因此，这一问题亟待更具体、深入的研究。

### 六　唐幽州佛教对辽代佛教的影响

辽朝以崇佛著称，其佛教深受唐代佛教之影响[①]。笔者从佛学传统、佛教政策和佛教信仰三个层面论证过辽代佛教对唐代佛教传统的继承和发扬[②]。

近些年，随着考古材料的不断发现和刊布，辽代佛教艺术考古已经成为国际艺术史学界的前沿和热点。李清泉先生以宣化辽墓为中心，选取《备茶图》、《备经图》、《三教会棋图》、真容偶像葬、多角形墓室与陀罗尼经幢进行分析，讨论汉传佛教文化对辽朝汉人、乃至契丹人的佛塔、墓葬的壁画、形制产生的深层影响[③]。美国学者夏南悉（Nancy Shatzman Steinhardt）先生首先注意到辽朝八角形墓葬与八角形塔之间的密切关系。辽代八角形塔汲取了佛教不同宗派的艺术形式，包括方形塔、古印度之塔及曼陀罗，又被赋予新的意义[④]。霍杰娜女士指出：佛教"八大菩萨""八大灵塔"的观念首先影响到佛塔，然后八角形佛塔又影响到辽代墓葬的形制[⑤]。李清泉先生从考古学角度详细阐释了八角形的辽塔如何影响到墓葬的形制，并指出密教陀罗尼信仰及经幢是关键因素[⑥]。

---

[①] 尤李：《辽代佛教研究评述》，原载《中国史研究动态》2009年第2期，第12—18页，此据尤李《多元文化的交融——辽代历史与文化研究》，中国社会科学出版社2013年版，第187—200页。已将相关研究列出并评论，此不赘述。

[②] 尤李：《守望传统——辽代佛教的历史走向》，硕士学位论文，北京大学，2006年。

[③] 李清泉：《宣化辽墓——墓葬艺术与辽代社会》第4章《宣化辽墓壁画图像内容、功能与意义（下）——以后室为中心》、第5章《真容偶像与多角形墓葬》，文物出版社2008年版，第177—332页。

[④] Nancy Shatzman, Steinhardt, *Liao Architecture*, Honolulu: University of Hawaii Press, 1997, p.398.

[⑤] 霍杰娜：《辽墓中所见佛教因素》，《文物世界》2002年第3期，第18—20页。

[⑥] 李清泉：《宣化辽墓——墓葬艺术与辽代社会》第5章《真容偶像与多角形墓葬》，文物出版社2008年版，第294—317页。

辽代密教的渊源迄今还没有得到十分圆满的解释。中日很多学者通过分析辽代高僧的著作,指出辽代密教在上层知识体系和哲学表达中继承了唐密①。在辽代社会,依据杂密经典《无垢净光大陀罗尼经》建立的无垢净光塔数量不少。近年来,有一些学者探讨辽代庆州(今内蒙古巴林右旗)释迦佛舍利塔(简称庆州白塔)。有学者认为:辽兴宗重熙十八年(1049),朝廷在庆州建造释迦佛舍利塔,刚好在重熙二十一年(1052)末法来临之前三年,这是契丹皇室为了防备佛法灭亡而作的努力。朝阳北塔的建立也是出于同样的缘由。无垢净光舍利塔之名在辽代频频出现,影响及朝鲜和日本。虽然《无垢净光大陀罗尼经》在唐代已经译出,但在唐宋时代没有得到普遍重视。而辽代的佛教信徒却修建大量无垢净光塔埋藏舍利。同时,朝鲜也如此。在8世纪,日本的佛教信徒也建造许多微型塔埋藏舍利。修建特定之塔来埋藏舍利,似乎是东北亚地区的传统②。邱瑞中先生提出:建造庆州白塔的经典依据是《无垢净光大陀罗尼经》,钦哀后因为病重而在重熙十六年(1047)修建白塔,这位皇后惧怕被她残杀的仁德皇后等冤魂索命③。日本的古松崇志先生采用碑刻材料论述庆州释迦佛舍利塔的修建过程,注意到建塔的经典依据——《无垢净光大陀罗尼经》,并结合塔中所藏文物与此经内容进行细致分析④。

在辽代社会,杂密经典《佛顶尊胜陀罗尼经》亦非常盛行。刘淑芬先生讨论唐代社会佛顶尊胜信仰之文,就大量谈及辽代的尊胜经幢⑤。毫

---

① 参见尤李《辽代佛教研究评述》,收入尤李《多元文化的交融——辽代历史与文化研究》,中国社会科学出版社2013年版,第187—189页。

② Hsueh-man Shen, "Realizing the Buddha's *Dharma* Body during the *Mofa* Period: A Study of Liao Buddhist Relic Deposits", *Artibus Asiae*, 61, 2, 2001, pp. 269, 295 – 296.

③ 邱瑞中:《从庆州、雷峰二塔经卷看佛教功德观与印刷术产生发展之关系》,《内蒙古师大学报》1996年第4期,第97—100页;邱瑞中:《辽庆州白塔佛教文物安置规矩与建塔缘起考》,《内蒙古社会科学》1996年第6期,第35—40页。

④ [日]古松崇志:《庆州白塔创建之谜——11世纪契丹皇太后奉纳之佛教文物》,载《辽文化·辽宁省调查报告书》,京都大学大学院文学研究科2006年版,第133—175页。

⑤ 刘淑芬:《〈佛顶尊胜陀罗尼经〉与唐代尊胜经幢的建立——经幢研究之一》,《中央研究院历史语言研究所集刊》第67本第1分,1996年,第145—191页;刘淑芬:《经幢的形制、性质和来源——经幢研究之二》,《中央研究院历史语言研究所集刊》第68本第3分,1997年,第643—725页;刘淑芬:《墓幢——经幢研究之三》,《中央研究院历史语言研究所集刊》第74本第4分,2003年,第673—763页。后来,刘淑芬先生将这一组文章汇集起来,出版《灭罪与度亡——佛顶尊胜陀罗尼经幢之研究》(上海古籍出版社2008年版)一书。

无疑问,她认为辽朝的佛顶尊胜信仰应被视为唐代流行的杂密因子的延续。笔者发表《房山石经本〈佛顶尊胜陀罗尼经〉及相关问题考论》一文,梳理房山石经中《佛顶尊胜陀罗尼经》的版本及刊刻情况,并结合8—11世纪华北北部(唐幽州地域、辽南京道)的地方社会,从族群史角度考察佛顶尊胜经幢在当地流布及风靡之状况。在政权更迭频繁、多元文化交汇的背景之下,华北北部民间社会的佛顶尊胜信仰保持了很强的延续性。至辽朝中后期,这一信仰也影响到契丹贵族。辽代密教的渊源除了唐密,还包括杂密和直接来自印度的因素。在辽朝中后期,南京道地区的汉族民众也为契丹统治者建造经幢祈福。这些均为中古时期不同文化交融互动和族群关系演进过程中值得重视的问题[①]。

综上所述,迄今为止,关于唐代幽州地区的佛教与社会的研究,许多学者注重当地的区域性特征,将出土文物(尤其是房山石经)与文献材料结合进行分析,既关注上层精英,也探究下层平民。某些学者还引入艺术考古的视角,重视图像对佛教传播的作用。但是,从总体来讲,还是就事论事、孤立讨论佛学或佛教信仰本身的论著居多,关于这一阶段幽州地域佛教与社会的整体面貌,仍然缺乏系统的、有深度的综合性探析。当代的学术研究,不能仅仅局限于考证文献和揭示现象。如何在此基础上,做出更深入、更有意义的历史研究,值得我们深思和努力。

---

① 尤李:《房山石经本〈佛顶尊胜陀罗尼经〉及相关问题考论》,原载《暨南学报》2009年第2期,第215—223页,此据尤李《多元文化的交融——辽代历史与文化研究》,中国社会科学出版社2013年版,第44—57页。

# 第一章

# 唐代幽州地区的文化面貌及寺院分布

法国年鉴学派的代表人物费尔南·布罗代尔（Fernand Braudel）非常注重地理空间与历史进程的辨证关系，他将时间划分为三个层次：第一，地理时间，即几乎静止的历史，人与周围环境的关系史；第二，社会时间，指社会史、群体史或集团史，以经济、国家、社会、文明为研究对象；第三，个人时间，亦即个人规模的历史、事件史①。唐代幽州地域具有独特的自然特征和人文特征。本书拟首先探讨这一特殊自然和人文单元的社会文化，此正是布罗代尔所谓的第二层次的社会时间，并以此为基础来论述该地域的佛教与社会。

## 第一节 唐代幽州地域的文化特征

唐代的幽州地域位于河北北部。陈寅恪先生早就论述过河朔地区的胡化问题：在唐前期，不少胡人迁入河北地区是当地沾染胡风的重要原因②。"玄宗后半期以蕃将代府兵，为其武力之中坚，而安史以蕃将之资格，根据河北之地，施行胡化政策"，河北之地遂转变为一胡化地域③。"安史之乱"以后，河北藩镇与中央政府，不仅政治、军事、财政不能统

---

① [法] 费尔南·布罗代尔：《菲利普二世时代的地中海和地中海世界》第1卷《第一版序言》，唐家龙、曾培耿等译，吴模信校，商务印书馆1996年版，第8—10页。
② 陈寅恪：《唐代政治史述论稿》上篇《统治阶级之氏族及其升降》，载陈美延编《陈寅恪集》，生活·读书·新知三联书店2001年版，第230—234页。
③ 陈寅恪：《论唐代之蕃将与府兵》，原载《中山大学学报》1957年第1期，此据陈寅恪《金明馆丛稿初编》，载陈美延编《陈寅恪集》，生活·读书·新知三联书店2001年版，第309—310页。

一，社会文化亦完全不同。河朔地区民间社会未深受汉文化影响[①]。谷霁光[②]、吴光华[③]、马驰[④]、李鸿宾[⑤]、李松涛[⑥]等先生已经指出：在"安史之乱"前，幽州地区在政治、军事和文化方面已经存在跟中央政府分离的倾向。本书拟专门分析作为中原和河北边缘区的幽州地域的特殊文化风貌[⑦]。

## 一 幽州——胡汉文化交融之地

在唐代，幽州大都督府或总管府"管幽、易、平、檀、燕、北燕、营、辽等八州"[⑧]。唐穆宗长庆（821—824）初年，幽州卢龙节度使刘总"累疏求入觐，兼请分割所理之地，然后归朝。其意欲以幽、涿、营州为一道，请弘靖理之；瀛州、漠（莫）州为一道，请卢士玫理之；平、蓟、妫、檀为一道，请薛平理之"[⑨]。由此视之，在中唐时期，幽州卢龙节度使的辖区为：幽、涿、营、瀛、莫、平、蓟、妫、檀九州。在后晋天福二年（937）被晋高祖石敬瑭正式割让给契丹之前，幽州卢龙镇长期统辖这九个州。文献材料又常称幽州卢龙节度使辖区为"燕地""燕土"，谓该镇军队为"燕军"。随着形势变化，幽州卢龙节度使辖区略有变动，但大

---

[①] 陈寅恪：《唐代政治史述论稿》上篇《统治阶级之氏族及其升降》，载陈美延编《陈寅恪集》，生活·读书·新知三联书店2001年版，第203、209—210页。
[②] 谷霁光：《安史乱前之河北道》，载谷霁光《谷霁光史学论文集》第4卷《杂著》，江西人民出版社、江西教育出版社1996年版，第180—191页。
[③] 吴光华：《唐代幽州地域主义的形成》，载淡江大学中文系主编《晚唐的社会与文化》，台湾学生书局1990年版，第227—234页。
[④] 马驰：《唐幽州境侨置羁縻州与河朔藩镇割据》，载荣新江主编《唐研究》第4卷，北京大学出版社1998年版，第199—213页。
[⑤] 李鸿宾：《唐朝中央集权与民族关系——以北方区域为线索》第5章《安史之乱反映的蕃族问题》，民族出版社2003年版，第120—140页。
[⑥] 李松涛：《唐代前期政治文化研究》第6章《河北北部安史武装集团的形成》，台湾学生书局2009年版，第191—233页。
[⑦] 日本学者村井恭子女士在前人研究的基础上，从人力和物资移动、流通的角度，总结出幽州是北方诸族与汉人交界之区域，边境防卫重地，在军事防御、交通运输、对外交涉和商业贸易方面具有重要功能（参见[日]村井恭子《唐代边境防卫城市幽州——以移动和流通为中心》，载[日]井上彻、杨振红《中日学者论中国古代城市社会》，三秦出版社2007年版，第148—177页。本书的论证角度和重点与村井氏不同。
[⑧] （后晋）刘昫等：《旧唐书》卷39《地理志二》，中华书局1975年标点本，第1513页。
[⑨] （后晋）刘昫等：《旧唐书》卷143《刘济传》，中华书局1975年标点本，第3903页。（宋）欧阳修、宋祁《新唐书》卷212《刘济传》，中华书局1975年标点本，第5976页。两书所记略同。

致不出这个范围。这也是本书所讨论的地理空间范围。

（一）边陲重镇

唐代的幽州地区居于农耕文化与游牧文化交汇之地，系各族群频繁交流和唐廷东北边防之重地。幽州城地处河北通往东北的咽喉，为大运河的起点，既是唐朝北方的军事重镇，又是重要的经济文化中心。《太平寰宇记》引《元和郡县图志》云："蓟城（幽州城）南北九里，东西七里，开十门。"①

《唐六典》载：河北道之"幽、营、安东，各管羁縻州。东并于海，南迫于河，西距太行、恒山，北通渝关、蓟门"。小注曰："渝关在平州（今河北卢龙）东，蓟门在幽州北。"② 其名山有"碣石之山"，小注又云："碣石在营州东。"③ 河北道"远夷则控契丹、奚、靺鞨、室韦之贡献焉"④。显然，河北地区在沟通中原和东北族群方面发挥着纽带作用。

日本学者村井恭子女士提出：唐代幽州城本是高度军事化的城市，幽州城内诸坊当有具备防御性的城墙⑤。李松涛先生认为：在安史乱前，幽州镇所辖之燕山缘关五州（幽州、檀州、妫州、蓟州和平州，今北京市及密云区、河北怀来东南、天津蓟县和河北卢龙）不仅是中原与东北塞外的交通要道，还是唐朝东北地区的军事防御屏障⑥。幽州镇同时担负着防御东北族群入侵的重任，唐廷在此地驻有重兵。《旧唐书·地理志》载：

> 范阳节度使，临制奚、契丹，统经略、威武、清夷、静塞、恒阳、北平、高阳、唐兴、横海等九军。⑦

---

① （宋）乐史：《太平寰宇记》卷69《河北道一八》，王文楚等点校，中华书局2007年版，第1399页。又见于（清）顾祖禹《读史方舆纪要》卷11《北直二》，贺次君、施和金点校，中华书局2005年版，第443页。

② （唐）李隆基撰、李林甫注：《大唐六典》卷3《尚书户部》，户部郎中员外郎条，[日]广池千九郎训点、[日]内田智雄补订，三秦出版社1991年版，第56页。

③ 同上。

④ 同上书，第57页。

⑤ [日]村井恭子：《唐代边境防卫城市幽州——以移动和流通为中心》，载[日]井上彻、杨振红编《中日学者论中国古代城市社会》，三秦出版社2007年版，第156—177页。

⑥ 李松涛：《唐代前期政治文化研究》第6章《河北北部安史武装集团的形成》，台湾学生书局2009年版，第212—233页。

⑦ （后晋）刘昫等：《旧唐书》卷38《地理志一》，中华书局1975年标点本，第1387页。

其小注曰：

> 经略军，在幽州城内，管军三万人，马五千四百匹。
> 威武军，在檀州（今北京密云）城内，管兵万人，马三百匹。
> 清夷军，在妫州（今河北怀来东南）城内，管兵万人，马三百匹。
> 静塞军，在蓟州（今天津蓟县）城内，管兵万六千人，马五百匹。
> 恒阳军，在恒州（今河北正定）城东，管兵三千五百人。
> 北平军，在定州（今河北定州）城西，管兵六千人。
> 高阳军，在易州（今河北易县）城内，管兵六千人。
> 唐兴军，在莫州（今河北任丘北）城内，管兵六千人。
> 横海军，在沧州（今河北沧州东南）城内，管兵六千人。①

范阳节度使即幽州节度使，又称卢龙节度使，或谓幽州卢龙节度使。唐代"诗仙"李白作诗《出自蓟北门行》云：

> 虏阵横北荒，胡星耀精芒。羽书速惊电，烽火昼连光。
> 虎竹救边急，戎车森已行。明主不安席，按剑心飞扬。
> 推毂出猛将，连旗登战场。兵威冲绝幕，杀气凌穹苍。
> 列卒赤山下，开营紫塞傍。孟冬风沙紧，旌旗飒凋伤。
> 画角悲海月，征衣卷天霜。挥刃斩楼兰，弯弓射贤王。
> 单于一平荡，种落自奔亡。收功报天子，行歌归咸阳。②

该诗选取"虏阵""胡星""羽书""烽火"等边塞地区的代表性元素，以华美的词彩描绘出幽州战场惊心动魄的场景。诗中所言"楼兰""贤王"、"单于"、"咸阳"，均系借用秦汉王朝大破楼兰、匈奴之典，来讴歌建功立业之理想，渲染内蕴深厚的意境。概括而言，这首诗

---

① （后晋）刘昫等：《旧唐书》卷38《地理志一》，中华书局1975年标点本，第1387页。
② （清）王琦注：《李太白全集》，中华书局1977年版，第314—315页。

反映盛唐幽州地域之风貌，表现当地沾染胡化之风，且负有防御塞外族群的重任。

唐代边塞诗人高适于唐玄宗开元二十年（732）冬自蓟北（即幽州）归来，著诗《蓟门五首》①，诗曰：

>蓟门逢古老，独立思氛氲。
>一身既零丁，头鬓白纷纷。
>勋庸今已久，不识霍将军。
>
>汉家能用武，开拓穷异域。
>戍卒厌糟糠，降胡饱衣食。
>关亭试一望，吾欲涕沾臆。
>
>幽州多骑射，结发重横行。
>一朝事将军，出入有声名。
>纷纷猎秋草，相向角弓鸣。
>
>黯黯长城外，日没更烟尘。
>胡骑虽凭陵，汉兵不顾身。
>古树满空塞，黄云愁杀人。
>
>边城十一月，雨雪乱霏霏。
>元戎号令严，人马亦轻肥。
>羌胡无尽日，征战几时归？②

这五首诗亦描述盛唐时代幽州地域的景象。其中"霍将军"（即霍去病）、"汉家能用武"之辞，皆系引用汉代之典故。作者将现实的自然人文景观和个人情感的跌宕融为一体，提炼优美的诗意，并赋予深刻的寄托。所谓"幽州多骑射，结发重横行"，"纷纷猎秋草，相向角弓鸣"，

---

① 刘开扬：《高适诗集编年笺注》，中华书局1981年版，第6页。
② 同上书，第33—34页。

"胡骑虽凭陵,汉兵不顾身"云云,则充分点出唐军驻营幽州之盛况以及幽州作为边陲重镇的特点。

唐代文学家贾至所作《燕歌行》曰:"国之重镇惟幽都,东威九夷北制胡。……我唐区夏余十纪,军容武备赫万祀。彤弓黄钺授元帅,垦耕大漠为内地。"① 唐玄宗朝宰相张九龄也说:"渔阳、平卢,东北重镇,匈奴断臂,山戎扼喉,节制之权,莫不在此。"② 这些都形象地刻画出幽州在防御东北族群方面的战略地位。

唐玄宗开元二十二年(734),与唐廷为敌的契丹首领屈烈和可突于被斩之后,张九龄书《敕宴幽州老人》曰:"林胡翻覆,荐岁不宁。戎马之乡,良亦艰苦。"③ 唐代文献常用春秋时代的戎狄林胡借指契丹和奚④。可突于被杀之后,张九龄写于开元二十三年(735)的《开元纪功德颂并序》云:

> 而东夏郡县、北隙山戎,先是四十年,侵轶数百里。自兹气夺,数以病告。既威让之不恭,且力制之不可。……幽郭未遑以灭烽,边城安得而弛柝？旷日持久,兵连祸结,率由事边,是无宁岁。⑤

由此可见,幽州作为边境要塞,战事十分频繁。

幽州大都督府所辖之易州地处边境,民风彪悍。《唐故义武军节度支度营田易定观察处置等使检校司空同中书门下平章事赠太傅上谷郡王张公邓国夫人谷氏墓志铭并序》曰:谷氏之"考崇义,天宝(742—756)末以雄略气,敢从渔阳之师,每建奇功,亟摧北狄"⑥。此系歌颂谷崇义在天宝末年跟从幽州镇军队与北方异族作战,立下赫赫战功。唐僖宗广明

---

① (清)彭定求等:《全唐诗》卷19《燕歌行》,中华书局1960年版,第225页。又见于同书卷235,第2594页。
② (唐)张九龄:《张九龄集校注》卷8《敕幽州节度(副大使)张守珪书》,熊飞校注,中华书局2008年版,第543页。
③ (唐)张九龄:《张九龄集校注》卷7《敕宴幽州老人》,熊飞校注,中华书局2008年版,第504页。
④ (唐)张九龄:《张九龄集校注》卷5《开元纪功德颂并序》,熊飞校注,中华书局2008年版,第403页,注释37。
⑤ 同上书,第396页。
⑥ (唐)权德舆:《权德舆诗文集》,郭广伟校点,上海古籍出版社2008年版,第411页。

(880—881)中，文林郎、守满城县令、辟军事衙推王悚所撰《开元寺陇西公经幢赞并叙》云："上谷郡（即易州）扼燕赵之中枢，标河山之壮观，俗惟犷悍，兵本骁雄。苟非正人，孰董斯任？洎天子忧边，乃心北眷，爰命陇西公付之是理。……由是西临朔塞，北拒胡尘。或雕斗昼惊，或烽烟□起。虽军兵示勇，壁垒争雄。而蜂虿难防，犬羊易扰。"① 易州作为边防要塞的特征跃然于上。

要言之，在安史乱前，幽州（范阳）节度使具有防御两蕃、突厥侵扰的功能，内蓄胡人以尚武的特长进入唐朝的政治体系，形成自主的政治军事力量——安史武装集团②。在安史乱后，尽管儒学在幽州地域具有影响，但在时人心目中，尤其是与中原正统文化的中心长安相比，仍然是"天下指河朔若夷狄然"③。后晋史臣如此评论幽州："彼幽州者，列九围之一，地方千里而遥，其民刚强，厥田沃壤。远则慕田光、荆卿之义，近则染禄山、思明之风。二百余年，自相崇树，虽朝廷有时命帅，而土人多务逐君。习苦忘非，尾大不掉，非一朝一夕之故也。"④ 后晋史臣赞曰："碣石之野，气劲人豪。二百余载，自相尊高。"⑤ 其中，"田光"和"荆卿"（即荆轲）均为战国时代燕国的著名豪侠，而"禄山"、"思明"则分别指占据幽州、起兵反唐的胡人将领安禄山和史思明。显然，在官方史家的笔下，幽州地区胡化、尚武之风浓厚，而且具有割据倾向。这些特征乃长期演化而成，已经"积重难返"。

唐代的幽州地区屯田数量大，范围广，并发展稻田种植，以益军储。燕北宜畜牧，盛产马、羊等牲畜⑥。不过，当地战争频繁，民众负担颇重。开元二十二年（734）六月，"幽州节度使张守珪大破契丹，

---

① （清）陆心源辑：《唐文续拾》卷7，（清）董诰等编：《全唐文》，中华书局1983年版，第11244—11245页。

② 李松涛：《唐代前期政治文化研究》第7章《"安史乱"前中央政府与华北社会之关系》，台湾学生书局2009年版，第249—261页。

③ （宋）欧阳修、宋祁：《新唐书》卷148《史孝章传》，中华书局1975年标点本，第4790页。

④ （后晋）刘昫等：《旧唐书》卷180，中华书局1975年标点本，第4683页。

⑤ 同上。

⑥ 张泽咸：《汉晋唐时期农业》第2章《黄淮海平原区农牧业》，中国社会科学出版社2003年版，第163—165页。

遣使献捷"①。对此重大战果，张九龄撰《敕择日告庙》云："边境为患，莫甚于林胡。朝廷是虞，几烦于将帅，车徒屡出，刍粟载劳，使燕赵黎氓，略无宁岁。……幽州节度［使］、副大使张守珪等，乘间电发，表里奋讨。积年逋诛，一朝翦灭。则东北之祲，便以廓清；河朔之人，差宽征戍。"②如上文所论，"林胡"当指契丹和奚。所云张守珪等"乘间电发，表里奋讨，积年逋诛，一朝翦灭"，实指张守珪利用契丹的内斗，抓住有利时机，诛灭了桀骜不逊的契丹领袖可突于，为唐廷解决了一个棘手的人物。正如张九龄所作《敕宴幽州老人》谓："而贼虏自叛，天实诱之。主将致诛，略无遗噍。实除边患，且减征徭。"③在这种形势下，奚人亦叛离契丹，向唐廷投诚④。开元二十三年（735）二月己亥，"以奚、契丹既平，宰臣裴耀卿、张九龄、李林甫等奏贺曰：'奚及契丹，尤近边鄙，侵轶是虑，式遏成劳。……陛下独断宸襟，高夺群议，以为顿兵塞下，转粟边军，旷日持久，役无宁岁。若不因利乘便，一举遂平，使迁善者自新，为恶者就戮，其劳不久，永息我人。'"⑤ 这些文辞充分说明：因为契丹和奚对唐朝的东北边境构成威胁，唐廷不得不在这一地区布置重兵防守，导致河北地区的民众负担沉重。直到开元二十二年（734），幽州节度使张守珪对契丹和奚作战取得胜利，才减轻了这一区域民众的负担。

（二）胡汉杂居

唐代幽州地域的居民复杂多样，既有汉人，也有各种胡人。

在唐前期，已经有塞外人入居幽州地区。至唐玄宗时代，这一区域生活有契丹、奚、靺鞨、突厥、新罗、高丽、百济遗民、粟特、乌罗护等多个内附外族。在安史乱前，大量内蕃诸族羁縻于燕山缘关五州，这批胡人

---

① （宋）司马光等：《资治通鉴》卷214，唐玄宗开元二十二年六月壬辰，中华书局1956年标点本，第6807页。

② （唐）张九龄：《张九龄集校注》卷7《敕择日告庙》，熊飞校注，中华书局2008年版，第507页。又见于（宋）王钦若等编《册府元龟》卷12《帝王部·告功》，中华书局影印明本1960年版，第136页。两书用词略有不同。

③ （唐）张九龄：《张九龄集校注》卷7《敕宴幽州老人》，熊飞校注，中华书局2008年版，第504页。

④ （唐）张九龄：《张九龄集校注》卷8《敕（新来）投降奚等书》，熊飞校注，中华书局2008年版，第549页。

⑤ （宋）王钦若等编：《册府元龟》卷12《帝王部·颂德》，中华书局影印明本1960年版，第413页。

不但在唐朝的东北边防军中身居要职，更进而深刻影响此地的民俗民风。而安史叛军的主力，正是其麾下幽、妫、檀等州的蕃汉将领和胡汉士卒[①]。

至武周时期，契丹首领李尽忠叛乱之后，许多胡人部落寄住在幽州城内[②]。范阳节度使安禄山还在幽州城北筑雄武城（今河北宣化），豢养骁勇善战的曳落河8000余人。《安禄山事迹》曰：唐玄宗天宝十载（751），安禄山"日增骄恣。尝以曩时不拜肃宗之嫌，虑玄宗年高，国中事变，遂包藏祸心，将生逆节。乃于范阳筑雄武城，外示御寇，内贮兵器，养同罗及降奚、契丹曳落河（小注：蕃人谓健儿为曳落河。）八千余人为假子，及家童教弓矢者百余人，以推恩信，厚其所给，皆感恩竭诚，一以当百。又畜单于、护真大马习战斗者数万匹，牛羊五万余头"[③]。《旧唐书·安禄山传》也载："禄山阴有逆谋，于范阳北筑雄武城，外示御寇，内贮兵器，积谷为保守之计，战马万五千匹，牛羊称是。"[④]据此推之，安禄山亲自统领的腹心部队（由胡人组成）就驻扎在幽州城北面的雄武城[⑤]。

其实，唐幽州城内亦是既有汉人，也有胡人居住。这从"安史之乱"爆发后的一些史料可以窥知一些蛛丝马迹。据吴光华先生研究，在"安史之乱"末期，史朝义杀死其父史思明之后，胡人和汉人在幽州发生了一场流血大斗争，众多胡人被杀，结果是汉人势力击溃胡人势力[⑥]。从这

---

① 李松涛：《唐代前期政治文化研究》第6章《河北北部安史武装集团的形成》，台湾学生书局2009年版，第212—233页。

② 马驰：《唐幽州境侨置羁縻州与河朔藩镇割据》，载荣新江主编《唐研究》第4卷，北京大学出版社1998年版，第199—213页。

③ （唐）姚汝能：《安禄山事迹》卷上，曾贻芬点校，中华书局2006年版，第82—83页。

④ （后晋）刘昫等：《旧唐书》卷200上《安禄山传》，中华书局1975年标点本，第5369页。

⑤ 据宿白先生考证，安禄山开始筑雄武城，这座城在唐末五代称武州，入辽后改为归化州，即今河北宣化。参见宿白《宣化考古三题——宣化古建筑·宣化城沿革·下八里辽墓群》，《文物》1998年第1期，第49—50页。其他相关研究有张建设《唐代雄武军考》，《历史地理》第12辑，上海人民出版社1995年版，第208—211页，程存洁《唐代城市史研究初篇》，中华书局2002年版，第173—174页。李鸿宾先生比对传世文献与河北宣化唐墓中的雄武军信息，认为雄武军城当在幽州之西北的妫州界内（今河北宣化）。他还推测：最早建立的是雄武城，其位置即在幽州城之东北蓟州的广汉川，后来雄武城扩大为雄武军，驻地自蓟州东北处迁往幽州西北之妫州境，即今河北宣化界内。其位置之所以转变，可能是由"城"到"军"的扩张决定的。参见李鸿宾《唐幽州雄武军（城）位置再考》，载荣新江主编《唐研究》第16卷，北京大学出版社2010年版，第249—260页。

⑥ 吴光华：《唐代幽州地域主义的形成》，载淡江大学中文系主编《晚唐的社会与文化》，台湾学生书局1990年版，第227—234页。

场血斗可以推知:"安史之乱"前后,幽州城内是胡汉杂居的。

关于此次胡汉血斗,《通鉴·考异》所引《蓟门纪乱》叙述最详:

> 时朝义已杀思明,僭位,潜勒伪左散骑常侍张通儒、户部尚书康孝忠与朝兴衙将高鞫仁、高如震等谋诛朝兴。……城中蕃军家口尽逾城相继而去。鞫仁令城中,杀胡者皆重赏。于是羯、胡俱殪,小儿皆掷于空中,以戈承之,高鼻类胡而滥死者甚众。[①]

在安史叛乱前和叛乱期间,"城中蕃军家口"很可能都居住在幽州城内。前文提及安禄山在幽州城北建雄武城,其中驻扎众多善战的健儿曳落河,那么,在当时,这些胡兵的家属很可能就居住在幽州城内,《蓟门纪乱》所云"城中蕃军家口"就包括了他们。《蓟门纪乱》又曰:"时鞫仁在城中最尊……朝义以鞫仁为燕京都知兵马使",后来,史朝义任命李怀仙"为御史大夫、范阳节度使",李怀仙又杀高鞫仁,"自暮春至夏中,两月间,城中相攻杀凡四五,死者数千,战斗皆在坊市间巷间。但两敌相向,不入人家剽劫一物,盖家家自有军人之故,又百姓至于妇人小童,皆闲习弓矢,以此无虞"[②]。上引材料充分证明:幽州城内几乎全民皆兵,受胡化之风沾染甚深,在"安史之乱"前后,幽州城内均为胡汉混居。

另外,北宋大中祥符元年(1008)出使辽朝的使者路振描述幽州的情况,谓:"城中凡二十六坊,坊有门楼,大署其额,有罽宾、肃慎、卢龙等坊,并唐时旧坊名也。"[③] 从"罽宾"、"肃慎"这些坊名可以推断:唐幽州城内某些坊可能有外来胡人集中居住。唐宣宗大中十一年(857)

---

[①] (宋)司马光等:《资治通鉴》卷222,唐肃宗上元二年三月条,中华书局1956年标点本,第7109—7110页。又见于(唐)姚汝能《安禄山事迹》卷下小注,曾贻芬点校,中华书局2006年版,第112页;(宋)司马光等:《资治通鉴》卷222,唐肃宗上元二年三月条,中华书局1956年标点本,第7108页。

[②] (宋)司马光等:《资治通鉴》卷222,唐肃宗上元二年三月条,中华书局1956年标点本,第7110—7111页。

[③] 贾敬颜:《路振〈乘轺录〉疏证稿》,载贾敬颜《五代宋金元人边疆行记十三种疏证稿》,中华书局2004年版,第48页。鲁晓帆先生主要运用石刻材料,考出唐幽州城的26个坊:罽宾坊、肃慎坊、卢龙坊、花严坊、辽西坊、铜马坊、蓟北坊、燕都坊、军都坊、开阳坊、招圣坊、归仁坊、通闤坊、东通闤坊、劝利坊、时和坊、遵化坊、平朔坊、归化坊、敬客坊、通肆坊、蓟宁坊、宁里坊、来远坊、玉田坊、析津坊。其中一些坊名被辽南京、金中都沿袭使用。参见鲁晓帆《唐幽州诸坊考》,《北京文博》2005年第2期,第72—79页。

四月三十日《故幽州大都督府兵曹参军陈君墓志铭并序》书陈立行"没于府城之肃慎里"①。大中十二年（858）五月六日《唐故朝议大夫前行幽州大都督府录事参军幽州节度押衙使持节蓟州诸军事守蓟州刺史静塞军营田等使银青光禄大夫检校国子祭酒兼侍御史上柱国吴郡陆府君故夫人王氏墓志铭并序》称：王氏之夫陆岘于唐宪宗元和九年（814）"终于肃慎坊之私第"②。陈立行和陆岘似乎为汉人，可知中晚唐时期，有汉人居住于肃慎坊。不过，这是"安史之乱"末期幽州城胡汉血斗之后的情况，不能说明唐前期此坊就没有胡人聚居。

安禄山从小在蕃部里长大，信奉祆教。他"潜于诸道商胡兴贩，每岁输异方珍货计百万数。每商至，则禄山胡服坐重床，烧香列珍宝，令百胡侍左右，群胡罗拜于下，邀福于天。禄山盛陈牲牢，诸巫击鼓、歌舞，至暮而散"③。荣新江先生将此条材料与《朝野佥载》所记河南府立德坊等处祆庙的祭祀情形对照，指出这实为安禄山与胡人祭祀祆神的活动④。这条记录反映安禄山任范阳、平卢两节度以后的情形，地点当在幽州⑤。这一祭祀活动可能在幽州胡人经常聚集的某祆祠或官衙或安禄山的某处私宅⑥，具体位置已不可考。但这至少说明：幽州城内有一批信奉祆教的粟特人在活动。

## 二　幽州——胡汉沟通的桥梁

（一）沟通两蕃和中原王朝的媒介

《唐六典》称河北道"远夷则控契丹、奚、靺鞨、室韦之贡献焉"⑦，

---

① 周绍良主编、赵超副主编：《唐代墓志汇编》，上海古籍出版社1992年版，第2352页。
② 同上书，第2361—2362页。
③ （唐）姚汝能：《安禄山事迹》卷上，曾贻芬点校，中华书局2006年版，第83页。
④ 荣新江：《安禄山的种族与宗教信仰》，原载中国唐代文化学会编辑委员会《第三届中国唐代文化学术研讨会论文集》，乐学书局1997年版，此据荣新江《中古中国与外来文明》，生活·读书·新知三联书店2001年版，第239—240页。在此文的基础上，荣先生利用近年出土的粟特人考古和碑志新资料，回应相关研究论著提出的一些问题，进一步坚实安禄山利用祆教发动叛乱的观点，以《安禄山叛乱的种族与宗教背景》为题发表。参见中国社会科学院历史所隋唐宋辽金元史研究室编《隋唐辽宋金史论丛》第1辑，紫禁城出版社2011年版，第86—103页。
⑤ 荣新江：《北朝隋唐粟特聚落的内部形态》，载荣新江《中古中国与外来文明》，生活·读书·新知三联书店2001年版，第159—160页。
⑥ 荣新江：《北朝隋唐胡人聚落的宗教信仰与祆祠的社会功能》，载荣新江主编《唐代宗教信仰与社会》，上海辞书出版社2003年版，第406页。
⑦ （唐）李隆基撰、李林甫注：《大唐六典》卷3《尚书户部》，户部郎中员外郎条，[日]广池千九郎训点、[日]内田智雄补订，三秦出版社1991年版，第57页。

已经点出河北地区乃中原和东北族群交往之媒介。无论在"安史之乱"前还是之后，都是如此。

按两《唐书》的记载，"故事，常以范阳节度使为押奚、契丹两蕃使"①。黎虎先生专门探讨过幽州卢龙节度使（即范阳节度使）押奚契丹两蕃使的情况。押蕃使主要由本道节度使兼领，有自己的官印，自己的属官：副使、判官和巡官。押蕃使的职能包括：管理羁縻府州、督军镇抚、怀柔安抚、朝贡管理、接转贡献、上报蕃情、过所公验管理②。他关注到押蕃使在沟通边疆族群与中央政府方面的作用，侧重于政治、军事方面。苏航先生认为：节度使兼押蕃使，重点监察蕃部，协调蕃部与唐政府的关系，协调境内诸蕃，更好地利用蕃部武力。如押蕃使统领蕃部武装的军事职能在幽营地区得到体现③。他仍然重在强调押蕃使的监察、外交和军事职能。本书的切入角度和论述重点与黎、苏不同。

在武周时期，契丹李尽忠、孙万荣之乱打破了唐朝原来的东北防御体系，外围防线安东都护府、营州都督府不再能起到抵御东北诸族入侵的作用。唐廷被迫后撤自己的东北边防，加强幽州的力量，抬升其地位，使东北防务完全倚仗幽州节度使④。换言之，在"安史之乱"前，幽州节度使已经发挥出防止两蕃入侵的作用。

黄永年先生注意到从唐至五代，幽州镇在防御和遏制契丹、奚南下过程中的积极作用⑤。张国刚先生提出：安禄山叛乱后，由于东北边疆契丹和奚的压力，河朔诸镇为"自安"而发挥出防遏两蕃的作用，这也是唐廷对其采取"姑息"政策、藩镇割据长期存在的原因⑥。"安史之乱"后，两蕃与幽州镇主要还是和平相处。"自至德（756—758）之后，藩臣

---

① （后晋）刘昫等：《旧唐书》卷199下《奚传》，中华书局1975年标点本，第5356页。又见于（宋）欧阳修、宋祁《新唐书》卷219《契丹传》，中华书局1975年标点本，第6172页。

② 黎虎：《唐代的押蕃使》，《文史》2002年第2辑，第115—130页。

③ 苏航：《唐代北方内附蕃部研究》第2章《唐代前期羁縻州的类型及相关政策》，博士学位论文，北京大学，2006年，第82—86页。

④ 李松涛：《论契丹李尽忠、孙万荣之乱》、《论安史乱前幽州防御形势的改变》，载王小甫主编《盛唐时代与东北亚政局》，上海辞书出版社2003年版，第94—130页。

⑤ 黄永年：《唐代河北藩镇与奚契丹》，原载福建人民出版社编《中国古代史论丛》1982年第2辑，此据黄永年《文史探微——黄永年自选集》，中华书局2000年版，第263—291页。

⑥ 张国刚：《唐代藩镇研究》第7章《唐代藩镇割据为什么长期存续》，湖南教育出版社1987年版，第135页。

多擅封壤，朝廷优容之，彼务自完，不生边事，故二蕃亦少为寇。"① 正如牛僧孺对唐文宗所说："且范阳国家所赖者，以其北捍突厥，不令南寇"，对其可以作为"爪牙之用，固不计于逆顺"②。

有唐一代，幽州镇在防御东北族群契丹和奚方面确实发挥了关键作用。然而历史是复杂多样的，幽州镇与两蕃并不只是对抗关系，双方也有沟通与合作。

除了防御功能，幽州节度使还要辅助中央政府安排内附的东北族群，在中间发挥着重要的沟通和中介作用。如唐玄宗开元二十三年（735），幽州节度使张守珪利用契丹内讧，挑动亲唐的契丹首领李过折谋杀反唐的契丹首领可突于之后，唐玄宗命李过折"可与张守珪量事处置"契丹部众③。由此看来，幽州节度使在唐廷与契丹之间发挥着桥梁作用。

在"安史之乱"后，契丹也通过幽州节度使向唐廷表达自己的意愿。唐武宗会昌二年（842），回鹘汗国崩溃之后，契丹酋屈戍请求内附④，"制：'契丹新立王屈戍，可云麾将军、守右武卫将军员外置同正员。'幽州节度使张仲武上言：'屈戍等云，契丹旧用回纥印，今恳请闻奏，乞国家赐印。'（唐武宗）许之，以'奉国契丹之印'为文。"⑤ 显然，契丹从回鹘汗国的属国变成唐朝的藩属，向唐廷请求赐印，还是通过幽州节度使上奏。

自唐宪宗元和十一年（816）之后，契丹和奚"每岁朝贡不绝，或岁中二三至。……每岁朝贡，常各遣数百人至幽州，则选其酋渠三五十人赴阙，引见于麟德殿，锡以金帛遣还，余皆驻而馆之，率为常也"⑥。由此可见，契丹和奚使者赴唐都长安朝贡，常常先经过幽州，然后再挑选几十名首领向长安进发，其余之人则留在幽州。毫无疑问，在两蕃的朝贡活动

---

① （后晋）刘昫等：《旧唐书》卷199下《奚传》，中华书局1975年标点本，第5356页。又见（宋）欧阳修、宋祁《新唐书》卷219《契丹传》，中华书局1975年标点本，第6172页。两书所记略同。
② （后晋）刘昫等：《旧唐书》卷180《杨志诚传》，中华书局1975年标点本，第4676页。
③ （唐）张九龄：《张九龄集校注》卷11《敕契丹知兵马中郎李过折书》，熊飞校注，中华书局2008年版，第624页。
④ （宋）欧阳修、宋祁：《新唐书》卷219《契丹传》，中华书局1975年标点本，第6172页。
⑤ （后晋）刘昫等：《旧唐书》卷199下《契丹传》，中华书局1975年标点本，第5354页。
⑥ （后晋）刘昫等：《旧唐书》卷199下《奚传》，中华书局1975年标点本，第5356页。又见《新唐书》卷219《契丹传》，中华书局1975年标点本，第6172页。两书所载略同。

中，幽州充当着中转站的角色。这批停留在幽州的契丹和奚使者，多达几百人，不太可能会无所事事。他们趁朝贡之机抵达幽州，除了能直接接触和感受汉文化①外，这也是他们交换农产品、丝帛，或者侦察和刺探幽州镇军情和民情的好机会。幽州镇与两蕃一直战和不定，无论如何，契丹和奚还是将幽州镇视为强大的邻居和对手。因此，在每年朝贡之时，不仅抵达长安的两蕃酋帅能接触汉文化，停留在幽州的两蕃使者也能触摸汉文化。

《新唐书·文宗纪》载：唐文宗大和七年（833）三月辛卯，"幽州卢龙军节度使杨志诚执春衣使边奉鸾、送奚、契丹使尹士恭"②。这段文字暗示：在两蕃朝贡之时，幽州节度使还临时委派一位"送奚、契丹使"，负责护送两蕃的使者抵达长安。幽州镇在其中的纽带作用显而易见。从幽州到长安，首先涉及过太行山的问题。自唐中叶以后，河北藩镇跋扈，河北北部诸州与长安之交通多取妫、蔚、代州、太原道③，其中居于妫、幽之间的居庸关是中古太行八陉之最北陉道，为天下之险④。照此推断，幽州节度使委派的"送奚、契丹使"护送两蕃酋豪至长安，亦当经过此道。

（二）幽州镇与两蕃的情报战

幽州镇和两蕃毕竟是对手，为了在交流中获取更大利益，赢得外交活动和军事斗争中的主动，双方也互相派间谍"潜伏"，开展"情报战"。此亦为一种特殊的文化交流和互动方式。

黎虎先生在论及押蕃使的职能时，提到押蕃使须密切注视蕃国动态，并将蕃情及时上报朝廷，以便中央作出决策⑤。不过，对幽州镇来讲，掌握两蕃的动静固然有及时上报中央，以便朝廷决策的一面，但最重要的恐怕还是维护本集团的利益。"兵贵神速"，在对两蕃的战争中，很难想象朝廷对千里之外的幽州镇的作战措施能起到直接、具体的指导作用。而且，自中唐以降，幽州镇相对独立，它侦察所得关于两蕃的情报，更可能是留为己用，多数不会上报中央。幽州镇垄断这些情报，是本利益集团存

---

① 相对于唐朝的两京（即西京长安、东都洛阳）来看，幽州为胡化之区域；而相对于契丹和奚等东北族群来讲，幽州则系汉化之区域。
② （宋）欧阳修、宋祁：《新唐书》卷8《文宗纪》，中华书局1975年标点本，第234页。
③ 严耕望：《唐代交通图考》第5卷《河东河北区》，上海古籍出版社2007年版，第1368页。
④ 同上书，第1677页。
⑤ 黎虎：《唐代的押蕃使》，《文史》2002年第2辑，第126—127页。

在的有利条件和重要基础，也是向朝廷讨价还价的一大砝码。

李邕所撰《左羽林大将军臧公神道碑》载：在唐玄宗开元年间（713—741），臧怀亮以羽林卫大将军兼安东大都护府都督、摄御史中丞、平卢军节度使、支度营田海运大使，"往者奚、霫诸蕃之诡信也，西属匈奴，南寇幽蓟，乘间每钞，无虞亟和"，臧怀亮"以兵数实多，藉用尤费，轻举则外患不解，大举则内攻更深。是以传阴符，移间谍，飞言以误其使，重赏以卖其邻。既伐硕交，且断右臂，所谓以武辟武，以夷攻夷，虽贾谊计然，晁错策得，无以尚也"①。其中所云臧怀亮"移间谍，飞言以误其使"，说明他娴熟地运用"情报战"，传递虚假消息以误导对手。同时，他"以夷攻夷"，即利用外交手腕在异族之间纵横捭阖。此方神道碑所书之奚使者八成也是对方派来的间谍，兼有通使和搜集情报的双重使命。另外，在唐玄宗开元二十二年（734），幽州节度使张守珪之所以能够抓住契丹内耗之机，挑动李过折诛杀契丹军事首领可突于，正是巧妙地利用了间谍刺探的情报②。

幽州节度使下辖的平卢节度使临近两蕃及东北各族，也探听这些族群的情报。张九龄所作《敕平卢（节度）使乌知义书》曰："委卿重镇，安辑两蕃，动静须知，节制斯在。""远加斥候，动静须知。……渤海、黑水，近复归国，亦委卿节度，想所知之。"③ 其中所谓对两蕃、渤海和黑水靺鞨等族群的状况"动静须知"，即显示平卢节度使负有搜集东北各族情报的任务。

在回鹘汗国时期，"奚、契丹皆有房使（即回鹘使）监护其国，责以岁遗，且为汉谍。自回鹘啸聚，靡不鸱张"④。由此看来，回鹘汗国指使其藩属奚和契丹打探中原汉地的消息是有传统的。而且，这些间谍仰仗回鹘撑腰，十分嚣张。尽管如此，开展情报战亦成为两蕃接触汉文化的又一个途径。

---

① （清）董诰等编：《全唐文》卷265，中华书局1983年版，第2693页。
② （唐）张九龄：《张九龄集校注》卷5《开元纪功德颂并序》，熊飞校注，中华书局2008年版，第396页。
③ （唐）张九龄：《张九龄集校注》卷9《敕平卢（节度）使乌知义书》，熊飞校注，中华书局2008年版，第574、586页。
④ （唐）李德裕：《李德裕文集校笺》卷2《幽州纪圣功碑铭》，傅璇琮、周建国校笺，河北教育出版社2000年版，第13页。又见于（后晋）刘昫等《旧唐书》卷180《张仲武传》，中华书局1975年标点本，第4678页。

## 第二节　唐代幽州地域的佛寺及其分布

在唐代，幽州地域作为中原和河北边缘区，佛教十分兴盛，寺院众多。探索幽州地区的佛教与社会，厘清当地的佛寺及其分布特征，是必要基础。黄春和、李芳民与何孝荣三位先生在这方面做过工作。黄先生考出幽州城区（今北京市）17座佛寺[1]。李先生统计出幽州佛寺12座；在幽州大都督府或节度使所辖的支州中，易州（今河北易县）有佛寺4座，瀛州（今河北河间）有2座，莫州（今河北任丘北）有1座，蓟州（今天津蓟县）有7座，檀州（今北京密云）有1座，妫州（今河北怀来东南）有1座，营州（今辽宁朝阳）有3座。据此来看，唐代幽州地域共有佛寺31座[2]。何先生整理出唐幽州佛寺53座[3]。本书将在这三位先生所作研究的基础上，更广泛地搜讨传世文献和考古材料，并进行考证、辨析，希望更全面地呈现唐代幽州地域之佛寺。其中，本书新考出的佛寺名前加"※"号。

### 一　幽州（范阳郡）的寺院（按首字汉语拼音排序）

唐代的幽州领"蓟、潞、雍奴、渔阳、良乡、固安、昌平、范阳、归义"县[4]，是河北北部地区寺院分布最为密集的区域。

※**白狼寺**。这座寺庙位于幽州归义县（今河北雄县西北）。房山石经《大般若波罗密经》题记出现"经主归义县白狼寺主道谦……[贞元]年二月八日上"[5]。幽州旧领"归义"县[6]。唐高祖"武德五年（622），置北义州，领迺，又割幽州之固安、归义属之。贞观元年（627），废北义州，三县各还本属"[7]。

---

[1] 黄春和：《隋唐幽州城区佛寺考》，《世界宗教研究》1996年第4期，第16—23页。
[2] 李芳民：《唐五代佛寺辑考》，商务印书馆2006年版，第120—126页。
[3] 何孝荣：《明代北京佛教寺院修建研究》（上）第1章《明代以前北京佛教寺院的修建》，南开大学出版社2007年版，第20—29页。
[4] （后晋）刘昫等：《旧唐书》卷39《地理志二》，中华书局1975年标点本，第1516页。
[5] 北京图书馆金石组、中国佛教图书文物馆石经组编：《房山石经题记汇编》第2部分《大部经题记（唐至辽）》，书目文献出版社1987年版，第130页。
[6] （后晋）刘昫等：《旧唐书》卷39《地理志二》，中华书局1975年标点本，第1516页。
[7] 同上书，第1512页。

**柏山寺**。《宛署杂记》云：柏山寺"在三岔粤，唐朝建"①。

**宝集寺**。房山石经唐懿宗咸通七年（866）四月八日《巡礼题名碑》阴面题名有："幽州宝集寺律学沙门合方、沙门僧师瑾少初。"②《析津志》曰：宝集寺"在（元大都）南城披云楼对巷之东五十武，寺建于唐。殿之前有石幢，记越建年月，昭著事实，备且详矣。……佛殿前石幢刻曰：大唐幽州宝集寺。唐碑亦有宝集之名，寺创于唐世可考见矣。……建于唐，历辽，方至金重修"③。《元一统志》云："宝集寺，在旧城（即金中都），以旧记考之，金大定十六年（1176）重修，亦辽时盛刹也，复修于金。"④

**宝刹寺**。《宋高僧传》曰：

> 释义存，长庆二年壬寅（822）生于泉州南安县（今福建南安）曾氏。……十二从家君游蒲田玉润寺，有律师庆玄，持行高洁，遽拜之曰："我师也。"遂留为童侍焉。十七落发，来谒芙蓉山恒照大师，见而奇之，故止其所。……北游吴、楚、梁、宋、燕、秦，受具足戒于幽州宝刹寺讫，巡名山，扣诸禅宗。⑤

唐文宗大和七年（833）四月八日，房山石经《佛说七俱胝（胝）佛大心准提陀罗尼经⑥》额题有幽州"宝刹寺大德僧玄素，宝刹寺律座主僧

---

① （明）沈榜：《宛署杂记》卷19《寺观》，北京古籍出版社1983年版，第228页。
② 北京图书馆金石组、中国佛教图书文物馆石经组编：《房山石经题记汇编》第1部分《碑和题记（唐至民国）》，书目文献出版社1987年版，第46页。
③ （元）熊梦祥著，北京图书馆善本组辑：《析津志辑佚·寺观》，北京古籍出版社1983年版，第70—72页。
④ （元）孛兰肹等：《元一统志》卷1《中书省统山东西河北之地》，赵万里校辑，中华书局1966年版，第31页。
⑤ （宋）赞宁：《宋高僧传》卷12《唐福州雪峰广福院义存传》，范祥雍点校，中华书局1987年版，第286页。
⑥ 《大周刊定众经目录》云："《七俱胝佛母心大准提陀罗尼经》一卷"，"大唐垂拱元年（685），地婆诃罗于西京太原寺译。"见明佺等《大周刊定众经目录》卷1，载［日］高楠顺次郎等编《大正新修大藏经》（以下简称《大正藏》）第55册，大正一切经刊行会1928年版，第379页。《开元释教录》曰："《七俱胝佛大心准提陀罗尼经》一卷"，小注云："新出与金刚智出者同本，见《大周录》，垂拱元年于西太原寺归宁院译。"见智升《开元释教录》卷9，载［日］高楠顺次郎等编《大正藏》第55册，大正一切经刊行会1928年版，第563页。

惟简,花严座主僧常辩……宝刹寺僧智明"①。大和七年(833)四月八日,石经《佛说百佛名经》一卷之阳面刻写:"宝刹寺座主僧玄素,僧智明。"②

《析津志》曰:"驻跸寺,在敬客坊南,双庙北,街东。"③

《元一统志》云:

> 驻跸寺,在大都(今北京)丽正门外西南三里旧城施仁关,大唐宝刹寺也。有《幽州大都督府宝刹寺禅和尚碑铭》,元和七年(812)五月所建。禅和尚,西方吐火罗国(以今昆都士为中心的阿富汗北部地区)人。姓罗氏,讳普照。首于城东依水木之盛作为净宇。贞元(785—805)初赐寺额曰"宝刹",佛宫僧舍,几至千室。至辽初,銮舆多驻此地,乃旌改其名曰"驻跸"。……碑铭乃大唐卢龙节度、检校尚书职方郎中、摄平州刺史、营州都督、卢龙柳城等军事、兼御史中丞、赐紫金鱼袋韩中黄撰。④

由上引材料可知:宝刹寺始建于唐宪宗元和七年,在唐德宗贞元初年获赐寺额"宝刹"。这座佛寺规模很大,律学和华严学一度兴盛,还曾有来自吐火罗的僧人普照驻锡。此寺至辽朝初年方改名为"驻跸寺"。

据《辽南京城复原示意图》,驻跸寺(即唐宝刹寺)坐落在辽南京城东南的敬客坊⑤。辽南京城几乎就是唐幽州城基础上的小修葺,因此宝刹寺也应位于唐幽州城内东南部。

**宝塔寺**。按《析津志》所载,宝塔寺"在(元大都)南城竹林寺⑥西北。有释伽真身舍利,作窣堵波以瘗之,曼陀若冢。其寺地宏大洪敞,

---

① 北京图书馆金石组、中国佛教图书文物馆石经组编:《房山石经题记汇编》第3部分《诸经题记(唐)》,书目文献出版社1987年版,第233页。
② 同上书,第235页。
③ (元)熊梦祥著,北京图书馆善本组辑:《析津志辑佚·寺观》,北京古籍出版社1983年版,第70页。
④ (元)孛兰肹等:《元一统志》卷1《中书省统山东西河北之地》,赵万里校辑,中华书局1966年版,第30页。
⑤ 于杰、于光度:《金中都》,北京出版社1989年版。
⑥ 竹林寺"始于辽道宗清宁八年(1062),宋楚国大长公主以左街显忠坊之赐第为佛寺,赐名竹林"见(元)孛兰肹等《元一统志》卷1《中书省统山东西河北之地》,赵万里校辑,中华书局1966年版,第33页。

正殿壮丽。内有南合后影堂、东合殿。门有安（娑）罗树影二，正北门隙内露现五色祥光。西则有塔影幡幢，验此倒景也。有唐武后碑刻等，甚有考索，实古刹也"①。其中"窣堵波"又作"率都婆"，为梵文的音译，意译为"浮图"或"塔"。《元一统志》又云："宝塔寺，在永清县西南八里。……寺建于隋末，有舍利塔。唐贞观三年（629）暴乱初平，宗风渐炽，因宝塔赐寺额。"② 元代的永清县相当于今河北廊坊永清县。由此可知，宝塔寺始建于隋代，至唐太宗贞观三年方赐额。

**报恩寺**。此寺为幽州节度使刘总的私第所改。唐穆宗长庆元年（821）二月己卯，"刘总以卢龙军（即幽州镇）八州归于有司"③，"奏请去位落发为僧"。三月丁酉朔，"刘总进马一万五千匹"④。三月甲子，"刘总请以私第为佛寺，（唐穆宗）乃遣中使赐寺额曰报恩。幽州奏刘总坚请为僧，又赐以僧衣，赐号大觉。总是夜遁去，幽州人不知所之"⑤。

**北留寺**。明袁宏道撰《十方院碑记》言："阜成门迤北三里许为正义坊，坊北数武有十方禅院，相传为北留庵。"这座寺院在明代重建，"畚筑之余，得残碑尺许，有'贞观年月'及'北留寺记'等字，然后知其为唐寺也"⑥。

**北清胜寺**。据《元一统志》所载，北清胜寺"在旧城广阳坊。唐大中年间（847—860）修建"⑦。

**崇效寺**。明人碑记称："神京（即北京）之宣武关有古刹一区，创自唐贞观元年（627）。宋、元末，因罹兵火，日就倾颓。至正（1341—1370）初，为好善者募缘重葺，赐额曰崇效。"⑧ 由此可知：此寺院始建

---

① （元）熊梦祥著，北京图书馆善本组辑：《析津志辑佚·寺观》，北京古籍出版社1983年版，第73页。

② （元）孛兰肹等：《元一统志》卷1《中书省统山东西河北之地》，赵万里校辑，中华书局1966年版，第36页。

③ （宋）欧阳修、宋祁：《新唐书》卷八《穆宗纪》，中华书局1975年标点本，第223页。

④ （后晋）刘昫等：《旧唐书》卷16《穆宗纪》，中华书局1975年标点本，第486页。

⑤ 同上书，第488页。又见于（宋）王溥《唐会要》卷48，寺条，上海古籍出版社2006年版，第998页。

⑥ （明）袁宏道：《袁中郎全集》卷17《十方院碑记》，伟文图书出版社有限公司1976年版，第825页。

⑦ （元）孛兰肹等：《元一统志》卷1《中书省统山东西河北之地》，赵万里校辑，中华书局1966年版，第33页。

⑧ （明）夏子开：《□□□□上人了空行实碑》，北京图书馆金石组编《北京图书馆藏中国历代石刻拓本汇编》第56册，中州古籍出版社1989年版，第89页。

于唐贞观元年，原名已不可知，元朝末年修缮之后，方赐额"崇效"。

**崇孝寺**。房山石经《佛说盂兰盆经》（唐刻，具体年代不详）的题名有："崇孝寺沙门智宽、沙门昌逊。"①《元一统志》载：

> 辽乾统二年（1102）沙门了铢作碑铭，谓：析津府都总管之公署左有佛寺，厥号崇孝。按《幽州土地记》，则有唐初年置，里俗相沿；则谓德宗贞元五年（789），幽帅彭城太师刘公济舍宅为寺。传说各异。以前殿梁板及后殿左幢文考之，则刘庄武公济贞元五年舍宅作寺为是。②

按《辽南京城复原示意图》，"析津都总管公署"在辽南京城大内（原唐幽州节度使府）之东③，崇孝寺（原刘济宅）又在"析津都总管公署"之东，三者之间的距离非常近，即崇孝寺在幽州节度使府东面不远处。

**大悲阁**。据《析津志》所记，大悲阁"后有方石甃八角塔。在（元大都）南城旧市之中。建自唐，至辽开泰（1012—1021）重修。圣宗遇雨，飞驾来临，改寺圣恩，而阁隶焉。……阁祠大悲观音菩萨"④。又《元一统志》云："大悲阁，在旧城之中。建自有唐，至辽开泰重修。圣宗遇雨，飞驾来临，改寺圣恩，而阁隶焉。"⑤ 以是观之，大悲阁始建于唐代，辽圣宗开泰年间重修。

**大觉寺**。《宛署杂记》引明宪宗《御制大圆通寺碑》和《御制大圆通寺重修碑》曰："西山平坡大觉寺创始唐代"，"寺创劫于唐，旧额曰平坡

---

① 中国佛教协会、中国佛教图书文物馆编：《房山石经（隋唐刻经）》第3册，华夏出版社2000年版，第586页；北京图书馆金石组、中国佛教图书文物馆石经组编：《房山石经题记汇编》第3部分《诸经题记（唐）》，书目文献出版社1987年版，第282页。
② （元）孛兰肹等：《元一统志》卷1《中书省统山东西河北之地》，赵万里校辑，中华书局1966年版，第28页。
③ 于杰、于光度：《辽南京城复原示意图》，于杰、于光度《金中都》，北京出版社1989年版。
④ （元）熊梦祥著，北京图书馆善本组辑：《析津志辑佚·寺观》，北京古籍出版社1983年版，第68页。
⑤ （元）孛兰肹等：《元一统志》卷1《中书省统山东西河北之地》，赵万里校辑，中华书局1966年版，第41页。

大觉"①。

**兜率寺**。《帝京景物略》载：卧佛寺"唐名兜率，后名昭孝，名洪庆，今曰永安。以后殿香木佛，又后铜佛，遂目卧佛云"②。《大清一统志》曰：兜率寺"在香山东北之寿安山，本唐兜率寺。有卧佛二，一香檀像，唐贞观中（627—649）造。一铜像，明宪宗时（1465—1487）造"③。依此推定：兜率寺当建于唐太宗贞观年间或之前。

**奉福寺**。按《元一统志》所记，奉福"寺起于后魏孝文之世，为院百有二十区，后罹兵烬。唐贞观十年（636）诏，仍旧址加修葺。五季盗起，一炬无遗。……金明昌四年（1193）十二月，中都右街奉福寺广惠老师存珣于西山苏敬求记曰：本寺乃隋唐之古道场也"④。唐太宗贞观十年（636）年初，长孙皇后病危，太子李承乾请求度人，以治疗母亲的病。唐太宗采取一些支持佛教的措施，力图挽救皇后的生命。这些措施因为皇后的制止而撤消。但实际情形是为了皇后的健康，太宗在全国范围内大规模修复废旧寺院，其中就包括幽州的奉福寺⑤。唐懿宗咸通五年（864），来自江都（今江苏扬州）禅智寺的释从审"受具戒于燕台奉福寺律席经筵，遍知尝染，后并三衣成五纳"⑥。由此可见，奉福寺始建于北魏孝文帝时代（471—499），修缮于唐贞观十年，在晚唐时期风行律宗。

**观音堂**。《宛署杂记》曰：观音堂"在大新庄，离城一百里，相传唐敬德建"⑦。其中"敬德"当指唐太宗贞观年间（627—649）的名将尉迟敬德⑧。

**归义寺**。《析津志》载：

---

① （明）沈榜：《宛署杂记》卷18《恩泽》，北京古籍出版社1983年版，第201—202页。
② （明）刘侗、于奕正：《帝京景物略》卷6《西山上》，北京古籍出版社1982年版，第260页。
③ （清）和珅等奉敕撰：《钦定大清一统志》卷2，影印文渊阁《四库全书》第474册，台湾商务印书馆1982年版，第69—70页。
④ （元）李兰肹等：《元一统志》卷1《中书省统山东西河北之地》，赵万里校辑，中华书局1966年版，第34页。
⑤ 季爱民：《北朝末至唐前期长安社会中的佛教与道教关系》第4章《国家寺观与宗法制度》，博士学位论文，北京大学，2009年，第131—133页。
⑥ （宋）赞宁：《宋高僧传》卷25《梁扬州禅智寺从审传》，范祥雍点校，中华书局1987年版，第640页。
⑦ （明）沈榜：《宛署杂记》卷19《寺观》，北京古籍出版社1983年版，第235页。
⑧ 何孝荣：《明代北京佛教寺院修建研究》（上）第1章《明代以前北京佛教寺院的修建》，南开大学出版社2007年版，第22页。

  归义寺，在旧城时和坊，内有《大唐再修归义寺碑》。幽州节度掌书记、荣（光）禄大夫、检校太子洗马、兼侍御史、上柱国张冉撰。略曰：归义金刹，肇自天宝岁。迫以安氏乱常，金陵史氏归顺，特诏封归义郡王，兼总幽燕节制，始置此寺，诏以归义为额。大中十年庚（丙）子（856）九月立石。①

  从这段史料来看，归义寺似乎始建于唐玄宗天宝年间（742—756）。在"安史之乱"中，粟特胡人史思明②于至德二载（757）归顺唐朝之时，被唐肃宗封为"归义王"③，此时方由肃宗下诏赐额"归义寺"。这正是采用史思明的封号，体现唐廷安抚他的举措。史思明接受"归义寺"之名，也是借此向朝廷及公众表明自己的政治态度。

  唐文宗开成五年（840）四月八日房山刻经《大般若波罗密多经》题名有"归义寺僧公绍"④。

  **弘善寺**。《宛署杂记》言弘善寺于"唐开元年（713—741）创"，"在北城发祥坊"⑤。

  ※**会福寺**。这座寺院地处幽州永清县。唐德宗贞元八年（792）四月八日，房山石经《大般若波罗密多经》题记中出现："□[永]清县造石经邑主会福寺僧智果、僧会空、僧法海。"⑥ 会福寺所在的永清县，唐代也称会昌县，属于幽州所领。如意元年（692），朝廷"分安次县置武隆县。景云元年（710），改为会昌县。天宝元年（742），改为永清"⑦。唐

---

① （元）熊梦祥著，北京图书馆善本组辑：《析津志辑佚·寺观》，北京古籍出版社1983年版，第67页。又见于（元）孛兰肹等《元一统志》卷1《中书省统山东西河北之地》，赵万里校辑，中华书局1966年版，第32页。
② （唐）姚汝能《安禄山事迹》卷下小注，曾贻芬点校，中华书局2006年版，第110页。该注云："史思明，营州杂胡种也。本名窣干，玄宗改为思明。"
③ （宋）司马光等：《资治通鉴》卷219，唐肃宗至德二载条，中华书局1956年标点本，第7011—7051页。
④ 北京图书馆金石组、中国佛教图书文物馆石经组编：《房山石经题记汇编》第2部分《大部经题记（唐至辽）》，书目文献出版社1987年版，第173页。
⑤ （明）沈榜：《宛署杂记》卷19《寺观》，北京古籍出版社1983年版，第223页。
⑥ 北京图书馆金石组、中国佛教图书文物馆石经组编：《房山石经题记汇编》第2部分《大部经题记（唐至辽）》，书目文献出版社1987年版，第129页。
⑦ （后晋）刘昫等：《旧唐书》卷39《地理志二》，中华书局1975年标点本，第1516页。

代幽州所辖之永清县相当于今河北廊坊永清县。

※**护世寺**。辽天祚帝乾统十年（1110）《房山天开塔舍利石函记》曰：

> 大辽燕京良乡县金山乡乐深村西约一里地，有古岩陵洞。洞北约五十步，有旧塔破损遗址处。去乾统九年（1109）二月二十一日，严陵洞僧法云等因去□□到黄昏时，从西北上有云气、雷声、风声、雨雪。法云等为见此灵，并虑有圣事，迤逦出□，不多时间出看一石匣。其石匣内开觑见有银匣，内有绿瓶儿一个。石匣上镌着文字，该说者良乡护世寺僧法询、法艺等建办此塔。至大唐贞观十三年（639）三月十三日，其僧法询春秋七十有五迁化，遗嘱下门资令纠僧尼四众等同办。至龙朔三年（663）三月二十八日，九级塔成，就内有舍利一十五粒。其塔西南约五十步有石碑，该说去大唐开元七年（719）七月内重修此浮图来。①

依此可知：在唐初，良乡（今北京房山区东南）护世寺僧人法询、法艺等建九级塔藏舍利，至唐高宗龙朔三年（663），方建成九级塔，藏舍利15粒。如此看来，护世寺至迟建于唐初。

**会聚寺**。《宛署杂记》云：西峰寺"在李家峪，唐名'会聚'"②。《日下旧闻考》引《重建西峰禅寺碑记》载："距府城西二舍许，地名李家峪，有古招提遗址，在灌莽中，碑记剥落，无从考其创始之岁月。所可见者，唯有两浮屠，巍然独存。一曰俊公塔，建于唐。"③ 两相印证，可见会聚寺当建于唐。

**慧聚寺**。明人高拱《重修万寿禅寺戒坛记》曰："马鞍山有万寿禅寺者，旧名慧聚，盖唐武德五年（622）建也。时有智周禅师隐迹于此，以戒行称。"④

---

① 向南、张国庆、李宇峰辑注：《辽代石刻文续编》，辽宁人民出版社2010年版，第279页。
② （明）沈榜：《宛署杂记》卷19《寺观》，北京古籍出版社1983年版，第227页。
③ （清）于敏中等编纂：《日下旧闻考》卷105《郊坰西十五》，北京古籍出版社1981年版，第1743页。
④ （明）高拱：《重修万寿禅寺戒坛记》，北京图书馆金石组编《北京图书馆藏中国历代石刻拓本汇编》第56册，中州古籍出版社1989年版，第12页。

**慧圣寺**。据《大清一统志》所载，慧圣寺"在西山最深处，唐武德（618—626）中建，名慧圣"①。其中"西山"当指北京西郊之群山，它们属于太行山脉。

**吉祥庵**。明神宗万历丙午（即万历三十四年，1606），僧真程来庵，"葺之而居，发古甃下，得石幢一，式如灯台，旁镌《般若心经》一部，唐广德二年（764）少府裴监施，朝请郎赵偃书"②。那么，吉祥庵当建于唐代宗广德二年或之前③。

**金阁寺**。在中晚唐时期，盘山地区有一位著名禅僧"讳道宗，俗姓田，唐千牛将军宾庭之后。元和九秋（814），师年弱冠，于燕庭金阁寺受戒，礼志敬寺如琳为师"④。房山石经《佛说七俱胝（胝）佛大心准提陀罗尼经》额题有幽州"金阁寺道场僧普幽"⑤。《析津志》云："崇国寺，在大悲阁北，亦肇于有唐。"⑥《元一统志》曰："崇国寺，在旧城，唐为金阁寺，辽时改名崇国，清宁九年（1063）七月所载。"⑦照此观之，金阁寺始建于唐代，至辽代改为崇国寺。

**晋阳庵**。《天府广记》载："唐晋阳庵佛像，刻大唐贞观十四年（640）尉迟敬德监造，庵在宣武门外，后移受水塘古佛庵，庵坏移稽山会馆。"⑧《帝京景物略》详细叙述晋阳庵的佛像云："尉迟敬德造观音像，自唐贞观，一千一十二年至今。观音古铜身，三尺，不以鬉塑，不以金涂饰，妙像慈颜端若，而丈夫概具，磊磊然也。下刻大唐贞观十四年（640），尉迟敬德监造字。旧供宣武门外晋阳庵。庵废，内侍朱移像受水

---

① （清）和珅等奉敕撰：《钦定大清一统志》卷7，影印文渊阁《四库全书》第474册，台湾商务印书馆1982年版，第162页。

② （明）刘侗、于奕正：《帝京景物略》卷四《西城内》，北京古籍出版社1982年版，第154页。

③ 何孝荣：《明代北京佛教寺院修建研究》（上）第1章《明代以前北京佛教寺院的修建》，南开大学出版社2007年版，第24页。

④ 知宗：《盘山上方道宗大师遗行碑》，（清）董浩等编《全唐文》卷920，中华书局1983年版，第9589页。

⑤ 北京图书馆金石组、中国佛教图书文物馆石经组编：《房山石经题记汇编》第3部分《诸经题记（唐）》，书目文献出版社1987年版，第233页。

⑥ （元）熊梦祥著，北京图书馆善本组辑：《析津志辑佚·寺观》，北京古籍出版社1983年版，第72页。

⑦ （元）孛兰肹：《元一统志》卷1《中书省统山东西河北之地》，赵万里校辑，中华书局1966年版，第31页。

⑧ （清）孙承泽：《天府广记》卷38《寺庙》，北京古籍出版社1982年版，第580页。

塘，创古佛庵供之。庵今又废，像复移置稽山会馆也。"①

**净土禅寺**。《宛署杂记》言："净土禅寺，在石景山，古刹，无考。有元和四年碑文，年久难辨。"② 在历史上，"元和"这个年号被使用过两次。第一次是在东汉章帝执政时期，共四年，即公元84至87年，第二次是在唐宪宗执政时期，共15年，即806至820年。在东汉章帝时代，佛教在中原社会影响不大，而且幽州地区最早的佛教遗迹出现于西晋时代③。唐代幽州佛教繁荣，佛刹林立。故净土禅寺当修建于唐宪宗元和四年（809）或之前。

**开元寺**。明人赵琬所撰《开元寺兴造记》言："唐开元二十八年（740），诏天下诸州皆□□大寺，为开元寺。世传以为玄宗尝与胜光法师论佛□德，故有此刹。"④ 明孝宗弘治六年（1493）李纶所书《重修开元禅寺碑略》谓："开元寺距都城五十余里，金山口之西，玉河口之原。旧传唐开元年所建，基址尚存。"⑤ 那么，这座寺院当建于唐玄宗开元二十八年。

**灵岩寺**。《宛署杂记》谓灵岩寺"在齐家庄，唐武德（618—626）初建"⑥。

**※隆福寺**。此寺位于幽州安次县（今河北廊坊境内）。武则天垂拱四年（688），张愃所撰《大唐幽州安次县隆福寺长明灯楼之颂》曰："有伦法师者，隆福寺之高僧也。"⑦

**龙泉寺**。龙泉寺即今潭柘寺。潭柘寺坐落于今北京门头沟区东南部的潭柘山麓（属于太行山余脉）。潭柘寺与潭柘山彼此依存，交相辉映。人

---

① （明）刘侗、于奕正：《帝京景物略》卷4《西城内》，北京古籍出版社1982年版，第180页。
② （明）沈榜：《宛署杂记》卷19《寺观》，北京古籍出版社1983年版，第226页。
③ 佛教传入今北京地区有三种说法：东汉传入说、西晋传入说和十六国传入说。参见黄春和《汉魏两晋南北朝时期北京地区的佛教》，载首都博物馆编委会编《首都博物馆国庆四十周年文集》，中国民间文艺出版社1989年版，第50—53页；徐威《北京汉传佛教史》第1章《佛教初传北京地区》，宗教文化出版社2010年版，第1—4页。本书取学界普遍认可的西晋传入说。
④ （明）赵琬：《开元寺兴造记》，北京图书馆金石组编《北京图书馆藏中国历代石刻拓本汇编》第51册，中州古籍出版社1989年版，第139页。
⑤ （明）李纶：《重修开元禅寺碑略》，（清）于敏中等编纂《日下旧闻考》卷106《郊坰·西十六》，北京古籍出版社1981年版，第1764页。
⑥ （明）沈榜：《宛署杂记》卷19《寺观》，北京古籍出版社1983年版，第229页。
⑦ 吴钢主编：《全唐文补遗》第7辑，三秦出版社2000年版，第14页。

们通常认为：嘉福寺（即潭柘寺）始建于西晋时期，为北京最早的佛教寺院①。明人刘侗、于奕正所撰《帝京景物略》云："谚曰：先有潭柘，后有幽州。夫潭先柘，柘先寺，寺奚遽幽州论先，潭柘则先焉矣。潭柘而寺之，寺莫先焉矣。"潭柘寺在"晋、梁、唐、宋，代有尊宿，而唐华严为著。……寺先名嘉福，后名龙泉，独潭柘寺名，传久不衰"②。清人孙承泽亦言："晋嘉福寺，唐改龙泉寺，即今潭柘寺也。……燕谚谓：先有潭柘，后有幽州。此寺之最古者也。"③按《大清一统志》所言，龙泉寺"旧名潭柘寺。相传本青龙潭，开山时，青龙避去，潭平为寺。谚曰：'先有潭柘，后有幽州。'晋为嘉福寺，唐为龙泉寺"④。这些材料皆出自明代以后，有些是口耳相传，尽管不能作为十分确凿的证据，但是，我们也不能轻易否定这些记录的真实性。

**悯忠寺**。悯忠寺（今北京法源寺）修建于唐初，本是唐太宗征伐高丽，在返回途中为阵亡将士荐福所建。宋人文惟简所作《虏廷事实》曰："燕京城（今北京市）东壁有大寺一区，名悯忠，廊下有石刻云唐太宗征辽东高丽，回念忠臣孝子没于王事者，所以建此寺而荐福也。"⑤《元一统志》云："唐太宗贞观九年（635）及高宗上元二年（675）东征还，深悯忠义之士殁于戎事，卜斯地，将建寺为之荐福。则天万岁通天元年（696）追感二帝先志，起是道场，以悯忠为额。玄宗天宝十四年（755），安禄山建塔于东南隅。肃宗乾元元年（758），史思明于西南隅对立一塔。""武宗会昌五年（845）下令毁削佛寺，幽燕八州惟悯忠独存。宣宗大中（847—860）初敕诸道起废，节度使张仲武复增大之，因理智泉废

---

① 潭柘寺的始建年代有建于西晋和建于唐代之说。参见佟洵主编《佛教与北京寺庙文化》，中央民族大学出版社1997年版，第39页；徐威《北京汉传佛教史》第1章《佛教初传北京地区》，宗教文化出版社2010年版，第6—8页。另外，《明一统志》谓，嘉福寺"金建，旧名潭柘寺"。（明）李贤等奉敕撰：《明一统志》卷1，影印文渊阁《四库全书》第472册，台湾商务印书馆1982年版，第22页。该说不知何据。本书取建于西晋说。

② （明）刘侗、于奕正：《帝京景物略》卷7《西山下》，北京古籍出版社1982年版，第314—315页。

③ （清）孙承泽：《春明梦余录》卷66《寺庙》，王剑英点校，北京古籍出版社1992年版，第1268页。

④ （清）和珅等奉敕撰：《钦定大清一统志》卷7，影印文渊阁《四库全书》第474册，台湾商务印书馆1982年版，第162页。

⑤ （明）陶宗仪：《说郛》卷8，涵芬楼本，收入《说郛三种》，上海古籍出版社1988年版，第173页。

址，获隋仁寿四年（604）所瘗释迦舍利，藏于多宝塔下。僖宗中和二年（882）灾及之。昭宗景福（892—893）初，节度使李匡威建崇阁七楹三级，中置大悲观音塑像，发舍利徙瘗于像前。乾宁（894—898）末，节度使刘仁恭复建是塔。"①

在唐昭宗景福年间（892—893），左街内殿讲论兼应制大德沙门南叙撰《悯忠寺重藏舍利记》称："大燕城内，地东南隅，有悯忠寺，门临康衢，中有宝阁，横云□虚。"② 由此可见，悯忠寺位于唐幽州城的东南角。有学者根据悯忠寺的位置及碑刻，确定唐幽州城东墙就在悯忠寺之东③。《唐故中山郡郎氏夫人墓志铭并序》言：夫人于大中元年（847）十二月十日"终于铜马坊之私第"④。《读史方舆纪要》引《元和志》曰："蓟城（即幽州城）……燕慕容隽都此，铸铜为马，城东南因有铜马门之名。"⑤考《元一统志》所记，"铜马门，在旧城东南隅。昔慕容儁（隽）铸铜马置之东掖门，后人因名铜马门为坊"⑥。显然，铜马门因十六国时期前燕皇帝慕容隽所造之铜马而得名，铜马坊又因铜马门而得名。北宋大中祥符元年（1008）出使辽朝的使者路振描述幽州城的情况，谓："城中凡二十六坊，坊有门楼，大署其额，有罽宾、肃慎、卢龙等坊，并唐时旧坊名也。"⑦ 这说明辽南京城内有一部分坊名沿用唐幽州城旧名。在辽南京城和金中都，悯忠寺均坐落在铜马坊⑧。综合上引材料观之，悯忠寺确实位于唐幽州城和辽南京城之东南角，而且唐幽州城又确有"铜马坊"。照此推断，唐代的悯忠寺亦位于铜马坊。

---

① （元）孛兰肸等：《元一统志》卷1《中书省统山东西河北之地》，赵万里校辑，中华书局1966年版，第24—25页。
② （清）董浩等：《全唐文》卷920，中华书局1983年版，第9591页。
③ 赵超先生根据中华人民共和国成立后出土的唐墓和《日下旧闻考》多点定位，确定了唐幽州城东墙的位置。参见赵超《唐代墓志中所见到的幽州城》，《考古与文物》1990年第2期，第75—79页。
④ 周绍良主编、赵超副主编：《唐代墓志汇编》，上海古籍出版社1992年版，第2265页。
⑤ （清）顾祖禹：《读史方舆纪要》卷11《北直二》，贺次君、施和金点校，中华书局2005年版，第443页。
⑥ （元）孛兰肸等：《元一统志》卷1《中书省统山东西河北之地》，赵万里校辑，中华书局1966年版，第21页。
⑦ 贾敬颜：《路振〈乘轺录〉疏证稿》，载贾敬颜《五代宋金元人边疆行记十三种疏证稿》，中华书局2004年版，第48页。
⑧ 于杰、于光度：《辽南京城复原示意图》、《金中都城图》，于杰、于光度《金中都》，北京出版社1989年版。

悯忠寺系唐幽州地区的重要佛寺，这一著名佛寺得到好几任幽州节度使的支持，包括身为粟特胡人的安禄山[1]、史思明和本为汉人的张仲武[2]、李匡威[3]、刘仁恭[4]。幽州地域的许多重要人物和重大事件皆与此寺相关，它在当地具有多重社会功能。关于这一点，后文还将详细论述。

※**明度寺**。明度寺地处幽州蓟县（今北京市城区）。房山石经《大般若波罗密多经》题记中出现"幽州蓟县明度寺尼圆寂、妹上座尼方寂"[5]。由此推之，明度寺当系一座尼寺。据《旧唐书·地理志》所载，"蓟，州所治。古之燕国都。……自晋至隋，幽州刺史皆以蓟为治所"[6]。

**毗卢寺**。《宛署杂记》云：毗卢寺"在黄各庄，唐朝建"[7]。

**瑞云寺**。《帝京景物略》曰："寺即五代时李克用建亭故处，俗今曰百家寺也。"[8]《天府广记》谓："五代瑞云寺，李克用建。今改百家寺，在百家山。"[9] 何孝荣先生经过考证指出：言瑞云寺建于五代，实误。李克用在幽州建寺，当在唐昭宗乾宁二年（895）[10]。

**三塔寺**。《大清一统志》云：三塔寺"在永清县城外东南百步。唐建，武则天时石幢尚存"[11]。此处的永清县相当于今河北廊坊永清县。

**善化寺**。《善化寺记》曰："大德以唐宣宗大中十二年（858）春来燕，选名寺以憩留，响德者盈途，青松节峻，白云志高，侍中张公崇敬，

---

[1] 荣新江：《安禄山的种族与宗教信仰》，载荣新江《中古中国与外来文明》，生活·读书·新知三联书店2001年版，第222—237页。

[2]（后晋）刘昫等：《旧唐书》卷180《张仲武传》，中华书局1975年标点本，第4677页。

[3]（后晋）刘昫等：《旧唐书》卷180《李匡威传》，中华书局1975年标点本，第4682页。

[4]（宋）薛居正等：《旧五代史》卷135《刘守光传》，中华书局1976年标点本，第1799页。

[5] 北京图书馆金石组、中国佛教图书文物馆石经组编：《房山石经题记汇编》第2部分《大部经题记（唐至辽）》，书目文献出版社1987年版，第150页。

[6]（后晋）刘昫等：《旧唐书》卷39《地理志二》，中华书局1975年标点本，第1516页。

[7]（明）沈榜：《宛署杂记》卷19《寺观》，北京古籍出版社1983年版，第228页。

[8]（明）刘侗、于奕正：《帝京景物略》卷7《西山下》，北京古籍出版社1982年版，第326页。

[9]（清）孙承泽：《天府广记》卷38《寺庙》，北京古籍出版社1982年版，第580页。

[10] 何孝荣：《明代北京佛教寺院修建研究》（上）第1章《明代以前北京佛教寺院的修建》，南开大学出版社2007年版，第26页。

[11]（清）和珅等奉敕撰：《钦定大清一统志》卷7，影印文渊阁《四库全书》第474册，台湾商务印书馆1982年版，第162页。

别卜禅居于遵化坊吉地。辟开梵宇，俨似莲宫，奏请赐额为'善化'。"①据考，张允伸在唐宣宗大中四年（850）至唐懿宗咸通十三年（872）任幽州节度使②。那么，《善化寺记》中的"侍中张公"当指张允伸。

※**善觉寺**。镜水寺沙门栖复集《法华经玄赞要集》谓："疏主（即窥基）当日制疏在定州（今河北定州），后讲在幽州，即今范阳善觉寺。"③考《宋高僧传》所述，"释窥基，字洪道，姓尉迟氏"，系尉迟敬德之侄，后来成为玄奘之高徒、慈恩宗大师④。由此可知，唐初高僧窥基曾在幽州的善觉寺宣讲佛学。

**胜果寺**。《日下旧闻考》引唐采师伦书《重藏舍利记》称：在会昌六年（846），唐宣宗即位，"有制再崇释教，僧添二十，置胜果寺，度尼三十人"⑤。那么，胜果寺系一座尼寺，当建于会昌六年。

**施药院**。按《元一统志》，"广济院，在旧城阁西。以铭记考之，当唐季世，院之故基有异僧结庐其上，施药以愈病者，远近响慕，乃立佛屋，都人名之曰'施药院'。辽道宗清宁六年（1060）留府请朝命赐院额"⑥。依此可见，施药院始建于唐末，至辽道宗时方赐额"广济院"。

**天城院（延洪寺）**。《元一统志》云：

> 延洪禅寺，在旧城。寺有《唐故幽州延洪寺禅伯遵公遗行碑》，守蓟州录事参军、摄幽州安次令、试大理评事阎栻撰。其略曰：咸通（860—874）初，禅师自襄阳来延洪，开废殿而创尊容，辟虚堂而兴法席。贞元中（785—805），故相国彭城郡王刘公请凝寂大师弘法之初地也，时号其所为"天城院"。大中（847—860）末，故忠烈清河

---

① （清）董诰等：《全唐文》卷920，中华书局1983年版，第9590页。又见于（元）孛兰肹等《元一统志》卷1《中书省统山东西河北之地》善化寺条所引《唐幽州善化院故禅尼大德实行录》，赵万里校辑，中华书局1966年版，第26页。

② 郁贤皓：《唐刺史考全编》卷116《幽州（范阳郡）》，安徽大学出版社2000年版，第1613页。

③ （唐）栖复集：《法华经玄赞要集》卷3，白马精舍印经会编《大藏新纂卍续藏经》第34册，白马精舍印经会恭印1989年版，第229页中。

④ （宋）赞宁：《宋高僧传》卷4《唐京兆大慈恩寺窥基传》，范祥雍点校，中华书局1987年版，第63—66页。

⑤ （清）于敏中等编纂：《日下旧闻考》卷60《城市》，北京古籍出版社1981年版，第980页。

⑥ （元）孛兰肹等：《元一统志》卷1《中书省统山东西河北之地》，赵万里校辑，中华书局1966年版，第37页。

张公又奏置为"延洪寺"。中和四年（884）倒废，光启三年（887）兴复，乾宁三年（896）四月建碑。①

刘济在唐德宗贞元元年（785）至唐宪宗元和五年（810）任幽州节度使②。以是观之，《唐故幽州延洪寺禅伯遵公遗行碑》所云"故相国彭城郡王刘公"即指刘济，正是他在贞元年间创立了天城院。如前所述，张允伸于唐宣宗大中四年至唐懿宗咸通十三年任幽州节度使。那么，大中末年向朝廷奏置延洪寺的"故忠烈清河张公"就是张允伸。

延洪寺在元大都"崇智门内，有阁。起自中唐"③。按《辽南京城复原示意图》，延洪禅寺位于南京城北面偏东方向④，这也是此寺在唐幽州城的大致位置。

**天王寺**。天王寺有始建于北魏和唐两种说法。《续高僧传》曰：隋文帝仁寿年间（601—604），幽州僧人宝岩奉敕"送舍利于本州（即幽州）弘业寺"，"即元魏孝文之所造也，旧号光林。依峰带涧，面势高敞"⑤。据《大清一统志》所书，天王寺在"元魏孝文时建，名'光林寺'。隋仁寿间（601—604）曰'弘业寺'，建塔藏舍利，高十三级，唐开元中（713—741）改曰'天王寺'"⑥。而《元一统志》却称天王寺"在旧城延庆坊内。始建于唐"⑦。此处当从成书于唐初的《续高僧传》，天王寺始建于北魏孝文帝时期，本名光林寺，后改为弘业寺、天王寺。

**※万佛堂**。今北京房山孔水洞上的万佛堂创建于唐代。其中《文殊普贤万菩萨法会图》的浮雕，当刻造于唐代宗大历五年（770）以前。在

---

① （元）孛兰肹等：《元一统志》卷1《中书省统山东西河北之地》，赵万里校辑，中华书局1966年版，第31页。
② 郁贤皓：《唐刺史考全编》卷116《幽州（范阳郡）》，安徽大学出版社2000年版，第1608—1609页。
③ （元）熊梦祥著，北京图书馆善本组辑：《析津志辑佚·寺观》，北京古籍出版社1983年版，第68页。
④ 于杰、于光度：《金中都》，北京出版社1989年版。
⑤ （唐）道宣：《续高僧传》卷28《隋京师仁觉寺释宝岩传》，郭绍林点校，中华书局2014年版，第1118页。
⑥ （清）和珅等奉敕撰：《钦定大清一统志》卷7，影印文渊阁《四库全书》第474册，台湾商务印书馆1982年版，第159—160页。
⑦ （元）孛兰肹等：《元一统志》卷1《中书省统山东西河北之地》，赵万里校辑，中华书局1966年版，第31页。

孔水洞券洞的尽头石壁上，发现两个雕有佛像的小龛，在两个小龛之下凹进的岩壁上还发现隋炀帝大业十年（614）的刻经。左龛内雕一佛二菩萨，右龛内雕一菩萨。左龛的佛像面部浑圆，颈部较长，具有北齐到隋唐开元、天宝以前石窟雕刻的特征。右龛则为晚唐的作品[1]。

**万福寺**。《帝京景物略》云：北京城"右安门外南十里草桥，方十里，皆泉也。会桥下，伏流十里，道玉河以出，四十里达于潞。故李唐万福寺，寺废而桥存"[2]。

**万善寺**。纂修于清光绪年间（1875—1908）的《顺天府志》载："万善给孤寺，在虎坊桥东，西猪市大街。寺相传唐贞观间（627—649）创，名万善寺。"[3]

**仙露寺**。辽兴宗重熙九年（1040）《仙露寺碑》曰："按《燕台土地记》，（仙露寺在）唐高宗乾封元年（666）所建，光启中（885—888）修三门。至辽圣宗太平十年（1030）鸠工重修。倚碣石之故基，面筑金之遗迹。"[4]《元一统志》云：仙露寺"在旧城仙露坊"[5]。

**※香光寺**。《日下旧闻考》引《北游记方》云："韩姞砦，俗呼韩继村，有香光寺。寺右有唐宝积禅师塔，塔后为大悲阁。"[6] 那么，香光寺当建于唐代，或之前。

**兴国寺**。据《元一统志》所载，兴国寺"在旧城北永平坊。有唐虞世南书'念佛堂'金字碑"[7]。《明一统志》云："兴国寺，在府（即顺天府，今北京）东北，隋建。"[8]

---

[1] 吴梦麟：《北京万佛堂孔水洞调查》，《文物》1977年第11期，第16—23页。

[2] （明）刘侗、于奕正：《帝京景物略》卷3《城南内外》，北京古籍出版社1982年版，第119—120页。

[3] （清）周家楣、缪荃孙等编纂：《光绪顺天府志》卷16《寺观一》，北京古籍出版社1987年版，第522页。

[4] 向南辑：《辽代石刻文编》，河北教育出版社1995年版，第222页。

[5] （元）孛兰肹等：《元一统志》卷1《中书省统山东西河北之地》，赵万里校辑，中华书局1966年版，第32页。

[6] （清）于敏中等编纂：《日下旧闻考》卷130《京畿·房山县一》，北京古籍出版社1981年版，第2095页。

[7] （元）孛兰肹等：《元一统志》卷1《中书省统山东西河北之地》，赵万里校辑，中华书局1966年版，第33页。

[8] （明）李贤等奉敕撰：《明一统志》卷1，影印文渊阁《四库全书》第472册，台湾商务印书馆1982年版，第21页。

**兴禅寺**。《元一统志》谓兴禅寺之"旧刹一行禅师建，后废"①。照《宋高僧传》所记，"释一行，俗姓张，巨鹿人也，本名遂，则唐初佐命郯国公公瑾之支孙也"。他拜北宗禅大师普寂为师，而且十分精通密宗，在唐睿宗、玄宗朝深得帝王礼遇②。由此推断，一行在幽州建造兴禅寺也当在这段时间范围内。

**延寿寺**。《元一统志》曰：

> 大延寿寺，在旧城悯忠阁之东，起自东魏元象幽州刺史尉长命为"大云"，后为"智泉"，毁于后周（即北周）。隋复之，刺史窦抗建浮图五层，改名"普觉"。唐为"龙兴"，灾于太（大）和（827—835），又灾于大中（847—860）。节度使张信（允）伸奏立精舍，并东西浮图，曰"殊胜"、曰"永昌"，赐寺额曰"延寿"。③

据《辽南京城复原示意图》，大延寿寺（即唐龙兴寺、延寿寺）位于唐悯忠寺之东，两寺均坐落在辽南京城东南角的铜马坊④。那么，它们亦皆位于唐幽州城的铜马坊。

**仰山寺**。《析津志》曰：仰山寺"在竹林寺西，乃辽穆宗应历十年岁次辛酉（庚申）（960）八月十五日建"⑤。《元一统志》则云："仰山寺，在旧城归厚坊。有《大燕国仰山寺僧奉志书经功德记》，忠正功臣、忠正军节度使、管内观察处置等使、特进、检校太尉、使持节寿州诸军事、行寿州刺史、兼御史大夫、上柱国、吴兴郡开国侯沈鬻述。"⑥梁太祖乾化元年（911）八月甲子，"（刘）守光即皇帝位，国号大燕，改

---

① （元）孛兰肹等：《元一统志》卷1《中书省统山东西河北之地》，赵万里校辑，中华书局1966年版，第34页。
② （宋）赞宁：《宋高僧传》卷5《唐中岳嵩阳寺一行传》，范祥雍点校，中华书局1987年版，第91—94页。
③ （元）孛兰肹等：《元一统志》卷1《中书省统山东西河北之地》，赵万里校辑，中华书局1966年版，第30—31页。
④ 于杰、于光度：《金中都》，北京出版社1989年版。
⑤ （元）熊梦祥著，北京图书馆善本组辑：《析津志辑佚·寺观》，北京古籍出版社1983年版，第72页。
⑥ （元）孛兰肹等：《元一统志》卷1《中书省统山东西河北之地》，赵万里校辑，中华书局1966年版，第32页。

元应天"①。以此推之,《大燕国仰山寺僧奉志书经功德记》中的"大燕国",当指幽州节度使刘守光僭越称帝所建之"大燕"。可能在此之前,仰山寺就已经建成。《元一统志》又载:"楼隐禅寺(小注:在宛平县。)在仰山。有梁开平四年(910)铸钟记。碑云:幽州幽都县仰山院。"② 此仰山院很可能就是仰山寺之别名。倘若在五代之初,仰山寺就已经存在,并位于幽州幽都县(今北京市城区),那么,《析津志》所言此寺建于辽穆宗应历十年的说法就不正确。

据《辽南京城复原示意图》,仰山寺位于辽南京城归厚坊,在城西边居中的位置③,与石敬瑭宅(后来,石敬瑭舍宅而立法云寺④)在同一个坊。这也是仰山寺在唐幽州城的位置。

**佑圣庵**。《宛署杂记》称:佑圣庵"在北城日中坊,咸亨年建"⑤。以此视之,佑圣庵当建于唐高宗咸亨年间(670—674)。

**佑圣寺**。《日下旧闻考》载:"佑圣寺在龙华寺之后,有嘉禾张文宪碑,称寺系唐咸通年(860—874)建,嘉靖三十九年(1560)重修。"⑥"臣等谨按:佑圣寺在德胜门大街路北,张文宪碑今存寺中。"⑦ 张文宪《重修佑圣寺记》曰:"禁垣之外,隔御河近北城西北乾尺,地势清高,有古刹曰佑圣寺,大唐咸通年间(860—874)建立。"⑧

**佑圣教寺**。按《大清一统志》,佑圣教寺"在通州旧城内西北隅。浮

---

① (宋)司马光等:《资治通鉴》卷268,梁太祖乾化元年八月条,中华书局1956年标点本,第8745页。(宋)薛居正等《旧五代史》卷135《刘守光传》,中华书局1976年标点本,第1805页,将此事系于天祐四年(907)八月;(宋)欧阳修撰、徐无党注《新五代史》卷39《刘守光传》,中华书局1974年标点本,第426页,则将此事系于梁乾化元年(911)八月,与《通鉴》同。

② (元)孛兰肹等:《元一统志》卷1《中书省统山东西河北之地》,赵万里校辑,中华书局1966年版,第36页。

③ 于杰、于光度:《金中都》,北京出版社1989年版。

④ (元)孛兰肹等:《元一统志》卷1《中书省统山东西河北之地》,赵万里校辑,中华书局1966年版,第28页。

⑤ (明)沈榜:《宛署杂记》卷19《寺观》,北京古籍出版社1983年版,第230页。

⑥ (清)于敏中等编纂:《日下旧闻考》卷54《城市内城北城》引《渌水亭杂识》,北京古籍出版社1981年版,第883页。

⑦ (清)于敏中等编纂:《日下旧闻考》卷54《城市内城北城》,北京古籍出版社1981年版,第883页。

⑧ (明)张文宪:《重修佑圣寺记》,北京图书馆金石组编:《北京图书馆藏中国历代石刻拓本汇编》第56册,中州古籍出版社1989年版,第48页。

图十三层，高三百尺，创于唐贞观七年（633），历五代、辽、金、元，凡八代而始成"①。李芳民先生认为：唐无通州，其地在唐之幽州境内②。

**淤泥寺**。清代金石学家叶奕苞所撰《唐淤泥寺心经》曰：

> 右《心经》，后题云："大唐贞观二十二年（648）三月吉日立。敕淤泥禅寺三藏比邱（丘）号锦峰禅师。"又云："宦官张功谨、敬德监造。无书人姓名。"按：贞观止二十三年，碑误作三十二，以三字改成二字。③

**圆觉寺**。《宛署杂记》云：圆觉寺"在黄各庄，唐朝建"④。

**云居寺**。幽州良乡县（今北京房山区）石经山有一座著名的寺庙——云居寺。在唐玄宗开元年间（713—741），有梁高望撰《云居寺石浮屠铭》⑤、王大悦作《云居寺门右石浮图铭并序》⑥。范阳县（今河北涿州）丞吉逾《题云居上寺诗序》曰："岁辛酉秋八月，仆与节度都巡使王潜、墨客轩辕伟、仆犹子駒駼潜、息益，同跻攀于此。勒四韵于后观上。开元廿八年（740）记。"⑦唐文宗大和七年（833）四月八日，房山石经《佛说七俱胚（胝）佛大心准提陀罗尼经》额题有"云居寺大德僧真性"、"云居寺僧戒然"等⑧。

辽穆宗应历十五年（965）《重修范阳白带山云居寺碑》称云居寺"佛宇经厨，僧坊钟阁，材惟杞梓，砌则琳珉。古桧星罗，流水环遶。璇提相望，门闼洞开。其中琢玉泥金，后素作绘。般尔之心匠，僧凯之笔

---

① （清）和珅等奉敕撰：《钦定大清一统志》卷7，影印文渊阁《四库全书》第474册，台湾商务印书馆1982年版，第162页。
② 李芳民：《唐五代佛寺辑考》，商务印书馆2006年版，第124页。
③ （清）叶奕苞：《唐淤泥寺心经》，（清）叶奕苞：《金石录补》卷10，《丛书集成初编》本，中华书局1985年版，第96—97页。
④ （明）沈榜：《宛署杂记》卷19《寺观》，北京古籍出版社1983年版，第228页。
⑤ （清）董浩等编：《全唐文》卷305，中华书局1983年版，第3102页。
⑥ （清）董浩等编：《全唐文》卷361，中华书局1983年版，第3663页。
⑦ （清）陆心源辑：《唐文续拾》卷3，（清）董浩等编：《全唐文》，中华书局1983年版，第11203—11204页。
⑧ 北京图书馆金石组、中国佛教图书文物馆石经组编：《房山石经题记汇编》第3部分《诸经题记（唐）》，书目文献出版社1987年版，第233页。

精。皎皎然，煌煌然，逞巧计工，焉知几万？度材揆室，何啻数千"①？此段文字表明云居寺环境优雅，建筑精致。虽然碑文描写的是辽初云居寺的环境、布局和设施，但也能从中推断唐代云居寺的大致陈设。估计这不会随着王朝的更替而发生重大改变。

云居寺有举世闻名的佛教刻经事业。这是本书讨论唐代幽州地域的佛教与社会重点关注的寺庙，详见后文解析。

※**昭仁寺**。《大慈恩寺三藏法师传》的作者沙门慧立曾出家于幽州昭仁寺②。

**昭圣寺**。《明一统志》谓："昭圣寺，在昌平州治（今北京昌平区）西北，唐乾符间（874—879）建。"③依《大清一统志》所记，昭圣寺坐落在幽州昌平县（今北京昌平区），"唐乾符中建。有大悲陀罗尼幢一，开元间（713—741）立"④。此意为：唐玄宗开元年间，佛教信徒先立大悲陀罗尼幢，即尊胜陀罗尼经幢上兼刻《大悲咒》（即《千手千眼观世音菩萨广大圆满无碍大悲心陀罗尼》），至唐僖宗乾符年间方建立昭圣寺。

**真应禅寺**。房山石经《佛说盂兰盆经》（唐刻，具体年代不详）题名有："真应寺沙门明图、沙门令可。"⑤《元一统志》载："卢师真应寺，在宛平县（今北京市境内）西。昔卢师隐此，故寺曰'真应'。"⑥真应禅寺"在卢师山。有《尸陀林卢师碑》，大唐天宝八载（749）十月建，范阳节度掌书记、朝议大夫、守国子司业、上柱国、赐紫金鱼袋张讷撰"⑦。在唐代，"尸陀林"是三阶教僧俗信徒集中在一起进行林葬的场

---

① 向南辑：《辽代石刻文编》，河北教育出版社1995年版，第32页。
② （唐）慧立、彦悰：《大慈恩寺三藏法师传》卷6，孙毓棠、谢方点校，中华书局2000年版，第131页。
③ （明）李贤等奉敕撰：《明一统志》卷1，影印文渊阁《四库全书》第472册，台湾商务印书馆1982年版，第22页。
④ （清）和珅等奉敕撰：《钦定大清一统志》卷7，影印文渊阁《四库全书》第474册，台湾商务印书馆1982年版，第162页。
⑤ 中国佛教协会、中国佛教图书文物馆编：《房山石经（隋唐刻经）》第3册，华夏出版社2000年版，第586页；北京图书馆金石组、中国佛教图书文物馆石经组编：《房山石经题记汇编》第3部分《诸经题记（唐）》，书目文献出版社1987年版，第282页。
⑥ （元）孛兰肹等：《元一统志》卷1《中书省统山东西河北之地》，赵万里校辑，中华书局1966年版，第36页。
⑦ 同上书，第35—36页。

所，被视为三阶教的圣地①。

**镇国观音寺**。明董文采所撰《重修古刹镇国观音寺碑记》言：都城南四十里许上林苑南海子河奇庄，"有镇国观音寺焉"，"创建于唐，有年矣"②。

## 二 幽州大都督府或节度使辖区支州的寺院

（各支州寺院仍按首字汉语拼音排序）

（一）易州（上谷郡）

**华严寺**。《大清一统志》曰：华严寺"在州西南二十五里，隋开皇中（581—600）建"③。此处的"州"指易州，治今河北易县。

**开元寺**。《大清一统志》云：开元寺"在州治东，唐时建"④。房山石经《妙法莲华经》题记有："贞元四年（788）易州开元寺邑主僧道秀。"⑤

唐僖宗广明中（880—881），文林郎、守满城县令、辟军事衙推王悚撰《开元寺陇西公经幢赞并叙》，称李公有德政，广明二年（881）孟夏九日，人们遂在开元寺为他立陀罗尼经幢。"公乃大敷仁爱，深轸疲羸。一年而俗阜时康，再岁而家给人足。自然□□□□雨知期，陇多合穗之祥，川有还珠之媚，市无易贾，农不迁业。将畏爱以兼行，在恩威而毕□。高楼□□□货卖而如山。广陌长衢，沸歌钟而若市。既庶且富，极乐无荒。昔为犷戾之邦，今作繁□之地。"当地耆老"诚叹咏之不足，遂赞呼以无穷。□□□□陀罗尼幢在开元寺。上以光照懿绩，次以显答休恩。是宜刻石传功，垂文著美。将依妙法，式赞嘉猷"⑥。满城县隶属于

---

① 刘淑芬：《林葬——中古佛教露尸葬研究之一》，原载《大陆杂志》第96卷第3、4、5期，1998年，此据刘淑芬《中古的佛教与社会》，上海古籍出版社2008年版，第183—243页。

② （明）董文采：《重修古刹镇国观音寺碑记》，北京图书馆金石组编《北京图书馆藏中国历代石刻拓本汇编》第57册，中州古籍出版社1989年版，第133页。

③ （清）和珅等奉敕撰：《钦定大清一统志》卷30，影印文渊阁《四库全书》第474册，台湾商务印书馆1982年版，第586页。

④ 同上。

⑤ 北京图书馆金石组、中国佛教图书文物馆石经组编：《房山石经题记汇编》第3部分《诸经题记（唐）》，书目文献出版社1987年版，第213页。

⑥ 陆心源辑：《唐文续拾》卷7，（清）董诰等编《全唐文》，中华书局1983年版，第11244—11245页。

易州①，相当于今河北满城县西。《开元寺陇西公经幢赞》题："唐广明二祀孟夏九日记……银青光禄大夫、检校国子祭酒、使持节易州诸军事、守易州刺史、兼御史中丞、充高阳军使、上柱国李䋖。"②郁贤皓先生据此判定：唐广明二年（881），李䋖任易州刺史③。此开元寺"规模尽妙，彩饰如神。千花互映，七宝交陈。……斋坛戒洁以清尘"④。这座开元寺作为官寺，布局和陈设皆非常精致。

**龙泉寺**。龙泉寺"在满城县东。《府志》：故老相传，建自隋唐。四无墙垣，古木森列。后有鸡距泉，右有红花泉。上通一亩泉，为游赏胜地"⑤。

**龙兴寺**。唐代著名诗人贾岛有诗《易州登龙兴寺楼望郡北高峰》吟道：

> 郡北最高峰，巉岩绝云路。
> 朝来上楼望，稍觉得幽趣。
> 朦胧碧烟里，群岭若相附。
> 何时一登陟，万物皆下顾。⑥

无疑，易州有龙兴寺，龙兴寺里建有龙兴寺楼。

**※□慈寺**。房山石经唐僖宗乾符四年（877）四月八日《巡礼题名碑》的题名有："上谷郡□慈寺比丘尼等。"⑦

（二）瀛州（河间郡）

**白鹤寺**。《大清一统志》曰：白鹤寺"在献县，又名白马寺。唐沈佺

---

① （后晋）刘昫等：《旧唐书》卷39《地理志二》，中华书局1975年标点本，第1513页。
② （清）陆耀遹纂：《金石续编》卷12，新文丰出版公司编辑部编《石刻史料新编》第1辑第5册，新文丰出版公司1977年版，第3245页。
③ 郁贤皓：《唐刺史考全编》卷113《易州（上谷郡）》，安徽大学出版社2000年版，第1574页。
④ 陆心源辑：《唐文续拾》卷7，（清）董浩等编《全唐文》，中华书局1983年版，第11245页。
⑤ 清仁宗敕撰：《嘉庆重修一统志》卷15《保定府四》，《四部丛刊续编》本，第7页。
⑥ 齐文榜校注：《贾岛集校注》卷2，人民文学出版社2001年版，第76页。
⑦ 北京图书馆金石组、中国佛教图书文物馆石经组编：《房山石经题记汇编》第1部分《碑和题记（唐至民国）》，书目文献出版社1987年版，第59页。

期有《乐城白鹤寺》诗"[1]。唐代著名诗人沈佺期确曾作诗《乐城白鹤寺》[2]。李芳民先生指出：唐无献县，白鹤寺在唐之瀛州。据《旧唐书·地理志》所载，瀛州属县无乐城，则沈诗之乐城疑不在瀛州[3]。而陶敏和易淑琼先生认为乐城是温州的属县名，相当于今浙江乐清[4]。白鹤寺是否在唐瀛州（今河北河间）还有疑问。

※**常乐寺**。房山石经《大乘大集地藏十轮经卷》（唐刻，具体年代不详）题记中出现："大经主瀛州常乐寺僧慧庆供养。"[5]

**兴化寺**。兴化寺"在交河县治西北，唐贞观初建"[6]。据李芳民先生考证，唐无交河县，其地当在唐瀛州景城县（今河北沧州西景城）东北[7]。

（三）莫州（文安郡）

※**崇贤寺**。房山石经《大般若波罗密多经》题记有："莫州文安县（今河北文安）崇贤寺比丘尼净空、净花、净惠等奉为亡过和尚造经一条。比丘尼净空又为亡过惠光律师同造此经供。宝历元年（825）四月八日建。"[8] 据此推测，崇贤寺很可能是一座尼寺。

**开元寺**。开元寺"在任邱（丘）县鄚城东南，唐开元间（713—741）建"[9]。任丘县初置于唐高祖武德五年（622），分莫县而置，于唐睿宗景云二年（711）改属鄚州。唐玄宗开元十三年（725），鄚州改为莫州[10]。

---

[1] （清）和珅等奉敕撰：《钦定大清一统志》卷16，影印文渊阁《四库全书》第474册，台湾商务印书馆1982年版，第303页。
[2] 《沈佺期集校注》卷4，（唐）沈佺期、宋之问《沈佺期宋之问集校注》，陶敏、易淑琼校注，中华书局2001年版，第215页。
[3] 李芳民：《唐五代佛寺辑考》，商务印书馆2006年版，第121页。
[4] （唐）沈佺期、宋之问：《沈佺期宋之问集校注》，陶敏、易淑琼校注，中华书局2001年版，第216页，注释1。
[5] 北京图书馆金石组、中国佛教图书文物馆石经组编：《房山石经题记汇编》第3部分《诸经题记（唐）》，书目文献出版社1987年版，第200页。
[6] （清）和珅等奉敕撰：《钦定大清一统志》卷16，影印文渊阁《四库全书》第474册，台湾商务印书馆1982年版，第303页。
[7] 李芳民：《唐五代佛寺辑考》，商务印书馆2006年版，第121页。
[8] 北京图书馆金石组、中国佛教图书文物馆石经组编：《房山石经题记汇编》第2部分《大部经题记（唐至辽）》，书目文献出版社1987年版，第161页。
[9] 清仁宗敕撰：《嘉庆重修一统志》卷22《河间府二》，《四部丛刊续编》本，第14页。
[10] （后晋）刘昫等：《旧唐书》卷39《地理志二》，中华书局1975年标点本，第1513—1515页。

莫州任丘县相当于今河北任丘。

※□净寺。房山石经《佛说蜜多心经》一卷（唐刻，具体年代不详）题记有：莫州新城县"□净寺尼法定"①。照此，这一寺院坐落在莫州新城县。可是，考两《唐书·地理志》，莫州的属县并无新城②，疑当地地方建置或有并省。

（四）蓟州（渔阳郡）

**宝积寺**。该佛寺地处蓟州三河县（今河北三河东）盘山。宝积寺为盘山地区著名的禅寺，禅宗之重要基地。宝积寺的知名禅僧还受到幽州节度使府的礼遇③。

**独乐寺**。独乐寺"在蓟州城（今天津蓟县）西门内，有唐李白书'观音'之阁匾"④。辽圣宗统和四年（986）《重修独乐寺观音阁碑》曰："故尚父秦王请谈真大师入独乐寺，修观音阁。以统和二年（984）冬十月再建。上下两级，东西五间，南北八架，大阁一所，重塑十一面观世音菩萨像。"⑤ 据向南先生考证，"尚父秦王"指韩匡嗣⑥。韩匡嗣正是辽圣宗时代权势冲天的权臣韩德让的父亲⑦。统和二年（984），韩匡嗣在独乐寺重塑之十一面观世音菩萨像属于密教神祇。在"安史之乱"时，燕地广泛供奉十一面观世音的化身——僧伽的图像（关于这一问题，本书第三章分析安史集团与佛教时，还将专门讨论）。因此，独乐寺可能在唐代就已经供奉十一面观世音像。

**福泉寺**。此座寺院坐落在蓟州玉田县（今河北玉田）。福泉寺"在州西北四十里，即汤泉寺，唐贞观二年（628）建"⑧。

---

① 北京图书馆金石组、中国佛教图书文物馆石经组编：《房山石经题记汇编》第3部分《诸经题记（唐）》，书目文献出版社1987年版，第214页。

② （后晋）刘昫等：《旧唐书》卷39《地理志二》，中华书局1975年标点本，第1514—1515页；（宋）欧阳修、宋祁：《新唐书》卷39《地理志三》，中华书局1975年标点本，第1021页。

③ 黄春和：《唐幽州禅宗的传播及其影响》，《法音》1994年第7期，第18—21页。

④ （清）和珅等奉敕撰：《钦定大清一统志》卷7，影印文渊阁《四库全书》第474册，台湾商务印书馆1982年版，第163页。

⑤ 向南辑：《辽代石刻文编》，河北教育出版社1995年版，第88页。

⑥ 同上书，注释2。

⑦ （元）脱脱等：《辽史》卷74《韩匡嗣传》，中华书局2016年标点本，第1360—1361页。

⑧ （清）和珅等奉敕撰：《钦定大清一统志》卷29，影印文渊阁《四库全书》第474册，台湾商务印书馆1982年版，第570页。

※**甘泉院**。这座寺庙位于蓟州三河县盘山。《唐故甘泉院禅大师灵塔记》曰：

> 故甘泉院禅大德晓方，苏州常熟县（今江苏常熟）人也。……其于慈悲以接物，勇猛以化人，横身塞河决之波，举手□山崩之势。破裂魔纲，高张法云。……方岳公侯、连城守宰，偃风渴道，靡不归依。牵迷手于□□，破石心于难舍。三兽极浅深之渡，百草滋甘苦之牙。……咸通十一年（870）三月十日，迁神于此山，报龄七十一，僧夏五十八。……予则闻风企仰，临纸酸悽，以师之形则迁流委顺矣，以师之神□□明清静矣，以师之法则一灯燃百千燃矣。故门人法顺等悉心劝力，肇建灵龛于院西南一百步盘龙山首焉。以明年□月□日奉迁神座于是山。……时大唐咸通十二年岁次辛卯（871）闰八月甲辰朔十三日丙辰，卢龙节度衙前兵马使、前摄幽推朝议郎、试大理司直中山郎肃记。右北平采思伦书。①

禅师晓方卒于唐懿宗咸通十一年，时年71，那么，他当出生于唐德宗贞元十六年（800）。从《灵塔记》来看，晓方主要在甘泉院修行、传法。晓方迁化后，门人在甘泉院西南一百步的盘山为他修建灵龛，后来将他的神座也迁到那里。《灵塔记》所述"方岳公侯、连城守宰，偃风渴道，靡不归依"，以及《灵塔记》最后题"卢龙节度衙前兵马使、前摄幽推朝议郎、试大理司直中山郎肃记"，均说明幽州地方官支持和推崇晓方的弘法事业，晓方在当地的影响不小。

在唐宣宗、懿宗时期，在幽州长大的奖公落发后，"遂于蓟三河县盘山甘泉院依止禅大德晓方，乃亲承杖履，就侍瓶盂。启顾全身，惟思半偈"②。从时间和地点推算，奖公所拜的师父"禅大德晓方"，应该就是《唐故甘泉院禅大师灵塔记》所载之主人公。依《盘山甘泉寺新创净光佛塔记》所述，辽圣宗统和二十三年（1005），众多信徒在盘山甘泉寺创建无垢净光舍利塔③，疑辽甘泉寺即唐甘泉院。

---

① 周绍良主编、赵超副主编：《唐代墓志汇编》，上海古籍出版社1992年版，第2452页。
② 公乘亿：《魏州故禅大德奖公塔碑》，（宋）李昉等编《文苑英华》卷868，中华书局1966年版，第4582—4583页。
③ 向南辑：《辽代石刻文编》，河北教育出版社1995年版，第119页。

**观音寺**。观音寺"在玉田县东八里独树庄,相传建自唐时,西南隅有酸枣树一株,大数十围,枯而复荣,历久愈茂,至今结实离离然"[1]。那么,这座佛寺当地处唐代蓟州玉田县。

**※好女塔院**。辽道宗大安二年(1086)《蓟州渔阳县好女塔院特建碑铭》称"好女塔院者,蓟郡之东也。权兴贞元之中,轮奂光启之际"[2]。据此,位于辽朝蓟州渔阳县(今天津蓟县)的好女塔院始建于唐德宗贞元年间(785—805)。

**弘法寺**。弘法寺"在丰润县治西,唐显庆元年(656)建"[3]。据李芳民先生考证,唐无丰润县,其地在蓟州境[4]。

**千相寺(祐唐寺)**。千相寺"在盘山九华峰之下,天门中开,两岩相揖,于石上刻千像,故名。唐开元中(713—741)建,又名祐唐寺"[5]。辽圣宗统和五年(987)《祐唐寺创建讲堂碑》追记建寺之缘由:"自昔相传,有尊者挈杖远至,求植足之所。僧室东北隅岩下有澄泉,恍惚之间,见千僧洗钵,瞬息而泯,因兹构精舍晏坐矣。厥后于谿谷涧石之面,刻千佛之像,而以显其殊胜也。"[6] 由此看来,千相寺位于蓟州盘山,其选址及修建缘自此地瞬间出现"千僧洗钵"之灵异。

**沙岩寺**。沙岩寺"在丰润县西十五里。《县志》:寺唐时建。徐昌祚《燕山丛录》中有十三级塔,洪武中(1368—1398)有云雾护塔三日,遂失所在,今遗址尚存"[7]。唐无丰润县,其地在蓟州境[8]。

**延寿寺**。延寿寺"在州(即蓟州)西北十八里,相传唐太宗寿辰幸

---

[1] (清)和珅等奉敕撰:《钦定大清一统志》卷29,影印文渊阁《四库全书》第474册,台湾商务印书馆1982年版,第570页。

[2] 向南、张国庆、李宇峰辑注:《辽代石刻文续编》,辽宁人民出版社2010年版,第363页。

[3] (清)和珅等奉敕撰:《钦定大清一统志》卷29,影印文渊阁《四库全书》第474册,台湾商务印书馆1982年版,第570页。

[4] 李芳民:《唐五代佛寺辑考》,商务印书馆2006年版,第125页。

[5] (清)和珅等奉敕撰:《钦定大清一统志》卷7,影印文渊阁《四库全书》第474册,台湾商务印书馆1982年版,第163页。

[6] 向南辑:《辽代石刻文编》,河北教育出版社1995年版,第89页。

[7] (清)和珅等奉敕撰:《钦定大清一统志》卷29,影印文渊阁《四库全书》第474册,台湾商务印书馆1982年版,第570页。

[8] 李芳民:《唐五代佛寺辑考》,商务印书馆2006年版,第125页。

兰若，遣尉迟敬德建为寺"①。

《宋高僧传》云：道膺"姓王氏，蓟门玉田人也。生而特异，神彩朗然。……师授经法，诵彻复求。年偶蹉跎二十五，方于范阳延寿寺受具足戒"②。道膺在唐昭宗时，受赐紫袈裟和师号③。《祖堂集》曰："云居和尚嗣洞山，在洪州（今江西南昌）。师讳道膺，姓王，幽州蓟门玉田人也。……年二十五，于幽州延寿寺受戒。"④那么，道膺主要活跃于晚唐时期。而《旧唐书·地理志》载："涿州，本幽州之范阳县。大历四年（769），幽州节度使朱希彩，奏请于范阳县置涿州，仍割幽州之范阳（今河北涿州）、归义（今河北雄县西北）、固安（今河北固安）三县以隶涿，属幽州都督。"⑤可见在唐代宗大历四年（769），范阳县已经隶属于涿州。《宋高僧传》说道膺受戒于"范阳延寿寺"，《祖堂集》称他受戒于"幽州延寿寺"，二书均谓他是"蓟门玉田人"。因此，道膺受戒之延寿寺不太可能指涿州范阳县的延寿寺，也不太可能是前文所提幽州城的延寿寺，更可能是道膺的老家蓟州的延寿寺。《宋高僧传》所书"范阳延寿寺"和《祖堂集》所云"幽州延寿寺"中的"范阳"、"幽州"，均指广义的幽州地域，亦即幽州卢龙节度使辖区。

**※元宫寺（感化寺）。**该座寺院地处蓟州盘山。辽天祚帝乾统七年（1107）《上方感化寺碑》曰："渔阳古郡之西北，丛岫迤逦，其势雄气秀，曰田盘山。冈峦倚叠，富有名寺。而感化者，旧号元宫。物无常名，事穷则变。会幽州主帅清河张公奏请之，故因以是额易其前号。"⑥唐昭宗景福年间（892—893），左街内殿讲论兼应制大德沙门南叙撰《悯忠寺重藏舍利记》称：隋文帝仁寿年间（601—604）分舍利时，幽州长官窦抗创立五层大木塔，藏舍利于其下。在唐文宗时，"天火焚塔"，"至宣宗初登宝位，岁在丙寅，敕修废蓝，将兴畚□，得石函于故基下。时旌麾清

---

① （清）和珅等奉敕撰：《钦定大清一统志》卷29，影印文渊阁《四库全书》第474册，台湾商务印书馆1982年版，第569—570页。
② （宋）赞宁：《宋高僧传》卷12《唐洪州云居山道膺传》，范祥雍点校，中华书局1987年版，第284页。
③ 同上书，第285页。
④ （南唐）静、筠二禅师编撰：《祖堂集》卷8《云居和尚道膺传》，孙昌武、［日］衣川贤次、［日］西口芳男点校，中华书局2007年版，第364页。
⑤ （后晋）刘昫等：《旧唐书》卷39《地理志二》，中华书局1975年标点本，第1517页。
⑥ 《上方感化寺碑》，向南辑《辽代石刻文编》，河北教育出版社1995年版，第563页。

河公，晓示人天，溥令供施，迁藏于悯忠寺多宝塔下"①。唐宣宗大中初年的幽州节度使"清河公"就是张仲武②。据《盘山上方道宗大师遗行碑》所述，有"方伯太尉相国清河张公仲武"，也有"侍中清河张公允伸"③。上文论及张允伸于唐宣宗大中四年（850）至唐懿宗咸通十三年（872）任幽州节度使。那么，改易元宫寺之号的可能是张仲武，也可能是张允伸。

（五）涿州

如前文所示，在唐代宗大历四年（769），朝廷割幽州之范阳、归义、固安三县新置涿州，仍隶属于幽州节度使。

※**观□寺**。房山石经《大般若波罗密多经》唐德宗贞元十三年（797）二月八日题记云："涿州易县观□寺邑主和尚道秀、士弟法超、沙弥太平、平正无量恩。"④依此题记，这座佛寺位于涿州易县。然而，按两《唐书·地理志》所记，涿州所统之县并无易县⑤，或许易县的归属其间有变更。

※**石经寺**。据《魏州故禅大德奖公塔碑》所载，唐僖宗乾符二年（875），"有幽州节度押两蕃副使、检校秘书、兼御史中丞、赐紫金鱼袋董廓，及幽州临坛律大德沙门僧惟信，并涿州石经寺监寺律大德弘屿等，咸欲指陈盘岭祈请。比归，和尚（即奖公）欲徇群情，将之蓟部（即蓟州）。晨诣衙庭，启述行迈"⑥。在晚唐时期，邀请著名禅僧奖公回幽州镇弘法的就有"涿州石经寺监寺律大德弘屿"。对这一事件，本书探究幽州地域的禅宗时，还将具体分析。

※**心净寺**。房山石经《大般若波罗密多经》题记中出现涿州固安县

---

① （清）董浩等编：《全唐文》卷920，中华书局1983年版，第9590—9591页。
② 据郁贤皓《唐刺史考全编》卷116《幽州（范阳郡）》，安徽大学出版社2000年版，第1612页。张仲武于唐武宗会昌元年（841）至唐宣宗大中三年（849）任幽州节度使。
③ 知宗：《盘山上方道宗大师遗行碑》，（清）董浩等编《全唐文》卷920，中华书局1983年版，第9589页。
④ 北京图书馆金石组、中国佛教图书文物馆石经组编：《房山石经题记汇编》第2部分《大部经题记（唐至辽）》，书目文献出版社1987年版，第137页。
⑤ （后晋）刘昫等：《旧唐书》卷39《地理志二》，中华书局1975年标点本，第1517页；（宋）欧阳修、宋祁：《新唐书》卷39《地理志三》，中华书局1975年标点本，第1020页。
⑥ 公乘亿：《魏州故禅大德奖公塔碑》，（宋）李昉等编《文苑英华》卷868，中华书局1966年版，第4582页。

心净寺①。

**（六）檀州（密云郡）**

**龙兴寺**。《明一统志》云：龙兴寺"在密云县（今北京密云）治北，唐建"②。《大清一统志》曰：龙兴寺"在密云县北，唐建。俗名银塔寺"③。

**（七）妫州（北燕州、妫川郡）**

**柏林寺**。此座寺院坐落在妫州怀戎县（今河北怀来东南），"唐时有僧卓锡于此，苍柏万株，平地有三巨石，高各十余丈，凿石为龛，刻佛像其中"④。

**※缙阳寺**。缙阳寺功德碑位于妫州⑤。辽道宗寿昌元年（1095）《添修缙阳寺功德碑记》云："缙阳寺者，古之禅房院也。光启二年（886），为创置之始。"辽圣宗太平年间（1021—1031）南幸时，"赐号曰'缙阳'"⑥。显然，此寺初建于唐僖宗光启二年（886）。

**（八）燕州（归德郡）**

**※大云寺**。在幽州良乡县云居寺，唐睿宗太极元年（712）塔上镌刻《大唐易州石亭府左果毅都尉蓟县田义起石浮图颂》，其题名有和州历阳（今安徽和县）丞王利贞之"弟燕州大云寺僧智崇"⑦。《旧唐书·地理志》载：

> 燕州，隋辽西郡，寄治于营州（今辽宁朝阳）。武德元年（618），改为燕州总管府，领辽西、泸河、怀远三县。其年，废泸河

---

① 北京图书馆金石组、中国佛教图书文物馆石经组编：《房山石经题记汇编》第2部分《大部经题记（唐至辽）》，书目文献出版社1987年版，第174页。
② （明）李贤等奉敕撰：《明一统志》卷1，影印文渊阁《四库全书》第472册，台湾商务印书馆1982年版，第22页。
③ （清）和珅等奉敕撰：《钦定大清一统志》卷7，影印文渊阁《四库全书》第474册，台湾商务印书馆1982年版，第162页。
④ （清）和珅等奉敕撰：《钦定大清一统志》卷25，影印文渊阁《四库全书》第474册，台湾商务印书馆1982年版，第512页。
⑤ 《添修缙阳寺功德碑记》，向南辑《辽代石刻文编》，河北教育出版社1995年版，第464页。
⑥ 同上。
⑦ 《大唐易州石亭府左果毅都尉蓟县田义起石浮图颂》拓片，载云居寺文物管理处编《云居寺贞石录》，北京燕山出版社2008年版，第61页。

县。六年（623），自营州南迁，寄治于幽州城内。贞观元年（627），废都督府，仍省怀远县。开元二十五年（737），移治所于幽州北桃谷山。天宝元年（742），改为归德郡。乾元元年（758），复为燕州。旧领县一，无实土户。所领户出粟皆靺鞨别种，户五百。天宝，户二千四十五，口一万一千六百三。……辽西，州所治县也。①

依此可见：燕州的治所从营州南迁至幽州城内，再移至幽州北桃谷山（今北京昌平东）。该州系安置内附靺鞨人的羁縻州。燕州大云寺与武周政权的关系，下文还将进一步分析。

（九）营州（柳城郡）

**崇兴寺**。崇兴寺在营州，建于唐代，有双塔②。

**大广济寺**。这座佛寺位于营州，"唐时建，内有白塔"③。

**法华寺**。法华寺"在锦县（今辽宁凌海）南松山南。唐建，名法华寺"④。

**※北塔**。朝阳北塔始建于北魏。据考，文明太后冯氏（北燕亡国之君冯弘的孙女）在被北魏所灭的北燕宫殿基址上修建一座土木结构楼阁式木塔，名"思燕浮图"，以表达对故国的思念。此塔在北朝末年被烧毁。后来，隋文帝派人送舍利在此安葬。唐玄宗天宝年间（742—756），当地人奉皇帝的旨意维修此塔，改名"开元寺塔"。在辽代，佛教徒又修缮此塔，形成辽代风格的密檐式砖塔，改称"延昌寺塔"⑤。1986年，辽宁朝阳北塔地宫内出土《第三度重修》题记砖，为辽代沟纹青砖，长57厘米，宽30厘米，厚7.5厘米，一面阴刻楷书："霸州（今辽宁朝阳）邑众诸官，同共齐心结缘，第三度重修。所有宝安法师奉随（隋）文帝敕葬舍利，未获请，后知委。"⑥仁寿元年（601）六月，隋文帝向全国分

---

① （后晋）刘昫等：《旧唐书》卷39《地理志二》，中华书局1975年标点本，第1521页。
② （清）和珅等奉敕撰：《钦定大清一统志》卷44，影印文渊阁《四库全书》第474册，台湾商务印书馆1982年版，第816页。
③ 同上。
④ 同上。
⑤ 杜斌：《朝阳北塔——五世同堂宝塔》，《佛学研究》2007年，第208—215页。
⑥ 朝阳北塔考古勘察队：《辽宁朝阳北塔天宫地宫清理简报》，《文物》1992年第7期，第23、25页。

发舍利并命各地建塔埋藏①。由此看来，在当时，正是宝安法师奉隋文帝之旨，在营州地区修建北塔，以藏舍利。

### 三　位置不详、待考的佛寺

※**安集寺**。《宋高僧传》载："释常遇，俗姓阴，范阳人也，出家于燕北安集寺。……大中四年（850），杖锡离燕，孤征朔雪，祁洹千里，径涉五峰，诣华严寺菩萨堂。"他在文殊降龙之处祕魔岩结茅修行②。安集寺具体位于燕北的哪个州、县，还有待考证。

※**龙华寺、净光寺**。房山石经《大乘大集地藏十轮经卷》题记曰：

> 云居寺寺主僧玄导供养。慎州刺史李怀仁、夫人靖、息文义府长上果毅师感、妻郡君严感、息上柱国廙泰、刺史妹龙华寺尼善遇、女尼善贤、女净光寺尼善胜供养。大经主瀛州常乐寺僧慧庆供养。仁弟高陵府长上左果毅道海、郡君刘、息上柱国师秀、妻孙海、女龙华寺尼善威供养。③

由此可知：龙华寺和净光寺或许位于唐代幽州地域。这两座佛寺可能为尼寺，具体位置待考。

## 本章小结

唐代的幽州地区位于农耕文化向游牧文化过渡地带，居民成份复杂，胡汉杂居。幽州镇不仅在防御两蕃入侵中发挥着重要作用，同时也是东北族群与中原王朝交往的桥梁和纽带。契丹和奚通过幽州镇与唐中央政府联系，或直接跟幽州镇打交道，此皆系它们接触汉文化的途径。以正统汉文化的中心长安作为参照，幽州镇乃胡化之区。但是，与塞外的两蕃相比，

---

① （宋）王钦若等编：《册府元龟》卷51《帝王部·崇释氏一》，中华书局影印明本1960年版，第574页。

② （宋）赞宁：《宋高僧传》卷21《唐清凉山祕魔岩常遇传》，范祥雍点校，中华书局1987年版，第542—543页。

③ 北京图书馆金石组、中国佛教图书文物馆石经组编：《房山石经题记汇编》第3部分《诸经题记（唐）》，书目文献出版社1987年版，第200页。

幽州镇无疑是汉文化区。契丹和奚通过幽州镇接触汉文化，比通过长安更频繁、更重要。

两蕃与幽州镇的关系不总是和睦、愉悦的，但是双方交流不断，虽然间或有激烈的斗争，但谁也离不开谁。因为两蕃的强大，对唐朝东北边疆构成威胁，使得幽州军事集团对唐廷来讲，具有存在和利用价值。这也是该集团赖以生存的基础之一。契丹和奚跟农耕地区交流，又非常需要幽州地域的资源；与唐中央政府打交道，幽州镇是必须经过的媒介和中转站。幽州镇与契丹、奚之间进行情报战，乃一种特殊的互动方式。总之，幽州镇与两蕃在竞争中加强了相互之间的了解。这一历史大背景造就了唐代幽州地区游走于胡汉之间的独特文化特征。

唐代的幽州地域佛教色彩极为浓厚。这一区域不仅拥有声名显赫的房山刻经事业，还分布着大量佛寺。本书在搜讨材料过程中，利用了黄春和先生、李芳民先生、何孝荣先生没有利用的房山石经、辽代碑刻，更广泛地爬梳了《宋高僧传》等文献材料以及唐代石碑。其中带"※"号的佛寺是笔者新考出的。另外，有些佛寺虽然黄先生、李先生与何先生已经提及，但是笔者引用了一些三位先生尚未征引的文字资料和地图，对相关人物、事件和地理位置作了更细致地考证，力图在更大程度上恢复当时幽州地域活生生的人物活动和历史场景。

就目前所见材料，在唐代，整个幽州地区共有佛寺96座，其中幽州有60座。在幽州大都督府或节度使所辖的支郡中，易州有佛寺5座，瀛州3座，莫州3座，蓟州有11座，涿州有3座，檀州有1座，妫州有2座，燕州有1座，营州有4座。而位置不详、待考之佛寺有3座。幽州城及其所辖县的佛寺，笔者新考出9座寺庙。在支州佛寺中，笔者新考出易州寺院1座，瀛州1座，莫州2座，蓟州3座，涿州3座，妫州1座，燕州1座，营州1座。作为河北北部中心城市的幽州城及其所辖县乃整个幽州地域佛寺分布最密集之区域，其次是北方地区禅宗的重要基地——蓟州。此两地佛教的互动亦是饶有兴趣的问题，这将在后文进行解析。

在中古时代，佛寺作为公共空间，同时也是地方社会的文化中心。不仅当地人士热衷于兴建或修缮佛寺，连唐中央政府也通过与幽州地域佛寺发生关系，进而对当地施加政治影响。不仅如此，唐代幽州地区的诸多佛寺作为丰厚的文化遗产，被后来进入该地区的北族王朝辽、金、元所继承，并加以修缮，发扬光大，对契丹、女真和蒙古的汉化进程产生重大影响。

以上是本书讨论唐代幽州地域的佛教与社会展开的地理空间和历史文化背景。

# 第二章

# 唐廷对幽州地区宗教事务的介入

隋唐中央政府如何经营河北地区,一直是令众多学者感兴趣的话题。关于这一问题的探讨,前贤时彦多侧重于政治、经济和军事政策,同时也涉足于这一时期幽州地域的佛教与社会[1]。但是,深入分析中央政府与当地宗教事务之间的相互关系的专门研究却不多。唐廷对河北地区的羁控,宗教的作用不应被忽视。本书拟解读一些石刻材料和地方志,以唐廷介入幽州地区宗教事务作为切入点,从区域史、族群史的角度透视唐廷的河北政策,考察唐中央政府参与幽州地域宗教事务的背景、动机及其影响。

## 第一节 唐廷在幽州地区的佛教活动

幽州地域历来系唐廷经营河北、防御东北诸族的重要军事和行政基地。中央政府参与当地佛教事务,均和安抚地方社会、经略东北的战略目标相关。

### 一 唐太宗在幽州地域的佛教活动

贞观三年（629）十二月癸丑,唐太宗下诏曰:"思所以树立福田、

---

[1] 如［日］气贺泽保规:《唐代幽州的地域与社会——以房山石经题记为中心》,载唐代史研究会编《中国都市的历史的研究》,《唐代史研究会报告》第Ⅵ集,刀水书房1988年版,第157—167页;黄春和:《隋唐幽州佛教初探》,《佛学研究》1993年第2期,第212—220页;黄春和:《唐幽州禅宗的传播及其影响》,《法音》1994年第7期,第18—21页;［日］气贺泽保规编:《中国佛教石经的研究——特别以房山云居寺为中心》,京都大学学术出版会1996年版;黄春和:《隋唐幽州城区佛寺考》,《世界宗教研究》1996年第4期,第16—23页。

济其营魄。可于建义已来交兵之处，为义士、凶徒殒身戎阵者立寺刹焉。"唐太宗"乃召虞世南、李百药、褚亮、颜师古、岑文本、许敬宗、朱子奢等为之碑铭，以纪功业"①。幽州兴国寺有虞世南书"念佛堂"金字牌②，或许就是虞世南等奉唐太宗的这份诏书而行之事。

幽州城内的宝塔寺"建于隋末，有舍利塔。唐贞观三年（629）暴乱初平，宗风渐炽，因宝塔赐寺额"③。唐太宗赐额宝塔寺，当与东北边疆形势有关。贞观三年（629）"九月丙午，突厥俟斤九人帅三千骑来降。戊午，拔野古、仆骨、同罗、奚酋长并帅众来降"④。"十二月，戊辰，突利可汗入朝。"⑤ 突厥首领突利因对下"敛取无法"，与颉利可汗矛盾激化而归附唐朝⑥。同年十二月"壬午，靺鞨遣使入贡，上曰：'靺鞨远来，盖突厥已服之故也。'"⑦ "庚寅，突厥郁射设帅所部来降。"⑧ 就在这一年，唐朝进攻东突厥汗国，形势对唐朝非常有利，东突厥汗国所统诸多部落纷纷向唐朝投诚。东突厥汗国的颉利可汗本让自己的亲属分领臣服的其他族群，他"以突利可汗主契丹、靺鞨部，树牙南直幽州，东方之众皆属焉"⑨。因此，对唐廷来讲，突利入朝，即意味着东北边境的稳定。此当即"暴乱初平"的具体背景。在这种情形下，唐太宗作出支持佛教的姿态以笼络民心，合乎情理。

贞观十九年（645），唐太宗征伐高丽后班师回朝，亲自在幽州城建立了著名的悯忠寺（今北京法源寺）。

贞观十六年（642），高丽泉盖苏文弑主，亳州（今安徽亳州）刺史

---

① （宋）王钦若等编：《册府元龟》卷51《帝王部·崇释氏一》，中华书局影印明本1960年版，第574页。
② （元）孛兰肸等：《元一统志》卷1《中书省统山东西河北之地》，赵万里校辑，中华书局1966年版，第33页。
③ 同上书，第36页。
④ （宋）司马光等：《资治通鉴》卷193，唐太宗贞观三年九月条，中华书局1956年标点本，第6066页。
⑤ 同上书，第6067页。
⑥ （宋）欧阳修、宋祁：《新唐书》卷215上《突厥传上》，中华书局1975年标点本，第6038页。
⑦ （宋）司马光等：《资治通鉴》卷193，唐太宗贞观三年九月条，中华书局1956年标点本，第6067页。
⑧ 同上。
⑨ （宋）欧阳修、宋祁：《新唐书》卷215上《突厥传上》，中华书局1975年标点本，第6038页。

裴行庄遂奏请讨伐高丽，唐太宗回答道："因丧乘乱而取之，虽得之不贵。且山东凋敝，吾未忍言兵也。"①可见唐太宗征伐高丽，主要是就近调发山东（即河北）地区的人力、物力和财力。贞观十八年（644）十一月庚子，"诸军大集于幽州"②，唐太宗正式率军亲征高丽。贞观十九年（645），唐军班师，"十一月辛未，车驾至幽州，高丽民迎于城东，拜舞呼号，宛转于地，尘埃弥望"③。在此之前，"诸军所虏高丽民万四千口，先集幽州，将以赏军士，上愍其父子夫妇离散，命有司平其直，悉以钱布赎为民，欢呼之声，三日不息"④。因此，唐太宗的车驾经过幽州时，高丽民在城东"拜舞呼号"，以表达感激之情。

唐太宗不仅对高丽俘虏表现出宽容，同时还对这次战争死难的将士采取善后措施。前文所引《房廷事实》已经清楚地说明：太宗为纪念征伐高丽战争中阵亡的将士，而在幽州城立悯忠寺。悯忠寺建在唐幽州城东南角的铜马坊（详见第一章第二节）。虽然唐太宗这次讨伐高丽汲取了隋朝的教训，考虑到辽东的地理气候条件和军队补给问题，在动员人数及战争规模方面远远不如隋炀帝，损失的兵力也少于隋炀帝⑤，但是，河北地区，特别是其北部的政治、经济和文化中心地幽州还是付出了代价。在讨伐高丽的战争中，唐太宗时时表现出对臣僚、民众甚至高丽俘虏的关怀⑥。他在返回途中为阵亡将士修建悯忠寺追福，亦是抚恤河北地区的善后之举。

这就如同唐太宗从高丽班师回朝，本来不必经过营州（今辽宁朝阳），但是为安抚东北诸族和当地民众，特地绕道营州，接见东北各族的

---

① （宋）司马光等：《资治通鉴》卷196，唐太宗贞观十六年十一月条，中华书局1956年标点本，第6181—6182页。

② （宋）司马光等：《资治通鉴》卷197，唐太宗贞观十八年十一月条，中华书局1956年标点本，第6214页。

③ （宋）司马光等：《资治通鉴》卷198，唐太宗贞观十九年十一月条，中华书局1956年标点本，第6231页。

④ （宋）司马光等：《资治通鉴》卷198，唐太宗贞观十九年十月条，中华书局1956年标点本，第6231页。

⑤ 于赓哲：《隋、唐两代伐高丽比较研究》，载王小甫主编《盛唐时代与东北亚政局》，上海辞书出版社2003年版，第61—63页。

⑥ 详见（宋）司马光等：《资治通鉴》卷197、卷198，中华书局1956年标点本，第6216—6241页。

首领，并为阵亡士卒行葬作祭①。在抵达幽州之前，唐太宗的车驾于贞观十九年（645）十月"丙午，至营州。诏辽东战亡士卒骸骨并集柳城（即营州）东南，命有司设太牢，上自作文以祭之，临哭尽哀。其父母闻之，曰：'吾儿死而天子哭之，死何所恨！'"②营州位于辽西走廊，北通契丹、靺鞨，东接高丽，西邻突厥，地理形势及战略地位都十分重要，历来是中原王朝经营东北地区的前沿阵地③。东北的契丹、奚、靺鞨、室韦等诸族之间、族群内部不相统一，它们常常在中原王朝和高丽之间首鼠两端，成为唐、丽双方在东北亚角逐需要争取的势力。唐太宗在征伐高丽之前，下诏征调过契丹、奚和靺鞨兵④。因此，在班师回朝之际，唐廷很有必要对这些族群进行安抚和笼络。

撮要言之，在伐高丽之后，唐太宗及时采取一些善后措施以抚恤河北、东北地区；而隋炀帝征高丽却吝惜赏赐，缺乏相应的安抚举措。此当系唐太宗虽然征伐高丽失败，却未引起河北地区动乱之缘由。

## 二　武则天在幽州地区的佛教活动

武则天也通过佛教活动，将中央政府的政治影响渗入幽州地域。

幽州良乡县云居寺内有一座唐睿宗太极元年（712）塔，其上镌刻《大唐易州石亭府左果毅都尉蓟县田义起石浮图颂》。其题名中出现和州历阳（今安徽和县）丞王利贞之"弟燕州大云寺僧智崇"⑤。《旧唐书·地理志》云：

> 燕州，隋辽西郡，寄治于营州。武德元年（618），改为燕州总管府，领辽西、泸河、怀远三县。其年，废泸河县。六年（623），

---

① 辛德勇：《论宋金以前东北与中原之间的交通》，《陕西师范大学学报》1984年第2期，第108页。
② （宋）司马光等：《资治通鉴》卷198，唐太宗贞观十九年十月条，中华书局1956年标点本，第6231页。
③ 王小甫：《隋初与高句丽及东北诸族关系试探——以高宝宁据营州为中心》，载王小甫主编《盛唐时代与东北亚政局》，上海辞书出版社2003年版，第41页。
④ （宋）司马光等：《资治通鉴》卷197，唐太宗贞观十八年七月条，中华书局1956年标点本，第6209页；唐太宗贞观十八年十一月条，中华书局1956年标点本，第6215页。
⑤ 《大唐易州石亭府左果毅都尉蓟县田义起石浮图颂》拓片，载云居寺文物管理处编《云居寺贞石录》，北京燕山出版社2008年版，第61页。

自营州南迁，寄治于幽州城内。贞观元年（627），废都督府，仍省怀远县。开元二十五年（737），移治所于幽州北桃谷山。天宝元年（742），改为归德郡。乾元元年（758），复为燕州。旧领县一，无实土户。所领户出粟皆靺鞨别种，户五百。天宝，户二千四十五，口一万一千六百三。……辽西，州所治县也。①

由此可见，燕州的治所从营州南迁至幽州城内，再移至幽州北桃谷山（今北京昌平东）。此州系安置内附靺鞨人的羁縻州。武则天称帝之时，敕命各州修建大云寺，以从思想观念和舆论宣传层面证实自己取代李唐政权的合法性②。燕州的"大云寺"可能修建或改名于武周时期。倘若如是，那么地处东北边疆地区的羁縻州燕州确实执行了中央政府的政策。

在武周万岁通天年间（696—697），契丹首领李尽忠、孙万荣发动叛乱，轻易突破中原王朝的东北防线，直捣河北腹心地区③。武则天在慌乱之机，想尽各种办法来平定这场叛乱，其中就包括谋求宗教手段④。

《元一统志》载：

> 大悯忠寺，在旧城（即金中都）。……按古记考之，唐太宗贞观九年（635）及高宗上元二年（675）东征还，深悯忠义之士殁于戎事，卜斯地，将建寺为之荐福。则天万岁通天元年（696）追感二帝先志，起是道场，以悯忠为额。⑤

---

① （后晋）刘昫等：《旧唐书》卷39《地理志二》，中华书局1975年标点本，第1521页。
② 具体情况参见（后晋）刘昫等《旧唐书》卷6《则天皇后本纪》，中华书局1975年标点本，第121页；（宋）欧阳修、宋祁《新唐书》卷4《则天皇后本纪》，中华书局1975年标点本，第91页；（宋）司马光等《资治通鉴》卷204，则天后天授元年十月壬申条，中华书局1956年标点本，第6469页。《旧唐书·则天皇后本纪》将此事系于载初元年（690）七月，即武则天称帝前夕；而《新唐书·则天皇后本纪》和《通鉴》则将此事系于天授元年（690）十月，即武则天正式称帝之后不久。
③ （后晋）刘昫等：《旧唐书》卷199下《北狄·契丹传》，中华书局1975年标点本，第5350—5351页。
④ Jinhua Chen, "A Daoist Princess and a Buddhist Temple: a New Theory on the Causes of the Canon-Delivering Mission Originally Proposed by Princess Jinxian (689–732) in 730", *Bulletin of the School of Oriental and African Studies*, vol. 69, Part 2, 2006, pp. 267–292. 此文提及武则天派佛僧（如法藏）和道士做法事，期望能平定叛乱。
⑤ （元）孛兰肹等：《元一统志》卷1《中书省统山东西河北之地》，赵万里校辑，中华书局1966年版，第24—25页。

其中"贞观九年"应作贞观十九年（645）。在契丹叛乱威胁东北边疆和河北地区之时，武则天派人到幽州悯忠寺做道场，乃合乎情理之事。

不仅如此，万岁通天二年（697）夏，在契丹反叛的危急时刻，武则天还命法藏为特使，赴幽州做佛教法事，以鼓舞士气①。《唐大荐福寺故寺主翻经大德法藏和尚传》详细记录了此事：

> 神功元年（697），契丹拒命，出师讨之。特诏藏依经教遏寇虐。乃奏曰："若令摧伏怨敌，请约左道诸法。"诏从之。法师盥浴更衣，建立十一面道场，置光音（即观音）像行道。始数日，羯虏睹王师无数神王之众，或瞩观音之像浮空而至，犬羊之群相次逗挠，月捷以闻。天后（即武则天）优诏劳之曰："蓟城之外，兵士闻天鼓之声。良乡县中，贼众睹观音之像。醴酒流甘于陈塞，仙驾引纛于军前。此神兵之扫除，盖慈力之加被。"②

这一密教仪轨与《佛说十一面观世音神咒经》所书置道场供养观世音、诵咒，以阻止外敌入侵之仪式相同：

> 若有他方怨贼欲来侵境，以此观世音像面正向之，种种香华而为供养，取烟脂大如大豆，诵咒一千八遍，涂像左厢嗔面，令彼怨敌不能前进。③

---

① Jinhua Chen, "A Daoist Princess and a Buddhist Temple: a New Theory on the Causes of the Canon-Delivering Mission Originally Proposed by Princess Jinxian（689 - 732）in 730", *Bulletin of the School of Oriental and African Studies*, vol. 69, Part 2, 2006, pp. 267 - 292. 按：此文极力证明法藏在契丹反叛之时，受武则天之命，赴幽州做佛教御寇法的地点可能就在良乡县的云居寺。这一活动给他的职业生涯带来转机。法藏与唐睿宗及金仙公主的道教老师史崇玄关系密切，所以他跟金仙公主也是朋友。因此，本为道教热情支持者的金仙公主才会向玄宗提出：将新旧译经4000余卷及《开元释教录》送到云居寺。这一论证过程推测成分较多。但是，此文将契丹反叛之时，武则天派粟特人法藏到幽州进行佛教活动的事实揭示出来，还是颇有启发意义。该文重在论述法藏与皇室、官僚、佛教教团的关系，其"幽州之行"与当时政治形势的关联，对法藏在幽州良乡县所做的法事没有进一步分析。

② ［日］高楠顺次郎等编：《大正藏》第50册，大正一切经刊行会1927年版，第283页。

③ ［日］高楠顺次郎等编：《大正藏》第20册，大正一切经刊行会1928年版，第151页。

此经又谓：

> 若有怨仇伺求人便，取其白縆在于像前，结作一百八结，咒之一百八遍，系像左厢瞋面顶上径由一宿，解取此索，称彼怨仇名字，一称一截乃尽一百八结，恒称是人名字，所作不成。①

法藏所做法事是否具有这么大的威力，不得而知。不过，他作为两京佛教名僧专程奔赴幽州，无疑能够鼓舞当地军民的士气，促进佛教的传播。

### 三 唐廷参与幽州地域佛教事务的高潮——唐玄宗时代

契丹李尽忠、孙万荣之乱打破了唐朝原来的东北防御体系，外围防线安东都护府、营州都督府不再能起到抵御东北诸族入侵的作用。唐廷被迫后撤自己的东北边防，加强幽州的力量，抬升其地位，使东北防务完全倚仗幽州节度使②。与此同时，唐廷也更加积极地介入幽州佛教事务，不仅规模更大，而且程度更深。

在唐玄宗开元（713—741）初期，帝后便参与了幽州地区的佛教活动。房山石经中存有唐玄宗和王皇后供养佛之题记：

> 感石浮图。
> 
> 树福金岩顶，妆严琢石彧。真容绘美图，图镂万年荣。（小注：此诗在塔门外上截之右。）
> 
> 感石浮图。
> 
> 琉珉雕莹美，图真琢玉成。神功呈百福，含聚日光明。轮宝□霄壮，珠璎镂石晶。感□严父志，竭力为先灵。（小注：此诗在塔门外上截之左。）
> 
> 二诗不著撰人名，当是英辈所作。
> 
> 安禄山题名（小注：字径八分正书。）

---

① ［日］高楠顺次郎等编：《大正藏》第20册，大正一切经刊行会1928年版，第151页。
② 李松涛：《论契丹李尽忠、孙万荣之乱》、《论安史乱前幽州防御形势的改变》，载王小甫主编《盛唐时代与东北亚政局》，上海辞书出版社2003年版，第94—130页。

> 皇帝供养，皇后供养，
> 御史大夫安禄山供养。（小注：二行在《感石浮图诗》之右。）
> 安禄山三字，后人恶其名而凿之，然尚可辨识。①

出现"皇后供养"字样，则此题记当刊刻于玄宗王皇后被废之前。开元十二年（724）七月，王皇后被废②。那么，在此之前，唐玄宗和王皇后已经供养云居寺之佛。但这仅仅是一个开端，中央政府更广泛的支持和援助还在后面。

开元十八年（730），唐玄宗之妹金仙公主奏请将开元新旧译经送到幽州，玄宗欣然应允，并于开元二十八年（740）派遣智升等护送佛经至云居寺③。此举将房山刻经事业推上一个新台阶④。

云居寺金仙公主塔背面刊刻之铭文《山顶石浮图后记》曰：

> 大唐开元十八年，金仙长公主为奏圣上，赐大唐新旧译经四千余卷，充幽府范阳县（今河北涿州）为石经本。又奏范阳县东南五十里上垒村赵襄子淀中麦田庄、并果园一所及环山林麓，东接房南岭、南逼他山、西止白带山、北限大山分水界，并永充供养。山门所用，又委禅师玄法岁岁通转一切经，上延宝历，永福慈王；下引怀生，同攀觉树。⑤

金仙公主不仅奏请将长安的 4000 余卷佛经送到云居寺，作为刊刻石经的底本，同时，她还为刻经寻找筹款途径。刘济（唐德宗、顺宗、宪宗时

---

① （清）陆增祥：《八琼室金石补正》卷 58，新文丰出版公司编辑部编《石刻史料新编》第 1 辑第 7 册，新文丰出版公司 1977 年版，第 4938 页；北京图书馆金石组、中国佛教图书文物馆石经组编：《房山石经题记汇编》第 1 部分《碑和题记（唐至民国）》，书目文献出版社 1987 年版，第 15 页。

② （宋）司马光等：《资治通鉴》卷 212，唐玄宗开元十二年七月条，中华书局 1956 年标点本，第 6761 页。

③ 关于金仙公主奏请将开元新旧译经送到幽州良乡县云居寺的动机，学界有不同意见。详见本书前言第二节。

④ ［日］气贺泽保规：《唐代房山云居寺的发展与石经事业》，载［日］气贺泽保规编《中国佛教石经的研究——特别以房山云居寺石经为中心》，京都大学学术出版会 1996 年版，第 64—76 页。

⑤ 北京图书馆金石组、中国佛教图书文物馆石经组编：《房山石经题记汇编》第 1 部分《碑和题记（唐至民国）》，书目文献出版社 1987 年版，第 11—12 页。

任幽州节度使）在唐宪宗元和四年（809）所刻之《涿鹿山石经堂记》中称赞道："暨天宝开元圣文神武皇帝（即唐玄宗）第八妹金仙长公主特加崇饰，遐迩之人增之如蚁术焉。有为之功，莫此而大。"[①] 由此可见，金仙公主的送经活动不仅提高了皇室在幽州地区的声望，还激发了当地人士参与刻经事业的热情。这是唐代女性推动佛教事业发展的典型事例。

《山顶石浮图后记》又云：

> 粤开元廿八年庚辰岁朱明八日，前莫州（今河北任丘北）吏部常选王守泰记：山顶石浮屠，后送经京崇福寺沙门智升，检校送经临坛大德沙门秀璋，都检校禅师沙门玄法，同前系独树村磨碑寺东至到南，至河西，至河北，至他山，四至分明，永泰无穷。[②]

长安崇福寺沙门智升护送佛经至云居寺，乃长安佛教界与幽州佛教界的一次重要交流。《宋高僧传》称智升"义理玄通，二乘俱学。……此外文性愈高，博达古今。……乃于开元十八年岁次庚午（730），撰《开元释教录》二十卷，最为精要。……经法之谱，无出升之右矣"[③]。徐文明先生和陈金华先生将秀璋比定为《宋高僧传》中的秀章[④]。诚如是，从律师怀素临终前对秀章说"余律行多缺，一报将终"[⑤] 来看，秀章很可能也是一位律僧。徐先生就此认定秀章是怀素的亲传弟子[⑥]。玄法当为云居寺的禅师。至于"检校"和"都检校"，在中古佛教石刻材料中十分常见。

---

① 幽州卢龙节度、支度、营田、观察、处置等使、开府仪同三司、检校司徒、兼侍中、彭城郡王、上柱国刘济：《涿鹿山石经堂记》，北京图书馆金石组、中国佛教图书文物馆石经组编《房山石经题记汇编》第 1 部分《碑和题记（唐至民国）》，书目文献出版社 1987 年版，第 15—16 页。

② 北京图书馆金石组、中国佛教图书文物馆石经组编《房山石经题记汇编》第 1 部分《碑和题记（唐至民国）》，书目文献出版社 1987 年版，第 12 页。

③ （宋）赞宁：《宋高僧传》卷 5《唐京兆西崇福寺智升传》，范祥雍点校，中华书局 1987 年版，第 95 页。

④ 徐文明：《东塔宗的传承与流布》，《戒幢佛学》第 2 卷，2002 年，第 470—471 页；Jinhua Chen, "A Daoist Princess and a Buddhist Temple: a New Theory on the Causes of the Canon-Delivering Mission Originally Proposed by Princess Jinxian (689 – 732) in 730", *Bulletin of the School of Oriental and African Studies*, vol. 69, Part 2, 2006, p. 269.

⑤ （宋）赞宁：《宋高僧传》卷 5《唐京师恒济寺怀素传》，范祥雍点校，中华书局 1987 年版，第 335 页。

⑥ 徐文明：《东塔宗的传承与流布》，《戒幢佛学》第 2 卷，2002 年，第 470 页。

据唐令规定,"内外官,敕令摄他司事者,皆为检校,若比司即为摄、判"①,即检校系临时差遣任他司职事。刘淑芬先生根据河北获鹿县本愿寺石幢后的跋语"当日树碑造象,皆有捡(检)校之员"②,指出在佛教中,检校就是监督、管理之意,凡译经、造寺、造像、修塔、树碑,皆有人负责。就获鹿县本愿寺的情况来看,佛事功德中的"检校",僧人、俗人均可担任。"都检校"当系佛教刻经建碑之检校,而总其事者③。由此可以推定:送开元译经到云居寺,由"检校送经临坛大德"秀璋和"都检校禅师"玄法临时具体负责。日本学者气贺泽保规先生认为:金仙公主和智升的行动促使云居寺刻经事业系统化、大型化,参与的阶层扩大化④。除了提升房山刻经的规模和水平外,日本佛教史专家竺沙雅章先生指出:这一举措也将"开元大藏经"的某些编排方式带来了,这影响到后来《契丹藏》的目录编排和辽朝佛教的发展⑤。

劳允兴先生关照到金仙公主和智升的送经之举对收服河北人心的作用,但未深入论证⑥。而且,在唐玄宗时代,虽然突厥衰落,契丹叛乱被平定,可是唐朝的东北边疆并不稳定。

仁寿元年(601)六月,隋文帝向全国分发舍利并命各地建塔埋藏⑦,因为长期分裂后刚刚统一的帝国需要文化上的统一与整合⑧。至唐玄宗统

---

① (唐)长孙无忌等:《唐律疏议》卷2《名例律》,刘俊文点校,中华书局1983年版,第43页。
② (清)沈涛辑:《常山贞石志》卷7,新文丰出版公司编辑部编《石刻史料新编》第1辑第18册,新文丰出版公司1977年版,第13286页。
③ 刘淑芬:《从本愿寺石刻看唐代获鹿的地方社会》,载刘淑芬《中古的佛教与社会》,上海古籍出版社2008年版,第125—126页。
④ [日]气贺泽保规:《唐代房山云居寺的发展与石经事业》,载[日]气贺泽保规编《中国佛教石经的研究——特别以房山云居寺石经为中心》,京都大学学术出版会1996年版,第64页。
⑤ [日]竺沙雅章:《契丹大藏经小考》,载[日]竺沙雅章《宋元佛教文化史研究》第2部第2章,汲古书院2000年版,第292—311页。
⑥ 劳允兴:《谈房山石经山之金仙公主塔》,载郑学檬、冷敏述主编,陈明光、潘泰泉副主编《唐文化研究论文集》,上海人民出版社1994年版,第571—574页。
⑦ (宋)王钦若等编:《册府元龟》卷51《帝王部·崇释氏一》,中华书局影印明本1960年版,第574页。
⑧ John Kieschnick, "Sacred Power", *The Impact of Buddhism on Chinese Material Culture*, Princeton and Oxford: Princeton University Press, 2003, pp. 40–43. [美]柯嘉豪:《佛教对中国物质文化的影响》第1章《灵力》,赵悠、陈瑞峰、董浩晖、宋京、杨增译,祝平一、杨增、赵凌云、李玉珍、吴宓芩、丁一校,中西书局2015年版,第41页。

治时期，唐朝立国已经 100 年，但是不同区域、社会集团之间仍然存在政治藩篱和文化隔阂。唐玄宗十分重视佛教的文化整合作用。他应金仙公主之请，专门派遣智升护送开元译经至幽州，也是意欲利用佛教这根精神纽带来调和中央政府与河北地区的关系。正是金仙公主和智升代表长安宗教界和中央政府，与幽州宗教界及佛教信徒联络感情。这两位跟法藏一样，皆非单纯的文化使者，而是负有政治使命的特殊人物。即使公主或智升本人不这样想，玄宗都会有这种打算[1]。朝廷通过佛教安抚河北地区，让当地军民尽心尽力守卫疆土，抵御东北族群的进攻。金仙公主和智升的行动诚然提高了幽州地域的佛学水平，但亦标志着国家引导和控制当地思想文化的努力。

## 四 三阶教在幽州地区的传布

如上文所论，在唐前期，中央政府对幽州地区的佛教事务确实非常热心，尤其是玄宗时期。但是，有一个不容回避的问题，即：中央政府究竟能在多大程度上干预当地的佛教事务？我们从三阶教的事例可以窥知一二。

在开元时期（713—741），朝廷已经颁布诏敕，强制取缔了三阶教。可是在天宝年间（742—756），幽州地域竟然还有官员公开为其写碑。《元一统志》载：

> 真应禅寺，在卢师山。有《尸陀林卢师碑》，大唐天宝八载（749）十月建。范阳节度掌书记、朝议大夫、守国子司业、上柱国、

---

[1] 日本学者气贺泽保规先生推测：金仙公主作为崇道之人，曾受到佛教界和民众的激烈反对，她本人欲恢复与佛教界的关系、改善自己在洛阳的生活环境。因为金仙公主是玄宗的政敌太平公主的人，太平公主倒台后，金仙公主移居洛阳。同时，云居寺可能对转变后的她做了一些请求援助的工作，因此，金仙公主向玄宗奏请，把开元藏经赐予幽州云居寺。参见［日］气贺泽保规《金仙公主和房山云居寺石经——唐代政治史的一个侧面》，载中国唐代学会编辑委员会编《第三届中国唐代文化学术研讨会论文集》，乐学书局 1997 年版，第 307 页。按：日本学者气贺泽保规先生的推断缺乏充分的证据。丁煌先生就认为：太子李隆基（后来的唐玄宗）之妹金仙公主、玉真公主拜史崇玄（太平公主的死党）为师，受箓，实有政治动机，是为了刺探隆基之政敌太平公主的情报。参见丁煌《叶法善在道教史上地位之探讨》，原载《成功大学历史学报》第 14 期，1988 年，此据丁煌《汉唐道教史论集》，中华书局 2009 年版，第 194 页。笔者仍然倾向于从佛教与边疆族群、区域社会的视角来考察此事，不仅要剖析中央的政治斗争、金仙公主个人的原因，还应将此事与当时的东北族群关系、东北亚政局结合起来考虑。

赐紫金鱼袋张讷撰。卢师真应寺,在宛平县(今北京市境内)西。昔卢师隐此,故寺曰"真应"。①

其中,"尸陀林"系三阶教僧俗信徒集中林葬之地,被视为三阶教的圣地②。撰碑者张讷的官衔值得注意。"朝议大夫"是正五品下的文散官③。"范阳节度掌书记"为实职。自开元以后,诸节镇普遍设置掌书记,掌管节度府各类文书,发号出令,为府主之喉舌,实际地位甚高④。掌书记掌管朝觐、聘慰、祭祀、文辞之事,必须博学聪敏之人才能胜任⑤。据此可以推出:张讷系一名位高权重、擅长文辞的官员,本人可能就是三阶教徒。另外,他身为节度使的"笔杆子"而为三阶教写碑,也可能出自幽州(范阳)节度使的授意。据考,从天宝三载(744)至十四载(755),正是安禄山任幽州(范阳)节度使⑥。从时间上推断,张讷很可能在天宝八载直接秉承安禄山的意旨而撰写了《尸陀林卢师碑》。"县官不如现管",尽管朝廷明令禁止三阶教,但张讷在幽州撰写《尸陀林卢师碑》,远在千里之外的朝廷未必知道。而节度使安禄山乃他的顶头上司,直接对他操生杀予夺之权;他能否升迁,还是安禄山起关键作用。在这种利害关系中,张讷选择遵循节度使的命令,是可以理解的。

张讷这样的显宦为三阶教僧俗信徒的集中林葬地撰写碑铭,至少能够代表一部分幽州官僚对三阶教的态度。这一现象暗示:三阶教在幽州地区拥有一定的势力,已经形成一定的气候。当地人对三阶教并没有什么反感,而且信徒或许不少。因为无论是安禄山还是张讷,都绝对不会傻乎乎地公开站出来唱"独角戏"。

---

① (元)孛兰肹等:《元一统志》卷1《中书省统山东西河北之地》,赵万里校辑,中华书局1966年版,第35—36页。
② 刘淑芬:《林葬——中古佛教露尸葬研究之一》,载刘淑芬《中古的佛教与社会》,上海古籍出版社2008年版,第183—243页。
③ (唐)李隆基撰、李林甫注:《大唐六典》卷2《尚书吏部》,吏部郎中员外郎条,[日]广池千九郎训点、[日]内田智雄补订,三秦出版社1991年版,第29页。
④ 严耕望:《唐代方镇使府僚佐考》,载严耕望《唐史研究丛稿》,新亚研究所1969年版,第194—196页。
⑤ 石云涛:《唐代幕府制度研究》第3章《唐开元、天宝时期边镇幕府》,中国社会科学出版社2003年版,第95—98页。
⑥ 郁贤皓:《唐刺史考全编》卷116《幽州(范阳郡)》,安徽大学出版社2000年版,第1603页。

由此可知，朝廷禁断三阶教，对鞭长莫及的幽州地区其实并未产生多大影响。这也反映出：中央政府引导或干预幽州地方宗教事务的力量十分有限。

**五　"安史之乱"后唐廷对幽州地域佛教事务的参与**

"安史之乱"扰乱了整个国家的统治秩序，中央政府的权威及控制力不可避免地衰弱下去。此亦反映在唐廷对幽州地区佛教事务的参与方面。

"安史之乱"结束不久，中央政府还有干预河北地区宗教事务的想法。唐代宗"广德元年（763）七月壬子大赦改元制：'河南、河北伪度僧尼、道士、女冠，并与正度。'"① 不过，在当时，安史旧将李怀仙任幽州节度使②，他"虽称藩臣，实非王臣也"③，幽州镇已然成为割据型藩镇，能否贯彻执行皇帝的这道诏令，还存在疑问。

在中晚唐时代的幽州镇，"故事，每有新帅，多创招提以邀福利"④。不仅如此，有几位幽州节度使还屡次请求朝廷或皇帝为自己修建或修复的佛寺赐额。

如刘济于唐德宗"贞元五年（789），迁左仆射，充幽州节度使"，"贞元中（785—805），朝廷优容藩镇方甚，两河擅自继袭者，尤骄蹇不奉法。惟济最务恭顺，朝献相继，德宗亦以恩礼接之。寻加同中书门下平章事"⑤。刘济请朝廷赐幽州一座佛寺的寺额曰"宝刹"⑥。以此视之，宝刹寺乃唐廷与幽州镇关系融洽的象征⑦。

---

① （宋）王钦若等编：《册府元龟》卷 51《帝王部·崇释氏一》，中华书局影印明本 1960 年版，第 576 页。又见于《册府元龟》卷 54《帝王部·尚黄老二》，中华书局影印明本 1960 年版，第 606 页，只是日期作"宝应二年（763）七月壬寅"。

② （唐）姚汝能：《安禄山事迹》卷下，曾贻芬点校，中华书局 2006 年版，第 112 页小注。

③ （后晋）刘昫等：《旧唐书》卷 143《李怀仙传》，中华书局 1975 年标点本，第 3896 页。

④ （宋）王钦若等编：《宋本册府元龟》卷 821《总录部·崇释氏》，中华书局 1989 年版，第 3044 页。

⑤ （后晋）刘昫等：《旧唐书》卷 143《刘济传》，中华书局 1975 年标点本，第 3900 页。

⑥ （元）李兰肹等：《元一统志》卷 1《中书省统山东西河北之地》，赵万里校辑，中华书局 1966 年版，第 30 页。

⑦ 张天虹先生指出：刘济的"恭顺"只是确认了幽州镇与唐廷的臣属关系，尚未触及幽州镇以及节度使的基本利益，其背后包含了贞元时期（785—805）唐廷与藩镇间的良性互动。"河朔故事"才是刘济对唐廷"最务恭顺"的基本前提。参见张天虹《也释唐幽州卢龙节度使刘济的"最务恭顺"》，《北京社会科学》2017 年第 6 期，第 67—75 页。

唐宪宗元和五年（810），刘济的次子刘总弑父兄，自立为幽州节度使①。在元和（806—820）末年，唐宪宗平定藩镇后，"总既无党援，怀惧，每谋自安之计"。而且，他总是看见父兄的鬼魂为祟，常不自安，"故请落发为僧，冀以脱祸"②。由此看来，刘总在宪宗平定藩镇和自己内心作祟的双重压力下而落发为僧。据两《唐书》记载，唐穆宗长庆元年（821）二月己卯，"刘总以卢龙军（即幽州镇）八州归于有司"③，"奏请去位落发为僧。又请分割幽州所管郡县为三道，请支三军赏设钱一百万贯"。三月丁酉朔，"刘总进马一万五千匹"④。丁巳，唐穆宗"赦幽、涿、檀、顺、瀛、莫、营、平八州死罪以下，给复一年。赐卢龙军士钱"⑤。当月甲子，"刘总请以私第为佛寺，（唐穆宗）乃遣中使赐寺额曰'报恩'。幽州奏刘总坚请为僧，又赐以僧衣，赐号'大觉'。总是夜遁去，幽州人不知所之"。夏四月庚午，"易定奏刘总已为僧，三月二十七日卒于当道界，赠太尉"⑥。《册府元龟》对此事的记录略有不同：唐穆宗长庆（821—824）初，刘总"奏请以私第为佛寺，遣中官焦仙晟以寺额曰'报恩'就赐之。又奏请为僧，诏授侍中、天平军节度。总因乞出家，朝廷以缁服就赐之，锡名'大觉'，亦以郓帅斧钺侍中印绶授之，惟所趋向。而总竟从释氏，幽州上言：'总剃发为僧，不知在所，竟卒于易州（今河北易县）。'"⑦显然，朝廷认可并支持刘总的佛教活动，此系笼络幽州镇的一系列措施之一，与其他政治上的优抚措施是配套的。质言之，这次朝廷介入幽州地方佛教事务，实际上是处理一桩政治事件。中央政府虽然挟宪宗对藩镇作战取胜之威，但在这一事件中还是"惟所趋向"，顺水推舟，对既成事实予以承认，其

---

① 张天虹先生认为：刘济的死因之一可能在于唐廷与幽州之间良好关系的破坏。自唐宪宗即位以来，唐廷步步收紧的削藩政策让刘济失去了对谣言进行冷静思考、做出正确判断的空间。参见张天虹《也释唐幽州卢龙节度使刘济的"最务恭顺"》，《北京社会科学》2017年第6期，第72—74页。
② （后晋）刘昫等：《旧唐书》卷143《刘总传》，中华书局1975年标点本，第3902页。
③ （宋）欧阳修、宋祁：《新唐书》卷8《穆宗纪》，中华书局1975年标点本，第223页。
④ （后晋）刘昫等：《旧唐书》卷16《穆宗纪》，中华书局1975年标点本，第486页。
⑤ （宋）欧阳修、宋祁：《新唐书》卷8《穆宗纪》，中华书局1975年标点本，第223页。
⑥ （后晋）刘昫等：《旧唐书》卷16《穆宗纪》，中华书局1975年标点本，第488页。
⑦ （宋）王钦若等编：《宋本册府元龟》卷821《总录部·崇释氏》，中华书局1989年版，第3044页。（宋）王溥撰《唐会要》卷四八，寺条，上海古籍出版社2006年版，第998页。将此事系于长庆元年（821）三月。

实处于被动地位。

唐宣宗、懿宗朝的幽州节度使张允伸非常热衷于佛教功德事业，多次请求朝廷为自己修葺或所建之佛寺赐额，如前文所示"大延寿寺"①和"善化寺"②。在唐宣宗大中（847—860）末年，张允伸又奏请中央，请求皇帝敕赐"延洪寺"之额③（详见第一章第二节）。

唐昭宗景福年间（892—893），左街内殿讲论兼应制大德沙门南叙撰《悯忠寺重藏舍利记》载：

> 陇西令公大王大庇生灵，巨崇像设，舍己禄俸，造观音阁，横壮妙丽，逾于旧贯。寺僧复严，陈力化导，塑观音像。当景福壬子年（即景福元年，892）金欲迁舍利于阁内，乃陈辞上渎，请发封壤，上许之。④

其中"陇西令公大王"指时任幽州节度使李匡威⑤。至晚唐时期，节度使李匡威欲迁藏悯忠寺的舍利，仍然上奏皇帝，请求批准。

自"安史之乱"以后，幽州节度使刘济、刘总和张允伸在当地修缮或建立佛寺，并奏请朝廷赐额，李匡威还奏请皇帝许可重葬舍利。虽然这只是走个形式，但也表明：即使在"安史之乱"后，河朔藩镇割据，俨然成为"独立王国"，唐廷仍然通过佛教的形式维持与幽州镇的联系。

## 第二节　唐廷在幽州地域推广道教"流产"

李唐皇室攀附道教教祖老子为祖先。有唐一代，众多帝王支持道教可谓不遗余力。在唐朝的统治中心长安和洛阳，有不少官方修建或支持的道观。但是，在地处东北一隅的幽州地区，道教的情况究竟怎样呢？

---

① （元）孛兰肹等：《元一统志》卷1《中书省统山东西河北之地》，赵万里校辑，中华书局1966年版，第30—31页。
② 同上书，第26页。
③ 同上书，第31页。
④ （清）董诰等编：《全唐文》卷920，中华书局1983年版，第9590—9591页。
⑤ 李匡威于唐僖宗光启二年（886）至唐昭宗景福二年（893）任幽州节度使。郁贤皓：《唐刺史考全编》卷116《幽州（范阳郡）》，安徽大学出版社2000年版，第1615页。

## 一 幽州城的天长观

唐朝中央政府多次下诏，令各地修建道观。唐高宗与武后在"乾封元年（666）正月戊辰朔，有事于泰山"，诏"天下诸州别置一观、一寺，各度七人"[①]。"中宗神龙元年（705）二月制：'天下诸州各置寺、观一所，咸以大唐中兴为名'。"[②] 从现有材料，我们还未见幽州地方官响应这些诏书而设立道观。

唐玄宗朝乃国家推行崇道政策的高峰。玄宗在开元"十年（722）正月己丑诏：'两京及诸州各置玄元皇帝（即老子）庙一所，并置崇玄学。'"[③] 开元二十九年（741）正月，玄宗下诏："两京及诸州各置玄元皇帝庙一所，每依道法斋醮，兼置崇玄学。于当州县学士数内均融量置令习《道德经》及《庄子》、《文子》、《列子》。待习业成后，每年随贡举人例送至省。置助教一人，委所隶州长官于诸色人内精加访择补授，仍稍加优奖。"[④] 在当年五月，玄宗梦见玄元皇帝，下《玄元皇帝临降制》："宜令所司，即写真容，分送诸道采访使，令当道州转送开元观安置。所在道士、女冠等皆具威仪法事迎候。像到七日夜，设斋行道。仍各赐钱，用充斋庆之费。自今以后，常令讲习道经，以畅微旨。所置道学，须倍加敦劝，使有成益。"[⑤] 天宝元年（742）九月，玄宗下诏："两京玄元庙改为太上玄元庙，天下准此。"[⑥] 天宝二年（743）三月，玄宗亲祠玄元皇帝庙，追尊远祖，下制书，命天下诸郡改玄元庙为紫极宫[⑦]。天宝三载（744）三月，唐玄宗令"两京及天下诸郡于开元观、开元寺以金铜铸帝

---

[①] （宋）王钦若等编：《册府元龟》卷51《帝王部·崇释氏一》，中华书局影印明本1960年版，第574页。

[②] 同上书，第574—575页。关于各州置道观一所，又见于《册府元龟》卷53《帝王部·尚黄老一》，第589页，用词略有不同。

[③] （宋）王钦若等编：《册府元龟》卷53《帝王部·尚黄老一》，中华书局影印明本1960年版，第589页。

[④] 同上书，第593页。

[⑤] （宋）宋敏求编：《唐大诏令集》卷103《政事·道释》，商务印书馆1959年版，第589页。（宋）王钦若等编《册府元龟》卷53《帝王部·尚黄老一》，中华书局影印明本1960年版，第594—595页。该书节录了这份制书。

[⑥] （宋）王钦若等编：《册府元龟》卷54《帝王部·尚黄老二》，中华书局影印明本1960年版，第598页。

[⑦] 同上书，第599页。

等身天尊及佛各一"①。玄宗在天宝八载（749）闰六月丙寅，亲谒太清宫，上圣祖玄元皇帝尊号为"圣祖大道玄元皇帝"。为了敦化劝导民众，玄宗于丙辰下诏："今内出一切道经，宜令崇玄馆即缮写，分道送诸道采访使，令管内诸郡转写。其官本便留采访郡一大观"②，又令"两京并十道于一大郡亦宜置一观，并以真符、玉芝为名。每观度道士七人修持香火"③。天宝十四载（755）十月，玄宗"御注《道德经》并《义疏》，分示十道，各令巡内传写，以付宫观"④。

上引诏敕表明：唐玄宗充分调度国家机器的力量，非常积极地在整个帝国范围内推广道教，图像、文字和仪式并举。但是，这些措施在幽州地域的影响如何呢？

据《元一统志》所载，天长观"在旧城（即金中都）昊天寺之东会仙坊内，有《大唐再修天长观碑》，节度衙推刘九霄撰记。其略曰：天长观，开元圣文神武至道皇帝（即唐玄宗）斋心敬造，以兴玄元大圣祖（即老子）"⑤。考《唐会要》，"天宝七载（748）八月十五日，（唐玄宗）敕两京及诸郡所有千秋观、寺，宜改'天长'名"⑥。由此视之，幽州城的天长观亦为天宝七载所改之名，可知当地落实了中央的政策。撰写于元朝末年的《析津志》曰："天长观，在南城归义寺南。内有唐碑三。燕京古道观，惟此一也。"⑦ 燕京的道观多数是金末全真道兴起之后建立的，所以在元朝人看来，建于唐代的天长观系唯一的古道观。有唐一代，幽州城佛寺林立（详见第一章第二节），而道观仅有天长观一所。此系目前所见玄宗崇道之系统工程在幽州城结出的唯一果实。

《大唐再修天长观碑》又谓：自唐玄宗之后，天长观"建置年深，倾

---

① （宋）王钦若等编：《册府元龟》卷54《帝王部·尚黄老二》，中华书局影印明本1960年版，第599页。

② 同上书，第602—603页。

③ 同上。

④ 同上书，第605页。

⑤ （元）孛兰肹等：《元一统志》卷1《中书省统山东西河北之地》，赵万里校辑，中华书局1966年版，第45页。

⑥ （宋）王溥：《唐会要》卷50，杂记条，上海古籍出版社2006年版，第1031页。

⑦ （元）熊梦祥著，北京图书馆善本组辑：《析津志辑佚·寺观》，北京古籍出版社1983年版，第87页。

危日久"①。幽州当地人士一直轰轰烈烈地支持佛教事业，却对天长观漠不关心，以至其成了危房也没人管。虽然唐德宗贞元五年（789）三月下诏：州府寺观的"屋宇破坏，各随事修葺"②。但是，这道诏书在幽州地区似乎并未生效，年代久远的天长观并未得到应有的修缮。以是观之，自"安史之乱"以后，虽然天长观还存在，未见人为破坏，但它在当地人的思想观念和信仰世界中几乎没有影响，名存实亡。因为宗教信仰的活力就在于拥有信徒和追随者。幽州本地人对道教这个"姓李"的宗教如此冷漠，亦微妙地折射出他们对李唐皇室的态度。

尽管唐玄宗兴致勃勃地推行道教，其热情和努力在历代帝王中可以说是空前的③，可是，幽州地方官、精英人物以及普通民众似乎并不十分买账。

《大唐再修天长观碑》又载："伏遇太保相国张公秉权台极，每归真而祈福，察此观宇久废，遂差使押衙兼监察御史张叔建董部匠作，功愈万计。大唐咸通七年（866）四月，道士李知仁重模。"④ 据考，张允伸在唐宣宗大中四年（850）至唐懿宗咸通十三年（872）任幽州节度使⑤。那么，《大唐再修天长观碑》所云"太保相国张公"当指张允伸。《元一统志》又引元人王鹗所撰《重修碑铭》曰："燕京之会仙坊，有观曰'天长'，其来旧矣。肇基于唐之开元，复于咸通七年（866）。"⑥ 而如前述，幽州城的天长观乃天宝七载所改之名，该观或许始建于开元年间（713—741）。这座道观建100余年后，至唐懿宗咸通七年（866），方由幽州节度使张允伸主持整修。不过，他只是借此表达自己奉事中央的态度。其实，张允伸对佛教事业的支持力度远超道教。房山石经中有许多他资助而刊刻之佛经（详见第四章），他还在幽州立寺、支持名僧的活动（详见第

---

① （元）孛兰肹等：《元一统志》卷1《中书省统山东西河北之地》，赵万里校辑，中华书局1966年版，第45页。

② （宋）王钦若等编：《册府元龟》卷54《帝王部·尚黄老二》，中华书局影印明本1960年版，第606页。

③ Timothy. H. Barrett, *Taoism under the T'ang*, London: Wellsweep Press, 1996, pp. 54–73.

④ （元）孛兰肹等：《元一统志》卷1《中书省统山东西河北之地》，赵万里校辑，中华书局1966年版，第45页。

⑤ 郁贤皓：《唐刺史考全编》卷116《幽州（范阳郡）》，安徽大学出版社2000年版，第1613页。

⑥ （元）孛兰肹等：《元一统志》卷1《中书省统山东西河北之地》，赵万里校辑，中华书局1966年版，第45—46页。

一章第二节）。与之相比，他参加的道教活动仅修葺天长观一项。

### 二　幽州良乡县的投龙仪式

投龙仪式是将写有消罪愿望的文简、玉璧、金龙和金钮用青丝捆扎，举行醮仪后，投入名山大川、岳渎水府，作为升度之信，以奏告三元（即天、地、水），酬谢真灵，源于道教的天、地、水三官信仰[①]。在唐初，国家经常在岳渎举行投龙活动，似乎已经成为惯例。自唐高宗以来，国家在五岳四渎举行的投龙行道活动非常频繁，使得道教仪式与国家礼制融合的倾向进一步加强[②]。在唐玄宗时代，朝廷专门颁发投龙仪轨，其仪式也受国家祭祀之影响[③]。

唐玄宗亦不忘在幽州地区举行投龙仪式。位于幽州良乡县的《唐大房山碑》载：开元二十三年（735），"内供奉吕慎盈奉敕投龙璧"，二十四年（736），"又投璧"。"法师平步风、张若水、高味虚、童子延忠等，三日三夜，登坛投告"[④]。按照道教科仪的规定，祭天官用圆形苍璧，即投山川用圆璧，直径三寸，青色，以法天，表示九天信物[⑤]。关于吕慎盈所带"内供奉"之衔，据张东光先生研究，内供奉系唐代五品以下（含五品）供奉官和近侍侍从官正员编制之外的特殊任职形式，仅仅作为任官形式存在。内供奉大体分为两类：一类是供职于中央、宫廷内、实履其任的内供奉官；另一类是供职于地方的、一般不履行所供奉的职责，性质近似于假借官[⑥]。在此处，吕慎盈当属于前者，实履其职。他"奉敕"投龙，亦即代表皇帝举行该仪式。投龙之璧，君主用玉[⑦]。吕慎盈投龙，实

---

① 张泽洪：《道教斋醮科仪研究》第3章《道教斋醮仪式分析》，巴蜀书社1999年版，第189—190页。
② 雷闻：《五岳真君祠与唐代国家祭祀》，原载荣新江主编《唐代宗教信仰与社会》，上海辞书出版社2003年版，第65—70页，此据雷闻《郊庙之外——隋唐国家祭祀与宗教》第2章《道教、佛教与国家祭祀》，生活·读书·新知三联书店2009年版，第205—210页。
③ 周西波：《敦煌写卷P.2354与唐代道教投龙活动》，《敦煌学》第22辑，1999年，第91—109页。
④ 叶奕苞：《金石录补》卷14，《丛书集成初编》本，中华书局1985年版，第132页。
⑤ 张泽洪：《道教斋醮科仪研究》第3章《道教斋醮仪式分析》，巴蜀书社1999年版，第192页。
⑥ 张东光：《唐代的内供奉官》，《社会科学辑刊》2005年第1期，第105—111页。
⑦ 张泽洪：《道教斋醮科仪研究》第3章《道教斋醮仪式分析》，巴蜀书社1999年版，第192页。

与当时东北边境发生的两大政治事件有关。

开元二十一年（733），幽州长史张守珪利用契丹内讧，挑动李过折诛杀契丹军事首领可突于[①]。在第二年（734）十二月乙巳，"张守珪发兵讨契丹，斩其王屈烈及其大臣可突干（即可突于）于阵"[②]。开元"二十三年（735）正月，传（可突于）首东都。诏封过折为北平郡王，授特进，检校松漠州都督、赐锦衣一副、银器十事、绢彩三千匹"[③]。可突于桀骜不驯，对唐廷极不恭敬。开元二十三年（735）初，他的首级传至东都洛阳，亲唐的李过折成为契丹首领。唐廷觉得解决了一个棘手的人物，拔掉了"眼中钉"。在这种背景下，唐玄宗派遣吕慎盈到东北边防重镇幽州投龙，为国祈福。可是好景不长。不久，可突于的余党泥礼杀死亲唐的契丹领袖李过折，立遥辇氏[④]。后来，契丹遥辇氏部落联盟不断扰边，在唐朝和回鹘汗国之间基本是倒向回鹘的。

在开元二十三年（735）初，唐廷对契丹和奚作战取得重大胜利，给东北亚权力结构带来新局面，向突厥和渤海施加了压力。黑水靺鞨、室韦也来内属。突厥势力弱化，不能给予渤海武力援助，使渤海对四邻的威慑也降低。渤海国王大武艺与唐朝发生冲突后，经过衡量，对唐朝作出让步，主动派弟弟大茂庆入朝谢罪，并报告突厥的情况[⑤]。从此，唐朝与渤海的关系稳定下来，交流不断、往来不绝[⑥]。

总而言之，开元二十三年（735）的东北亚局势对唐朝十分有利。基于此，唐玄宗在当年和第二年专门派遣使者到幽州地区投龙，以祈求保安宗社。在"安史之乱"前，唐廷在幽州地区设立诸多羁縻府州，其中有相当一部分就是为安置原营州地域内附之契丹、奚和靺鞨[⑦]。其中，良乡

---

[①] （后晋）刘昫等：《旧唐书》卷199下《北狄·契丹传》，中华书局1975年标点本，第5353页。

[②] （后晋）刘昫等：《旧唐书》卷8《玄宗纪上》，中华书局1975年标点本，第202页。

[③] （后晋）刘昫等：《旧唐书》卷199下《北狄·契丹传》，中华书局1975年标点本，第5353页。

[④] 同上。

[⑤] 黄约瑟：《读〈曲江集〉所收唐与渤海及新罗敕书》，载黄约瑟著、刘健明编《黄约瑟隋唐史论集》，中华书局1997年版，第103—108页。

[⑥] 王小甫：《总论：隋唐五代东北亚政治关系大势》，载王小甫主编《盛唐时代与东北亚政局》，上海辞书出版社2003年版，第18页。

[⑦] 杨晓燕：《唐代平卢军与环渤海地域》，载王小甫主编《盛唐时代与东北亚政局》，上海辞书出版社2003年版，第172—173页。

县侨置的羁縻州最多，以安置契丹、奚、新罗、靺鞨和突厥①。玄宗在佛教隆盛、众多胡人聚居的幽州良乡县举行两次投龙仪式，不仅对当地汉人，也是对东北内附诸族宣传道教和宣扬国威，包含玄宗对未来东北亚局势的关注和憧憬。

概括而言，在唐朝国势最盛的开天时期，中央政府终于将道教实质上推广到幽州地区，可惜只是昙花一现②。"安史之乱"以后，这些成果荡然无存。玄宗的一系列努力最终成为不结果实的"花朵"。

## 本章小结

唐廷针对幽州地区，在释、道两方面皆作出努力，其介入当地宗教事务，跟唐廷与幽州地方之博弈、东北族群关系以及东北亚政局的演变息息相关，最根本的出发点还是现实的政治利益。

唐太宗征伐高丽回师，在幽州城立悯忠寺以追念阵亡将士、安抚河北地区。面对契丹反叛的压力，武则天派遣高僧法藏到幽州做法事御敌。在开天盛世，两蕃强大，唐朝东北边疆形势日益严峻，朝廷被迫加强幽州的防御力量，抬升其地位，以抵御东北族群的入侵。这一时期亦恰恰是中央政府介入和参与幽州地区宗教事务的高潮阶段。此绝非"纯属巧合"，而是"有意为之"。这与清朝政府在蒙古地区修建喇嘛庙，以安抚蒙古，使之供其驱使、为其守边是一个道理。契丹首领李尽忠叛乱之后，面对日趋严重的东北边患，唐廷日益任用居于东北边疆地区的内附蕃人为帝国守边③。概括言之，唐廷积极参与幽州地方宗教事务，也有"以人心为长城"的考虑。

---

① 李松涛：《唐代前期政治文化研究》第 6 章《河北北部安史武装集团的形成》，台湾学生书局 2009 年版，第 218—219 页。

② 沈睿文先生从医疗史角度探讨安禄山与道教的关系，指出：安禄山长疮病疽，目昏不见物以及性情暴躁，系常年服用道教丹药违节失度所致，这表明信奉祆教的粟特胡人安禄山对汉文化的浸习。一方面，安禄山服散与当时盛行服散的社会风尚有关；另一方面，安禄山可能还有借此亲近唐玄宗和杨贵妃的用意。参见沈睿文《安禄山服散考》，载沈睿文《安禄山服散考》，上海古籍出版社 2015 年版，第 133—175 页。该文讨论的范围仍局限于身为幽州节度使的安禄山为养生治病，或者和唐朝最高统治者疏通关系、联络感情而服散，这些行为主要囿于个人，其实对幽州当地道教的传播及发展几乎没有影响。

③ 李松涛：《唐代前期政治文化研究》第 7 章《"安史乱"前中央政府与华北社会之关系》，台湾学生书局 2009 年版，第 254—259 页。

在开元时期，朝廷已经明令禁止三阶教，可是在天宝年间，仍然有范阳节度掌书记为三阶教徒集中林葬的"尸陀林"撰写碑铭。由此可见，中央政府引导和干预幽州地方宗教事务的程度十分有限。不过，需要指出一点：唐廷对幽州当地宗教事务亦绝非无能为力，特别在唐前期，某些政策还是得到贯彻和执行。自"安史之乱"以后，中央政府仍然通过佛寺赐额的方式维持与幽州地域的关系。

在唐玄宗统治时期，在国力鼎盛之际，唐廷终于将道教实质上推广到幽州地区，但是并未在当地引起多大反响。"安史之乱"爆发后，这些成果几乎消失。

有趣的是：当年唐玄宗为了稳定河北北部以有效防御契丹和奚的入侵，应金仙公主之请，派智升将当时东亚佛学文化中心长安的译经送至幽州良乡县，促成房山刻经事业发生质的飞跃。而恰恰又是为防备两蕃而培植起来的幽州军事集团却对当地高深佛学的延续和发展贡献甚巨。详见第三章、第四章。

# 第三章

# 安史集团与佛教

在唐代，入华的粟特人除了信仰祆教、摩尼教和景教这类三夷教之外，还有不少人信奉佛教。向达先生探讨过居住在长安的粟特佛教僧侣的活动①。近些年，陈海涛先生②、毕波女士③也做过研究。据陈海涛先生考证，河西、中原甚至江南，都有大量的粟特佛教徒④。日本的森部丰先生和气贺泽保规先生利用房山石经分别讨论过幽州地区的粟特人信奉佛教、参与刻经等问题，并指出这批粟特人的汉化倾向十分明显⑤。但是，探究唐代幽州地区粟特人的佛教信仰，还有诸多其他资料可供挖掘。前些年，荣新江先生指出：安禄山信奉祆教，并利用它凝聚胡人发动叛乱⑥。王小甫先生又进一步论证安禄山充分运用祆教教义，将自己神化为斗战神（突厥语：轧荦山）与灵光神（伊朗语：禄山，指光、

---

① 向达：《唐代长安与西域文明》，生活·读书·新知三联书店1957年版，第23—24页。
② 陈海涛：《唐代入华粟特人的佛教信仰及其原因》，北京大学东方学研究院主办《华林》第2卷，中华书局2002年版，第87—94页。
③ 毕波：《信仰空间的万花筒——粟特人的东渐与宗教信仰的转换》，载荣新江、张志清主编《从撒马尔干到长安——粟特人在中国的文化遗迹》，北京图书馆出版社2004年版，第53—54页。
④ 陈海涛：《唐代入华粟特人的佛教信仰及其原因》，北京大学东方学研究院主办《华林》第2卷，中华书局2002年版，第87—91页。
⑤ [日]森部丰：《唐代河北地区的粟特人——以开元寺三门楼石柱题名及房山石经题记为中心》，《史境》第45卷，2002年，第20—36页；[日]气贺泽保规：《从房山石经隋唐刻经看唐朝后期的河北社会》，打印稿，2009年，第3页。
⑥ 荣新江：《安禄山的种族与宗教信仰》，载荣新江《中古中国与外来文明》，生活·读书·新知三联书店2001年版，第222—237页；荣新江：《安禄山叛乱的种族与宗教背景》，载中国社会科学院历史所隋唐宋辽金元史研究室编《隋唐辽宋金史论丛》第1辑，紫禁城出版社2011年版，第86—103页。

明亮、光辉）的结合体①。实际上，粟特胡人安禄山和史思明亦多次参与和支持佛教活动。

关于幽州城及其周围地域的佛寺，除了悯忠寺（今北京法源寺）外，凭现有材料能完全确定：在开元（713—741）、天宝（742—756）时期，幽州城及附近地区还有龙兴寺、归义寺、仙露寺、兴国寺、奉福寺、万安禅寺、真应禅寺、卢师真应寺、宝塔寺、石窟寺②、兜率寺③、淤泥寺④、天王寺⑤、慧圣寺⑥、龙泉寺⑦、三塔寺⑧、佑圣教寺⑨、云居寺⑩。道观有唐玄宗所建的天长观⑪。另外，幽州城还有慕容鲜卑所建白马神君庙、三灵侯庙⑫。这些祠庙的信徒可能是从东北南下的东胡系族群，如契丹、奚。

在"安史之乱"前后，幽州城多族群杂居，居民成份复杂（详见第一章第一节），因此，当地的宗教信仰亦呈现多元的景象，出现多种宗教信仰的寺庙、祠堂，也十分自然。只是佛教寺庙在数量上占据绝对

---

① 王小甫：《拜火教与突厥兴衰——以古代突厥斗战神研究为中心》，原载《历史研究》2007年第1期，第31页，此据王小甫《中国中古的族群凝聚》第1章《突厥与拜火教》，中华书局2012年版，第28—29页。

② 这些佛寺并见于（元）熊梦祥著，北京图书馆善本组辑《析津志辑佚·寺观》，北京古籍出版社1983年版，第67—84页；（元）孛兰肹等《元一统志》卷1《中书省统山东西河北之地》，赵万里校辑，中华书局1966年版，第24—41页。

③ （清）和珅等奉敕撰：《钦定大清一统志》卷2，影印文渊阁《四库全书》第474册，台湾商务印书馆1982年版，第69—70页。

④ 《唐淤泥寺心经》，叶奕苞：《金石录补》卷16，《丛书集成初编》本，中华书局1985年版，第96—97页；（清）和珅等奉敕撰：《钦定大清一统志》卷7，影印文渊阁《四库全书》第474册，台湾商务印书馆1982年版，第159页。

⑤ （清）和珅等奉敕撰：《钦定大清一统志》卷7，影印文渊阁《四库全书》第474册，台湾商务印书馆1982年版，第159—160页。

⑥ 同上书，第162页。

⑦ 同上。

⑧ 同上。

⑨ 同上。

⑩ 北京图书馆金石组、中国佛教图书文物馆石经组编：《房山石经题记汇编》第1部分《碑和题记（唐至民国）》，书目文献出版社1987年版，第1—19页。

⑪ （元）熊梦祥著，北京图书馆善本组辑：《析津志辑佚·寺观》，北京古籍出版社1983年版，第87页；（元）孛兰肹等：《元一统志》卷1《中书省统山东西河北之地》，赵万里校辑，中华书局1966年版，第45—46页。

⑫ （元）熊梦祥著，北京图书馆善本组辑：《析津志辑佚·祠庙仪祭》，北京古籍出版社1983年版，第57页。

优势①。从唐初至开天年间的房山石经题记中，我们可以看到许多官僚、地方豪富、手工业、商业行会及平民捐资积极参与佛教刻经事业②。这些皆证实在当地，佛教信徒及追随者占压倒性多数。因此，安禄山和史思明欲争取民心、巩固在幽州的势力，不管他们是否信仰佛教，都得做出推崇佛教的姿态。

## 第一节　安禄山和佛教

在唐朝，幽州地方各阶层人士十分热情地参与云居寺的刻经事业。安禄山也在石经中留下了自己的题名。如《感石浮图诗》二首中出现"皇帝供养，皇后供养，御史大夫安禄山供养"③。如前文所示，出现"皇后供养"字样，则此题记应刊刻于唐玄宗开元十二年（724）七月王皇后被废之前。考《安禄山事迹》所载，天宝元年（742）正月六日，唐廷"分平卢别为节度，以禄山为左羽林大将军、员外置同正员、兼柳城郡太守，持节充平卢军、摄御史大夫、管内采访处置等使"④。他在天宝六载（747）"正月二十四日，加兼御史大夫"⑤。依此可见，安禄山在天宝元年（742）"摄御史大夫"，天宝六载（747）"兼御史大夫"。那么，他的这条题记最早亦当题于天宝元年。

在天宝（742—756）末年，还有人专门在云居寺为安禄山刻经。《大

---

①　从现存资料来看，在唐代幽州地区，各阶层人士对佛教的热情远远超过道教。石刻材料显示：当地官吏积极修建佛寺、刊刻房山石经，却鲜见他们参与道教活动。有唐一代，幽州地区佛寺林立，道观仅天长观一所。关于天长观的情况，详见第二章。实际上，幽州佛寺数目占绝对优势的情况，从唐代一直延续到五代、辽及金前期。金末全真教兴起，中都全真道观大量出现，这种格局才有所改观。辽朝社会各阶层皆笃信佛教，道教的影响非常小。契丹贵族、汉族世家、官僚、地方豪富及普通民众对佛教的参与和支持亦远胜过道教，看来真是继承了唐幽州的文化面貌。具体论证这一问题非常复杂，容另文讨论。

②　北京图书馆金石组、中国佛教图书文物馆石经组：《房山石经题记汇编》第 2 部分《大部经题记（唐至辽）》、第 3 部分《诸经题记（唐）》，书目文献出版社 1987 年版，第 83—185、199—295 页。

③　（清）陆增祥：《八琼室金石补正》卷 58，新文丰出版公司编辑部编《石刻史料新编》第 1 辑第 7 册，新文丰出版公司 1977 年版，第 4938 页；北京图书馆金石组、中国佛教图书文物馆石经组：《房山石经题记汇编》第 1 部分《碑和题记（唐至民国）》，书目文献出版社 1987 年版，第 15 页。

④　（唐）姚汝能：《安禄山事迹》卷上，曾贻芬点校，中华书局 2006 年版，第 74—75 页。

⑤　同上书，第 75 页。

般若波罗密多经》题记中存有 4 条"上谷郡（今河北易县）修政府折冲、赏绯鱼袋、上柱国"何元逊为安禄山造经的记录[1]。天宝十三载（754）正月九日，朝廷"加禄山尚书左仆射"[2]。在唐玄宗时代，仆射虽然已经逐渐演化为加官，但是品位极高，仍然是众人梦寐以求的、标志地位的尊贵名号。安禄山被授予仆射之衔仅一个月，何元逊便在二月八日佛祖出家（一说是佛诞日）之日，在云居寺为他造经达 20 条[3]，以奉承安禄山。此举既然是"献媚"，肯定有"投其所好"的考虑。安禄山幕下的粟特人甚多。何元逊也很可能是粟特人。他在房山石经《大般若波罗密多经》中留下诸多题记[4]。由此视之，他本人当信奉佛教。

## 第二节　史思明的佛教活动

《悯忠寺宝塔颂》乃北京地区留存至今的唐代粟特人的重要文化遗迹之一，为"安史叛军"的重要人物史思明所立。前辈学者已经结合当时政治形势，对碑中相关人物及其挖改重刻的情况做过很多考证。但是，迄今为止，《悯忠寺宝塔颂》丰富的宗教信仰内涵还无人系统研究。本书拟从宗教信仰与社会的角度切入，比对其他材料考释《悯忠寺宝塔颂》，再展开论述史思明的佛教活动。

### 一　《悯忠寺宝塔颂》及其相关问题
（一）《悯忠寺宝塔颂》录文

为系统讨论《悯忠寺宝塔颂》，这里先将此碑录文并标点如下[5]：

---

[1] 北京图书馆金石组、中国佛教图书文物馆石经组编：《房山石经题记汇编》第 2 部分《大部经题记（唐至辽）》，书目文献出版社 1987 年版，第 99—100 页。
[2] （唐）姚汝能：《安禄山事迹》卷中，曾贻芬点校，中华书局 2006 年版，第 60 页。
[3] 北京图书馆金石组、中国佛教图书文物馆石经组编：《房山石经题记汇编》第 2 部分《大部经题记（唐至辽）》，书目文献出版社 1987 年版，第 99—100 页。
[4] 同上书，第 95—100 页。
[5] 碑文左行，录文据以下几书：（清）王昶：《金石萃编》卷 91，新文丰出版公司编辑部编《石刻史料新编》第 1 辑第 2 册，新文丰出版公司 1977 年版，第 1528—1532 页；（清）董浩等编：《全唐文》卷 363，中华书局 1983 年版，第 3685—3686 页；北京图书馆金石组编：《北京图书馆藏中国历代石刻拓本汇编》第 27 册，中州古籍出版社 1989 年版，第 3 页拓片；荣新江、张志清主编：《从撒马尔干到长安——粟特人在中国的文化遗迹》，北京图书馆出版社 2004 年版，第 152 页拓片。

## 第三章 安史集团与佛教

范阳郡悯忠寺　　　　御史大夫史思明奉为」①

大唐光天大圣文武孝感皇帝敬无垢净光宝塔颂，范阳府功曹参军、兼节度掌书记张不矜撰。」

惟唐绍统兮岁作噩，天宅幽都兮镇戎索；彼命启与禅虞，继□凤举而龙跃。驭阊阖而朝」南面，服日月而升宝殿；在璇衡以正乾坤，握金镜兮临宇县。东宅四水，西都八川；天应景福，亿万斯年。」神祇胧蛮而丕佑，风化洋溢而昭宣。凝心姑射，既迈黄轩之理；端思真境，高抚洪崖之肩。迥出三界，超居四禅。」

我御史大夫忠而孝，哲而贤，裨□我唐祚，崇斯福田。昔在棘城，结愿已修于宝塔；属兹版荡，除恶」务尽于幽燕。开拓郡县，驰突戈鋋，咸荷威力，扫逆清边。树兹幢相，游刃忘筌；割净资以檀舍，施珍俸于慈」缘。爰居爰处，载询载度；薙金界于祇园，择伽蓝之胜托。征郢匠，稽朴斫，具钩绳，备丹腹。才生明而畚锸」攸萃，月贞朔而陶瓦斯作；暨峻砌而崛起堂皇，聚桢干而上干寥廊。尔其庀徒有节，力工惟时；隐金椎以」雷动，走瓴甋以星驰。椓之登登，斗拱磊砢以扶卫；筑之阁阁，甃甓和罗而缉熙。骈密石以疏阯，齐玉珰以」镇陲；班间布白，九隅八维。风伯、雨师，扣灵坛而请命；雷公、电女，拥仙座以忘疲。熠如聚雁，赫若奔螭，岌嶪天」假。髣像神资，千毚栉比以攒构，万塔凌兢而护持。观其扪重扃，披藻井；鸿蒙异状，呲咤灵影。霞驳云蔚，」阳舒阴静；游三界而须臾，视一劫而俄顷。示大方便，开大法境。闻偈而刀轮折锋，承风而火阱收猛。嶷若虘」楼之孤秀，皎类扶桑之映回。莲花吐日，攒太华之三峰；香炉抱云，矗庐岩之一顶。若乃八部经行，万方委辂。」离火宅，启筏喻；鱼贯争上，雁行齐赴。隋齐穹崇，陟回乎；嗜真如者，搏级聚武而跼行；慕释徽者，阹虚」□倅而徐步。攀棼橑以失视，援井干以增惧。龙象翕赫，扶薄橑而蓄威；鬼神睢盱，扪颓壁以含怒。将以经」启万祀，永代作固；置咒于梵刹之中，释纲于毗耶之路。启招提之胜果，祛樊笼之缁蠹。行善者技」痒而争趋，为恶者震栗而忧怖。逗塔影者，洽背而魂悚。闻铃音者，叩顶而心注。是

---

① "」"表示碑文提行处。

用敬□□□□」我天威，保□□我唐祚，彼幢相之侥福，荷无疆之率裕也。客有扣虚幕府，悉掾神州；愧三语之默」对，归八解之禅流。肖然宝塔，永赞鸿猷；护鹅珠以守戒，持鸽称以精修。刻字金版，垂芳朔幽。云行」雨施，自公乃侯；永锡难老，厥德允修。恭察视之。　严命敢不拜□　王休。」

至德二载（757）十一月十五日建。　承奉郎、守经略军胄曹参军苏灵芝书。

### （二）立碑背景及政治意涵

《悯忠寺宝塔颂》（以下简称《宝塔颂》）题唐肃宗至德二载（757）立。在当时，安禄山为其子安庆绪所杀，安庆绪又猜忌史思明，派安承庆、安守忠等前往幽州削夺史思明的兵权。史思明遂囚禁安承庆等，以所领兵降唐。唐肃宗大喜，以史思明为范阳节度使，封归义王[①]。虽然《宝塔颂》书"至德二载十一月十五日建"，但史思明正式归附却在当年十二月[②]。

一些学者已经指出：此碑原刻于史思明未降之前，所题立碑日期肯定系后来改刻，其所用国号、尊号、年号、职官、地名等，原皆是叛军所署，史思明投降唐朝后，全部挖改为唐朝的名号。这方碑刻可能原有阿谀叛贼之辞，后改为歌颂唐朝之语句[③]。诸家对这些事件的来龙去脉考证甚详，兹不赘言。

张不矜撰《悯忠寺宝塔颂》是为赞扬史思明的功德，与之相配，他又撰写了《唐悯忠寺无垢净光塔铭》[④]。这两方碑铭高度关联，因此本书将二者放在一起讨论。《宝塔颂》所列张不矜的官衔为"范阳府功曹参

---

[①] （宋）司马光等：《资治通鉴》卷219，唐肃宗至德二载条，中华书局1956年标点本，第7011—7051页。

[②] （宋）司马光等：《资治通鉴》卷219，唐肃宗至德二载十二月条，中华书局1956年标点本，第7047—7048页。

[③] （清）王昶：《金石萃编》卷91所收关于此碑的诸家题跋，共有以下几种：新文丰出版公司编辑部编：《石刻史料新编》第1辑第2册，新文丰出版公司1977年版，第1529—1532页；罗桑彭错述：《北平法源寺沿革考》，载吴柳隅主编《正风半月刊》第1卷第10期，1935年，第96—99页；《悯忠寺宝塔颂》史睿解题，载荣新江、张志清主编《从撒马尔干到长安——粟特人在中国的文化遗迹》，北京图书馆出版社2004年版，第153页。

[④] （清）董浩等编：《全唐文》卷363，中华书局1983年版，第3686—3688页；（元）熊梦祥著，北京图书馆善本组辑：《析津志辑佚·古迹》，北京古籍出版社1983年版，第117—119页。

第三章 安史集团与佛教

军、兼节度掌书记"。其中"范阳府"应是范阳郡（幽州）大都督府的省称。据《唐六典》所记，大都督府"功曹参军事一人，正七品下"①。按《通典》所载，"开元初，京尹属官及诸都督府并曰功曹参军，而列郡则曰司功参军"②。《唐六典》曰："功曹、司功参军，掌官吏考课、假使、选举、祭祀、祯祥、道佛、学校、表疏书启、医药、陈设之事。"③张不矜在幽州大都督府任职，自然称"功曹参军"，负责掌管幽州地方的祭祀、佛道事务，还管理当地官员考绩、贡举、教育、医疗及官文书④。这些职责要求此类官员必须具备相应的文化水平和专长。同时，张不矜又"兼节度掌书记"，兼官即不是正授。开元以后，节度使府的掌书记为诸节镇普遍设置，掌管节度府各类文书，发号出令，为府主之喉舌，实际地位甚高⑤。掌书记掌管朝觐、聘慰、祭祀、文辞之事，必须博学聪敏之人才能胜任⑥。由此推之，张不矜必定是位擅长文章之人。

《宝塔颂》题"御史大夫史思明奉为大唐光天大圣文武孝感皇帝敬无垢净光宝塔颂"，本系史思明用以表明自己的政治态度而作。《唐悯忠寺无垢净光塔铭》讲述修建无垢净光塔的缘由之后，紧接着歌颂唐玄宗、唐肃宗："我大唐皇帝陛下孝因冥感，圣以天资。太上皇不宰功成，禅代法禹，创业垂统，时邕象尧。复宝位为太上，与兆人为父母。珍符景命，充溢寰瀛，止难锄凶，洗清天宇。"⑦《唐悯忠寺无垢净光塔铭》又赞扬史

---

① （唐）李隆基撰、李林甫注：《大唐六典》卷30《三府·都督·都护·州·县官吏》，[日]广池千九郎训点、[日]内田智雄补订，三秦出版社1991年版，第517页。
② （唐）杜佑：《通典》卷33《职官十五》，王文锦、王永兴、刘俊文、徐庭云、谢方点校，中华书局1988年版，第913页。
③ （唐）李隆基撰、李林甫注：《大唐六典》卷30《三府·都督·都护·州·县官吏》，[日]广池千九郎训点、[日]内田智雄补订，三秦出版社1991年版，第524页。
④ 严耕望：《唐代府州僚佐考》，载严耕望《唐史研究丛稿》，新亚研究所1969年版，第144—145页。陈登武先生利用《天圣令》，对地方州政府功曹、司功参军具体管理地方医疗事务的情况进行讨论，认为功曹、司功参军负责指挥调度杂职（应属杂役之人）和防人，在当地随季节生长而进行药物采收，以救人疾患。参见陈登武《从〈天圣·医疾令〉看唐宋医疗照护与医事法规——以"巡患制度"为中心》，载荣新江主编《唐研究》第14卷，北京大学出版社2009年版，第258—259页。
⑤ 严耕望：《唐代方镇使府僚佐考》，载严耕望《唐史研究丛稿》，新亚研究所1969年版，第194—196页。
⑥ 石云涛：《唐代幕府制度研究》第3章《唐开元、天宝时期边镇幕府》，中国社会科学出版社2003年版，第95—98页。
⑦ （清）董浩等编：《全唐文》卷363，中华书局1983年版，第3687页。

思明归唐之举："光禄大夫、范阳郡大都督府长史、河北节度兼支度营田海运等使、摄御史大夫、归义王史思明，硕量天假，宏谋神授，仁被迁极，忠越古今。竭节布悃成其名，砥心砺行存乎道。"① 宗教场所易于聚集人群，乃政治宣传的理想之地。挖改《宝塔颂》，亦即史思明在幽州城悯忠寺正式向公众表达自己的政治倾向——归顺唐朝。在这一方面，该碑又具有政治性榜文的性质②。

宝应二年（763）十二月，李怀仙以范阳（即幽州）归顺唐廷，诱杀史思明之子史朝义，仍被朝廷任命为幽州节度使③。此后，控制幽州地区的人物皆出自安史旧部。《悯忠寺宝塔颂》和《唐悯忠寺无垢净光塔铭》及其赞扬史思明的辞藻也继续保留，未再被挖改，亦未被人为破坏，这从侧面反映出唐朝中后期，安、史二人在当地依然具有很大影响。

（三）碑文的佛教含义

宋人文惟简所作《房庭事实》曰："（悯忠寺）东西有砖塔，高可十丈，云是安禄山、史思明所建矣。"④《元一统志》云："玄宗天宝十四年（755），安禄山建塔于（悯忠寺）东南隅。肃宗乾元元年（758），史思明于西南隅对立一塔。"⑤ 以是观之，《悯忠寺宝塔颂》刊刻在前，而史思明之无垢净光宝塔建成在后。宝塔落成之时，正是史思明复叛于唐之前后。《宝塔颂》由"承奉郎、守经略军胄曹参军苏灵芝书"。《析津志》又谓："（悯忠寺）东一塔，安禄山所建，塔内有苏灵芝墨迹在内。"⑥ 显然，安禄山建塔之时，也让苏灵芝书写了碑文。

安、史二人建造无垢净光塔的依据是密教经典《无垢净光大陀罗尼

---

① （清）董诰等编：《全唐文》卷363，中华书局1983年版，第3687页。

② 荣新江先生指出：祆祠乃最容易聚集胡人之地，因此是首领或神职人员进行政治宣传的最好地方。安禄山能够动员很多人参与叛乱，一定是充分利用了祆祠凝聚胡人的机会来做政治宣传。参见荣新江《北朝隋唐胡人聚落的宗教信仰与祆祠的社会功能》，载荣新江主编《唐代宗教信仰与社会》，上海辞书出版社2003年，第405—406页。按：祆祠具有这种功能，在一定情况下，其他宗教场所也具备类似的作用。

③ （唐）姚汝能：《安禄山事迹》卷下，曾贻芬点校，中华书局2006年版，第112页。

④ （明）陶宗仪：《说郛》卷8，涵芬楼本，收入《说郛三种》，上海古籍出版社1988年版，第173页。又见于（元）熊梦祥著，北京图书馆善本组辑《析津志辑佚·寺观》，北京古籍出版社1983年版，第69页。

⑤ （元）孛兰肹等：《元一统志》卷1《中书省统山东西河北之地》，赵万里校辑，中华书局1966年版，第25页。

⑥ （元）熊梦祥著，北京图书馆善本组辑：《析津志辑佚·古迹》，北京古籍出版社1983年版，第119页。

经》。该经为武周时期吐火罗（以今昆都士为中心的阿富汗北部地区）僧人弥陀山所译。《开元释教录》载：

> 《无垢净光大陀罗尼经》一卷。右一部一卷，其本见在。沙门弥陀山，唐言寂友，睹货逻国人也。幼小出家，游诸印度，遍学经纶，于《楞伽》、《俱舍》，最为精妙。志弘像法，无吝乡邦，杖锡而游，来臻皇阙。……后于天后末年，共沙门法藏等译《无垢净光陀罗尼经》一部。①

《宋高僧传》所记略同，又具言："天授中（690—692），与沙门法藏等译《无垢净光陀罗尼经》一卷。其经，佛为劫比罗战茶婆罗门说，延其寿命。"② 其中"睹货逻"即吐火罗。吐火罗"俗奉佛"，唐初属西突厥，唐高宗龙朔元年（661），唐廷在吐火罗地区置羁縻州县③。唐朝和吐火罗的关系遂比以往更加密切，此亦为弥陀山至中原译经提供了便利。在武周天授年间（690—692），与弥陀山合译《无垢净光大陀罗尼经》的另一位僧人，"俗姓康氏，讳法藏。累代相承为康居国丞相。祖自康居来朝。父谧，皇朝赠左侍中"④。法藏姓康，所谓康居人，实即粟特人，跟安禄山、史思明一样，皆属昭武九姓。神功元年（697），在契丹李尽忠、孙万荣反叛的危急时刻，武则天命法藏前往幽州做密教法事以御敌（详

---

① （唐）智升：《开元释教录》卷9，[日]高楠顺次郎等编《大正藏》第55册，大正一切经刊行会1928年版，第566页。

② （宋）赞宁：《宋高僧传》卷2《周洛京寂友传》，范祥雍点校，中华书局1987年版，第34页。《大正藏》所收《无垢净光大陀罗尼经》却题弥陀山是天竺三藏。参见[日]高楠顺次郎等编《大正藏》第19册，大正一切经刊行会1928年版，第717页。

③ （唐）杜佑：《通典》卷193《边防九》，王文锦等点校，中华书局1988年版，第5277页。关于唐高宗时期，唐廷在吐火罗故地设置羁縻州县的具体情况，参见吴玉贵《突厥汗国与隋唐关系史研究》，中国社会科学出版社1998年版，第418—420页。

④ 阎朝隐：《大唐大荐福寺故大德康藏法师之碑》，[日]高楠顺次郎等编《大正藏》第50册，大正一切经刊行会1927年版，第280页。崔致远撰《唐大荐福寺故寺主翻经大德法藏和尚传》，[日]高楠顺次郎等编《大正藏》第50册，大正一切经刊行会1927年版，第281页。该作又载："释法藏者，梵言达摩多罗；字贤首，梵言跋陀罗室利。帝赐别号国一法师。俗姓康氏，本康居国人。屠门滥说，解在字释。虽（康）僧会异时而昙谛同迹。……高、曾联为彼国相。祖父自康居来朝，庇身辇下。考讳谧，皇朝赠左卫中郎将。母氏梦吞日光而孕。以贞观十七年（643）癸卯畅月旁死魄而生。"关于法藏的身世，又见于（宋）赞宁撰《宋高僧传》卷5《周洛京佛授记寺法藏传》，范祥雍点校，中华书局1987年版，第89—90页。

见第二章第一节）。名僧法藏无疑是带着政治使命而来的。不过，这客观上亦会促进密教在幽州的传播。他在这段时间将自己新译的密教经典《无垢净光大陀罗尼经》带到幽州，也是可能的。

《唐悯忠寺无垢净光塔铭》（以下简称《无垢净光塔铭》）开篇即引用佛经中佛传授《无垢净光大陀罗尼经》的典故：

> 我闻西方有大圣佛，伽号曰"觉"，在伽毗罗城精舍阁内，能庇极四天，超证诸果，而毫照劫界之外，罔不谛听而归之。时战茶（荼）外道，昧佛威力，有善相者谂之曰："汝当堕无间大地狱，受旃檀罗业。若能悔过从正，悛心归真，当于劫毗罗城三岐古塔，崩坏日久，无人修崇。能造轮枨书陀罗尼咒于其塔内，念诵精持，减罪恒沙，受大安乐。"其名曰"无垢净光塔"。①

《悯忠寺宝塔颂》曰："迥出三界，超居四禅。"其中"三界"指众生所居之欲界、色界和无色界，此三界都是凡夫生死往来之境界，佛教行者以跳出三界为目的。其中，色界由禅定之浅深粗妙分四级，称为"四禅"或"四禅天"，指修习四禅定而得生色界天处或成为色界天中的有情。

接着，《宝塔颂》又讲述建塔之缘起。对此事，《无垢净光塔铭》说：史思明"昔在平卢也，于曹禅师早发宏愿，于彼造塔。初经始未构，属中原乱离，有难便赴范阳，其塔便罢修葺"②。此处"平卢"即指营州（今辽宁朝阳），唐朝设平卢节度使于此。至于《宝塔颂》所书"棘城"，《通典》载："慕容氏，亦东胡之后，别部鲜卑也。魏初渠帅有莫护跋，率诸部入居辽西，后从司马宣王讨公孙渊有功，拜率义王，始建国于棘城之北。（小注：今柳城郡之地）。"③《资治通鉴》胡三省注云："棘城在昌黎县界，是后慕容氏置棘城县，拓拔魏太武真君八年

---

① （清）董浩等编：《全唐文》卷363，中华书局1983年版，第3686—3687页。此故事之始末，详见［日］高楠顺次郎等编《大正藏》第19册，大正一切经刊行会1928年版，第717—719页。

② （清）董浩等编：《全唐文》卷363，中华书局1983年版，第3687页。

③ （唐）杜佑：《通典》卷196《边防十二》，王文锦等点校，中华书局1988年版，第5372页。

(447)，并棘城入昌黎郡龙城县。"① 显然，棘城原为慕容鲜卑所居地，而昌黎隶属于营州都督府②。那么，"棘城"乃营州之古称。史思明在"天宝（742—756）初，频立战功，至将军，知平卢军事"。天宝"十一载（752），（安）禄山奏授"史思明为"平卢节度都知兵马使"③。可见史思明早年起家于营州。他在那里已经与当地僧人"曹禅师"有交往，且有心造塔。《宝塔颂》将他的这桩心愿和做法视为耕种"福田"。依照佛教观念，凡敬侍佛、僧、父母、悲苦者，即可得福德、功德，犹如农人耕田，能有收获，故以田为喻，称为"福田"。西晋僧人法立、法炬共译的《佛说诸德福田经》述及七种福田，其一即"兴立佛图、僧房、堂阁"④。"佛图"系梵语，又译作"浮图"、"浮屠"、"蒲图"或"休屠"，在此处指佛寺或佛塔。据此，史思明修建宝塔确属福田事业。一方面，史思明欲在营州地区站稳脚跟、成功抵御奚和契丹的进攻，十分需要当地精英人物的支持，因此，笼络"曹禅师"这样在当地社会具有一定影响的人物，是非常必要的。另一方面，曹禅师在营州地区弘法，也得仰仗史思明这样有实力的武将之保护和支持。只是后来因为安禄山发动叛乱，史思明在营州造塔之事遂搁浅。从天宝十一载（752）至安禄山叛乱前夕，史思明为"平卢节度都知兵马使"。在叛乱后，他应安禄山之命，率领平卢精锐南下征讨。至安禄山被杀后，史思明方率军进驻范阳⑤。其实，营州才是他的老巢和主要根基所在。他新到幽州，急需争取当地势力的认同和支持。因此，建造佛塔塑造自己的形象，不失为一个好办法。

《宝塔颂》随后又具体叙述造塔之过程。其中"树兹幢相"之语，乃借用这种说法：袈裟十利之一的幢相，即指穿着袈裟时，生宝塔想，灭除诸罪。所谓"割净资以檀舍，施珍俸于慈缘"，表明由史思明施财造塔。

---

① （宋）司马光等：《资治通鉴》卷81，晋武帝太康二年条胡注，中华书局1956年标点本，第2576页。

② （后晋）刘昫等：《旧唐书》卷39《地理志二》，中华书局1975年标点本，第1522—1523页。

③ （后晋）刘昫等：《旧唐书》卷200上《史思明传》，中华书局1975年标点本，第5376页。

④ [日]高楠顺次郎等编：《大正藏》第16册，大正一切经刊行会1925年版，第777页。

⑤ （后晋）刘昫等：《旧唐书》卷200上《史思明传》，中华书局1975年标点本，第5376—5378页。

《无垢净光塔铭》描述造塔经过云:

> 今重承恩命,允厘东郊,缅想□诚,式副前愿,敬于悯忠寺般若院造无垢净光塔一所。池五饰,疑工力已周。夫其始也,埋堄塸精院,疑掘地及泉宝其炭,隐以金椎炭其阶。公输运斤,离子督墨。摹规获矩,而陶甓雾集;俗驰缁走,而瓴甓云屯。工以子来,人以心竞哉!生明,月既望,乃勤朴斫。夫其甃凹摩凸,刓方铲圆。龙鳞错落以用密□,杰竖以赞扣□,栱枊□以分赴,绮疏回合以洞开。夫如是月有旬矣。尔其层构削成,桄轮孤耸。金幢插汉,截虹霓以中分;宝铎连星,碍望舒而假道。密迹睢眦以缺立,群仙□曳而下来,怪兽蜿拿而捧龛,石人□贔以承级。崒若蓬壶仙馆,耸珠阙□□重;皎如天台、四明,莳琪林于绝顶。①

由此可见,该碑文宣称史思明在归附唐朝后"重承恩命",在幽州城东郊为"式副前愿"而建无垢净光塔。造塔的用材及工艺颇为讲究,有不少僧俗信徒参与。建成之后的宝塔可谓庄严绮丽、妙尽物情。

《宝塔颂》提及风师、雨师、雷公和电女,这些本系传统的民间神灵,均被吸收进国家祭祀体系。风师、雨师的祭祀原不被重视,直到唐玄宗天宝四载(745)才升入中祀,地位有所提高,州郡一级才有了正式的风伯雨师之官方祭典②。雷公和电女分别是古代神话中的司雷和司电之神。唐玄宗时期,在风师、雨师的祭祀升格之后多年,国家又规定:"发生振蛰,雷为其始。画卦陈象,威物效灵。气实本于阴阳,功乃施于动植。今雨师、风伯,久列常祠,唯此震雷,未登群望。已后每祠两师,宜以雷神同祭。"③ 至此,雷神的祭祀亦升入国家祀典。如前文所论,张不矜身为"范阳府功曹参军",其职责本就包括"祭祀",所以,当地风师、雨师、雷公、电女祭祀之事原本就在张不矜的权限之内。密教在发展过程中,大量吸收中国传统的民间信仰成分。《宝塔颂》言风师、雨师"扣灵坛而请命",雷公、电女"拥仙座以忘疲",显然具有佛教凌驾于民间神明之上的意味。

---

① (清)董浩等编:《全唐文》卷363,中华书局1983年版,第3687页。
② 雷闻:《风师雨师》,载雷闻《郊庙之外——隋唐国家祭祀与宗教》第1章《隋唐国家祭祀的神祠色彩》,生活·读书·新知三联书店2009年版,第51—53页。
③ 《增定祀典诏》,(清)董浩等编《全唐文》卷32,中华书局1983年版,第358页。

《宝塔颂》继续讲述建塔之功能。其中，"游三界而须臾，视一劫而俄顷"之辞乃概述佛教修行过程。而"大方便"则指佛菩萨广大之方便，善巧之教化谓之方便。

《宝塔颂》又云："若乃八部经行，万方委辂。离火宅，启筏喻；鱼贯争上，雁行齐赴。隮齐穹崇，陟回乎。"对此，《无垢净光塔铭》称："八部天人，九有缁俗，日夕匍匐而归之。徒观其趋福庭，登梵扃；披倒景，跻重冥；启洞户，排疏棂；勃崒嶙峋，□□青荧。俯瞰万像，平步高元。迥惶怛悸，既如折元（玄），牝于闾阎；涉级聚武，又若搏壁上之翠屏。"① 这些表述皆根据《无垢净光大陀罗尼经》中的内容：天龙八部及诸菩萨等众神传授念陀罗尼咒法及造塔法②。

接下来，《宝塔颂》阐述信徒如何供养礼拜塔。此亦与《无垢净光大陀罗尼经》规定的供养礼拜塔之仪式相合："当于月八日或十三日，或十四日或十五日，右绕舍利塔满七十七匝，诵此陀罗尼亦七十七遍。"③ "若有善男子、善女人，于此佛塔或右绕或礼拜或供养者，当得授记于阿耨多罗三藐三菩提而不退转。一切宿障、一切罪业悉皆消灭不至。"④ "右绕佛塔诵此陀罗尼满一百八遍，百千劫罪及五无间皆得除灭。"⑤ "若复有人欲于现生，成就功德大利益者，应修故塔诵咒，右绕满百八遍，心中所愿，无不成满。"⑥ 佛教对绕塔礼拜有特殊要求：右绕为准，绕塔之时，须低头视地，不得误蹈地上虫只，不得左右顾视，不得于塔前之地唾吐，不得中途停顿与人语。

《宝塔颂》又叙述将陀罗尼咒置于塔中的功能。从上下文来看，"毗耶"可能是"毗离耶"之省称。"精进"系梵语，音译作"毗梨耶"、"毗离耶"，又作"精勤"、"勤精进"、"进"、"勤"，为修道之根本。将陀罗尼咒放入塔中供养、念诵，对佛教修行具有重大作用。《无垢净光塔铭》也说："窥其神咒，置于层刹之中；峨峨梵幢，列于毗罗

---

① （清）董浩等编：《全唐文》卷363，中华书局1983年版，第3687页。
② ［日］高楠顺次郎等编：《大正藏》第19册，大正一切经刊行会1928年版，第719—721页。
③ 同上书，第718页。
④ 同上。
⑤ 同上书，第720页。
⑥ 同上。

之院。"① 核以《无垢净光大陀罗尼经》，正是释迦建议战荼（荼）在迦毗罗城建塔②。关于书写和供养此陀罗尼咒的功能，《无垢净光大陀罗尼经》有具体阐释：书写此咒本置于塔中供养，能永离恶道、消除一切众病及烦恼，灭一切罪，满足一切愿望，能得广大善根福德之聚③。

《宝塔颂》谓："逗塔影者，洽背而魂竦。闻铃音者，叩顶而心注。"《无垢净光塔铭》又言："逗影而八苦皆忏，闻铃而三业都捐。""铃音聪合兮，威力潜拱。"④ 其中"八苦"指众生轮回六道（分为三善道和三恶道。三善道为天道、人间道和修罗道；三恶道为畜生道、饿鬼道和地狱道。）所受之八种苦果：生苦、老苦、病苦、死苦、爱别离苦、怨憎会苦、求不得苦和五盛阴苦。所谓"三业"，意为身业、口业和意业。身业即身之所作，如杀生、偷盗、邪淫、酗酒等；口业即口之所语，如恶口、两舌、绮语、妄语等；意业即意之所思，如贪、嗔、痴等。对于逗塔影、闻铃声的好处，《无垢净光大陀罗尼经》称："逗塔影"能免于六道轮回之苦，消除一切罪。"闻塔铃声"能消除一切恶业，往生西方极乐世界⑤。

《宝塔颂》还体现佛教的护国思想。其实，本来《无垢净光大陀罗尼经》亦蕴含护国思想：无垢净光塔威力巨大，能变出大火焰、大火光消灭诸恶、寇盗，保护国家⑥。《无垢净光塔铭》又曰："用能裨佑熙朝，希嘏保佑门阀□。修文偃武，康□于极乐之国；归马休牛，鼓腹于华胥之代。"⑦"镇此门兮，谋重富国。保家兮，千万亿。"⑧ 这段文字显系论述护国理念。

《宝塔颂》还具体阐明佛教修行问题。所谓"三语"，指如来所说之三种语：随自意语、随他意语及随自他意语。"随自意语"乃佛随自己的意思而说自己亲证的实相法；"随他意语"是佛随顺众生的根机而说种种方

---

① （清）董诰等编：《全唐文》卷363，中华书局1983年版，第3687页。
② ［日］高楠顺次郎等编：《大正藏》第19册，大正一切经刊行会1928年版，第718页。
③ 同上书，第718—720页。
④ （清）董诰等编：《全唐文》卷363，中华书局1983年版，第3687—3688页。
⑤ ［日］高楠顺次郎等编：《大正藏》第19册，大正一切经刊行会1928年版，第718—720页。
⑥ 同上书，第718—719页。
⑦ （清）董诰等编：《全唐文》卷363，中华书局1983年版，第3687页。
⑧ 同上书，第3688页。

便法;"随自他意语"则系佛在为众生说法之时,一方面随着自己的意思,另一方面又顺着众生的根机。其中"八解"为"八解脱"之略,又名"八背解",指八种背弃舍除三界烦恼的束缚的禅定。修习禅定能对治乱意,使心安定。至于"护鹅珠以守戒",乃征引《大庄严论经》中的一个典故:有一比丘,乞食至穿珠师家,立于门外。时珠师正为国王穿摩尼珠,暂将珠放在旁边而入舍取食。一只鹅飞来,吞食其珠。珠师回来不见珠,怀疑比丘偷珠。比丘恐珠师杀鹅取珠,说偈讽之。珠师不听,遂把比丘绑起来,大加棒打,耳眼口鼻尽出血。鹅又来食血。珠师愤怒,打杀鹅。比丘见而懊恼,说偈曰:"菩萨往昔时,舍身以贸鸽,我亦作是意,舍命欲代鹅。我得最胜心,欲全此鹅命,由汝杀鹅故,心愿不满足。"珠师开鹅腹一看,有珠,乃举声号哭,对比丘说:"汝护鹅命不惜于身,使我造此非法事!"比丘知道杀鹅则犯"不杀生戒",诳语则犯"不妄语戒",因而默然受打[①]。《法苑珠林》引用了这一典故,归入"持戒部"[②]。佛教信徒历来常以此故事为坚守戒律者之喻。而"持鸽称以精修"又是征引"鸽隐佛影"之典。"鸽隐佛影"譬喻持戒之人具有无比威力。《大智度论》曰:"舍利弗从佛经行。是时有鹰逐鸽,鸽飞来佛边住。佛经行过之,影覆鸽上,鸽身安稳,怖畏即除,不复作声。"[③]《法苑珠林》亦收录了该典故,归入"受报篇"[④]。《法苑珠林》系唐高宗时期道世编撰的一部佛教类书,在知识界颇有影响。由此可以推定:从教育背景来讲,节度掌书记张不矜作为节度使府主的"笔杆子",应该读过一些佛经或《法苑珠林》,遂对"护鹅珠持戒"、"鸽隐佛影"这类典故能信手拈来,写入《宝塔颂》。

《宝塔颂》一共提及佛教修行"六波罗蜜"(即布施、持戒、忍辱、精进、禅定、智慧)中的三种:禅定、持戒和精进。《宝塔颂》阐述持戒思想,亦蕴藏兴福造塔也必须遵从佛教戒律的观念。早在南北朝时代,高僧慧远、佛图澄、道安、竺昙无兰、慧皎等都要求兴建福业也需遵守戒

---

[①] 《大庄严论经》卷11,[日]高楠顺次郎等编《大正藏》第4册,大正一切经刊行会1924年版,第319—320页。

[②] (唐)释道世:《法苑珠林校注》卷85《持戒部·引证部》,周叔迦、苏晋仁校注,中华书局2003年版,第2378—2379页。

[③] 《大智度论》卷11,[日]高楠顺次郎等编《大正藏》第25册,大正一切经刊行会1926年版,第138页。

[④] (唐)释道世:《法苑珠林校注》卷69《受报篇·后报部》,周叔迦、苏晋仁校注,中华书局2003年版,第2056页。

律，只有这样才是真心信佛①。可是，实际情况是信徒破戒之事不少，有些经典亦暗示不必持戒也能够达到与持戒同样之效果，有些宣扬兴福的经典也往往不提奉戒的问题②。不过至唐代，在僧人心目中，守戒仍然具有神圣的地位。《法苑珠林》的作者道世宣称："余以戒律宗要，定慧归承。"③ 此应能代表当时佛教界关于守持戒律的普遍理念。在南北朝时期，众多高僧质疑上流社会成员施财做功德是否与真诚信佛相一致，唐代社会可能亦存在这种"声音"。张不矜将严守戒律的榜样写进《宝塔颂》，当系对此进行"响应"，宣称建塔做功德，同时也要持戒。但是，此塔的施主史思明却几乎不可能遵守"五戒"。他频繁打仗，靠战争发迹，岂能"不杀生"？他在北接契丹和奚的营州地区长大。营州境内除了州县城外，广大地域内分布的全是契丹、奚、突厥、靺鞨等东北族群④。史思明很可能受北方游牧族群的影响，喜欢狩猎食肉，这就做不到"不食肉"。他在营州和幽州皆为显宦，恐怕很难抵挡酒色的诱惑，无法做到"不饮酒"、"不淫欲"。而且，史思明所信奉的祆教完全不存在禁欲主义。张不矜作为他身边的掌书记，对这些肯定心知肚明，但是在撰写碑文时，当然要极力刻画一个"楷模"。

《无垢净光塔铭》亦谈修行："至于契□法者湛乎真寂，悟八解者得乎津梁。于是舣涅盘岸，屏瀑流河。"⑤《无垢净光大陀罗尼经》谓按此经所讲的方法受持，便能完成"六波罗蜜"的修行过程，最终成佛⑥。

《无垢净光塔铭》还提到西方极乐世界信仰："修文偃武，康□于极乐之国。"⑦《无垢净光大陀罗尼经》对此问题也作了具体阐释：诵

---

① 侯旭东：《五六世纪北方民众佛教信仰——以造像记为中心的考察》（增订本）下篇《民众佛教修持方式的特点与佛教信仰的社会影响》，社会科学文献出版社2015年版，第293—296页。

② 同上书，第296—302页。

③ （唐）释道世：《法苑珠林校注》卷87《受戒篇·八戒部》，周叔迦、苏晋仁校注，中华书局2003年版，第2533页。

④ 具体情况参见杨晓燕《唐代平卢军与环渤海地域》，载王小甫主编《盛唐时代与东北亚政局》，上海辞书出版社2003年版，第162—176页。

⑤ （清）董诰等编：《全唐文》卷363，中华书局1983年版，第3687页。

⑥ ［日］高楠顺次郎等编：《大正藏》第19册，大正一切经刊行会1928年版，第721页。

⑦ （清）董诰等编：《全唐文》卷363，中华书局1983年版，第3687页。

## 第三章 安史集团与佛教

咒、书写此陀罗尼置佛塔中供养，闻塔铃声，得离恶道苦，生兜率天宫①。

综观前文的解析可知：张不矜撰写的《悯忠寺宝塔颂》和《唐悯忠寺无垢净光塔铭》，大量堆砌佛教词汇、不断引经据典，可见他精通佛教及《无垢净光大陀罗尼经》，佛学修养极深。可是，此塔的施主史思明未必深刻理解佛教。《安禄山事迹》载：

> 史思明，营州杂胡种也。本名窣干，玄宗改为思明。……性刚急。与禄山同乡，生较禄山先一日，思明岁夜生，禄山岁日生。及长，相亲，俱以骁勇闻。解六蕃语，同为互市牙郎。以欠官钱走入奚，诈为汉使得免，后诱杀奚，节度使张守珪以思明杀奚功，奏授折冲。与禄山同为捉生将，去无不捷，累拜大将军。②

据荣新江先生考证，史思明本名"窣干"跟祆教神有关，所谓与安禄山"同乡"，其实是出自同一部落。二人具有相似的经历和特征：解六蕃语、为互市牙郎，骁勇善战，都在与奚、契丹的战争中发迹③。史思明"少贱"④，本系出身寒门之胡人，又在粟特聚落中长大，可谓"戎马一生"。《安禄山事迹》又云：

> 思明本不识文字，忽然好吟诗，每就一章，必驿宣示，皆可绝倒。尝欲以樱桃赐其子朝义及周贽，以彩版敕左右书之，曰："樱桃一笼子，半赤一半黄。一半与怀王，一半与周贽。"小吏龙谭进曰："请改一半与周贽，一半与怀王，则声韵相协。"思明曰："韵是何物？岂可以我儿在周贽之下！"又题《石榴诗》曰："三月四月红花

---

① [日] 高楠顺次郎等编：《大正藏》第 19 册，大正一切经刊行会 1928 年版，第 718、720 页。

② （唐）姚汝能：《安禄山事迹》卷下小注，曾贻芬点校，中华书局 2006 年版，第 110 页。（宋）欧阳修、宋祁《新唐书》卷 225 上《史思明传》，中华书局 1975 年标点本，第 6426 页。其载："史思明，宁夷州突厥种，初名窣于，玄宗赐其名。"

③ 荣新江：《安禄山的种族与宗教信仰》，载荣新江《中古中国与外来文明》，生活·读书·新知三联书店 2001 年版，第 229、331 页。

④ （宋）欧阳修、宋祁：《新唐书》卷 225 上《史思明传》，中华书局 1975 年标点本，第 6426 页。

里，五月六月瓶子里。作刀割破黄袍衣，六七千个赤男女。"郡国传写，置之邮亭。①

这段记载充分证明：史思明仅仅粗通文墨，汉文化素养并不高，所谓"好吟诗"，也只是附庸风雅。他对作诗的基本规则似懂非懂，所写之诗水平不高，又非常喜欢卖弄。很难相信汉文化水平如此之人会深入研读和理解佛经。安禄山与史思明有着相似的文化背景和成长经历，估计二人的汉文化水平亦半斤八两。《无垢净光大陀罗尼经》虽然仪轨复杂（包括书写陀罗尼咒、绕塔礼拜、坛法及供养），但教义通俗易懂，易于使大众接受，很适合安禄山、史思明这样的胡人将领的胃口。安、史在悯忠寺修建无垢净光塔，八成只是出于对《无垢净光大陀罗尼经》的表面了解：建塔可以延年益寿、积功德。约言之，他们恐怕仅是基于功利之心而造塔，对此经的复杂仪轨并不感兴趣。

（四）悯忠寺的地理位置

搞清悯忠寺的地理位置，对于理解安禄山、史思明在此建塔，史思明在此立碑之动机，以及该寺庙的社会功能，至关重要。

悯忠寺位于唐代幽州城东南角的铜马坊（详见第一章第二节）。在唐昭宗景福年间（892—893），左街内殿讲论兼应制大德沙门南叙撰《悯忠寺重藏舍利记》称："大燕城内，地东南隅，有悯忠寺，门临康衢，中有宝阁，横云□虚。"② 其中"门临康衢"云云，意即悯忠寺地处交通要道。而且，它又是当地著名佛寺，肯定人气旺盛。很明显，安禄山和史思明选择公众常常活动之地建塔。前引《房庭事实》谓他俩所建砖塔分列东西，"高可十丈"，此系用夸张的约数词来形容这两座佛塔高耸入云的气势。史思明所立《悯忠寺宝塔颂》亦"高五尺，广三尺二寸二分"③。不仅如此，该碑文结尾之处明确说要"垂芳朔幽"。以是推之，《宝塔颂》应该放置在公众容易看见之地。概括言之，安、史所建无垢净光塔及史思明所立《悯忠寺宝塔颂》皆为庞然大物，置于悯忠寺这样的公共空间，引人注目、广徕信徒瞻仰，自然不成问题。这对安、史积累个人声望这种无形资本，颇有益处。

---

① （唐）姚汝能：《安禄山事迹》卷下小注，曾贻芬点校，中华书局2006年版，第111页。
② （清）董诰等编：《全唐文》卷920，中华书局1983年版，第9591页。
③ （清）王昶：《金石萃编》卷91，新文丰出版公司编辑部编《石刻史料新编》第1辑第2册，新文丰出版公司1977年版，第1528页。

在唐代，经济发达、交通方便之处往往在其文化活动的中心——寺庙形成各种类型的庙市①。幽州居于农耕文化与游牧文化的交汇之地，房山石经题记中留下几十种幽州城手工业、商业行会的名称②。由此观之，幽州城内的商业活动当非常活跃。悯忠寺既是佛教徒和各阶层民众活动的公共空间，又位于交通要道，极为适合进行商业活动。只是关于这一问题，目前尚未发现直接证据。

唐代幽州城建有子城与罗城二重城郭，节度使府即在子城。学界普遍认为辽南京城沿习唐幽州城之旧制。既然辽朝的大内位于南京城西南隅，那么，唐代子城（即节度使府）也可能坐落在幽州城西南部③。安禄山叛乱后，于天宝十五载（756）正月在洛阳即位，国号大燕，自称雄武皇帝，改元圣武④。他建立文武官僚体系之后，"以范阳（即幽州城）为东都，复其百姓终身，署其城东隅私第为潜龙宫"⑤。依此推测，幽州城东南角的悯忠寺距离位于西南隅的节度使府及东隅的安禄山私宅，应该都不太远。

**二　史思明的其他崇佛之举**

史思明为了表达自己归顺唐朝的政治态度，除了在悯忠寺立碑、建塔外，还在幽州城置归义寺。史载：

> 归义寺，在旧城（即金中都）时和坊，内有《大唐再修归义寺碑》。幽州节度掌书记、荣（光）禄大夫、检校太子洗马、兼侍御史、上柱国张冉撰。略曰：归义金刹，肇自天宝岁。迫以安氏乱常，金陵史氏归顺，特诏封归义郡王，兼总幽燕节制，始置此寺，诏以"归义"为额。大中十年庚（丙）子（856）九月立石。⑥

---

① 谢重光：《唐代的庙市》，《文史知识》1988年第4期，第53—57页。
② [日]气贺泽保规：《唐代幽州的地域与社会——以房山石经题记为中心》，载唐代史研究会编《中国都市的历史的研究》，《唐代史研究会报告》第Ⅵ集，刀水书房1988年版，第157—167页。
③ 赵超：《唐代墓志中所见到的幽州城》，《考古与文物》1990年第2期，第76页。
④ （唐）姚汝能：《安禄山事迹》卷下，曾贻芬点校，中华书局2006年版，第101页。
⑤ 同上书，第102页。
⑥ （元）熊梦祥著，北京图书馆善本组辑：《析津志辑佚·寺观》，北京古籍出版社1983年版，第67页。又见于（元）李兰肹等《元一统志》卷1《中书省统山东西河北之地》，赵万里校辑，中华书局1966年版，第32页。

从这段史料来看，归义寺似乎始建于天宝年间（742—756）。在"安史之乱"中，史思明于至德二载（757）归顺唐朝之时，被唐肃宗封为"归义王"，此时这座佛寺方由肃宗下诏赐额"归义寺"，这正是采用史思明的封号。此系唐廷安抚他的举措。他接受"归义寺"之名，亦是借此向朝廷及公众表明自己的政治态度。

《大唐再修归义寺碑》言史思明的郡望为"金陵"，可是《元和姓纂》未载"金陵史氏"。《元和姓纂》云：

> 建康史氏，今隶酒泉郡，史丹裔孙后汉归义侯苞之后。至晋永嘉乱，避地河西，因居建康。苞裔孙宁，后周安政公；生祥，隋城阳公。祥弟云、期。云生令卿，唐祠部郎中、杭州（今浙江杭州）刺史。①

唐高祖武德二年（619），朝廷分隋张掖郡置肃州（今甘肃酒泉），天宝元年（742）改为酒泉郡②。"建康军，在甘州（今甘肃张掖）西二百里，管兵五千三百人，马五百匹。"③甘州"西北百九十里祁连山北有建康军，证圣元年（695），王孝杰以甘、肃二州相距回远，置军"④。由此看来，武周证圣元年（695），朝廷在河西地区建立"建康军"。按照《元和姓纂》的说法，建康史氏本为避"永嘉之乱"而迁至河西地区。在中古时期，粟特人广泛活动在贯通欧亚大陆的"丝绸之路"上。如"丝路"的重要通道敦煌、张掖均有粟特聚落⑤。不排除这种可能：史思明的祖先曾经在河西地区生活，遂以当地的"建康军"为郡望。而"建康史氏"

---

① （唐）林宝：《元和姓纂·附四校记》卷6，郁贤皓、陶敏整理，岑仲勉校记，孙望审订，中华书局1994年版，第822页。

② （后晋）刘昫等：《旧唐书》卷40《地理志三》，中华书局1975年标点本，第1642页；（宋）欧阳修、宋祁：《新唐书》卷40《地理志四》，中华书局1975年标点本，第1045—1046页。

③ （后晋）刘昫等：《旧唐书》卷38《地理志一》小注，中华书局1975年标点本，第1386页。

④ （宋）欧阳修、宋祁：《新唐书》卷40《地理志四》小注，中华书局1975年标点本，第1045页。

⑤ 唐长孺先生曾经对安禄山的郡望"常乐"进行过考释，认为在隋唐时期，常乐是瓜州（今甘肃敦煌、玉门附近）的属县，营州乃安禄山的出生地，常乐必定是安禄山的继父之弟安波注及其子安思顺的族望，而安波注与安思顺可能是世居瓜州、沙州（今甘肃敦煌）的胡人。参见唐长孺《跋唐天宝七载封北岳恒山安天王铭》，载唐长孺《山居存稿》，中华书局1989年版，第283—286页。

更可能是史思明攀附汉族名门而冒称的郡望。至于为何会出现"金陵史氏"的说法，目前还无法解答。

唐肃宗乾元二年（759）九月，史思明攻陷洛阳，"东洛佛事皆送幽州，以旧宅为龙兴寺，而崇饰之"①。史思明复叛于唐朝，攻下洛阳之后，将洛阳的佛教器物均送至自己的大本营幽州，又舍旧宅建龙兴寺，进行"崇饰"。显然，他追求豪华排场来做功德。

《唐史思明玉册》曰："［帝］温恭浚哲，豁达大度，师克在和南。"袁进京先生引用《白氏长庆集》对"和南"一词的解释——指僧人合掌问礼，认定这是史朝义对其父的夸耀之词，而实际上史思明是个目不识丁、脾气暴躁、刚愎自用的武夫②。袁先生对史思明的这种认识当基于两《唐书》和《通鉴》的相关记载。此其实亦代表了很多人的看法。许多学者认为《史思明玉册》多虚饰不实的溢美之辞而不重视它。其实，无论两《唐书》、《通鉴》也好，还是《史思明玉册》也罢，皆是在不同背景中形成的"文本"。前者乃官方史家经过选择、过滤、剪裁和加工而书写的，存在刻意丑化"叛臣"史思明的倾向。而后者则是史思明之子史朝义所刻。他虽然弑父自立，但终究还是继承了其父的衣钵。《玉册》的文字当然要经过筛选和润饰，极力渲染乃父的英明有为，以证明自己的合法性。《玉册》谓史思明"温恭浚哲，豁达大度"，并用"和南"一词，无疑包含粉饰和夸耀成分。"和南"指稽首或敬礼，唐代高僧义净解释该词云：

> 言和南者，梵云畔睇，或云畔惮南，译为敬礼。但为采语不真，唤和南矣。不能移旧，且道和南。的取正音，应云畔睇。又道行众集，礼拜非仪。合掌低头，口云畔睇。故经云：或复但合掌，乃至小低头，即是致敬也。南人不审，依希合度，向使改不审为畔睇，斯乃全同律教矣。③

---

① （唐）姚汝能：《安禄山事迹》卷下小注，曾贻芬点校，中华书局2006年版，第111页。
② 袁进京、赵福生：《北京丰台唐史思明墓》，《文物》1991年第9期，第28—39页；袁进京：《唐史思明玉册试释》，载于炳文主编《跋涉集——北京大学历史系考古专业七五届毕业生论文集》，北京图书馆出版社1998年版，第255页。
③ （唐）义净：《南海寄归内法传》卷3，王邦维校注《南海寄归内法传校注》，中华书局1995年版，第150页。

王邦维先生指出：义净因采语不真，又对"畔睇"和"畔悌那"进行解释，称"和南"，这可能是西域古语的转译①。综合上文所论，史思明对佛教确有"温恭"之时。他发迹于寒微、屡立战功、依靠佛教笼络人心，也并非不"浚哲"。他身为粟特人，本信奉祆教，却对佛教表现出宽容和支持的态度，亦不能说他绝对不"豁达大度"。俗谓"人至察则无徒"②，试想史思明如果没有一点心胸、完全不能容人，怎么会有这么多人追随和依附，给唐廷造成这么大的麻烦？他利用佛教争取幽州地方势力的支持，因此，《玉册》书"师克在和南"，亦并非全然不近情理。如此看来，《玉册》称颂史思明的褒美之辞也并非完全空穴来风。其实，史思明就是一个具有多重复杂性格的"演员"！他时而表现得刚烈凶猛、颐指气使，时而又表现得开阔大度、谦恭有礼。

## 第三节　十一面观世音及僧伽信仰的兴起

宗教信仰具有强大的精神感召力和动员能力，成为幽州军事集团用以激励士气的方式。而如前述，早在契丹首领李尽忠叛乱之时，高僧法藏便奉武则天之命，奔赴幽州，以十一面观音法破敌（详见第二章第一节）。在安史叛乱期间，十一面观世音的化身——僧伽的信仰，一度风靡于幽州地区。以往学者就唐代因西北战事而兴起的毗沙门天王信仰讨论颇多③，但对东北边境战争中兴起的十一面观世音信仰却关注不够。

在唐代，僧伽信仰开始发展起来，至宋、元时期大盛，广为各阶层

---

① （唐）义净：《南海寄归内法传》卷3，王邦维校注《南海寄归内法传校注》，中华书局1995年版，第150页，注释（二）。
② 出自（东汉）班固《汉书》卷65《东方朔传》，中华书局1962年标点本，第2866页。
③ 如 Valerie Hansen, "Gods on Walls: A Case of Indian Influence on Chinese Lay Religion", Religion and Society in T'ang and Song China, eds. Patricia Buckley Ebrey and Peter N. Gregory, Honolulu: University of Hawaii Press, 1993, pp. 75–113；吕建福《中国密教史》第4章《唐代密宗的形成和发展》，中国社会科学出版社1995年版，第363—369页；严耀中《护教与护国——毗沙门天王崇拜述论》，载严耀中《汉传密教》，学林出版社1999年版，第198—200页；余欣《神道人心——唐宋之际敦煌民生宗教社会史研究》第3篇《游必有方——敦煌文献所见中古时代之出行信仰》，中华书局2006年版，第325—327页；[日] 大岛幸代《唐代中期的毗沙门天信仰与造像活动——以长安的事例为中心》，载中山大学艺术史研究中心编《艺术史研究》第9辑，中山大学出版社2007年版，第277—290页。

人士信奉。学界对这一问题探讨甚夥①。概括而言，以往的研究多关注敦煌写本《僧伽和尚欲入涅槃说六度经》，归纳出僧伽的生平事迹、灵异故事、各地供奉僧伽和尚之塔与庙、相关造像，僧伽广受各阶层人士崇奉的现象，强调僧伽崇拜的民俗化、中国化，或者概述该信仰流传至新罗、高丽的情况，或者从艺术史视角分析僧伽变相图。关于僧伽信仰在初传时期的特点，迄今无人与唐代的政治形势、社会背景和族群关系

---

① 如［日］牧田谛亮《中国民俗佛教成立的一个过程——关于泗州大圣、僧伽和尚》，《东方学报》（京都），第 25 册，1954 年，第 264 页；［日］牧田谛亮《疑经研究》，临川书店 1976 年版，第 38—84 页；罗世平《敦煌泗州僧伽经像与泗州和尚信仰》，《美术研究》1993 年第 1 期，第 64—68 页；徐苹芳《僧伽造像的发现和僧伽崇拜》，《文物》1996 年第 5 期，第 50—58 页；马世长《中韩古代佛教文化交流两例》，原载韩国忠南大学校人文科学研究所编《丝绸之路文化与韩国文化》，1997 年，此据马世长《中国佛教石窟考古文集》，商务印书馆 2014 年版，第 602—610 页；孙晓岗《僧伽和尚像及遗书〈僧伽欲入涅槃说六度经〉有关问题考》，《西北民族研究》1998 年第 2 期，第 261—269 页；荀德麟《僧伽与泗州普照王寺》，《江苏地方志》2003 年第 4 期，第 38—40 页；黄启江《泗州大圣僧伽传奇新论——宋代佛教居士与僧伽崇拜》，《佛学研究中心学报》第 9 期，2004 年，第 177—220 页；蔡相煇《以李邕（673—742）〈泗州临淮县普光王寺碑〉为核心的僧伽（628—709）信仰》，《空大人文学报》第 14 期，2005 年，第 49—93 页；刘康乐、杨玉辉《从泗州大圣到僧伽信仰》，《重庆文理学院学报》2006 年第 4 期，第 16—18 页；马世长《大足北山佛湾 176 与 177 窟——一个奇特题材组合的案例》，载重庆大足石刻艺术博物馆编《2005 年重庆大足石刻国际学术研讨会论文集》，文物出版社 2007 年版，第 1—22 页；刘晓燕《僧伽信仰背后的社会风情画》，硕士学位论文，兰州大学，2007 年；林晓君《泗州佛信仰研究》，硕士学位论文，福建师范大学，2007 年；马世长《泗州和尚、三圣像与僧伽三十二化变相图》，载中山大学艺术史研究中心编《艺术史研究》第 11 辑，中山大学出版社 2009 年版，第 273—327 页；宫万琳、宫大中《儒释道三教合一与僧伽崇拜图像》，《美术学刊》2010 年第 4 期，第 88—89 页；刘青莉《晚唐至宋川渝地区的圣僧造像及圣僧信仰——以僧伽、宝志、万回造像为例》，硕士学位论文，中山大学，2010 年；刘青莉、姚崇新《四川安岳西禅寺石窟僧伽三十二化变相及相关问题》，载中山大学艺术史研究中心编《艺术史研究》第 13 辑，中山大学出版社 2011 年版，第 251—285 页；林晓君《古代福建的泗州僧伽信仰》，《福建文博》2012 年第 4 期，第 78—84 页；［美］于君方：《观音——菩萨中国化的演变》第 5 章《神异僧与观音的本土化》，陈怀宇、姚崇新、林佩莹译，商务印书馆 2012 年版，第 202—205、217—227 页；姚崇新《观音与神僧——观音化身问题再考察》，载中山大学艺术史研究中心编《艺术史研究》第 15 辑，中山大学出版社 2013 年版，第 142—146 页；徐汝聪《试论僧伽造像及僧伽崇拜》，《东南文化》2014 年第 5 期，第 89—100 页；王虎《宋代僧伽信仰研究》，硕士学位论文，上海师范大学，2014 年；石建刚、高秀军、贾延财《延安地区宋金石窟僧伽造像考察》，《敦煌研究》2015 年第 6 期，第 30—40 页；牛长立《论古代泗州僧伽像僧、佛、俗神的演化过程》，《宗教学研究》2016 年第 2 期，第 102—116 页；高秀军、李向东《新发现资中月仙洞两龛僧伽变相初考》，《敦煌研究》2016 年第 2 期，第 46—54 页；介永强《唐代胡僧伽生平事迹考索》，《史学集刊》2016 年第 5 期，第 36—41 页；郑弌《佛装与佛化——中古时期泗州僧伽信仰与图像的在地化》，《中国国家博物馆馆刊》2016 年第 12 期，第 71—97 页；孙应杰《僧伽生平和僧伽信仰考》，《世界宗教研究》2017 年第 1 期，第 86—93 页；等等。

结合起来专门讨论，亦无人深入解析僧伽的神迹所体现之宗教内涵，充分论述僧伽在中国密教发展脉络中的地位和作用。本书拟就这些问题做一些探讨。

### 一　僧伽之事迹及神力

据陈海涛先生考证，僧伽于唐高宗初年来到中国，唐中宗景龙四年（710）在长安圆寂，享年83岁，是一位来自何国、定居长安的高僧[①]。《大唐泗州临淮县普光王寺碑》（以下简称《普光王寺碑》）曰：僧伽和尚"姓何，何国人"[②]。显然，僧伽来自昭武九姓之一的何国，本系粟特人。何国，"旧康居地也。其王姓昭武，亦康国之族类。……其王坐金羊座。风俗与康国同"[③]。《宋高僧传》云："详其何国，在碎叶国东北，是碎叶附庸耳。"[④] 张广达先生对此条材料作了考证，指出：何国即玄奘《大唐西域记》中的"屈霜你伽"，又译作"贵霜匿"，但贵霜匿在康国（今乌兹别克斯坦撒马尔干）之西。僧伽出身的何国地在碎叶国（今吉尔吉斯斯坦楚河南岸托克玛克城西南的阿克·贝希姆废城）东北，为碎叶附庸。由此可断定：此何国必是康国以西的何国的移民所立，而非何国本土[⑤]。康居国又"与大月氏同俗……名为强国，西域诸国多归之。……俗奉佛，为胡书"[⑥]。由是推之，何国亦盛行佛教。僧伽"在本土，少而出

---

[①] 陈海涛：《唐代入华粟特人的佛教信仰及其原因》，北京大学东方学研究院主办《华林》第2卷，中华书局2002年版，第89页。
[②] 李邕：《大唐泗州临淮县普光王寺碑》，（宋）李昉等编《文苑英华》卷858，中华书局1966年版，第4529页。僧伽的事迹又见于（宋）赞宁《宋高僧传》卷18《唐泗州普光王寺僧伽传》，范祥雍点校，中华书局1987年版，第448页；（宋）释道原编著《景德传灯录》卷27《泗州僧伽大师》，财团法人佛陀教育基金会1999年版，第563—564页。《景德传灯录》所载事迹略于《宋高僧传》。《大唐泗州临淮县普光王寺碑》的作者李邕乃唐前期著名文人，（后晋）刘昫等《旧唐书》卷190《李邕传》称："邕早擅才名，尤长碑颂。虽贬职在外，中朝衣冠及天下寺观，多赍持金帛，求其文。"见（后晋）刘昫等《旧唐书》卷190《李邕传》，中华书局1975年标点本，第5043页。
[③] （唐）杜佑：《通典》卷193《西戎五》，王文锦等点校，中华书局1988年版，第5257页。
[④] （宋）赞宁：《宋高僧传》卷18《唐泗州普光王寺僧伽传》，范祥雍点校，中华书局1987年版，第448页。
[⑤] 张广达：《唐代六胡州等地的昭武九姓》，原载《北京大学学报》1986年第2期，此据张广达《西域史地丛稿初编》，上海古籍出版社1995年版，第264页。
[⑥] （唐）杜佑：《通典》卷193《西戎五》，王文锦等点校，中华书局1988年版，第5255—5256页。

家。为僧之后,誓志游方"①。僧伽于"龙朔初,忽乎西来,飘然东化。独步三界,遍游十方"②。僧伽"始至西凉府(即凉州,今甘肃武威),次历江淮,当龙朔初年也"③。僧伽在唐高宗龙朔年间(661—663)来华,可能和唐朝灭西突厥,并在西域设置羁縻府州有关。据吴玉贵先生研究,唐高宗显庆三年(658),唐朝平定西突厥阿史那贺鲁叛乱,在粟特地区设立羁縻府州。何国在这一年设置都督府的可能性非常大。唐朝在何国设立的羁縻州为"贵霜州"④。

宿白先生通过文献材料的记载,认为唐高宗、武周时期,十一面观世音信仰已经得到重视⑤。颜娟英、杨效俊和孙英刚三位教授进一步揭示出十一面观世音信仰及造像与武周政局的密切关系⑥。《宋高僧传》屡次提及僧伽系十一面观世音菩萨的化身。他"尝卧贺跋氏家,身忽长其床榻各三尺许,莫不精怪。次现十一面观音形,其家族欣庆,倍加信重,遂舍宅焉"⑦。景龙四年(710),僧伽在长安荐福寺坐亡后,其形体又出现诸多灵迹。唐中宗对他仰慕不忘,因问万回师曰:"彼僧伽者何人也?"对曰:"观音菩萨化身也。经可不云乎?应以比丘身得度者,故现之沙门相也。"⑧ 僧伽的弟

---

① (宋)赞宁:《宋高僧传》卷18《唐泗州普光王寺僧伽传》,范祥雍点校,中华书局1987年版,第448页。
② 李邕:《大唐泗州临淮县普光王寺碑》,(宋)李昉等编《文苑英华》卷858,中华书局1966年版,第4529页。
③ (宋)赞宁:《宋高僧传》卷18《唐泗州普光王寺僧伽传》,范祥雍点校,中华书局1987年版,第448页。
④ 吴玉贵:《突厥汗国与隋唐关系史研究》第12章《唐朝在西域统治秩序的确立》,中国社会科学出版社1998年版,第415—418页。按:向达先生根据《宋高僧传》所称僧伽"在本国三十年,化唐土五十三载",推定僧伽在唐高宗显庆三年(658)左右入中土。参见向达《唐代长安与西域文明》,生活·读书·新知三联书店1957年版,第23—24页。核以《普光王寺碑》,此说恐不尽然。
⑤ 宿白:《敦煌莫高窟密教遗迹札记》,原载《文物》1989年第9、10期,此据宿白《中国石窟寺研究》,文物出版社1996年版,第281页,注释28。
⑥ 颜娟英:《唐代十一面观音图像与信仰》,《佛学研究中心学报》第11期,2006年,第87—116页;杨效俊:《武周时期的佛教造型——以长安光宅寺七宝台的浮雕石佛群像为中心》,文物出版社2013年版,第303页;孙英刚:《从五台山到七宝台:高僧德感与武周时期的政治宣传》,载荣新江主编《唐研究》第21卷,北京大学出版社2015年版,第236—240页。
⑦ (宋)赞宁:《宋高僧传》卷18《唐泗州普光王寺僧伽传》,范祥雍点校,中华书局1987年版,第448—449页。
⑧ 同上书,第449页。又见于(宋)赞宁《宋高僧传》卷18《唐虢州阌乡万回传》,范祥雍点校,中华书局1987年版,第455页。

子慧俨"侍十一面观音菩萨（即僧伽）旁"①。僧伽作为十一面观世音菩萨之化身，"或认盗夫之钱，或咋黑绳之颈，或寻罗汉之井，或悟裴氏之溺，或预知大雪，或救旱飞雨，神变无方，测非恒度"②。"乞风者分风，求子者得子，今闻有躬礼者。"③

僧伽既然是十一面观世音菩萨的化身，其神力自然与《十一面观世音神咒经》高度关联。《十一面观世音神咒经》一卷，北周耶舍崛多译，略称《十一面神咒经》、《十一面经》，说十一面观世音神咒及其咒法。《佛说十一面观世音神咒经》具备以下功能：

> 持此咒者，现身即得十种果报。何等为十？
> 一者身常无病；
> 二者恒为十方诸佛忆念；
> 三者一切财物、衣服、饮食自然充足，恒无乏少；
> 四者能破一切怨敌；
> 五者能使一切众生皆生慈心；
> 六者一切蛊毒、一切热病无能侵害；
> 七者一切刀杖不能为害；
> 八者一切水难不能漂溺；
> 九者一切火难不能焚烧；
> 十者不受一切横死；
> 是名为十。
> 现身复得四种果报。何者为四？
> 一者临命终时得见十方无量诸佛；
> 二者永不堕地狱；
> 三者不为一切禽兽所害；
> 四者命终之后生无量寿国。④

---

① （宋）赞宁：《宋高僧传》卷18《唐泗州普光王寺僧伽传》，范祥雍点校，中华书局1987年版，第452页。
② 同上书，第450页。
③ 同上书，第451页。
④ ［日］高楠顺次郎等编：《大正藏》第20册，大正一切经刊行会1928年版，第149页。

## 第三章　安史集团与佛教

僧伽在景龙四年（710）"示疾，（唐中宗）敕自内中往荐福寺安置"①。荐福寺位于长安开化坊②，与皇城仅隔两坊。它由唐中宗的藩邸所改，在中宗复辟后大加营饰，有众多名僧居住，成为长安乃至整个唐朝的译经中心③。因此，僧伽驻锡此寺，便意味着他与唐中宗及皇室交分殊深。僧伽在荐福寺亦显现灵异事迹。他"常独处一室，而其顶有一穴，恒以絮塞之。夜则去絮，香从顶穴中出。烟气满房，非常芬馥。及晓，香还入顶穴中。又以絮塞之"④。

在传说中，僧伽还能为人治病。"昔在长安，驸马都尉武攸暨有疾，伽以澡灌水噀之而愈，声振天邑。后有疾者告之，或以柳枝拂者，或令洗石师子而疗，或掷水瓶，或令谢过。验非虚设，功不唐捐。"⑤"师（即僧伽）常濯足，人取其水饮之，痼疾皆愈。"⑥ 其中，僧伽给武攸暨治病的方式与灌顶相似。早在五胡十六国时期，高僧佛图澄已经采用杨柳枝为人治病。当时，石虎之子石斌很得石勒喜爱，可是忽然暴病身亡，佛图澄"乃取杨枝咒之，须臾能起，有顷平复。由是勒诸稚子，多在佛寺中养之"⑦。运用医术或咒语治病，乃僧人弘扬佛教、开悟士众的重要方式。此亦为佛教在中国取得各阶层人士信赖的关键手段。

《普光王寺碑》曰：

> 菩萨亦病，示灭同尽……（僧伽）以景龙四年（710）三月二日端坐弃代于京荐福寺迹也。孝和皇帝（即唐中宗）申弟子之礼，悼大师之情，敬漆色身，谨将法供。仍造福度门人七僧，赐绢三百匹。

---

① （宋）赞宁：《宋高僧传》卷18《唐泗州普光王寺僧伽传》，范祥雍点校，中华书局1987年版，第449页。

② （清）徐松撰，李健超增订：《增订唐两京城坊考》（修订版）卷2，三秦出版社2006年版，第47页。

③ 孙英刚：《长安与荆州之间——唐中宗与佛教》，载荣新江主编《唐代宗教信仰与社会》，上海辞书出版社2003年版，第133—139页。

④ （宋）李昉等编：《太平广记》卷96《僧伽大师》条，中华书局1961年版，第638页。

⑤ （宋）赞宁：《宋高僧传》卷18《唐泗州普光王寺僧伽传》，范祥雍点校，中华书局1987年版，第450页。

⑥ （宋）李昉等编：《太平广记》卷96《僧伽大师》条，中华书局1961年版，第638页。

⑦ （梁）释慧皎：《高僧传》卷9《晋邺中竺佛图澄传》，汤用彤校注，汤一玄整理，中华书局1997年版，第348页。

敕有司造灵舆，给传递百官，四部哀送国门，以五日还至本处。①

这再次证明僧伽跟唐中宗非同一般的关系，僧伽的葬礼遂受到朝廷的特别重视。

## 二 十一面观世音及僧伽信仰在幽州地区的流传

在唐代，僧伽广被上层官僚贵族、下层百姓所供奉、信仰。"天下凡造精庐，必立（僧）伽真相，榜曰'大圣僧伽和尚。'有所乞愿，多遂人心。"② 其信徒不仅有汉人，还有胡人。

在幽州军事集团与契丹和奚的战争中，幽州地域兴起十一面观世音崇拜，其中粟特僧人法藏和僧伽功莫大焉。

武周万岁通天二年（697）夏，契丹首领李尽忠叛乱，轻易突破中原王朝的东北防线，深入河北腹地。在这一危急时刻，武则天特派高僧法藏前往幽州良乡县做密教"十一面观音法"以御敌（详见第二章第一节）。法藏作为两京佛教名僧专程赶赴幽州，定会在当地军民，特别是佛教徒中引起轰动。法藏做密教法事之后不久，李尽忠叛乱又确实被平定了。因此，某些幽州军民，特别是佛教徒恐怕真会相信此与十一面观世音显灵有关。以是推之，法藏用于破敌的十一面观音法亦会留在幽州地方的社会记忆当中。

按《宋高僧传》所记，唐肃宗乾元年间（758—760），正值安史叛乱之时，僧伽"尝于燕师求毡罽，称是泗州寺僧。燕使赍所求物到，认塔中形信矣。遂图貌而归，自燕蓟展转传写，无不遍焉"③。而如前述，僧伽在唐中宗时期已经迁化，这条记录无疑当属灵验传说。至乾元年间（758—760），安禄山为其子安庆绪所杀，史思明统领幽州（范阳）节度使麾下之军。因此，僧伽"尝于燕师求毡罽"，当指他与史思明率领的叛军联系。结果，叛军答应僧伽的要求，派出使者将毡罽送至泗州（今江苏盱眙西北淮水西岸），还依照塔中之形摹写僧伽之貌而归，并在燕蓟地

---

① 李邕：《大唐泗州临淮县普光王寺碑》，（宋）李昉等编《文苑英华》卷858，中华书局1966年版，第4529页。

② （宋）赞宁：《宋高僧传》卷18《唐泗州普光王寺僧伽传》，范祥雍点校，中华书局1987年版，第451页。

③ 同上书，第450页。

区广为传布。

在乾元年间（758—760），一方面，史思明统率之叛军正与唐朝周旋、激战；另一方面，安禄山叛乱，率领大批精锐南下，使幽州镇防御两蕃的力量大大削弱。契丹和奚立即盯上兵力空虚的幽州城，有计划地展开进攻。天宝十五载（756）五月，"奚、契丹两蕃数出北山口至于范阳，俘劫牛马子女，止城下累日，城中唯留后赢兵数千，不敌，（向）润客等计无所出，遂以乐人戴竿索者为矫捷可用，授兵出战。至城北清水河大败，为奚、羯所戮，唯三数人伏草莽间，获免"①。对于安史叛军来讲，真是"螳螂捕蝉，黄雀在后"。虽然在安禄山叛乱后，史思明应安禄山之命，率领平卢精锐南下，而且，在安禄山被杀后，史思明又率军进驻范阳②，但是，叛军防备两蕃的兵力肯定不如叛乱之前，依然面临腹背受敌的压力③。在这种困局中，《佛说十一面观世音神咒经》宣扬的"破一切怨敌"、"一切刀杖不能为害"、"不受一切横死"之神力对幽州军事集团自然具有吸引力。在李尽忠叛乱中，契丹首领孙万荣大肆屠杀幽州和冀州（今河北冀州）的官民④，这段血腥的经历必然会留存在当地民众的心目中。即便几十年之后，至安禄山叛乱之时，本地民众也不太可能淡忘。因此，在危急时刻，史思明叛军当会忆起昔日在抗击契丹的战场上，法藏所施十一面观世音神咒法的灵验。于是，叛军供奉十一面观世音菩萨的化身——僧伽之图像，以祈求破敌，诚为自然而然之事。

幽州军民中可能存在这种观念：僧伽像能够感应十一面观世音菩萨，使其显灵，击退两蕃或唐军。前引《宋高僧传》所载僧伽跟史思明叛军联系、叛军摹写其貌并在燕蓟地区流传之事，很可能就是史思明集团制造出的神话，企图宣扬僧伽的神力以鼓舞士气。该传说的真实性姑且不论，僧伽之图像传遍幽州地区，广被祭祀，当系实情。安史叛军之所以选择僧伽作为精神寄托，或许亦基于该集团本身囊括众多粟特胡人⑤，选择同为

---

① （唐）姚汝能：《安禄山事迹》卷下，曾贻芬点校，中华书局2006年版，第102页。

② （后晋）刘昫等：《旧唐书》卷200上《史思明传》，中华书局1975年标点本，第5376—5378页。

③ 其实，从安禄山担任幽州节度使至晚唐时代，幽州军事集团都面临着双重外部压力：其一，与唐廷周旋；其二，抵御契丹和奚。

④ （后晋）刘昫等：《旧唐书》卷199下《契丹传》，中华书局1975年标点本，第5351页。

⑤ 荣新江：《安禄山的种族与宗教信仰》，载荣新江《中古中国与外来文明》，生活·读书·新知三联书店2001年版，第222—237页。

粟特人的僧伽，具有亲近感。

概括言之，在"安史之乱"中，幽州军事集团在各方压力之下，祈求十一面观世音菩萨和僧伽佑护，背后是共同的利益诉求和安全需要。这一信仰遂成为该集团共同的精神纽带。

幽州地域系中原与东北族群频繁交流之地，对十一面观世音、僧伽信仰的流行所发挥之作用不宜低估。即使"安史之乱"被平定后，精神层面的东西亦不会立即消失。在这种背景下，东北各族有可能以幽州地区为媒介，接触这一密教信仰。

## 本章小结

安禄山和史思明在粟特部落中成长起来，对祆教耳熏目染，他们信奉祆教并利用它凝聚胡人是毋庸置疑的。不过，此并不意味着他们对其他宗教信仰完全排斥。从起源上看，佛教与祆教有些共同的渊源；从教义上讲，二者本来就有相似之处。特别是密教和祆教皆崇拜太阳、光明。佛教的毗卢遮那神、弥勒原本就与祆教有渊源关系。

粟特系祆教虽包含早期波斯琐罗亚斯德教的成分，但并没有完整的宗教体系，其性质为粟特人的民间信仰，实际是粟特民俗。民间信仰不像许多体系化的宗教，具有明显强烈的排他性，其兼容性使其信徒较为容易地同时接受其他宗教。也正因为如此，粟特人才可能既是传统祆教的载体，同时又是其他体系化宗教——佛教、景教、摩尼教的载体[①]。这一点在安禄山、史思明身上表现得非常典型。

安史集团本系一胡汉混合体。除了骁勇善战的胡人，安禄山、史思明帐下亦有不少为之出谋划策的汉族精英。安、史对胡人和汉人采取不同的宗教政策，这是全面分析"安史之乱"的宗教背景时需要注意的方面。

安禄山和史思明谈不上钻研佛学奥义，深入理解其复杂的思想。在幽州这一多族群杂居、多种宗教信仰并存而佛教色彩浓厚的地区，安、史二人热衷于佛教功德事业，无论这是演戏还是真心信仰，客观上俱能起到安

---

[①] 林悟殊：《波斯琐罗亚斯德教与中国古代的祆神崇拜》，载余太山编《欧亚学刊》第1辑，中华书局1999年版，第210—219页；林悟殊：《唐代三夷教的社会走向》，载荣新江主编《唐代宗教信仰与社会》，上海辞书出版社2003年版，第364—373页。

抚和团结当地汉人和汉化之胡人的作用（当然，不排除某些胡人亦皈依佛教）。同为胡人领袖的契丹人耶律阿保机在建立政权前后，也专门在被俘汉人集中居住之地修建佛寺，借助佛教来安抚汉人之民心[①]。史称安禄山"多智计，善揣人情"[②]。他不仅善于用兵打仗、在官场上八面玲珑，利用不同宗教信仰博得不同社会集团之欢心，以达到自己的目的，亦是他富于智慧和善于揣摩的具体表现之一。

安禄山、史思明能以幽州为根据地发动叛乱，依靠了自己的领导才能来调和蕃汉关系。在这一方面，各种宗教所起的调节作用不容小视。善于表演乃政客的本性。一言以蔽之，在利用各种宗教来处理不同社会群体之间的关系、凝聚人心方面，安、史二人具有出色的表演技巧和高超的政治手腕。

来自西域何国、作为十一面观世音化身的粟特僧人僧伽乃密教信仰传布之重要媒介。僧伽信仰不仅影响汉人，同时也影响胡汉混合的安史集团。在安史叛乱期间，僧伽信仰一度风靡于幽州地区，成为幽州军事集团用以激励士气的方式，其背后是共同的利益诉求和安全需要。

---

① ［日］田村实造：《辽代佛教的社会史之考察——寺院与社会的关系》，载［日］田村实造《中国征服王朝的研究》（上）第6章第3节，京都大学东洋史研究会1964年版，第355—370页。

② （唐）姚汝能：《安禄山事迹》卷上，曾贻芬点校，中华书局2006年版，第73页。

# 第四章

# 唐后期幽州卢龙镇的佛教与社会

自"安史之乱"以后,幽州卢龙镇一直为安史旧部统治,与唐中央政府的关系可谓"若即若离"。以往学界往往站在国家的立场俯视藩镇,注重河朔诸镇与唐廷的关系,对其内部情况的探索并不多。相对独立的幽州卢龙镇内部的佛教与社会,也是前人关注不够的问题,其中有许多内涵值得挖掘。从长时段来看,它对后来辽朝的文化形态亦产生了重要影响。

日本学者塚本善隆先生探讨过"安史之乱"后房山刻经的大体轮廓,并指出:那是以地方当权者和节度使为中心的繁荣景象[①]。冯金忠先生概括叙述了唐后期河北藩镇的佛教活动,其中涉及到幽州镇[②]。日本的气贺泽保规先生认为:唐后期幽州良乡县刻经事业的主体是幽州卢龙节度使以及与之关联的地方权力。幽州军事集团内部存在矛盾和对立,节度使有必要明确对宗教信仰的态度,借以笼络民心[③]。日本学者气贺泽保规先生关照到这一现象,眼光十分敏锐。刘琴丽女士通过分析《房山石经题记汇编》,认定唐代幽州军人对云居寺刻经事业作出巨大贡献;幽州军人刻经除了为家人、亲属祈福外,主要体现为为节度使及其家人祈福、为节度使生日祝寿,节度使及其属下军将为帝王或民众祈福等;佛教已经成为幽州军将政治宣传的工具,石经题记反映幽州军界的动荡局面及浓厚的地域主

---

① [日]塚本善隆:《石经山云居寺与石刻大藏经》,《东方学报》(京都)第5册副刊,1935年,第131—143页。
② 冯金忠:《燕赵佛教》第3章《隋唐五代时期燕赵佛教》,中国社会科学出版社2009年版,第71—76页。
③ [日]气贺泽保规:《从房山石经隋唐刻经看唐朝后期的河北社会》,打印稿,2009年,第1—3页。

义观念①。

实际上，在中晚唐时期，幽州藩帅的刻经及其他佛教活动跟幽州卢龙镇与中央的关系、地方权力结构和社会经济状况息息相关。这些均系值得进一步深入探究的问题。本书拟在汇集唐后期房山刻经的基础上，结合正史、类书、诗文、地方志、僧传及其他考古材料，进行考辨和剖析，希冀从新的视角诠释中晚唐幽州卢龙镇的历史，拓展藩镇史和北京史研究的深度和广度。

# 第一节 佛教与幽州地方权力结构

在唐后期，幽州地域的刻经事业和其他佛事活动实为当地权力结构与社会变迁的指示器。我们先看节度使参与之佛教活动。

### 一 幽州卢龙节度使的佛教活动及其权力基础
（一）刘济、刘总父子时代

日本的塚本善隆先生提出：自"安史之乱"以后，幽州地区的刻经事业暂时中断，正是幽州节度使刘济、刘总父子恢复了刻经的盛况②。日本的气贺泽保规先生也注意到幽州节度使刘济、刘总父子热情资助房山刻经，这是中晚唐地方藩帅支持佛教的典型例证③。日本的气贺泽保规先生还专门列表分析刘济担任幽州节度使期间所刊刻之佛经：其中刻出《大般若波罗密多经》20卷，其他经典2部9卷④。本书对此还将进一步探讨。

刘济在唐德宗贞元元年（785）至唐宪宗元和五年（810）任幽州卢

---

① 刘琴丽：《唐代幽州军人与佛教——以〈房山石经题记汇编〉为中心》，《世界宗教研究》2011年第6期，第24—32页。
② [日]塚本善隆：《石经山云居寺与石刻大藏经》，《东方学报》（京都）第5册副刊，1935年，第132—135页。
③ [日]气贺泽保规：《唐代房山云居寺的发展与石经事业》，载[日]气贺泽保规编《中国佛教石经的研究——特别以房山云居寺石经为中心》，京都大学学术出版会1996年版，第78—82页。
④ [日]气贺泽保规：《房山云居寺石经事业和"巡礼"：唐代后半期的社会诸相与信仰世界》，郭雪妮译，载陈金华、孙英刚编《神圣空间：中古宗教中的空间因素》，复旦大学出版社2014年版，第239页。

龙节度使①。元和五年（810）七月乙卯，"幽州节度使刘济为其子总鸩死"②。刘济在担任幽州卢龙节度使期间，频繁参与和支持佛教活动。

刘济与南禅宗洪州马祖（大寂禅师）的弟子怀晖有一段交往。据《宋高僧传》所载，怀晖在"贞元（785—805）初，礼洪州大寂禅师，顿明心要。时彭城刘济颇德晖，互相推证"③。权德舆所撰《故幽州卢龙军节度副大使知节度事管内支度营田观察处置押奚契丹两番经略卢龙军等使开府仪同三司检校司徒兼中书令幽州大都督府长史上柱国彭城郡王赠太师刘公墓志铭并序》（以下简称《刘济墓志铭》）曰：刘济"始以门子横经游京师，有司擢上第。参幽州军事，转兵曹掾，历范阳令，考绩皆为府中最"④。在唐后期的幽州卢龙节度使当中，刘济是唯一一位游学长安并考中进士之人。刘济不但擅长诗书文章，还能跟高僧"互相推证"，足见其佛学修养亦不低。《宋高僧传》称刘济在贞元初年与怀晖切磋，应在他贞元元年刚任节度使不久。

唐德宗贞元五年（789），刘济舍私宅建崇孝寺，其具体情况在第一章第二节讨论幽州地域的佛寺分布时已经阐明，此不赘述。有一点需要指出："析津都总管公署"坐落在辽南京城大内（原唐幽州节度使府）之东⑤，崇孝寺（原刘济宅）又位于"析津都总管公署"之东，三者之间的距离非常近，即崇孝寺建在唐幽州节度使府东面不远处。以是观之，无论从渊源关系还是地理位置来看，崇孝寺都应该和刘济家族甚至之后的历任幽州节度使关系密切。

刘济多次参与刊刻卷帙浩繁的大部头佛经《大般若波罗密多经》，并留下丰富的题记。

贞元五年（789）二月八日，刘济在《大般若波罗密多经》中留下3条题记，四月八日留下1条题记。在二月八日的2条题记和四月八日的1

---

① 郁贤皓：《唐刺史考全编》卷116《幽州（范阳郡）》，安徽大学出版社2000年版，第1608—1609页。

② （后晋）刘昫等：《旧唐书》卷14《宪宗纪上》，中华书局1975年标点本，第431页。

③ （宋）赞宁：《宋高僧传》卷10《唐雍京章敬寺怀晖传》，范祥雍点校，中华书局1987年版，第227页。

④ （唐）权德舆：《权德舆诗文集》卷21，郭广伟校点，上海古籍出版社2008年版，第318页。

⑤ 于杰、于光度：《辽南京城复原示意图》，于杰、于光度《金中都》，北京出版社1989年版。

## 第四章　唐后期幽州卢龙镇的佛教与社会

条题记中，刘济的官衔为："幽州卢龙节度副大使、知节度事、管内支度营田观察处置、押奚契丹、经略卢龙军等使、检校工部尚书、兼幽州大都督府长史、[御史大夫]、上柱国。"① 贞元五年（789）二月八日《大般若波罗密多经》的另一条题记则显示刘济的系衔是"幽州卢龙节度副大使、知节度事、管内支度营田观察处置、押奚契丹、经略卢龙军等使、特进、检校尚书右仆射、同中书门下平章事、兼幽州大都督府长史、御史大夫、上柱国"②。房山石经《妙法莲华经》题记中有："幽州卢龙节度副大使、知节度事、管内支度营田观察处置、押奚契丹、经略卢龙军等使、检校尚书右仆射、兼幽州大都督府长史、御史大夫、上柱国刘济。贞元五年（789）二月八日建。"③ 前引的好几条题记同在贞元五年（789）二月八日，所刻刘济的官衔却存在差异，不知孰是孰非。

《大般若波罗密多经》的题记中还出现专门的"检校石经官"。《大般若波罗密多经》题名曰："幽州卢龙节度副大使、知节度事、管内使▢▢④龙▢▢卫上将军、检校兵部尚书、兼幽州大都督府长史、御史大夫、上柱国刘▢（济）、蓟国夫人张氏。贞元六年（790）四月八日上。检校石经官宋庭照、赵崇晖。"⑤ 其题名又云："▢▢▢▢▢支度营田观察处置、押奚契丹、经略卢龙军等使、云麾将军、起复左金吾卫上将军、检校兵部尚书、兼幽州大都督府长史、御史大夫、上柱国刘济、蓟国夫人张氏。贞元六年（790）四月八日上。检校石经官宋庭照、赵崇晖。"⑥ 至于佛教石刻材料中的"检校"和"都检校"，第二章第一节已经讨论过，兹不作蛇足之论。在这里，"检校石经官"当系刘济任命的临时专门负责

---

① 北京图书馆金石组、中国佛教图书文物馆石经组编：《房山石经题记汇编》第2部分《大部经题记（唐至辽）》，书目文献出版社1987年版，第120—121页。

② 北京图书馆金石组、中国佛教图书文物馆石经组编：《房山石经题记汇编》第2部分《大部经题记（唐至辽）》，书目文献出版社1987年版，第120页。另外，据日本的气贺泽保规先生研究，《大般若波罗密多经》从唐玄宗天宝元年（742）开始刊刻，这一经典的刻造主要是在以幽州为中心的新兴都市工商业者的支持下进行的。参见[日]气贺泽保规《唐代房山云居寺的发展与石经事业》，载[日]气贺泽保规编《中国佛教石经的研究——特别以房山云居寺石经为中心》，京都大学学术出版会1996年版，第77—82页。

③ 北京图书馆金石组、中国佛教图书文物馆石经组编：《房山石经题记汇编》第3部分《诸经题记（唐）》，书目文献出版社1987年版，第213页。

④ 此符号表示此处缺字且不知字数。下同。

⑤ 北京图书馆金石组、中国佛教图书文物馆石经组编：《房山石经题记汇编》第2部分《大部经题记（唐至辽）》，书目文献出版社1987年版，第123页。

⑥ 同上。

刻经之官。无论如何，"检校石经官"的出现，显示幽州卢龙节度使刘济重视刻经事业。

《大般若波罗密多经》题记又载：

> 唐元和四年（809）四月八日，幽州卢龙节度支度营田观察处置、押奚契丹、经略卢龙军等使、开府仪同三司、检校司徒、兼侍中、幽州大都督府长史、上柱国、彭城郡王刘济，奉愿圣寿延长，遵石经故事，敬刻《大般若经》于石，以今日运上山顶，纳于石室。卷四百三十七、条一千零四十一。卷四百三十八、条一千零四十五。卷四百三十九、条一千零四十六。卷四百四十、条一千零四十七。卷四百四十一、条一千零四十九。卷四百四十一、条一千零五十一。卷四百四十二、条一千零五十二。卷四百四十二、条一千零五十三。卷四百四十三、条一千零五十四。卷四百四十三、条一千零五十五。①

由此视之，刘济在元和四年（809）佛诞日共刊刻7卷《大般若波罗密多经》，以发愿祝唐宪宗长寿，自然是表达自己忠于君王、恭顺朝廷的政治态度。

刻写于元和四年（809）四月八日的《涿鹿山石经堂记》（以下简称《石经堂记》）详细叙述了此事的来龙去脉：

> 幽州卢龙节度支度营田观察处置等使、开府仪同三司、检校司徒、兼侍中、彭城郡王、上柱国刘济撰。
>
> 我唐十有一叶圣皇帝，继明昭宣，光被四海，彝夏作义，神人以和。迨今己丑岁凡五祀矣。方隅守臣，乐其休明，天地大德，罔知攸报。
>
> 济封内山川，有涿鹿山石经堂者，始自北齐。自隋沙门静琬睹层峰灵迹，因发愿造十二部石经。国朝贞观五年（631），《涅槃经》成。其夜山吼三声，生香树三十余。本六暴月，水浮大木数千株于山下，遂构成云居寺焉。暨天宝开元圣文神武皇帝第八妹金仙长公主特

---

① 北京图书馆金石组、中国佛教图书文物馆石经组编：《房山石经题记汇编》第2部分《大部经题记（唐至辽）》，书目文献出版社1987年版，第156页。

加崇饰，退迩之人增之如蚁术焉。有为之功，莫此而大。

　　济遂以俸钱，奉为圣上刊造《大般若经》。以今年四月功就，亲自率励，与道俗齐会于石经峰下，饭等香积而香云燠空，会同华严而珠雨满地。金篆玉版，灿如龙宫。神光赫赫，宇宙金色焉。于是一口作念，万人齐力岩壑，动鸾凤翔。或推之，或摇之，以跻乎上方，缄于石堂。必使劫火烧而弥固，桑田变而不易。或祝兹圣寿，寿愿高于崇山；缄彼石经，经愿延于沙界。鸿祚景福，与天无垠。圣寿无疆。幕府众君子同称赞之时。

　　元和四年（809）四月八日记。①

　　上引《大般若经》题记和《石经堂记》均显示：到元和四年，刘济的散阶已经升至从一品的开府仪同三司②，检校衔则升至正一品的司徒③。《石经堂记》开篇即赞扬当朝皇帝唐宪宗。前引《大般若经》的题记中称"奉愿圣寿延长，遵石经故事，敬刻《大般若经》于石"，《石经堂记》又谓"济遂以俸钱，奉为圣上刊造《大般若经》"。而且，这次刘济所刻《大般若经》达7卷，数量不小。他还在《石经堂记》末尾阐明刻经目的，发愿为唐宪宗祝寿。

　　这一切明显是刘济在表达奉事中央的态度，向朝廷邀宠。从本质上讲，此与当时的政治形势直接相关。唐宪宗朝正值朝廷平定藩镇战争的高潮。唐宪宗元和四年（809），朝廷讨伐成德镇王承宗之时，刘济、刘总父子曾领兵助战④。在唐廷平定藩镇的战争中，尤其是讨伐王承宗的重大军事行动中，幽州镇属于朝廷笼络和拉拢的对象⑤。宪宗极为注重幽州镇

---

①　北京图书馆金石组、中国佛教图书文物馆石经组编：《房山石经题记汇编》第1部分《碑和题记（唐至民国）》，书目文献出版社1987年版，第15—16页。

②　（唐）李隆基撰、李林甫注：《大唐六典》卷2《尚书吏部》，吏部郎中员外郎条，［日］广池千九郎训点、［日］内田智雄补订，三秦出版社1991年版，第27页。

③　（唐）李隆基撰、李林甫注：《大唐六典》卷1《三师·三公·尚书都省》，三公条，［日］广池千九郎训点、［日］内田智雄补订，三秦出版社1991年版，第10页。

④　权德舆：《唐故幽州卢龙节度副大使知节度事管内支度营田观察处置押奚契丹两番经略卢龙军等使开府仪同三司检校司徒兼中书令幽州大都督府长史上柱国彭城郡王赠太师刘公墓志铭并序》，（唐）权德舆《权德舆诗文集》卷21，郭广伟校点，上海古籍出版社2008年版，第319—320页。

⑤　（后晋）刘昫等：《旧唐书》卷14、15《宪宗纪上下》，中华书局1975年标点本，第411—472页。

对王承宗的牵制力。因此，在元和时期（806—820），幽州镇与中央政府为合作关系。在这一政治背景下，我们不难理解刘济奉为皇帝造经之举。不仅如此，刘济在《石经堂记》中明确将自己定位为"方隅守臣"。其中"幕府众君子"，应指刘济的节度使幕府中的官吏，属于节度使自己辟署的幕僚。这一群体在唐后期的藩镇体制中发挥着重要作用。由此观之，《大般若经》刊成之后，刘济在佛诞日举行盛大的送经活动，一呼百应，还有自己的幕僚参与。

依《石经堂记》所述，刘济慷慨布施，将石经堂装饰得赫奕华丽。刘济与僧俗信徒一齐送经上山，还设斋。按照日本僧人圆仁的说法，"唐国之风，每设斋时，饭食之外别留料钱。当斋将竟，随钱多少、僧众僧数，等分与僧。但作斋文人别增钱数。若于众僧，各与卅文；作斋文者，与四百文。并呼道儭钱"①。据此推断，刘济主持的这一斋会亦当依照该原则布施。

《刘济墓志铭》曰：元和四年（809）"冬，王师问罪于常山，公率先蹈厉，累上功捷，引义慷慨，赋诗以献，诏宰司序引，百执事属和，以美大之"②。刘济不仅亲自率军与反叛朝廷的成德镇作战，还采用作诗唱和的方式与中央政府打交道。此事在《旧唐书·刘济传》中亦有记录：在元和（806—820）初，唐廷"诏讨王承宗，诸军未进，济独率先前军击破之，生擒三百余人，斩首千余级，献逆将于阙，优诏褒之。又为诗四韵上献，以表忠愤之志"③。显然，幽州镇在助朝廷平定成德镇王承宗的战争中发挥了重要作用。《刘济墓志铭》称赞他"君臣父子之道，斯为至矣。纪大臣所以尊王命，懿武事所以壮天声"④。不仅如此，刘济在元和四年（809）专门为唐宪宗刻经，也体现出他遵循"君臣父子之道"、"尊

---

① ［日］圆仁：《入唐求法巡礼行记校注》卷1，白化文、李鼎霞、许德楠校注，周一良审阅，花山文艺出版社2007年版，第70页。

② 权德舆：《唐故幽州卢龙节度副大使知节度事管内支度营田观察处置押奚契丹两番经略卢龙军等使开府仪同三司检校司徒兼中书令幽州大都督府长史上柱国彭城郡王赠太师刘公墓志铭并序》，（唐）权德舆《权德舆诗文集》卷21，郭广伟校点，上海古籍出版社2008年版，第319页。

③ （后晋）刘昫等：《旧唐书》卷143《刘济传》，中华书局1975年标点本，第3900页。

④ 权德舆：《唐故幽州卢龙节度副大使知节度事管内支度营田观察处置押奚契丹两番经略卢龙军等使开府仪同三司检校司徒兼中书令幽州大都督府长史上柱国彭城郡王赠太师刘公墓志铭并序》，（唐）权德舆《权德舆诗文集》卷21，郭广伟校点，上海古籍出版社2008年版，第320页。

王命"的政治立场。

在刘济担任幽州卢龙节度使之际,伴随藩镇体制而产生的监军亦参与房山刻经活动。

贞元五年(789)七月十五日,房山石经《妙法莲华经》题名中出现"幽州卢龙监军使、云麾将军、右监门卫将军骆明斑"、"□经判官翟弼"、"监军判官、兴元元从、登仕郎、宫闱令张秀璋"[①]。

骆明斑作为"监军使",属于使职。在唐代方镇的监军院或监军使院,监军使为之长[②]。骆明斑所带之"云麾将军"为武散从三品[③],"右监门卫将军"系从三品职事官[④]。自中唐以降,职事官系统已经阶官化,右监门卫将军也只表示官品。据研究,监军品秩的高卑,须看其所带官衔的大小[⑤]。由此可以断定:骆明斑的地位和身份很高。

位列骆明斑之后的"□经判官翟弼",很可能是他的下属。唐代方镇的监军院或监军使院中,监军使为之长,下置副使(副监)、判官、小使等若干僚属。判官的职掌很广泛,主要是往来于中央和藩镇之间,并协助监军使处理具体事务,权重务剧[⑥]。

张秀璋带"兴元元从"、"宫闱令"之衔,说明他属于"泾原兵变"中随驾奉天(今陕西乾县)的人员,跟唐德宗的关系非同一般的亲密。至迟在贞元五年(789),唐德宗将自己的亲信张秀璋派到幽州卢龙镇,当有监控之意图,不难看出德宗密切关注千里之外的幽州卢龙镇的局势。张秀璋所带之文散阶"登仕郎"系正九品下[⑦],"宫闱令"是

---

[①] 北京图书馆金石组、中国佛教图书文物馆石经组编:《房山石经题记汇编》第3部分《诸经题记(唐)》,书目文献出版社1987年版,第213页。

[②] 张国刚:《唐代藩镇研究》第8章《唐代藩镇宦官监军制度》,湖南教育出版社1987年版,第146—148页。

[③] (唐)李隆基撰、李林甫注:《大唐六典》卷5《尚书兵部》,兵部郎中员外郎条,[日]广池千九郎训点、[日]内田智雄补订,三秦出版社1991年版,第114页。

[④] (唐)李隆基撰、李林甫注:《大唐六典》卷25《诸卫府》,左右监门卫条,[日]广池千九郎训点、[日]内田智雄补订,三秦出版社1991年版,第453页。

[⑤] 张国刚:《唐代藩镇研究》第8章《唐代藩镇宦官监军制度》,湖南教育出版社1987年版,第150页。

[⑥] 同上书,第146—148页。

[⑦] (唐)李隆基撰、李林甫注:《大唐六典》卷2《尚书吏部》,吏部郎中员外郎条,[日]广池千九郎训点、[日]内田智雄补订,三秦出版社1991年版,第31页。

从七品下的内侍省官员①。另外，他作为"监军判官"，也是骆明斑的属官。

在方镇，监军使与节度使处于并驾齐驱的地位，行使监察弹劾权，消弭兵乱。因为藩帅不仅是军事长官，其职责囊括民政、财政，所以作为其对立物出现的监军使常驻方镇，其触角也扩大到一切事务②。在唐廷只能"羁縻"的方镇中，监军使难以施展其全部职能。但是中央在割据藩镇派驻监军使，是施行中央统治的象征，仍具有政治意义③。幽州卢龙镇属于割据型藩镇，中央派出的监军使自然不可能全面监察当地官吏和各种事务，但是，他们依然是朝廷与幽州卢龙镇之间的纽带。本是朝廷代表的监军使、监军判官，来到佛教色彩非常浓厚的幽州地区，对刻经事业也无法完全置身事外。此亦反映出这一群体对当地地域文化的理解和认同。只是监军使、监军判官选择七月十五日（即盂兰盆节）刊刻佛经。这跟幽州当地人士多选"二八"或"四八"节造经的习俗不同。

刘济之子刘总也积极参与佛事活动。刘总在唐宪宗元和五年（810）至唐穆宗长庆元年（821）任幽州卢龙节度使④。他在长庆元年（821）请求归朝，并出家为僧。朝廷对他的举动表示认可和支持。关于这一事件，详见本书第二章第一节。

（二）李载义时代

李载义于唐敬宗宝历二年（826）至唐文宗大和五年（831）任幽州卢龙节度使⑤。《旧唐书》本传称："李载义自称恒山愍王（即李承乾）之后，性矜荡，好与豪杰游，力挽强搏斗，刘济在幽州高其能，引补帐下。"⑥对这条材料，陈寅恪先生认为：李载义自称为李承乾后裔是依托，

---

① （唐）李隆基撰、李林甫注：《大唐六典》卷12《内官·宫官·内侍省》，宫闱局条，[日] 广池千九郎训点、[日] 内田智雄补订，三秦出版社1991年版，第262页。

② 张国刚：《唐代藩镇研究》第8章《唐代藩镇宦官监军制度》，湖南教育出版社1987年版，第150—154页。

③ 同上书，第159页。

④ 郁贤皓：《唐刺史考全编》卷116《幽州（范阳郡）》，安徽大学出版社2000年版，第1609页。

⑤ 同上书，第1610页。

⑥ （后晋）刘昫等：《旧唐书》卷180《李载义传》，中华书局1975年标点本，第4674页。《资治通鉴》亦曰："载义，承乾之后也。"见（宋）司马光等《资治通鉴》卷243，唐敬宗宝历二年九月条，中华书局1956年标点本，第7851页。

即使他真出自承乾一系，亦与河朔诸汉将同为胡化之汉人①。尽管如此，李载义任幽州卢龙节度使期间，仍然频繁参与佛教活动，表现出汉化倾向。

大和元年（827）四月八日，有众多僧俗信徒、官僚平民"奉为尚书敬造"《佛说遗教经》一卷，其题名中除了平民，还有"信都令华"，"沙门座主常志，空门座主法会释，座主惠深，讨击使、银青光禄大夫、检校太子宾客、兼殿中侍御史陈沼，忠武将军、守左武卫大将李重兴，衙前副将陈敬寓，银青光禄大夫、试太子宾客、兼监察侍御李惟岸"，"中军左厢马军兵马使、金紫光禄大夫、试太子右赞善大夫、兼御史大夫、节度押衙史仲玄，郎中郑俨，镌字杨怀政，大唐大和元年丁未岁（827）四月壬辰朔八日己亥，宣德郎、诚（试）左卫兵曹参军王文行书纪"②。

其中"尚书"指幽州卢龙节度使李载义。《资治通鉴》云：唐敬宗宝历二年（826）八月，"朱延嗣既得幽州，虐用其人；都知兵马使李载义与弟牙内兵马使载宁共杀延嗣，并屠其家三百余人。载义权知留后。九月，数延嗣之罪以闻"③。据《旧唐书·敬宗纪》所记，宝历二年（826）九月，"幽州监军奏：都知兵马使李再义与弟再宁同杀朱延嗣并其家属三百余人，推再义为留后"④。"李再义"即李载义，"再宁"即李载义之弟李载宁。《旧唐书·李载义传》亦云："宝历中，幽师杀朱克融。其子延嗣窃袭父位，不遵朝旨，虐用其人，载义遂杀之，数其罪以闻。敬宗嘉之，拜检校户部尚书、兼御史大夫，封武威郡王，充幽州卢龙等军节度副大使，知节度事。"⑤《资治通鉴》谓宝历二年（826）十月己亥（初五），唐廷"以李载义为卢龙节度使"⑥。由此可见，在宝历二年（826），李载

---

① 陈寅恪：《唐代政治史述论稿》上篇《统治阶级之氏族及其升降》，载陈美延编《陈寅恪集》，生活·读书·新知三联书店2001年版，第225页。
② 北京图书馆金石组、中国佛教图书文物馆石经组编：《房山石经题记汇编》第3部分《诸经题记（唐）》，书目文献出版社1987年版，第219—220页。
③ （宋）司马光等：《资治通鉴》卷243，唐敬宗宝历二年八月、九月条，中华书局1956年标点本，第7851页。
④ （后晋）刘昫等：《旧唐书》卷17上《敬宗纪》，中华书局1975年标点本，第521页。
⑤ （后晋）刘昫等：《旧唐书》卷180《李载义传》，中华书局1975年标点本，第4674页。
⑥ （宋）司马光等：《资治通鉴》卷243，唐敬宗宝历二年十月己亥条，中华书局1956年标点本，第7851页。

义刚任节度使之时，便已经"检校户部尚书"（正三品）[1]。在第二年（即大和元年，827），参与镌刻《佛说遗教经》的有僧人、当地官员。其中，衙前副将陈敬寓和中军左厢马军兵马使、金紫光禄大夫、试太子右赞善大夫、兼御史大夫、节度押衙史仲玄，均为牙兵。

大和二年（828）四月八日，石经中出现"奉为司空造《蜜多心经》一卷"、"前南院驱使官赵潭干书"的字样，其后乃一系列平民的题名[2]。严耕望先生勾稽文献和石刻材料中驱使官的记录，指出：在安史乱前，节度使府中已有驱使之职，但具体职掌不详[3]。此处的"南院驱使官"当指幽州卢龙节度使府中的官员，具体职责待考。

大和二年（828）四月八日所刻《佛说鸯掘摩经》之额题曰："罗东门百姓奉为司空敬造石经一条，送往大石经花严唐，四月八日建记。"其阳面出现众多邑人的题名。该经阴面的题名有"节度押衙、金紫大夫、太子左赞善大夫、兼御史大夫史仲玄，讨击使、银青光禄大夫、检校太子宾客、兼殿中侍御史陈沼，作坊使、银青光禄大夫、检校太子宾客、无（兼）殿中侍御史白德明，驱使官段承林，堂前亲事将、检校太子詹事、兼监察御史史怀宝，幽州节度押衙、银青光禄大夫、检校太子詹事、兼监察御史张公璲，节度都押衙、权知瀛州事、兼团练等事、兼御史大夫李振，衙前兵马使李赞、妻杨氏，大和二年（828）四月八日建。通直郎、试将作监丞、前左神武军引驾仗、孔目官、兼摄武库署丞刘荣书，弘农杨怀政镌"[4]。显然，众多押衙和牙兵参与刊刻这部佛经。日本的堀敏一先生以泽潞的事例来探讨"亲事"及"亲事军"，从名称看出他们系藩帅身边的护卫兵[5]。至于李振的官衔，"节度都押衙"为系衔，"权知瀛州事、兼团练等事"才是实职，表明李振实际在幽州镇的支郡瀛州（今河北河

---

[1] （唐）李隆基撰、李林甫注：《大唐六典》卷3《尚书户部》，户部尚书侍郎条，[日]广池千九郎训点、[日]内田智雄补订，三秦出版社1991年版，第52页。

[2] 北京图书馆金石组、中国佛教图书文物馆石经组：《房山石经题记汇编》第3部分《诸经题记（唐）》，书目文献出版社1987年版，第222页。

[3] 严耕望：《唐代方镇使府僚佐考》，载严耕望《唐史研究丛稿》，新亚研究所1969年版，第205—206页。

[4] 北京图书馆金石组、中国佛教图书文物馆石经组：《房山石经题记汇编》第3部分《诸经题记（唐）》，书目文献出版社1987年版，第222—223页。

[5] [日]堀敏一：《藩镇亲卫军的权力结构》，原载《东洋文化研究所纪要》第20册，1959年。中译文见刘俊文主编《日本学者研究中国史论著选译》第4卷，索介然译，中华书局1992年版，第611页。

第四章　唐后期幽州卢龙镇的佛教与社会　　139

间）任军政之职。此系支州官与牙兵共同为"司空"造经。这位司空其实就是幽州卢龙节度使李载义。这点下文还将分析。

大和二年（828）四月八日所造《金刚三昧经序品第一》之额题"石幢南百姓等奉为司空敬造石经一条，并送一千人供往大石经山。大和二年（828）四月八日建"①。其题名除了平民，还有"后军副都将、银青光禄大夫、试太子宾客、兼监察御史、殿中侍御史李惟岸，昌平县（今北京昌平西南）令阳纶，男进环，堂前亲事将、检校太子詹事、兼监察御史史怀宝，刘利用妻王氏，男幽州节度推官、朝请郎、试大理评事、兼监察御史、赐绯鱼袋君贞男元赡，幼男元殷施，堂前亲事将军李少清，将仕郎、前守幽州蓟县尉、摄府市令陈玄，堂前亲事将军赵宪用"，"节度驱使官马仲颖"，"使宅散虞侯（候）王协"，"判官毛仲迁母李氏"，"突将金士兴"，"使宅判官、节度驱使官李庭昌"，"云麾将军、守左武卫将军刘仲连，南院驱使官崔弘庆"，"衙前兵马使刘择用"，"节度驱使官殷承林"，"驱使官李少周"，"信都令华"②。

综合前引石经题记可知：在大和二年（828）四月八日，当地众多官吏及平民借着佛诞日之机，奉为新任节度使李载义刻经，表达拥护他的意愿。

大和二年（828）六月十一日，《大般若波罗密多经》的题名有："节度要籍、□德郎、试通事舍人、摄固安县（今河北固安）丞、赏紫扬自迁，堂前亲事将、朝散大夫、试殿中侍御张进荣，堂前亲事将、朝散大夫、试殿中侍御朱顺清，堂前亲事将、朝散大夫、试殿中侍御赵良戬，涿州（今河北涿州）押衙王安立，大和二年（828）六月十一日建，奉为司空庆寿日敬造。"③

大和二年（828）六月十一日，"涿州刺史、使持节充永泰军营田团练塘南巡等使、检校右散骑常侍、兼御史大夫李载宁"又为"司空庆寿日敬造"《大般若波罗密多经》4条④。

---

① 北京图书馆金石组、中国佛教图书文物馆石经组编：《房山石经题记汇编》第3部分《诸经题记（唐）》，书目文献出版社1987年版，第225页。
② 同上。
③ 北京图书馆金石组、中国佛教图书文物馆石经组编：《房山石经题记汇编》第2部分《大部经题记（唐至辽）》，书目文献出版社1987年版，第162页。
④ 同上书，第161—163页。

关于"永泰军",两《唐书·地理志》没有记载。据《旧唐书·地理志》所述,"涿州,本幽州之范阳县(今河北涿州)。大历四年(769),幽州节度使朱希彩,奏请于范阳县置涿州,仍割幽州之范阳、归义、固安三县以隶涿,属幽州都督"①。涿州为唐代宗大历四年(769)新置,可能与幽州卢龙节度使所辖的其他支州一样,也在城内或附近设置"永泰军",以统辖兵马。

严耕望先生认为:唐代州刺史职衔例为"持节某州诸军事、某州刺史",这是继承南北朝之惯称,实际上刺史并不持节管军。安史乱后,方镇使府逐渐建立,一般巡属诸州刺史之僚佐,除管民事,亦因"持节诸军事"之名,而置军事僚佐与军将②。其实,早在"安史之乱"前,幽州节度使所辖某些州之刺史已经兼管军事。按《唐六典》所载,"河北幽州节度使,其统有经略、平卢、静塞、威武、清夷、横海、高阳、唐兴、恒阳、北平十军,安东镇守、渝关守捉、北平守捉三使属焉"③。"其横海、高阳、唐兴、恒阳、北平等五军,皆本州刺史为使。"小注曰:"其兵各一万人,十月已后募,分为三番教习。五千人置总管一人,以折冲充。一千人置子将一人,以果毅充。五百人置押官一人,别将及镇成官充。"④ 根据《旧唐书·地理志》的记录,横海军在沧州(今河北沧州东南)城内,高阳军在易州(今河北易县)城内,唐兴军在莫州(今河北任丘北)城内,恒阳军在恒州(今河北正定)城东,北平军在定州(今河北定州)城西⑤。由此可以推定:在《唐六典》修成的唐玄宗开元二十六年(738)之前,幽州节度使下辖的这些支州已然属军政合一体制。在"安史之乱"后,这一体制或许扩散到幽州镇的其他支郡。从上引石经题记来看,涿州永泰军设立于中唐时期,幽州卢龙节度使李载义派自己的弟弟载宁担任涿州军政长官,统本支州兵。

《旧唐书》本传所记李载义的官衔没有"司空"⑥。但是,综合上引

---

① (后晋)刘昫等:《旧唐书》卷39《地理志二》,中华书局1975年标点本,第1517页。
② 严耕望:《唐代府州僚佐考》,载严耕望《唐史研究丛稿》,新亚研究所1969年版,第164—165页。
③ (唐)李隆基撰、李林甫注:《大唐六典》卷5《尚书兵部》,兵部郎中员外郎条,[日]广池千九郎训点、[日]内田智雄补订,三秦出版社1991年版,第120页。
④ 同上书,第121页。
⑤ (后晋)刘昫等:《旧唐书》卷38《地理志一》,中华书局1975年标点本,第1387页。
⑥ (后晋)刘昫等:《旧唐书》卷180《李载义传》,中华书局1975年标点本,第4674—4675页。

石经题记，我们可以推测李载义曾加"司空"之衔。其中"奉为司空造经"，实即奉为节度使李载义刻经。据前文所论，在大和二年（828）六月十一日，幽州卢龙镇的牙兵、府僚和载义之弟载宁以雕刻佛经的方式，共同为李载义祝寿。

大和二年（828）六月十一日所刻《石经寺上宁国经赞并序》具体叙述此事曰：

> 恭闻化物以道，则物无不遂。道人以德，则人不安。是以天地交和，每彰虚瑞。为我司空，作镇北门，为国藩屏。征求片善，林薮无遗。狴牢无冤滥之人，麾下多感恩□□。则知为善者，降之百福；为恶者，贻之百映（殃）。今有麾下将军宁珍国等，皆久在公门，累转忠节，志怀武略，心好不平，沐司空煦育之恩，感常侍丘山之造。常思碎首，上答生成。今者各申衷恳，用表素诚。愿书此经，藏之岩穴。上愿资国太夫人丘山之寿，福庆无疆，闲安贵心，长作燕田。次颠（愿）保司空龟鹤之岁，禄位日新，长为社稷之臣，永作苍生父母。伏愿我常侍山受海纳，文明威武。居大郡则廉孟不足比其名；训师徒则韩白无以称其德。珍国等皆身居职事，名□军前，各分月俸之资，共写石经之记，而又砻蛎贞石。缮写已终，秘之云峰，安德无述。其词曰：
> 
> 西方大觉，寔曰圣人。□宣金偈，将道迷津。启发心聋，威扬沙劫。断除六趣，清净三叶。永殃邪见，长归正真。或书贝叶，或写贞珉。寔彼云山，安之严谷。诚为可久，用资百福。司空则长控令燕，常侍则永居岳海。
> 
> 副将、忠武将军、守左武卫□□［将］军李子晟，副将、忠武［将军］、守龙（左）武卫大卫（将）军李怀清，副将、忠武将、守左武卫大将军李士信，副将、［忠］武将军、守左武卫大［将军］李自勉，副［将］、忠武［将］军、守左武卫大将军□元谏，虞候、忠武将军、守左武卫大将军、守左武卫大、兼南衙通引李珍国，突将、忠武将军、守［左］武卫大将军、兼南衙□引李忠顺，突将、忠武将军、左武卫大将军李□，突将、忠武将军、左武卫因（大）将军李德建，突将、忠［武］将军、守左武卫大将军李平，突将、忠武将军、守左武［卫］大将军李士端，突将、忠武将军、守左武卫大

将军李丰才，涿州丞（永）泰兼团练、押牙、忠武将军、守左武卫大将军、试太常卿王宁。①

据碑文所云司空"作镇北门，为国藩屏"、"司空则长控令燕"可以推知："司空"指幽州卢龙节度使李载义，"常侍"指带"检校右散骑常侍"（从三品）②之衔的李载宁。这也说明在安史乱后，幽州卢龙镇名义上仍将本镇定位为唐廷北部之"藩屏"。照上引《资治通鉴》和《旧唐书·敬宗纪》所述，李载宁是载义之弟，正是他协助载义夺取节度使之位。从碑文中"沐司空煦育之恩，感常侍丘山之造"之辞以及该碑发愿对象的排序"常侍"紧挨"司空"来看，常侍李载宁的地位很高，仅次于其兄李载义。

由上引《石经寺上宁国经赞并序》可见：倡议在节度使生日造经并撰写赞文的宁珍国等人，乃李载义栽培、提拔的军将，当属其亲信。这一群体抽出自己的俸禄资助刻经，采用这种方式向李载义祝寿，表达对载义的祝福和感激。他们所发之愿的排序及内容颇有讲究：先祝愿李载义之母"国太夫人"高寿，再愿节度使李载义长寿、官位高升，最后褒扬常侍李载宁的教化之功。

陈寅恪先生根据《新唐书·高骈传》"蜀有突将，分左右二厢"的记载，认定"蜀突将亦犹他镇之牙兵"③。王永兴先生受此启发，认为房山石经题记中的幽州突将，即是幽州卢龙节度使下的牙兵。《石经寺上宁国经赞并序》提到幽州突将八例，有七人姓李，正是牙兵"父子世袭、姻党盘互"的表现④。

至于"虞候、忠武将军、守左武卫大将军、守左武卫大、兼南衙通引李珍国"，"虞候"当系"都虞候"之省称。按严耕望先生的观点，节度府置都虞候，天宝时已见，地位已甚高。安史乱后，节度府都虞候极常

---

① 北京图书馆金石组、中国佛教图书文物馆石经组编：《房山石经题记汇编》第 2 部分《大部经题记（唐至辽）》，书目文献出版社 1987 年版，第 162—163 页。
② （唐）李隆基撰、李林甫注：《大唐六典》卷 9《中书省·集贤院·史馆·甄使》，右散骑常侍条，[日] 广池千九郎训点、[日] 内田智雄补订，三秦出版社 1991 年版，第 204 页。
③ 陈寅恪：《读书札记一集》，载陈美延编《陈寅恪集》，生活·读书·新知三联书店 2001 年版，第 642 页。
④ 王永兴：《关于唐代后期方镇官制新史料考释》，载王永兴编《纪念陈寅恪先生百年诞辰学术论文集》，江西教育出版社 1994 年版，第 275—276 页。

见，职在整军纪、刺奸滑，管治安、军法事。都虞候为使府最高阶层之职位，地位尊崇①。

《上宁国经赞并序》中的题名俱为幽州节度使府的军事要员，而且几乎皆是李姓将军，只有最后一位来自涿州的军将姓王。由此看来，为节度使李载义庆寿、刻经、撰碑的基本都是节度使府的上层将领，题名中的李姓将军多带"突将"之衔，系李载义的牙兵，可能跟李载义结成拟制血亲的义兄弟，意在强化李载义个人的核心势力。这些将军大部分带武散阶"忠武将军"，正四品上②，左武卫大将军，正三品③。在唐代，"凡任官，阶卑而拟高则曰守"④。他们大多以正四品上散阶"忠武将军"守更高的正三品"左武卫大将军"。"左武卫大将军"本属中央禁军将领，在这里只表示身份、地位。显然，这些李姓牙兵的品阶均很高。

这次为李载义生辰造经的除了牙兵，还有"涿州丞（永）泰兼团练、押牙、忠武将军、守左武卫大将军、试太常卿王宁"⑤。"试太常卿"值得注意。试官乃"诏除，而非正命"⑥。太常寺卿正三品⑦，"太常卿之职，掌邦国礼乐、郊庙、社稷之事"⑧。毫无疑问，太常卿本为朝廷的礼仪官。王宁本系涿州军将，可能因为临时参与造经刻碑仪式而"试太常卿"。

撮要而言，《上宁国经赞并序》有利于我们认识幽州卢龙镇的权力结构：牙兵和支州官共同构成节度使的权力基础。

大和三年（829）六月十一日，又逢李载义的生日。在这一天，李载

---

① 严耕望：《唐代方镇使府僚佐考》，载严耕望《唐史研究丛稿》，新亚研究所1969年版，第220—223页。

② （唐）李隆基撰、李林甫注：《大唐六典》卷5《尚书兵部》，兵部郎中员外郎条，[日]广池千九郎训点、[日]内田智雄补订，三秦出版社1991年版，第115页。

③ （唐）李隆基撰、李林甫注：《大唐六典》卷24《诸卫》，左右武卫条，[日]广池千九郎训点、[日]内田智雄补订，三秦出版社1991年版，第442页。

④ （唐）李隆基撰、李林甫注：《大唐六典》卷2《尚书吏部》，吏部尚书侍郎条，[日]广池千九郎训点、[日]内田智雄补订，三秦出版社1991年版，第26页。

⑤ 北京图书馆金石组、中国佛教图书文物馆石经组编：《房山石经题记汇编》第2部分《大部经题记（唐至辽）》，书目文献出版社1987年版，第162—163页。

⑥ （唐）杜佑：《通典》卷19《职官一》，王文锦等点校，中华书局1988年版，第472页。

⑦ （唐）李隆基撰、李林甫注：《大唐六典》卷14《太常寺》，太常寺条，[日]广池千九郎训点、[日]内田智雄补订，三秦出版社1991年版，第279页。

⑧ 同上书，第280页。

宁又为"相公庆寿日敬造《大般若石经》贰条"①。"相公"即指李载义。

大和四年（830）四月八日佛诞节，李载义的下属组织为他刊刻《大般若经》1 条。《大般若经赞并序》曰：

> 经主堂前事亲兵马使、银青光禄大夫、检校光禄卿、兼监察御史、彭城郡王曹宪荣，奉为相公，族胤皇枝，位居台辅，纠罚之功盖代，麟阁之勋已书。彤功司征，镇抚方夏。宪荣之丞奖擢，悉日陪臣，夙夜省躬，何阶上答？敬造《大般若》石经一条，缄之灵山。劫尽尘销，芳名不坠。乃命仔匠刻之经傍。词曰：
>
> 雄雄我君，国之台辅。静则用文，时危尚武。剪灭狂冠（寇），清斯海涯。功书麟阁，名押边陲。刊经报效，万福来期。德音孔阳，念兹在兹。
>
> 妻田氏，男文庆，文度，僧子。大和四年（830）四月八日建。乡贡进士刘纬述读、兼书匠郑公逸、张光晛刻字。②

大和四年"四月丁未（初三），奚寇边，李载义败之"③。幽州卢龙节度使李载义在奚寇边之时，"以兵击走之，仍虏其名王，就加太保"④。据《旧唐书·文宗纪》所载，李载义被杨志诚驱逐，失去幽帅之权后，大和五年（831）二月壬辰（二十三日），唐廷"以卢龙军节度使、守太保、同平章事李载义守太保、同中书门下平章事"⑤。依此推之，"太保"乃李载义击退奚人之后所上之加官。因此，《大般若经赞并序》极力褒扬李载义的功绩。身为牙兵的经主曹宪荣"敬造《大般若》石经一条"，不仅让自家的妻儿参与，还让地方文化精英"乡贡进士刘纬述读"，以使李载义之功勋永存。

从上文所论可知：李载义任幽州卢龙节度使之时，下属刻经为其祝寿、颂扬功勋已经蔚然成风。这也从侧面证明李载义本人对此兴趣盎然。

---

① 北京图书馆金石组、中国佛教图书文物馆石经组编：《房山石经题记汇编》第 2 部分《大部经题记（唐至辽）》，书目文献出版社 1987 年版，第 163 页。
② 同上书，第 163—164 页。
③ （宋）欧阳修、宋祁：《新唐书》卷 8《文宗纪》，中华书局 1975 年标点本，第 233 页。
④ （后晋）刘昫等：《旧唐书》卷 180《李载义传》，中华书局 1975 年标点本，第 4674 页。
⑤ （后晋）刘昫等：《旧唐书》卷 17 下《文宗纪下》，中华书局 1975 年标点本，第 540 页。

造经本身亦成为官场上的交际手段。为李载义刻经，节度使府的官僚，特别是牙兵系主力。

实际上，李载义正是以武力在幽州卢龙镇牙军中发迹的。《旧唐书·李载义传》云："李载义字方谷，常山愍王（即李承乾）之后。代以武力称，继为幽州属郡守。载义少孤，与乡曲之不令者游。有勇力，善挽强角觚。刘济为幽州节度使，见而伟之，致于亲军，从征伐。以功迁衙前都知兵马使，检校光禄大夫、兼监察御史。"①《新唐书·李载义传》曰："刘济在幽州，高其（即李载义）能，引补帐下，从征伐，积多为牙中兵马使。"② 对比新旧《唐书》本传，李载义最初以勇将之能得以入刘济之"亲军"，"补帐下"，亦即进入牙军。他后来跟随刘济"征伐"，立下战功，"以功迁衙前都知兵马使"，即"积多为牙中兵马使"，担任牙军中的要职。由此视之，李载义与牙军的渊源极深。照此推断，李载义在夺取节度使之位过程中，必定充分利用了牙兵。上引石经题记中的牙兵当系李载义所领牙兵中的核心成员，可能就是这批人支持他的夺帅行动。诚如是，李载义登上幽州卢龙节度使之位后，重用与自己渊源关系很深的牙兵，而这些牙兵又借着佛教活动之机为李载义祈福、祝寿、歌功颂德，皆显得顺理成章。

王永兴先生将房山石经题记中所记幽州卢龙节度使所属官吏大致分为衙、堂、院、宅四类。"衙"是节度使及部下处理行政事务的场所，应在幽州城的牙城内。题记中出现南衙和北衙，是因为卢龙节度本为平卢节度使下的卢龙军，安史乱后，平卢统辖地区部分失陷后，卢龙军成为卢龙节度，由幽州节度使兼。卢龙节度与幽州节度合并，卢龙军亦多移居幽州城。幽州节度和卢龙节度同在幽州城内，但分两个官府，推测幽州节度使府可能设在幽州牙城的南部，可称为"南衙"，卢龙节度使府位于幽州牙城之北，可称为"北衙"。使衙乃节度使治事之处。"堂"即使堂，为节度使主持会议的场所，也是宴设的场所。带"院"字的官吏，系节院中的官吏，院为牙兵居住营地，也可称为牙院，实系军事要地③。日本的堀

---

① （后晋）刘昫等：《旧唐书》卷180《李载义传》，中华书局1975年标点本，第4674页。
② （宋）欧阳修、宋祁：《新唐书》卷212《李载义传》，中华书局1975年标点本，第5978页。
③ 王永兴：《关于唐后期方镇官制新史料考释》，载王永兴编《纪念陈寅恪先生百年诞辰学术论文集》，江西教育出版社1994年版，第267—276页。

敏一先生指出：节度使执政的所在称"使衙"，牙军就是守卫使衙的军队。所有节度使的兵力都以牙军为中心组成。"使宅"即后院，为节度使居住地，即私宅，分布着他纠集家僮或亡命徒组成的家兵。使宅兵（后院兵）是与牙兵相对的属于藩帅个人支配的家兵[1]。据严耕望先生考证，"衙前"是节度使府之通称。"衙内兵马使"即都知兵马使，统牙兵。都知兵马使办公的厅事即在衙门，故有"衙前"、"衙内"之名。"后院兵"系使宅最亲近之卫兵，特置兵马使、都知兵马使以领之[2]。笔者认为：使衙、使堂即幽州卢龙镇行政和军事事务运作的公共空间，"堂前"官均处于权力运作之中枢。"牙院"也是军事权力运作的公共部门。而"使宅"则系节度使的私人空间。从地理空间上看，分布在衙、院、堂、宅的官员跟节度使的距离是由远及近，与节度使个人的关系亦大致如此。

综观上引石经题记可见：在幽州卢龙镇，不仅牙兵，连支郡官员也常带"押衙"之衔。宋元之际的史家胡三省说："押牙者，尽管节度使牙内之事。"[3] "押衙"乃节度使的亲信之任，即亲从、禁卫，有"随使"、"亲从"之称。"都押衙"是节度使之亲要，故歌功颂德往往由其领衔发动。押衙又常兼内外诸职。内而都虞候、都孔目、都知兵马使等重职，知客、作坊、财富、仓储亲要职任，皆以押衙兼充，也有兼外知州、县、镇使[4]。"押衙"作系衔、兼官十分普遍。至晚唐时期，押衙实际已经阶官化。藩镇内外军将、尤其是外职军将、支州刺史带职押衙，具有强调其与藩镇主帅之间统属关系的意义[5]。

（三）杨志诚时代

杨志诚于唐文宗大和五年至大和八年（831—834）任幽州卢龙节度使[6]。

---

[1] ［日］堀敏一：《藩镇亲卫军的权力结构》，索介然译，载刘俊文主编《日本学者研究中国史论著选译》第4卷，中华书局1992年版，第592、607、612页。

[2] 严耕望：《唐代方镇使府僚佐考》，载严耕望《唐史研究丛稿》，新亚研究所1969年版，第214、219—220页。

[3] （宋）司马光等：《资治通鉴》卷216，唐玄宗天宝六载十二月条，中华书局1956年标点本，第6887页。

[4] 严耕望：《唐代方镇使府僚佐考》，载严耕望《唐史研究丛稿》，新亚研究所1969年版，第230—233页。

[5] 张国刚：《唐代藩镇军将职级考略》，《学术月刊》1989年第9期，第75—76页。

[6] 郁贤皓：《唐刺史考全编》卷116《幽州（范阳郡）》，安徽大学出版社2000年版，第1610—1611页。

《旧唐书·文宗纪》云：唐文宗大和五年（831）春正月"庚申（二十一日），幽州军乱，逐其帅李载义，立后院副兵马使杨志诚为留后"①。《旧唐书·杨志诚传》曰："杨志诚，大和五年（831）为幽州后院副兵马使，事李载义。时朝廷赐载义德政碑文，载义延中使击鞠，志诚亦与焉，遂于鞠场叫呼谋乱。载义奔于易州，志诚乃为本道马步都知兵马使。"唐文宗采纳牛僧孺关于范阳得失无关国家休戚的言论，对既成事实予以认可，遂"以志诚为节度观察留后，检校左散骑常侍，兼幽州左司马。寻改检校工部尚书、节度副大使、知节度事"②。《旧唐书》本传称杨志诚任"幽州后院副兵马使，事李载义"，《新唐书》本传则谓"志诚者，事载义为牙将"③。那么，幽州卢龙镇的"后院副兵马使"也属于牙将。"后院"即幽州节度使居住地。依照日本学者堀敏一先生的观点，杨志诚当属李载义私人之"家兵"。节度使的"家兵"和"牙兵"之间存在对立④。但是，笔者认为：在某些情况下，二者未必绝对对立，也不存在明显的楚河汉界。如在幽州卢龙镇，比较新旧《唐书》之《杨志诚传》，可知"后院副兵马使"应该就是牙将。陈寅恪先生提出：杨志诚之氏族史传不详，但为胡化之人无疑⑤。

　　在大和五年（831）四月己丑（二十一日），唐文宗"以幽州卢龙节度留后杨志诚检校工部尚书，为幽州卢龙节度使"⑥。显然，至四月二十一日，杨志诚方才被朝廷正式任命为节度使。可是房山刻经中，早在四月八日即出现为新主子杨志诚所雕刻的《大佛灌顶经》。其额题曰："《大佛灌顶经》，奉为常侍敬造，送往大石经山，大和五年（831）四月八日建。南衙兵马使、银青光禄大夫、检校殿中侍御、节度押衙、兼知子州事杨志

---

① （后晋）刘昫等：《旧唐书》卷17下《文宗纪下》，中华书局1975年标点本，第540页。
② （后晋）刘昫等：《旧唐书》卷180《杨志诚传》，中华书局1975年标点本，第4675—4676页。
③ （宋）欧阳修、宋祁：《新唐书》卷212《杨志诚传》，中华书局1975年标点本，第5979页。
④ ［日］堀敏一：《藩镇亲卫军的权力结构》，索介然译，载刘俊文主编《日本学者研究中国史论著选译》第4卷，中华书局1992年版，第612页。
⑤ 陈寅恪：《唐代政治史述论稿》上篇《统治阶级之氏族及其升降》，载陈美延编《陈寅恪集》，生活·读书·新知三联书店2001年版，第225页。
⑥ （后晋）刘昫等：《旧唐书》卷17下《文宗纪下》，中华书局1975年标点本，第541页。

荣。"① 如上文所论，在当年正月，杨志诚已经夺取幽州镇帅位。由此推断，杨志荣当系杨志诚的近亲，很可能是他的亲兄弟或结义兄弟。

幽州军事集团易主，迅速反映到佛教活动中，可见房山刻经对当地权力结构的变迁反映非常灵敏。在杨志诚被中央正式任命为幽州卢龙节度使之前，石经《大佛灌顶经》便出现"奉为常侍敬造，送往大石经山"的字样，可知已经有当地人士认可杨志诚为最高领袖。杨志诚在四月二十一日正式被朝廷任命为节度使之时，被授予"检校工部尚书"（正三品②）之衔。在此之前，他仅"检校左散骑常侍"（从三品③）。因此，四月八日的石经题记仍然书"奉为常侍"。《大佛灌顶经》的题名除了众多平民、邑人和一些僧人外，还有"傅兵马使、史兵马使"、"功德主卢栖桐"、"兵马使杨万荣"、"使宅判李庭昌"④。这些官吏应为杨志诚集团的核心成员和支柱，很可能就是这批人支持和协助杨志诚驱逐李载义。

大和六年（832）四月一日刊刻的《佛说随求陀罗尼神咒经》，额题"奉为尚书造《随求陀罗尼经》"⑤。"尚书"指幽州卢龙节度使杨志诚。据此，他在大和六年（832）依旧"检校工部尚书"。其阳面的题名除了平民外，还有"节度押衙、开府仪同三司、行左金吾卫大将军、银青光禄大夫、检校太子詹事、兼监察御史、知子州事杨志荣"、"堂前亲事将、知器仗将杨国昌"⑥。杨志荣带"节度押衙"之衔，显示与节度使的主从关系。杨国昌任"堂前亲事将"，即牙兵，他作为"知器仗将"，应具体负责掌管牙兵的兵器。

《佛说随求陀罗尼神咒经》的碑阴除了平民的题名，还有"大和六年（832）四月一日，功德主、器仗散将陈建用敬造，功德主父陈倩，男散将建用，弟亲事散将建昌，弟建荣，弟建忠"，"功德主母李氏"，"随求

---

① 北京图书馆金石组、中国佛教图书文物馆石经组编：《房山石经题记汇编》第3部分《诸经题记（唐）》，书目文献出版社1987年版，第227页。
② （唐）李隆基撰、李林甫注：《大唐六典》卷7《尚书工部》，工部尚书侍郎条，[日]广池千九郎训点、[日]内田智雄补订，三秦出版社1991年版，第156页。
③ （唐）李隆基撰、李林甫注：《大唐六典》卷8《门下省》，左散骑常侍条，[日]广池千九郎训点、[日]内田智雄补订，三秦出版社1991年版，第180页。
④ 北京图书馆金石组、中国佛教图书文物馆石经组编：《房山石经题记汇编》第3部分《诸经题记（唐）》，书目文献出版社1987年版，第227—229页。
⑤ 同上书，第230页。
⑥ 同上。

陀罗尼邑社官、器仗散将陈建用"，"乐营使李升竹"[1]。其中"功德主、器仗散将陈建用"与"随求陀罗尼邑社官、器仗散将陈建用"当系同一人。陈建用带"器仗散将"之衔，又兼任"随求陀罗尼邑社官"，这是当地军将加入佛教社邑、深入参与佛教活动的实例。陈建用不仅参加和组织佛事活动，还捐资给幽州镇长官杨志诚刻经。在这一系列题名中，陈建用之家人频频出现，证明陈家跟节度使杨志诚家关系不同一般。

大和七年（833）四月八日所造之《佛说七俱肛（胝）佛大心准提陀罗尼经》额题"奉为尚书敬造七俱肛（胝）之经"，"节度押衙、银青光禄大夫、检校太子詹事、使持节州诸军事、兼权莫州刺史、兼监察御史、充本州团练、唐典（兴）军使、知子州事杨志荣"[2]。显而易见，杨志荣又参与为"尚书"（即幽州卢龙节度使杨志诚）刻经的活动。史载："唐兴军，在莫州城内，管兵六千人。"[3] 由是观之，杨志诚派自己的亲兄弟或结义兄弟志荣到支郡莫州担任行政兼军事长官，并统该支州兵。

《七俱肛（胝）佛大心准提陀罗尼经》之额又题"太（大）和七年（833）四月八日，都勾当功德主、器仗散将、云麾将军、守左武卫大将军陈建用"[4]。此处所书陈建用的官衔，与大和六年（832）四月一日所刻《佛说随求陀罗尼神咒经》相比，增加了"云麾将军"和"守左武卫大将军"之衔，二者分别是从三品的武散[5]和正三品的职事官[6]。在这里，"左武卫大将军"只表示阶品。该经题名中还出现陈建用"父陈希倩，母李清净[7]，阿姑清净光，男建昌、建荣、建忠"等[8]。

---

[1] 北京图书馆金石组、中国佛教图书文物馆石经组编：《房山石经题记汇编》第3部分《诸经题记（唐）》，书目文献出版社1987年版，第231—232页。

[2] 同上书，第233页。

[3] （后晋）刘昫等：《旧唐书》卷38《地理志一》，中华书局1975年标点本，第1387页。

[4] 北京图书馆金石组、中国佛教图书文物馆石经组编：《房山石经题记汇编》第3部分《诸经题记（唐）》，书目文献出版社1987年版，第233页。

[5] （唐）李隆基撰、李林甫注：《大唐六典》卷5《尚书兵部》，兵部郎中员外郎条，［日］广池千九郎训点、［日］内田智雄补订，三秦出版社1991年版，第114页。

[6] （唐）李隆基撰、李林甫注：《大唐六典》卷24《诸卫》，左右武卫条，［日］广池千九郎训点、［日］内田智雄补订，三秦出版社1991年版，第442页。

[7] 房山石经《佛说随求陀罗尼神咒经》中，陈建用之父为陈倩，母为李氏。北京图书馆金石组、中国佛教图书文物馆石经组编：《房山石经题记汇编》第3部分《诸经题记（唐）》，书目文献出版社1987年版，第231页。

[8] 北京图书馆金石组、中国佛教图书文物馆石经组编：《房山石经题记汇编》第3部分《诸经题记（唐）》，书目文献出版社1987年版，第233页。

《七俱胝（胝）佛大心准提陀罗尼经》的题名中除了大量僧人和平民俗信徒，还有"乐营使李升竹"和"副将、忠武将军、守左武卫大将军范晏直"①，其额题还出现"器仗将、堂前亲事、试殿中监杨国昌"②。其中，李升竹和杨国昌皆在大和六年（832）四月一日参与了陈建用组织的为节度使杨志诚造《佛说随求陀罗尼神咒经》的活动。这些官吏当俱为以杨志诚为首的幽州军事集团的核心成员。

　　《七俱胝（胝）佛大心准提陀罗尼经》之额题还出现幽州名寺的高僧："云居寺大德僧真性，宝刹寺大德僧玄素，宝刹寺律座主僧惟简，花严座主僧常辩，云居寺僧戒然，宝刹寺僧智明，金阁寺道场僧普幽。"③ 这说明幽州佛教界精英承认杨志诚的权力和地位。在佛教十分隆盛的幽州地区，节度使的权势获得宗教界名人的认可和舆论的支持，还是非常必要的。

　　大和七年（833）四月八日所刻《佛说百佛名经》一卷之额题"奉为尚书敬造《百佛名石经》一条，四月八日建"④。其阳面书"节度押衙、银青光禄大夫、检校太子詹事、使持节莫州诸军事、兼权知莫州刺史、兼监察御史、充本州团练、唐兴军使、知子州事杨志荣，内衙马军将、知宅事孙延昌、张进忠、刘进朝，唐大和癸丑岁（即大和七年，833）夏孟月戊午朔八日乙丑建。宝刹寺座主僧玄素，僧智明。器仗散将陈建用，亲事田中信"，之后系一串杨姓的题名⑤。其碑阴出现"堂前亲事王顺清，弟士澄、少举，男贞素、公正、公弁"⑥，还显现诸多邑人之题名，其中有"衙前兵马使、兼乐营使李升竹"，"北衙判官阳居直"⑦。

　　至于"内衙马军将、知宅事孙延昌、张进忠、刘进朝"，从官衔判断，此三人当在节度使衙内和其私宅任将。因此，他们应是节度使的牙兵。而"亲事田中信"和"衙前兵马使、兼乐营使李升竹"亦系牙兵。关于"北衙判官阳居直"，按前引王永兴先生的观点，北衙是卢龙镇的衙门，位于府衙之北，那么，阳居直当为卢龙镇使衙的判官。

---

　　① 北京图书馆金石组、中国佛教图书文物馆石经组编：《房山石经题记汇编》第 3 部分《诸经题记（唐）》，书目文献出版社 1987 年版，第 233—234 页。
　　② 同上书，第 233 页。
　　③ 同上。
　　④ 同上书，第 234 页。
　　⑤ 同上书，第 235 页。
　　⑥ 同上。
　　⑦ 同上书，第 237 页。

综合上文分析可知：节度使府的牙兵和统领支州兵的杨志荣均系杨志诚时代幽州镇权力结构的核心成员。

另有一事值得注意：杨志诚于大和七年（833）四月"奉为翁翁婆婆造《父母恩重石经》一条，经主幽州卢龙节度观察处置、押奚契丹两蕃等使、检校工部尚书、兼御史大夫杨志诚"①。据上文所引陈寅恪先生的观点，杨志诚为胡化之人。不过，正是这样一位节度使，却在幽州良乡县为"翁翁婆婆"刊刻中国人自己撰述的、融入浓厚儒家伦理观念的佛经——《父母恩重经》，以表达孝亲观念。

（四）史元忠时代

史元忠于唐文宗大和八年（834）至唐武宗会昌元年（841）任幽州卢龙节度使②。

房山石经非常敏感地反映出幽州当地的政局变动。唐文宗大和八年（834）九月辛巳，"幽州节度使杨志诚、监军李怀仵悉为三军所逐，立其部将史元忠为留后"③。在此之后，房山石经中再未出现关于杨志诚的刻经和题名。当年十二月癸未，唐廷"以通王为幽州卢龙节度使，以权勾当幽州兵马史元忠为留后"④。大和九年（835）二月甲辰，唐廷"以幽州留后史元忠为卢龙节度使"⑤。

两《唐书》皆没有为史元忠单独立传。陈寅恪先生认为：史元忠之氏族，史传不详，但为胡化之人无疑。突厥阿史那氏、阿史德氏皆省作史氏，中亚昭武九姓中有史氏，史宪诚本奚族，亦姓史氏，故史元忠殊有源出胡族之嫌疑⑥。尽管如此，史元忠本人及其家族非常热衷于佛教活动，别人为他刊刻的佛经也不少，从中可以窥知史元忠任节度使时代的佛教状况和权力格局。

史元忠刚任幽州卢龙节度使之时，拜谒过幽州良乡县云居寺的大德真

---

① 北京图书馆金石组、中国佛教图书文物馆石经组编：《房山石经题记汇编》第 3 部分《诸经题记（唐）》，书目文献出版社 1987 年版，第 238 页。

② 郁贤皓：《唐刺史考全编》卷 116《幽州（范阳郡）》，安徽大学出版社 2000 年版，第 1611 页。

③ （后晋）刘昫等：《旧唐书》卷 17 下《文宗纪下》，中华书局 1975 年标点本，第 555 页。

④ 同上书，第 556 页。

⑤ 同上书，第 557 页。

⑥ 陈寅恪：《唐代政治史述论稿》上篇《统治阶级之氏族及其升降》，载陈美延编《陈寅恪集》，生活·读书·新知三联书店 2001 年版，第 225 页。

性。《大唐云居寺故寺主律大德神道碑铭并序》曰："暨大和有九祀，方伯司徒史公之领戎也，常目重山，聆风仰德。乃曰：'昔三藏传经于天竺，六祖弘化于曹溪。方知涿鹿名区，时有异人间出。佛法渐远，吾宗继明。益倾南望之诚，兼陈北巷之敬。'奇香异药，上服名衣。使命往来，难可称计。"① 其中"方伯司徒史公"当指史元忠。由此观之，史元忠在大和九年（835）拜访过真性。但是，碑文言他刚任节度使不久便加"司徒"之号，可能是夸饰。

石经《维摩诘经》的题记中出现"《维摩经》卷第二，开成元年（836）四月八日，史仆射敬造"②。《千手千眼观世音陀罗尼经》的题记称："《千手千眼大悲心大悲身大悲心中心陀罗尼神咒》，开成元年（836）四月八日，史仆射敬造。"③《佛说随求陀罗尼神咒经》的题记又云："开成元年（836）四月八日，史仆射敬造。"④ 另有一方《药师琉璃光如来本愿功德经》残石，唐刻，具体年代不详⑤。但从末尾大写的"史仆射"⑥三字推断，此经可能刻于史元忠任节度使时期。

两《唐书》均不载史元忠何时被授予"仆射"之号。据唐文宗开成三年（838）四月十三日《周元长墓志铭》所载，"大和九载，□左仆射史公受钺，特署两节度都押衙"⑦。其中"两节度都押衙"应指幽州、卢龙两节度之押衙。所谓"仆射史公受钺"，当指史元忠被授予幽州卢龙节度使之职。据此推之，至迟在大和九年（835），史元忠其实已经被授予"仆射"之号。因此，第二年即开成元年（836）的房山刻经中遂将其署为"史仆射"。

---

① 《大唐云居寺故寺主律大德神道碑》拓片，载云居寺文物管理处编《云居寺贞石录》，北京燕山出版社 2008 年版，第 69 页；又载（清）董浩等编《全唐文》卷 757，中华书局 1983 年版，第 7857 页；又载北京图书馆金石组、中国佛教图书文物馆石经组《房山石经题记汇编》第 1 部分《碑和题记（唐至民国）》，书目文献出版社 1987 年版，第 18 页。

② 北京图书馆金石组、中国佛教图书文物馆石经组编：《房山石经题记汇编》第 3 部分《诸经题记（唐）》，书目文献出版社 1987 年版，第 238 页。

③ 同上。

④ 同上书，第 239 页。

⑤ 中国佛教协会、中国佛教图书文物馆编：《房山石经（隋唐刻经）》第 2 册，华夏出版社 2000 年版，第 520—521 页。

⑥ 同上书，第 521 页。

⑦ 北京图书馆金石组编：《北京图书馆藏中国历代石刻拓本汇编》第 31 册，中州古籍出版社 1989 年版，第 33 页。

开成三年（838）四月一日，石经《佛说护诸童子陀罗尼咒经》额题"奉为仆射造石经一条、并咒"①，其阳面题"开成三年（838）四月一日蓟县西角邑人信都令华等建造。使摄瀛州刺史、永宁军营田团练等使、银青光禄大夫、检校太子宾客、兼监察御史李行琮，夫人赵氏，第十一男内衙左亲事将、殿□子晟，第十二男堂前亲事兵马使子仪，第十三男堂前亲事兵马使子迁，第十四男长兴，第十五男法宝，第十六男回□，第十七男喜子，第十八男寿□。……瀛州孔目官、宣德郎、试太常寺协律郎、兼摄良乡县丞、赏绯成全密"②，然后是蓟县西角大石经邑人（包括僧俗信徒）的题名③。该经之阴面亦刻有众多僧俗信徒的题名④。其中，"使摄瀛州刺史、永宁军营田团练等使、银青光禄大夫、检校太子宾客、兼监察御史李行琮"系支郡瀛州的军政长官，永宁军可能设在瀛州城内或其附近。据唐令规定，"内外官，敕令摄他司事者，皆为检校，若比司即为摄、判"⑤，即"摄"系临时差遣任本司职事。"银青光禄大夫"是从三品的文散阶⑥，"太子宾客"本为正三品的职事官⑦，但至唐后期已经演化为阶官。李行琮有三个儿子担任牙兵将领："第十一男内衙左亲事将、殿□子晟"，"第十二男堂前亲事兵马使子仪"和"第十三男堂前亲事兵马使子迁"。这反映出牙兵跟支郡兵的姻亲关系，再次证实牙兵与支州兵共同构成幽州卢龙节度使的权力基础。

上引石刻提及成全密担任"瀛州孔目官"。按照《通鉴》胡注的解释，"诸镇州皆有孔目官，以综理众事，吏职也。言一孔一目，皆所综理也"⑧。

---

① 北京图书馆金石组、中国佛教图书文物馆石经组编：《房山石经题记汇编》第3部分《诸经题记（唐）》，书目文献出版社1987年版，第240页。
② 同上书，第240—241页。
③ 同上书，第241页。
④ 同上书，第241—243页。
⑤ （唐）长孙无忌等：《唐律疏议》卷2《名例律》，刘俊文点校，中华书局1983年版，第43页。
⑥ （唐）李隆基撰、李林甫注：《大唐六典》卷2《尚书吏部》，吏部郎中员外郎条，[日]广池千九郎训点、[日]内田智雄补订，三秦出版社1991年版，第29页。
⑦ （唐）李隆基撰、李林甫注：《大唐六典》卷26《太子三师·三少·詹事府·左右春坊·内官》，太子宾客条，[日]广池千九郎训点、[日]内田智雄补订，三秦出版社1991年版，第468页。
⑧ （宋）司马光等：《资治通鉴》卷225，唐代宗大历十三年十二月条，中华书局1956年标点本，第7254页。

严耕望先生指出：孔目官属节度使亲近之职，军府事无巨细皆掌之，尤以财计出纳为要务，似为判官之属①。成全密的官衔中，"宣德郎"系正七品下的文散阶②。至于"试太常寺协律郎"，其中"太常寺协律郎"为正八品③，试官乃"诏除，而非正命"④。"摄良乡县丞"当系成全密的实职。房山刻经和云居寺皆位于良乡县境内，县丞乃其长官县令之副手。成全密作为良乡县官员支持刻经事业，实属自然。概括言之，这场刻经活动显示史元忠与支郡瀛州的密切关系。

在史元忠时代，石经中还出现"奉为国界安宁造《大金色陀罗尼经》一卷，四月八日建。使摄瀛州刺史、永宁军营田团练等使、银青光禄大夫、检校太子宾客、兼监察御史李行琮，夫人赵氏"，"男内衙亲事将、殿中监子晟，堂前亲事兵马使子仪、兵马使子迁"⑤。雕造这部佛经的具体年代不详。这是第二次出现李行琮家参与刻经活动的题记。按上文所论，这些题名均为跟节度使史元忠有密切关系之人。李行琮身为支郡瀛州的军政长官，和妻子、儿子一道"奉为国界安宁"而镌刻《大金色陀罗尼经》，明显是为现实的安全问题。

开成三年（838）四月八日，幽州卢龙节度掌书记寇公嗣撰《善恭敬经》曰：

> 幽州卢龙节度副大使、知节度事、观察处置、押奚契丹、经略卢龙军等使、银青光禄大夫、检校尚书右仆射、兼幽州大都督府长史、御史大夫史元忠。仆射四月八日于西山上《佛经铭》一首，卢龙节度判官兼掌书记、殿中侍御史寇公嗣撰。
>
> 立教之本，虽无始终。护法之情，贵其坚久。今幽州卢龙两节度、右仆射杜陵史公心与佛契，化与道俦。盖修宿境之因，遂获今来

---

① 严耕望：《唐代方镇使府僚佐考》，载严耕望《唐史研究丛稿》，新亚研究所1969年版，第201—203页。
② （唐）李隆基撰、李林甫注：《大唐六典》卷2《尚书吏部》，吏部郎中员外郎条，[日]广池千九郎训点、[日]内田智雄补订，三秦出版社1991年版，第30页。
③ （唐）李隆基撰、李林甫注：《大唐六典》卷14《太常寺》，太常寺条，[日]广池千九郎训点、[日]内田智雄补订，三秦出版社1991年版，第285页。
④ （唐）杜佑：《通典》卷19《职官一》，王文锦等点校，中华书局1988年版，第472页。
⑤ 北京图书馆金石组、中国佛教图书文物馆石经组编：《房山石经题记汇编》第3部分《诸经题记（唐）》，书目文献出版社1987年版，第285页。

第四章　唐后期幽州卢龙镇的佛教与社会　　　　　　　　　　　155

之果。故能勤奉于国，荣养于亲善，感诸天福流三界。每择上经之日，常从降佛之时，砻翠琰以勒真言，镕玄金以锢石室，总十六部凡一十条。伏愿万寿高堂，镇南山而永固；千春贵作，济□悔而长深。内自一门□□□同沾惠力，普获胜缘□□□。作铭曰：

大圣□□，□□微言。□公护法，法愿长存。刊以贞珉，□□□□。诸法皆经，斯文乃出。幡花翕习，□□□回。风行引去，云动迎来。劫不可坏，山不可□。我福与经，天长地久。

开成三年（838）四月八日建。①

由此可以明确：到开成三年（838）四月八日，史元忠已经带"检校尚书右仆射"（从二品②）之衔。书写《善恭敬经》的作者掌书记寇公嗣值得关注。据研究，掌书记为开元以后诸节镇普遍设置，掌节度使府各类文书，发号出令，为府主之喉舌，实际地位甚高③。掌书记掌管朝觐、聘慰、祭祀、文辞之事，必须博学聪敏之人才能胜任④。寇公嗣撰写这一石经，旨在为节度使史元忠的护法之举唱赞歌。《善恭敬经》称史元忠为"杜陵史公"。考《元和姓纂》，"（史）丹孙均，均子崇，自杜陵受封溧阳侯，遂为郡人。崇裔孙宋乐乡令璟，璟九代孙务滋，唐纳言、溧阳子；孙翙，御史大夫。又江州刺史史元道，亦云崇之后也"⑤。在此处，寇公嗣很可能是将史元忠与汉族名门杜陵史氏强行拉上关系，也可能体现史元忠本人愿意假冒汉族名门后裔之心态。史元忠既然声称或甘愿相信自己出自"杜陵史氏"，至少说明他在心理上有认同中原文化的一面。史元忠以刻经的方式表达护法之情，并发愿祈福。《善恭敬经》谓他选择佛诞日刊刻佛经，在开成三年（838）的佛诞节，

---

① 北京图书馆金石组、中国佛教图书文物馆石经组编：《房山石经题记汇编》第 3 部分《诸经题记（唐）》，书目文献出版社 1987 年版，第 240 页。
② （唐）李隆基撰、李林甫注：《大唐六典》卷 1《三师·三公·尚书都省》，尚书左丞相、右丞相条，［日］广池千九郎训点、［日］内田智雄补订，三秦出版社 1991 年版，第 13 页。
③ 严耕望：《唐代方镇使府僚佐考》，载严耕望《唐史研究丛稿》，新亚研究所 1969 年版，第 194—196 页。
④ 石云涛：《唐代幕府制度研究》第 3 章《唐开元、天宝时期边镇幕府》，中国社会科学出版社 2003 年版，第 95—98 页。
⑤ （唐）林宝：《元和姓纂·附四校记》卷 6，郁贤皓、陶敏整理，岑仲勉校记，孙望审订，中华书局 1994 年版，第 823 页。

史元忠总共刊刻了16部、10条佛经。他还在"西山上《佛经铭》一首"。其中"西山"当指唐代幽州城西郊之群山,它们属于太行山脉。《善恭敬经》又言史元忠"心与佛契,化与道俦。盖修宿境之因,遂获今来之果","诸法皆经,斯文乃出",证明史元忠或寇公嗣不是崇尚南禅宗,而是崇奉通过修行而得道。

《佛说鬼子母经》额题"奉为仆射造石经一条"①。其阳面曰:"开成三年(838)四月八日,石幢下社人等敬造。摄监(瀛)州刺史、永宁军营团练等使、银青光禄大夫、检校太子□□、兼监察御史李升竹","左亲事将、殿中监子晟,□□□殿军兵马使子仪,男堂前□□□使子千,男长兴、男僧法宝","节度衙前兵马使、正议[大夫]、[检]校太子詹事、兼太子宾客杨□□,节度押牙、检校太子宾客、□监察御史杨居直,节度要籍、兼衙前东库、宣德郎、前摄莫州唐兴县令、□绯[万]顺,弟万颀,节度驱使官、兼知衙□□□官、宣德郎、试太常寺奉礼郎□□谏李士良"②。

此系石幢下社邑成员为节度使史元忠造经。其中,"摄监(瀛)州刺史、永宁军营团练等使、银青光禄大夫、检校太子□□、兼监察御史李升竹"系支郡瀛州的军政长官,其余人员几乎全是牙兵。而"左亲事将、殿中监子晟,□□□殿军兵马使子仪,男堂前□□□使子千,男长兴、男僧法宝",在开成三年(838)四月一日所刻《佛说护诸童子陀罗尼咒经》中已经出现过,他们皆为瀛州军政长官李行琮之子。同在开成三年(838),四月一日的刻经所示瀛州军政长官是李行琮,而四月八日的刻经却称李升竹为瀛州军政长官。而且,至开成四年(839)的刻经中又出现瀛州军政长官李行琮(详见后文),或许其间出现过人事调整。

《鬼子母经》额题中的"节度衙前兵马使、正议大夫、检校太子詹事、兼太子宾客杨□□"乃节度使府的牙兵。"节度押牙、检校太子宾客、□监察御史杨居直"则是使府内的要职。至于"节度要籍、兼衙前东库、宣德郎、前摄莫州唐兴县令、□绯万顺",据考,"要籍"为节度衙前之职,节度使之腹心,亲近、重要之职,不详所任。自唐中叶至唐

---

① 北京图书馆金石组、中国佛教图书文物馆石经组编:《房山石经题记汇编》第3部分《诸经题记(唐)》,书目文献出版社1987年版,第243页。

② 同上书,第243—244页。

末，幽州镇皆有①。幽州节度使下的要籍官，不仅在使衙内有，在使宅内也有②。所谓"衙前东库"或许是使衙内储存物资或兵器的仓库。照此分析，万顺当系史元忠的亲信。在此之前，他在支州莫州任唐兴县（今河北安新东南）县令。李士良"兼知衙□□□官"，应该也为节度使衙内的要职。

《鬼子母经》碑阴的题名除了众多平民，还有"堂前使李子仪妻王氏"、"军都坊五戒牛宝泉"③。"堂前使"必定在节度使府的正堂任职，位处权力运作之中枢。"军都坊"应为储存或制造兵器的机构。综观上文分析可知：这又是支郡官员与牙兵共同为节度使刻经。

前文述及杨志诚任幽州卢龙节度使之时，大和六年（832）四月一日刊刻《佛说随求陀罗尼神咒经》，额题"奉为尚书造《随求陀罗尼经》"④，碑阴的题名有"乐营使李升竹"⑤。到开成三年（838）史元忠任节度使，又出现"摄监（瀛）州刺史、永宁军营团练等使、银青光禄大夫、检校太子□□、兼监察御史李升竹"。此两处"李升竹"当指同一人。这说明虽然节度使换人，但李升竹作为幽州卢龙镇的僚属却依然任职，并被委以瀛州军政长官之重任。

开成四年（839）四月八日，石经《佛说太子和休经》额题"奉为司空造经一条。开成四年（839）四月八日建造石经一条。蓟县西角⑥，阳面题名"瀛州刺史、团练使、兼知永宁军使、银青光禄大夫、监察御史、兼殿中侍御史李行宗，夫人赵氏，女镂子、男子晟、子仪、子千、子兴、僧法宝"，"施主张行敏"⑦。此处的"李行宗"应与前文所引刻经中的瀛州军政长官李行琮是同一人。其子子晟、子仪、子千、子兴俱为牙兵，僧人法宝也是他的儿子。该经碑阴的题名出现"冶坊张太清"⑧。所谓"冶

---

① 严耕望：《唐代方镇使府僚佐考》，载严耕望《唐史研究丛稿》，新亚研究所1969年版，第203—205页。
② 王永兴：《关于唐代后期方镇官制新史料考释》，载王永兴编《纪念陈寅恪先生百年诞辰学术论文集》，江西教育出版社1994年版，第272页。
③ 北京图书馆金石组、中国佛教图书文物馆石经组编：《房山石经题记汇编》第3部分《诸经题记（唐）》，书目文献出版社1987年版，第244页。
④ 同上书，第230页。
⑤ 同上书，第231—232页。
⑥ 同上书，第246页。
⑦ 同上。
⑧ 同上书，第248页。

坊"可能系幽州卢龙节度使控制的手工业生产机构。

开成四年(839)四月八日，石经《如来在金棺嘱累清静庄严敬福经》额题"奉为司空造石经一条。刘加顺"①，背额题"石经社官李惠日"，然后是诸多社人之名，"副将司徒加顺"，"大唐开成四年(839)四月八日，幽州石幢下石经邑人及诸多施主敬造"②。由此观之，史元忠到开成四年(839)已经加官至正一品的司空③。按上文所论，史元忠之前的几位幽州卢龙节度使出现在石经题记中均有固定格式："奉为"加"检校衔"。照此推之，在这里，史元忠可能是"检校司空"。此经的题名除了众多平民，还有"散将段文绍母郭氏"、"散将张儋妻陈氏"、"散将葛俊通"④。"散将"可能等同于"散兵马使"。散兵马使不统兵⑤。

开成四年(839)四月八日，石经《金光明最胜王经》题记中出现：功德主内衙马军将、堂前亲事、知宅事史 ▢▢ "奉为母造《金光明最胜王经卷第二》"⑥。其中"功德主内衙马军将、堂前亲事、知宅事"史某人，可能系史元忠的亲戚或义兄弟、义子。此人显然是既在节度使衙内统领骑兵，属于牙兵，又负责节度使宅内之事，居于权力运作的核心。史某人兼任节度使府和节度使内宅之职，再次证明幽州卢龙节度使的牙兵和使宅兵之间并无绝对的界限，二者也不见得总是对立的。

开成五年(840)四月八日，石经《如来在金棺嘱累清静庄严敬福经》的题名有"知清夷军、营田、团练事、幽州节度押衙、宁(守)妫州刺史、银青光禄大夫、检校太子宾客、兼侍御史史元建，妻邢氏，合供养。开成五年(840)四月八日造"⑦。据考，妫州(今河北怀来东南)于武周"长安二年(702)，移治旧清夷军城。天宝元年(742)，改名妫

---

① 北京图书馆金石组、中国佛教图书文物馆石经组编：《房山石经题记汇编》第3部分《诸经题记(唐)》，书目文献出版社1987年版，第249页。
② 同上。
③ (唐)李隆基撰、李林甫注：《大唐六典》卷1《三师·三公·尚书都省》，三公条，[日]广池千九郎训点、[日]内田智雄补订，三秦出版社1991年版，第10页。
④ 北京图书馆金石组、中国佛教图书文物馆石经组编：《房山石经题记汇编》第3部分《诸经题记(唐)》，书目文献出版社1987年版，第249—250页。
⑤ 张国刚：《唐代藩镇军将职级考略》，《学术月刊》1989年第9期，第74页。
⑥ 北京图书馆金石组、中国佛教图书文物馆石经组编：《房山石经题记汇编》第3部分《诸经题记(唐)》，书目文献出版社1987年版，第253页。
⑦ 同上书，第251页。

川郡。乾元元年（758），复为妫州"①。"清夷军，在妫州城内，管兵万人，马三百匹。"② 笔者推测：史元建要么是史元忠的亲兄弟，要么是其结拜兄弟。史元建担任支郡妫州的军政长官，统领当地兵马。他还带"幽州节度押衙"之职，此系阶官，体现他与节度使的主从关系。

开成五年（840）四月八日，石经《萍沙王五愿经》之后的题记刻有《司徒四月八日于西山上佛经铭并序》，曰：

> 卢龙节度判官、知书记、大理司直、兼殿中侍御史寇公嗣撰。
> 
> 法本无相，教本无言。然则非相法不可存，非言教不可立。故设庙像焉、传经偈焉。斯则大雄方便之门，故难得而量也。今我大司徒、幽卢两师杜陵公宿植德本，玄通道流。天纵惠明，神假精觉。心秉朗炬，所照无道。形□发词锋，所举无错节。悬了有无之证，高超真正之宗。若非百劫勤修，三生无怠，岂能德业显重，材智从横，勋望转高，福禄弥盛者哉？至于□隐约身，慈俭也；居常不挠，清净也。时和岁丰，极乐也。上简下安，无为也。总梵行而在心，若净土之仰佛。其有僧坊倾圮，真像隳摧，禄俸所资，兑缮如旧。或化居为寺，或历岁修斋，皆所祈祗为人，非邀福在己。诚付嘱之。教主信理化之时，君所重真言，务存圣说。不凭坚久，何以流传？每当诞佛之期，常是藏经之日。遂命刊贞石，凿灵山，凡十一条，共十七部。室排琼板，阁锢金精。坏虽朽而不骞；劫虽坏而无改。
> 
> 凡作功德，普为生灵三界、十方、六途、九类。上通有顶，傍亘无边。悉获欢康，俱离苦恼。夫福加于众者，众归其福恩。感于时者，时报之恩，自然贵祚。与正法无疆，贵禄与石经齐久。不材被命，敢以直书。其铭曰：
> 
> 天作灵山，佛留真偈。王板明镌，石堂圣闲。坏也徒朽，劫也徒坏。我庆同存，我法同在。修独胜福，普救群生。上界下界，有情无情，慈航拯渡，苦海澄清。为利既广，获福非轻。降圣之辰，上经有旨。彩驾从容，虹幡逦迤。风引云迎，树仁草靡。感应非他，祯祥在此。成见聚沙，或间印空。但嘉发意，同计为功。今留真教，传示无

---

① （后晋）刘昫等：《旧唐书》卷39《地理志二》，中华书局1975年标点本，第1519页。
② （后晋）刘昫等：《旧唐书》卷38《地理志一》，中华书局1975年标点本，第1387页。

穷。佛之神通，永祐我公。

起复守佐（左）金吾卫上将军、员外置同正员、幽州卢龙节度副大使、知节度事、观察处置、押奚契丹两蕃、经略卢龙军等使、检校司徒、兼幽州大都督府长史、御史大夫史元忠，师舅怀寂，亲事兵马使史友信。开成五年（840）四月八日建造。①

此系节度使史元忠与怀寂、史友信于开成五年（840）佛诞日造经之后所题铭文，由寇公嗣撰写。

《上佛经铭并序》谓"然则非相法不可存，非言教不可立。故设庙像焉、传经偈焉"。这样的表述肯定不属于南禅宗观念。依照南宗的理念，设庙像、传经偈的修行方式均属虚妄。因此，寇公嗣或史元忠必定不是崇奉南禅宗之人。

关于《上佛经铭并序》所书"大司徒"，对应其结尾之处所题史元忠之系衔"检校司徒"。由此可见，到开成五年（840），史元忠由"检校司空"迁"检校司徒"。显然，在开成五年（840）四月八日撰写此碑之前，史元忠已经检校至正一品的司徒②。碑文所录"幽卢两师杜陵公"，再次出现史元忠所攀附之郡望"杜陵"。而"幽卢两师"则指史元忠担任幽州、卢龙两节度使。

《上佛经铭并序》说史元忠的修行"心秉朗炬，所照无道"，表明他重视修心。该碑又言："若非百劫勤修，三生无怠，岂能德业显重，材智从横，勋望转高，福禄弥盛者哉？"这正是渐修的方式。碑文宣称史元忠通过这种修行而获得德业、才智和高官厚禄。所谓"总梵行而在心，若净土之仰佛"，正是禅宗所重视的观心的修行方式。

《上佛经铭并序》又赞扬史元忠用自己的俸禄支持佛教功德事业，修葺寺院、佛像，或新建寺院，每年开设斋会，并强调史元忠做功德是为大家，而非为一己之福。《上佛经铭并序》还叙述将经文镌刻在石板上，能永久保存。此正是史元忠支持刊刻石经之缘由。这是史元忠又一次选择佛诞日刻经。而且在这一次，他共刻经"凡十一条，共十七部"，数量可观。

---

① 北京图书馆金石组、中国佛教图书文物馆石经组编：《房山石经题记汇编》第3部分《诸经题记（唐）》，书目文献出版社1987年版，第251—252页。

② （唐）李隆基撰、李林甫注：《大唐六典》卷1《三师·三公·尚书都省》，三公条，[日]广池千九郎训点、[日]内田智雄补订，三秦出版社1991年版，第10页。

《上佛经铭并序》的奉为对象及内容也值得注意。这表示史元忠做功德乃为一切有情众生同沾此福，众人感恩于他，思回报，使史家的功名利禄像石经一样长久。铭文亦谓史元忠之佛教功德"修独胜福，普救群生。上界下界，有情无情，慈航拯渡，苦海澄清。为利既广，获福非轻"。铭文末尾言"佛之神通，永祐我公"，还是在于保佑史元忠个人。

约而论之，在这次佛诞日，史元忠刻经的排场十分气派，正如该碑文所言："降圣之辰，上经有旨。彩驾从容，虹幡迤逦。风引云迎，树仁草靡。感应非他，祯祥在此。"如此讲究的豪华排场，表明史元忠极为重视这场佛教活动，亦凸显此仪式的展演功能，以树立节度使个人的权威。

在《上佛经铭并序》结尾之处的题名中，"起复"显示史元忠遭父丧或母丧，又重新任职。其中"左金吾卫上将军"可能是"左金吾卫大将军"之误。据《唐六典》所载，左金吾卫大将军是正三品卫官[1]。这一系衔属员外置同正员。依照制度规定，员外官"加同正员者，唯不给职田耳，其禄俸赐与正官同。单言员外者，则俸禄减正官之半"[2]。至于"师舅怀寂"，从名号上看似乎是僧人的法号。"亲事兵马使史友信"当系牙兵，还可能跟史元忠是父子或义父子关系。据此可见，史元忠的家人或亲信当中，也有佛教信徒。

石经"《卢至长者因缘经一卷并赞》"之后的题记也刻有《司徒四月八日于西山上佛经铭并序》[3]。《卢至长者因缘经》刊刻的具体年代不详，但从其末尾所录史元忠的官衔带"检校司徒"，可以推断此经雕造于开成五年（840）左右。《司徒四月八日于西山上佛经铭并序》云：

  卢龙节度巡官、宣德郎、试太常寺协律郎周膧撰。
  法门传教，经文是先。非法则无以救群生，非经则无以示知觉。期之弥劫，非我公其谁？是知佛法委付，大臣必将玄契。我大司徒杜（杜）陵公自拥节幽卢，以清净为理。天授慈惠，以了达诱。人是以

---

[1] （唐）李隆基撰、李林甫注：《大唐六典》卷25《诸卫府》，左右金吾卫条，[日]广池千九郎训点、[日]内田智雄补订，三秦出版社1991年版，第451页。
[2] （唐）杜佑：《通典》卷19《职官一》，王文锦等点校，中华书局1988年版，第472页小注。
[3] 北京图书馆金石组、中国佛教图书文物馆石经组编：《房山石经题记汇编》第3部分《诸经题记（唐）》，书目文献出版社1987年版，第287—288页。

仰之者如鸟归林，赴之者如鱼入海，皆我公之善诱也，皆我公之玄觉也。故知后来之福，由此生之修。今世之因，在前生之力。日大一日，生绿百生。轮轮转转，以劫继劫。所以每岁四月八日竭清俸、采奇石，勒诸经文，并真言幡盖、云引笙歌。凤吟出严，成以风从。指灵山而逐往，佳气笼野，样云满峰。将此石经藏之岩壁，山神保卫，群灵棒（捧）护。

知我公竭心法门，致敬诸佛，普为遍法界尽虚空，过去未来及此见在一切有情无情，胎卵（卵）湿化、蠢动金灵四生九类，兼及军州士庶，阖境生灵，普愿同沾福祐。其石经一十条，共计二十八卷，皆我公之所敬，我公之所能，我公之所立也。将冀累劫千生，保兹善法，众圣助护，万人布诚。生生值佛，世世闻经。愿成道果，普争菩提自然。卫我公于万年，安军府于千秋矣。虽则川平谷满，此经长存。人皆虔心，孰不瞻仰？既勒石纪美，敢书其辞云：

巍巍高山，上柱烟碧。公勒经文，藏之峭壁。群灵瞻仰，众圣窟宅。谷变川平，斯文不易。为善既利，为福必从。如水逐风，如云应龙。且久且长，不骞不崩。日来月往，缘流福兴。浩浩山川，茫茫士庶。仰兹丹（舟）楫，同为济渡。无生无灭，何今何古？万劫千秋，我公为主。佛法广大，慈悲是梯。功德既高，山林却仁。经文真言，普济群迷。生生福庆，天地俱齐。

幽州卢龙节度副大使、知节度事、观察处置、押奚契丹两蕃、经略卢龙军等使、银青光禄大夫、检校司徒、兼幽州大都督府长史、御史大夫史元忠。①

这次史元忠在良乡县镌刻《卢至长者因缘经》，由"卢龙节度巡官、宣德郎、试太常寺协律郎周幢"为他"勒石纪美，敢书其辞"，撰写《司徒四月八日于西山上佛经铭并序》。

此《上佛经铭并序》曰："法门传教，经文是先。非法则无以救群生，非经则无以示知觉"，其铭文又云："经文真言，普济群迷。"这类表述强调经文在传法和拯救世人过程中的作用，肯定不是南禅宗的理念。

---

① 北京图书馆金石组、中国佛教图书文物馆石经组编：《房山石经题记汇编》第3部分《诸经题记（唐）》，书目文献出版社1987年版，第287—288页。

《上佛经铭并序》又称史元忠任幽州卢龙节度使后,大力支持佛教事业,起到了收服人心的作用,还宣扬佛教的生死轮回、因果报应和修行观念。《上佛经铭并序》还赞扬史元忠每年佛诞日均出资刊刻佛经之功德,史元忠同时还动用幡盖、音乐及仪仗队供养,场面十分壮观。

《上佛经铭并序》谓"将此石经藏之岩壁,山神保卫,群灵棒(捧)护",铭文又曰"群灵瞻仰",实即认定传统的民间神灵皆护卫石经,有佛教凌驾于民间神祇之上的意味。

《上佛经铭并序》的发愿文首先宣称史元忠供奉佛,系奉为一切众生,这是虚指,其次为本州军民、生灵造福才是跟自身利害直接相关的实指,即史元忠最为关心之事。发愿文所言"卫我公于万年,安军府于千秋矣",亦是很实际的愿望,为节度使本人及幽州镇的安宁。发愿文又云世世闻经而成道果,亦即宣扬经过修行才能成佛,肯定不属于南宗禅理念。

由上文所论可知:史元忠浩浩荡荡的刻经活动必定能在当地僧俗信徒中产生不小的影响,从而积累自己的威信,充分体现宗教仪式的表演功能和凝聚人心的作用。

房山石经还刊刻高僧义净奉制所译的《药师瑠璃光如来本愿功德经》(唐刻,具体年代不详)。该经上部大写"奉为司徒造《药师经》一条"[1],石板底部有题记"节度押衙、摄平州(今河北卢龙)刺史、兼殿中侍御史史元宽造。父再荣"[2]。由此看来,史元宽当系幽州镇的支州平州的长官,可能为史元忠之兄弟或义兄弟,而史再荣则可能是史元忠和史元宽的父亲。

在开成五年(840)四月八日,史再荣刊刻了好几卷《金光明最胜王经》:

节度押衙、银青光禄大夫、检校太子宾客、兼监察御史、瀛州刺史、知子城事史再荣,奉为司空造《金光明最胜王经卷第六》。开成五年(840)四月八日建。

节度押衙、银青光禄大夫、检校太子宾客、兼监察御史、瀛州刺史、知子城事史再荣,为内外亲情造《金光明最胜王经卷第七》。开

---

[1] 中国佛教协会、中国佛教图书文物馆编:《房山石经(隋唐刻经)》第3册,华夏出版社2000年版,第552页;北京图书馆金石组、中国佛教图书文物馆石经组编:《房山石经题记汇编》第3部分《诸经题记(唐)》,书目文献出版社1987年版,第281页。

[2] 同上。

成五年（840）四月八日建。

　　节度押衙、银青光禄大夫、检校太子宾客、兼监察御史、瀛州刺史、知子城事史再荣，为一切亡过愿生西方极乐世界、免离地狱，造《金光明最胜王经卷第八》。开成五年（840）四月八日建。①

　　张国刚先生认为：支州刺史或所领兵马大将有带藩镇军职的情况，除节度副使、同节度副使等名号外，较普遍的有押衙等称号。其意义在于象征支郡兵马对节度使的依属关系②。史再荣的实职是"瀛州刺史"，作为上州刺史，为从三品③。他带"节度押衙"之衔，象征对节度使史元忠的依附关系。史再荣又"知子城事"，"子城"即节度使府，这标志他跟幽州镇权力中枢及史元忠的亲密关系。

　　史再荣造《金光明最胜王经》的祈愿内容和顺序值得注意。此祈愿文最先宣言奉为"司空"，即本利益集团的核心——节度使史元忠。在前引石经题记中，同在开成五年（840）四月八日，史元忠已经"检校司徒"，此处却仍旧书奉为"司空"。或许是因为开成五年（840）四月八日之前，史元忠刚迁检校司徒不久，史再荣在刻经之时，头脑还未及转换。接着，史再荣发愿再为"内外亲情"，实包含位居要职、与史元忠有血缘关系或拟制血缘关系的史姓官僚，即整个利益集团。该祈愿文在末尾宣称"为一切亡过愿生西方极乐世界、免离地狱"，所发愿之对象十分宽泛。

　　除此之外，史再荣还镌刻了一批佛经，具体年代不详。

　　石经题记谓"敬为大地百姓造《一字咒王经》一条，四月八日建。节度押衙、银青光禄大夫、检校太子宾客、兼监察御史、瀛州刺史、知子城事史再荣建"④。"奉为当家亲情敬造《佛说十二佛名神咒除障灭罪经》一卷，四月八日建。节度押衙、银青光禄大夫、检校太子宾客、兼监察御

---

① 北京图书馆金石组、中国佛教图书文物馆石经组编：《房山石经题记汇编》第 3 部分《诸经题记（唐）》，书目文献出版社 1987 年版，第 253 页。
② 张国刚：《唐代藩镇军队的统兵体制》，《晋阳学刊》1991 年第 3 期，第 39 页。
③ （唐）李隆基撰、李林甫注：《大唐六典》卷 30《三府·都督·都护·州·县官吏》，上州中州下州官吏条，[日] 广池千九郎训点、[日] 内田智雄补订，三秦出版社 1991 年版，第 521 页。
④ 北京图书馆金石组、中国佛教图书文物馆石经组编：《房山石经题记汇编》第 3 部分《诸经题记（唐）》，书目文献出版社 1987 年版，第 284—285 页。

史、瀛州刺史、知子城事史再荣建。"① "敬为一切亡过众生造《一字陀罗尼经》一条。四月八日建。""节度押衙、银青光禄大夫、检校太子宾客、兼监察御史、瀛州刺史、知子城事史再荣建。"②

综合上引材料观之，史再荣刻经之动机有为广大百姓，亦有为"当家亲情"。如前文所示，史家盘踞幽州镇的要职。所以，史再荣为自家人造经，实质也是为自家的权势而刻经。"公"和"私"，怎么分得清？

唐武宗会昌元年（841）四月八日，石经《金光明最胜王经序品第一卷》的题记中出现："奉为合家平安造《金光明经》。马步副都兵马使、银青光禄大夫、检校太子宾客、使持节平州诸军事、摄平州刺史、兼监察御史、充卢龙留后、兼殿中侍御史史元宽造。宣德郎、试左金吾卫兵曹参军、右差摄瀛州司户参军史弘仁，送经使郭从顺。合家大小平安。会昌元年（841）四月八日造。"③

史元宽任"马步副都兵马使"，系幽州卢龙镇掌管兵马之要职，但在这里可能只是史元宽的系衔，他的实际职务是"使持节平州诸军事、摄平州刺史"，即管理支州平州的军政事务。史弘仁的实职为"摄瀛州司户参军"。瀛州作为上州④，其司户参军从七品下⑤，"掌户籍、计帐、道路、逆旅、田畴、六畜、过所、蠲符之事，而剖断人之诉竞。凡男女婚姻之合，必辨其族姓，以举其违。凡井田利害之宜，必止其争讼，以从其顺。凡官人不得于部内请射田地、及造碾硙与人争利"⑥。照此论之，史弘仁当具体掌管支州瀛州的民政和财政事务。他带"左金吾卫兵曹参军"之衔，本是正八品下的职事官⑦，当然，在此处仍然只表示阶品。

史元宽、史弘仁发愿为"合家平安"而雕刻《金光明最胜王经》，那么，他俩可能俱为史元忠的亲戚或结拜的兄弟、义父子。而元宽和弘仁均

---

① 北京图书馆金石组、中国佛教图书文物馆石经组编：《房山石经题记汇编》第3部分《诸经题记（唐）》，书目文献出版社1987年版，第285页。

② 同上书，第286页。

③ 同上书，第252页。

④ （后晋）刘昫等：《旧唐书》卷39《地理志二》，中华书局1975年标点本，第1513页。

⑤ （唐）李隆基撰、李林甫注：《大唐六典》卷30《三府·都督·都护·州·县官吏》，上州中州下州官吏条，[日]广池千九郎训点、[日]内田智雄补订，三秦出版社1991年版，第522页。

⑥ 同上书，第525页。

⑦ （唐）李隆基撰、李林甫注：《大唐六典》卷25《诸卫府》，左右金吾卫条，[日]广池千九郎训点、[日]内田智雄补订，三秦出版社1991年版，第452页。

在支州担任要职。其实,《金光明最胜王经》的宗旨就是镇护国家和维护现世利益。因此,他们宣称为"合家平安"而造此经,实即为史家之权益,既有"私"的一面,又有"公"的一面。这再次证明:在宗教实践和现实生活中,公私不分乃常见现象。

会昌元年(841)四月八日,石经《金光明最胜王经》题记云:"守妫州刺史、充清夷军使、兼御史史元建,会昌元年(841)四月八日造。""使兼侍御史史元建、守妫州刺史、充清夷军,会昌元年(841)四月八日造。"①妫州作为上州②,其刺史是从三品③。妫州人口稀少,即使在天宝(742—756)盛世,也才"户二千二百六十三,口一万一千五百八十四"④,却位居上州,或许是因为军事防御上的重要地位。由此推断,掌管支郡妫州军政的史元建乃史元忠的亲兄弟或义兄弟。

从前文的论证可知:史家在良乡县造经,对《金光明最胜王经》情有独钟。这部经典叙说金光明忏法之功德,并叙述四天王镇护国家和维护现世利益之信仰。当然,对于史家来讲,镌刻此经本质上还是为了本集团的现实利益。此可视为《金光明最胜王经》之信仰在实践中的推衍。

会昌元年(841)四月八日,石经《佛说八部佛名经》额题"奉为司徒敬造大石经一条"⑤,阳面题"幽州蓟县西角开阳坊邑主僧克存、邑人等同建造"⑥。其阳面的题名有造经邑人、"邑官信都令华"⑦。照上文所述,在开成五年(840),史元忠已经检校"司徒"。此系当地邑会为节度使史元忠造经。由此视之,幽州地区的僧俗信徒认可史元忠的统治。

会昌元年(841)四月八日,《佛说尊上经》题记曰:"幽州节度押

---

① 北京图书馆金石组、中国佛教图书文物馆石经组编:《房山石经题记汇编》第3部分《诸经题记(唐)》,书目文献出版社1987年版,第253页。
② (宋)欧阳修、宋祁:《新唐书》卷39《地理志三》,中华书局1975年标点本,第1021页。
③ (唐)李隆基撰、李林甫注:《大唐六典》卷30《三府·都督·都护·州·县官吏》,上州中州下州官吏条,[日]广池千九郎训点、[日]内田智雄补订,三秦出版社1991年版,第521页。
④ (后晋)刘昫等:《旧唐书》卷39《地理志二》,中华书局1975年标点本,第1519页。
⑤ 北京图书馆金石组、中国佛教图书文物馆石经组编:《房山石经题记汇编》第3部分《诸经题记(唐)》,书目文献出版社1987年版,第253页。
⑥ 同上书,第254页。
⑦ 同上。

衙、银青光禄大夫、检校太子宾客史元迪,奉为使军造上件石经。"① 而如前述,节度押衙职位很高,表示隶属于节度使。史元迪可能也是史元忠的亲兄弟或义兄弟。"奉为使军"应指为幽州地区最高长官——节度使史元忠而造经。

石经《阿难七梦经》(具体年代不详)额题"隔城门外两店,奉为司徒造大石经一条,并送斋料米面等"②。很明显,"司徒"依然指史元忠。其阳面的题名除了诸多邑人,还有"先锋马军副将张宝玉、妻宛氏、男千晟","摄妫州怀戎县(今河北怀来东南)尉知府面坊李士准、男方照、兄方诩","通真(直)郎、试太常寺奉礼郎王太简","佛弟子衙前将、试太常卿王重兴","佛弟子马步大将刘友信、妻信都福德藏、男堂前亲事兵马使、银青光禄大夫、检校鸿胪少卿少简","佛弟子堂前亲事兵马使刘魏能、男全庆","佛弟子步军将、云麾将军、守左金吾衙(卫)、试太常卿成全度","佛弟子内衙亲事副将刘士雅"③。其碑阴的题名除了众多平民,还有"佛弟子节度衙前散虞候高齐云、母张氏","内衙将崔少清、妻孙氏、男德建","南衙将判官阎仲宽、妻张氏","将虞候米从宪、妻李氏","衙前散将安万岁、母苏氏"④。

其中,"佛弟子衙前将、试太常卿王重兴","佛弟子马步大将刘友信",其子"堂前亲事兵马使、银青光禄大夫、检校鸿胪少卿少简","佛弟子堂前亲事兵马使刘魏能","佛弟子步军将、云麾将军、守左金吾衙(卫)、试太常卿成全度","佛弟子内衙亲事副将刘士雅"和"内衙将崔少清",都是重要的统兵官。在这批将领中,"衙前将"王重兴、"马步大将刘友信"、其子"堂前亲事兵马使"少简、堂前亲事兵马使刘魏能、内衙亲事副将刘士雅和内衙将崔少清,皆系牙兵。其中"节度衙前散虞候高齐云"应是不实际统兵之散官。至于"将虞候米从宪","虞候"职在整军刺奸,藩镇的将虞候是统兵的⑤。关于"衙前散将安万岁","散将"当即散列将,比照唐代对散兵马使等的规定,散将当不统兵马⑥。

---

① 北京图书馆金石组、中国佛教图书文物馆石经组编:《房山石经题记汇编》第 3 部分《诸经题记(唐)》,书目文献出版社 1987 年版,第 257 页。
② 同上。
③ 同上。
④ 同上书,第 258—259 页。
⑤ 张国刚:《唐代藩镇军将职级考略》,《学术月刊》1989 年第 9 期,第 76 页。
⑥ 同上书,第 75 页。

综合上文对幽州良乡县刻经活动和题记的详细解析，我们能够窥见身为幽州卢龙节度使的史元忠与一些支州（瀛州、平州、妫州）的紧密关系，其牙兵跟某些支州官吏的"裙带"关系。史元忠的亲戚（无论是血亲还是拟制血亲）盘踞着幽州卢龙镇的民政、军事要职。毫无疑问，这是保证史元忠对整个辖区进行有效管理和控制的重要手段。此亦充分显示：唐朝后期的房山刻经活动已然成为幽州地域权力结构和"裙带"关系的重要象征。

（五）张仲武时代

张仲武于唐武宗会昌元年（841）至唐宣宗大中三年（849）任幽州卢龙节度使[①]。

张仲武之父的神道碑《银青光禄大夫太子中允赠工部尚书清河张公神道碑铭》描述张氏家族之门风云："所谓勋业卓冠，儒史名家。穆然清风，高视群品"，张仲武之父"文章轨范，礼义权舆。挥金满路，载德盈车。清风穆若，善贾沽诸。泳游道德，蕴蓄儒史。力荷千钧，名驰万里"[②]。据《旧唐书·张仲武传》所述，"仲武少业《左氏春秋》，掷笔为蓟北雄武军使"。幽州卢龙镇军吏吴仲舒也谓张仲武"兼晓儒书，老于戎事，性抱忠义"[③]。由此视之，张仲武家不仅军功显赫，亦系"儒史名家"。尽管如此，张仲武也大力支持佛教。

《册府元龟》载："张仲武为幽州节度。故事，每有新帅，多创招提以邀福利。仲武曰：'劳人求福，何福之有？'因出己所俸，择吏之清洁者，厚给其家，使市纸于江南远佣。其善书者录其释氏之典，传之于人。因谓其宾客曰：'此非敢求福贵，助其教化耳。'"[④] 这说明张仲武之前的历任幽州卢龙节度使均立寺求福，而张仲武则以出资抄经的方式来积累功德、教化民众。

房山石经中亦出现诸多与张仲武有关的题记。

会昌二年（842）四月八日，《佛说三品弟子经》额题"奉为常侍敬

---

[①] 郁贤皓：《唐刺史考全编》卷116《幽州（范阳郡）》，安徽大学出版社2000年版，第1612页。
[②] （清）董浩等编：《全唐文》卷788，中华书局1983年版，第8247页。
[③] （后晋）刘昫等：《旧唐书》卷180《张仲武传》，中华书局1975年标点本，第4677页。
[④] （宋）王钦若等编：《宋本册府元龟》卷821《总录部·崇释氏》，中华书局1989年版，第3044页。

造石经一条"①。"奉为常侍"应指为新任节度使张仲武而造。据前文所论，石经中的"奉为"之后多跟节度使的检校衔，以此推测，刚任节度使的张仲武可能被朝廷授予"检校散骑常侍"（从三品）之衔。此经的阳面题"大唐会昌二年（842）夏四月八日，幽州石幢下建此经条，永劫供养"②。其碑阴的题名除了众多僧尼、俗信徒，还有"内衙军头贾士美"③。"内衙军头"可能系幽州卢龙节度使衙内领兵之职，属于牙兵。倘若如是，贾士美跟张仲武的关系应当非常亲密。

会昌二年（842）春正月，唐廷"以张仲武为卢龙节度使"④。按《旧唐书·张仲武传》所载，朝廷"寻改仲武节度副大使、知节度事、检校工部尚书、幽州大都督府长史、兼御史大夫、兰陵郡王"⑤，即仲武被中央正式任命为节度使之后不久，便迁"检校工部尚书"（正三品）。

依大中二年（848）幽州卢龙节度使掌书记李俭所撰《银青光禄大夫太子中允赠工部尚书清河张公神道碑铭》，张仲武之官衔全称为："幽州卢龙节度副大使、知节度事、两蕃、经略卢龙军、兼充招抚回鹘等使、银青光禄大夫、检校司空、同中书门下平章事、兼幽州大都督府长史、兰陵郡王、食邑三千户。"⑥照此，至迟在大中二年（848），张仲武已经"检校司空"（正一品），还带相衔"同中书门下平章事"。

不仅史元忠注重裙带关系，张仲武也同样看重这一点。《银青光禄大夫太子中允赠工部尚书清河张公神道碑铭》详细记录了张氏家族的渊源和特点：张仲武之"祖讳烈，为瀛州刺史，封清河伯，遂家于燕"⑦。显然，张仲武的祖父张烈曾任幽州镇支郡瀛州的军政长官。张仲武之父张仁宪"尝仕本州，历居右职。贞元（785—805）初，敕授银青光禄大夫、太子中允。四年（788），薨于昌平县之官舍，春秋七十有五。旋窆于文

---

① 北京图书馆金石组、中国佛教图书文物馆石经组编：《房山石经题记汇编》第 3 部分《诸经题记（唐）》，书目文献出版社 1987 年版，第 259 页。
② 同上。
③ 同上书，第 260 页。
④ （宋）司马光等：《资治通鉴》卷 246，唐武宗会昌二年条，中华书局 1956 年标点本，第 7958 页。
⑤ （后晋）刘昫等：《旧唐书》卷 180《张仲武传》，中华书局 1975 年标点本，第 4677 页。
⑥ （清）董浩等编：《全唐文》卷 788，中华书局 1983 年版，第 8247 页。
⑦ 同上书，第 8246 页。

安县之西北安乐乡原"①。其中"薨于昌平县之官舍",暗示张仁宪可能在昌平县任实职,但最终还是葬在莫州文安县(今河北文安)②。张仲武之母"扶风郡太夫人鲁氏,左厢兵马使、太子詹事福之女。行符箴颂,礼具蘋蘩"③。由此看来,张仲武的外公鲁福系"左厢兵马使、太子詹事",即幽州卢龙镇的重要统兵官。而张仲武的二弟"伯氏讳仲斌,蓟州(今天津蓟县)刺史、静塞军营田团练等使、兼侍御史",三弟"季讳仲至,今涿州刺史、永泰军营田团练等使、检校工部尚书、光禄大夫"④。很明显,在重要的支州,张仲武安排自己的亲兄弟担任军政长官。张仲武之子"直方,国子祭酒、兼御史中丞。蓟州有子长曰得辅,国子祭酒、兼侍御史;次曰得平,兼监察御史、审州⑤司马。敬铉,幽都(今北京市城区)主簿。敬殷,幽州参军。洎长房有子曰沛,早亡。琇兼监察御史。有孙曰惠连,兼殿中侍御史。皆珪璋特达,冠曾相望。丹青克绍于形容,兰菊联芳于英蒂。所谓勋业卓冠"⑥。以是观之,张仲武的儿子、侄子均带有官衔。正所谓"一人得道,鸡犬升天"。

综上所述,张仲武之父母及他本人皆受儒家文化的强烈熏陶,而仲武亦精通军事、崇尚佛教。另外有一点值得关注:张仲武任幽州卢龙节度使期间,恰好经历了"会昌灭佛"和"宣宗兴佛"。他在这些事件中的态度和举措,下一章还将详细分析。

(六)张允伸时代

张允伸于唐宣宗大中四年(850)至唐懿宗咸通十三年(872)任幽州卢龙节度使⑦,长达23年。他"大阐释风,远钦道行"⑧。这一时代也是唐后期幽州地域佛教活动的鼎盛时期。

张允伸任幽州卢龙节度使之时,在幽州城修葺延寿寺,兴建善化寺,

---

① (清)董浩等编:《全唐文》卷788,中华书局1983年版,第8246页。
② (后晋)刘昫等:《旧唐书》卷39《地理志二》,中华书局1975年标点本,第1515页。
③ (清)董浩等编:《全唐文》卷788,中华书局1983年版,第8246页。
④ 同上书,第8247页。
⑤ 疑此处有误字。
⑥ (清)董浩等编:《全唐文》卷788,中华书局1983年版,第8247页。
⑦ 郁贤皓:《唐刺史考全编》卷116《幽州(范阳郡)》,安徽大学出版社2000年版,第1613页。
⑧ 知宗:《盘山上方道宗大师遗行碑》,(清)董浩等编《全唐文》卷920,中华书局1983年版,第9589页。

并奏请朝廷赐额。此事第一章第二节和第二章第一节已经论及。

在晚唐时代，河北地区名僧奖公两次受幽州卢龙节度使张允伸之邀，开设坛场。据《魏州故禅大德奖公塔碑》（以下简称《奖公塔碑》）所载，奖公"大中五年（851），伏遇卢龙军节度使张公奏致（置）坛场。和尚是时，戒相方具。而后大中九年（855），再遇侍中张公重起戒坛于涿郡（即幽州）。众请和尚以六逾星纪三统讲筵，宣金石之微言，示玉毫之真相。三千大千之世界，靡不瞻依。十一十二之因缘，竟无凝滞"①。而如前述，张允伸在大中四年（850）至咸通十三年（872）任幽州卢龙节度使，那么，《奖公塔碑》中的"侍中张公"当指张允伸。特别是他在大中九年（855）邀请奖公开设坛场，吸引众多信徒前来瞻仰。这表明幽州卢龙节度使支持佛教，并且控制着度僧权。关于这一点，下一章还将结合中晚唐的政治背景具体阐释。

不仅如此，张允伸及其僚属还频频参与幽州良乡县的石经刊刻活动。

石经《观自在如意轮菩萨瑜伽法要》题记曰："幽州卢龙节度副大使、知节度事、观察处置、押奚契丹两蕃、经略卢龙军等使、□□□大夫、检校工部尚书、兼幽州大都督府长史、御史大夫、上柱国张允伸。大中六年（852）四月八日敬造。"② 据《旧唐书·张允伸传》所载，"大中四年（850），戎帅周綝寝疾，表允伸为留后，朝廷可其奏，加右散骑常侍。其年冬，诏赐旌节，迁检校工部尚书"③。在大中四年（850），张允伸的职务还是"留后"，带"检校右散骑常侍"（从三品）之衔。在当年冬季，他正式被授予节度使旌节之时，升至"检校工部尚书"（正三品）。因此，大中六年（852）的石经题记自然署张允伸带"检校工部尚书"之衔。

大中七年（853）四月八日，张允伸雕造《度一切诸佛境界智严经》、《称赞净土佛摄受经》，题名为："幽州卢龙节度副大使、知节度事、观察处置、押奚契丹两蕃、经略卢龙军等使、银青光禄大夫、检校工部尚书、兼幽州大都督府长史、御史大夫、上柱国张允伸。"④

---

① 公乘亿：《魏州故禅大德奖公塔碑》，（宋）李昉等编《文苑英华》卷868，中华书局1966年版，第4582页。
② 北京图书馆金石组、中国佛教图书文物馆石经组编：《房山石经题记汇编》第3部分《诸经题记（唐）》，书目文献出版社1987年版，第264页。
③ （后晋）刘昫等：《旧唐书》卷180《张允伸传》，中华书局1975年标点本，第4679页。
④ 北京图书馆金石组、中国佛教图书文物馆石经组编：《房山石经题记汇编》第3部分《诸经题记（唐）》，书目文献出版社1987年版，第264—265页。

大中八年（854）四月八日，张允伸镌刻"《佛说普法义经》一卷、《应法经》一卷"，"《佛说广义法门经》一卷、《尊上经》一卷"，题名"起复幽州卢龙节度副大使、知节度事、观察处置、押奚契丹两蕃、经略卢龙军等使、云麾将军、守左金吾卫大将军、员外置同正员、检校兵部尚书、兼幽州大都督府长史、御史大夫、上柱国张允伸"①。据此，在大中八年（854），张允伸已经迁"检校兵部尚书"（正三品②）。

张允伸在大中九年（855）四月八日雕造《菩萨修行经》、《金色王经》，题名"起复幽州卢龙节度副大使、知节度事、观察处置、押奚契丹两蕃、经略卢龙军等使、云麾将军、守左金吾卫大将军、员外置同正员、检校兵部尚书、兼幽州大都督府长史、御史大夫、上柱国张允伸"③。

大中十年（856）四月八日，张允伸刊刻《大乘百福庄严相经》、《最无比经》，题名"使起复左金吾卫大将军、检校兵部尚书、兼御史大夫张允伸"④。

大中十一年（857）四月八日，张允伸雕造《佛说内藏百宝经》、《大方等如来藏经》和《出生菩提心经》，题名"幽州卢龙节度副大使、知节度事、观察处置、押奚契丹两蕃、经略卢龙军等使、银青光禄大夫、检校尚书右仆射、兼幽州大都督府长史、御史大夫、上柱国张允伸"⑤。可见，到大中十一年（857），张允伸已经由"检校兵部尚书"升至"检校尚书右仆射"（从二品）。

大中十二年（858）四月八日，张允伸镌刻《希有希有校量功德经》、《文殊师利巡行经》和《缘起圣道经》，题名"幽州卢龙节度副大使、知节度事、观察处置、押奚契丹两蕃、经略卢龙军等使、银青光禄大夫、检校尚书右仆射、兼幽州大都督府长史、御史大夫、上柱国张允伸"⑥。

大中十三年（859）四月八日，石经中出现额题"奉为仆射敬造《密

---

① 北京图书馆金石组、中国佛教图书文物馆石经组编：《房山石经题记汇编》第3部分《诸经题记（唐）》，书目文献出版社1987年版，第265—266页。
② （唐）李隆基撰、李林甫注：《大唐六典》卷5《尚书兵部》，兵部尚书侍郎条，[日]广池千九郎训点、[日]内田智雄补订，三秦出版社1991年版，第112页。
③ 北京图书馆金石组、中国佛教图书文物馆石经组编：《房山石经题记汇编》第3部分《诸经题记（唐）》，书目文献出版社1987年版，第266页。
④ 同上书，第266—267页。
⑤ 同上书，第267—268页。
⑥ 同上书，第268—269页。

第四章 唐后期幽州卢龙镇的佛教与社会　　173

多心经》壹卷、并《大般若关（经）》"①，题记曰："节度押衙、使持节守檀州（今北京密云）刺使（史）□□□□□□，银青光禄大夫、检校太子宾客、兼御史中丞张允伸②，大中十三年（859）四月八日建"③。其后的题名有："应随从中丞判官军将等。节度驱使官、宣德郎、试太常寺奉礼郎、充中丞、随身判官李继宗。军将石全亮、卢公亮、王文佐、齐士清、李弘约、何弘寂、高君政、李独信、张建则、彭公庆、张君则、张公佐、张士建。"④　其中"奉为仆射"，即为幽州卢龙节度使张允伸而造经。如上文所论，大中十一年（857），张允伸已经带"检校尚书右仆射"之衔。此题记中来自支州檀州的刺史带"节度押衙"衔，表明隶属于节度使。在"随从中丞判官军将"的题名中，"节度驱使官、宣德郎、试太常寺奉礼郎、充中丞、随身判官李继宗"值得注意。从"随身"二字推断，他系张允伸身边的亲近僚属。此后的题名仅笼统地称"军将"。这批人是牙兵还是支州兵，并不清楚。但是可以肯定：他们跟张允伸的关系至少是密切的。

　　大中十三年（859）四月八日，张允伸雕造《佛说师子月佛本生经》一卷、《妙色王因缘经》一卷、《佛说十吉祥经》一卷、《大乘四法经》一卷、《佛说长寿王经》一卷和《金刚三昧本性清净不坏不灭经》一卷，题名曰："幽州卢龙节度副大使、知节度事、观察处置、押奚契丹两蕃、经略卢龙军等使、银青光禄大夫、检校尚书右仆射、兼幽州大都督府长史、御史大夫、上柱国张允伸。"⑤

　　大中十四年（860）四月八日⑥，张允伸刊刻《佛说普法义经》、《佛说广义法门经》、《佛说瑠璃王经》一卷、《佛说心明经》一卷及《四未曾有法经》一卷，题名"幽州卢龙节度使、检校司空、同中书门下平章

---

① 北京图书馆金石组、中国佛教图书文物馆石经组编：《房山石经题记汇编》第3部分《诸经题记（唐）》，书目文献出版社1987年版，第269页。
② 当时，张允伸已经是幽州卢龙节度使，而且所带之衔远远高于"银青光禄大夫、检校太子宾客、兼御史中丞"，因此此处释读为"张允伸"，疑有误。
③ 北京图书馆金石组、中国佛教图书文物馆石经组编：《房山石经题记汇编》第3部分《诸经题记（唐）》，书目文献出版社1987年版，第269页。
④ 同上。
⑤ 同上书，第269—270页。
⑥ 唐懿宗即位之后，至大中十四年（860）十一月，始改元咸通。参见（宋）司马光等《资治通鉴》卷250，唐懿宗咸通元年十一月条，中华书局1956年标点本，第8092页。

事张允伸"①。显然，在大中十四年（860）佛诞日之前，张允伸已经从"检校尚书右仆射"升至"检校司空"（正一品），并加相衔"同中书门下平章事"。

咸通二年（861）四月八日，《大般若波罗密多经》的题记有："幽州卢龙节度使、检校司空、同中书门下平章事张元（允）伸。"② "幽州卢龙节度使、检校司空、同中书门下平章事张允伸，兄御史大夫允行。"③由此视之，张允伸的兄长或结义兄长张允行亦加"御史大夫"之衔。

咸通二年（861）四月八日，张允伸又雕造《佛说相应相可经》和《佛说父母恩难报经》，题名"幽州卢龙节度使、检校司空、同中书门下平章事张允伸"④。

咸通三年（862）四月八日，张允伸镌刻《实相般若波罗蜜经》，题名"幽州卢龙节度副大使、知节度事、观察处置、押奚契丹两蕃、经略卢龙军等使、银青光禄大夫、检校司空、同中书门下平章事、兼幽州大都督府长史、上柱国、清河县开国伯、食邑七百户张允伸。咸通三年岁次壬午（862）四月己亥朔八日丙午敬造"⑤。以是观之，在咸通三年（862）四月八日之前，张允伸又加"清河县开国伯、食邑七百户"。

由上文的论述可知：从大中六年（852）张允伸刚任幽州卢龙节度使不久，直到咸通三年（862），他坚持每年"四八"佛诞日亲自到良乡县刊刻石经，从未间断。

在咸通年间（860—874），杨君亮和王庆宾为张允伸雕造了不少佛经。

咸通二年（861）四月八日，石经题"奉为相公造《佛说长寿王》及《延年益寿经》条。幽州卢龙节度使、检校司空、同中书门下平章事张允伸，咸通二年（861）四月八日杨君亮镌"⑥。咸通三年（862）四月八

---

① 北京图书馆金石组、中国佛教图书文物馆石经组编：《房山石经题记汇编》第 3 部分《诸经题记（唐）》，书目文献出版社 1987 年版，第 270—271 页。
② 北京图书馆金石组、中国佛教图书文物馆石经组编：《房山石经题记汇编》第 2 部分《大部经题记（唐至辽）》，书目文献出版社 1987 年版，第 176 页。
③ 同上。
④ 北京图书馆金石组、中国佛教图书文物馆石经组编：《房山石经题记汇编》第 3 部分《诸经题记（唐）》，书目文献出版社 1987 年版，第 274—275 页。
⑤ 同上书，第 275 页。
⑥ 同上书，第 273 页。

日,"奉为相公造作《佛形像福报经》及《作佛形像经》条。幽州卢龙两节度、检校司空、同中书门下平章事张允伸,咸通三年(862)四月八日杨君亮镌"①。咸通三年(862)四月八日,"奉为相公造《佛形像经》及《仙人不食肉经》。幽州卢龙两节度、检校司空、同中书门下平章事张允伸,咸通三年(862)四月八日建造。中军兵马使下突将、勾当中军突将、石作杨君亮"②。其中所云"奉为相公",应指为张允伸而刻经。按清代学者顾炎武的解释,"前代拜相者,必封公,故称之曰相公"③。唐代呼宰相为"相公"。在咸通二年(861)之前,张允伸已经加"同中书门下平章事"之号,带相衔,因此可以称他为"相公"。至于"《仙人不食肉经》",从经名带"仙人"二字来看,该经似乎为道教经典。以"不食肉"来讲,此系宣扬食物禁欲的经典。法国汉学家穆瑞明(Christine Mollier)先生指出:通过对食物的禁欲得到拯救,是中古佛道交融的典范。在这一方面,佛教从经典和仪式上均受道教影响④。

除了上述例证,在咸通三年(862)佛诞日,杨君亮还为张允伸镌刻了其他一些经典。如"奉为相公造《受岁经》及造《立形像福报经》。幽州卢龙两节度、检校司空、同中书门下平章事张允伸。咸通三年(862)四月八日建造。中军突将、勾当石作杨君亮"⑤。"奉为相公造《延年益寿经》、《圣意经》、《浴像功德经》。幽州卢龙两节度、检校司空、同中书门下平章事张元(允)伸。咸通三年(862)四月八日建造。中军突将、勾当石作杨君亮。"⑥

前引石经中几次出现杨君亮的官衔:"中军兵马使下突将、勾当中军突将、石作"以及"中军突将、勾当石作"。按严耕望先生的意见,都知兵马使似又称中军都知兵马使。中军是府主直辖之部队。他用成德和魏博

---

① 北京图书馆金石组、中国佛教图书文物馆石经组编:《房山石经题记汇编》第3部分《诸经题记(唐)》,书目文献出版社1987年版,第273页。

② 同上书,第276页。

③ (清)顾炎武:《日知录集释》卷24,(清)黄汝成集释,栾保群、吕宗力校点,花山文艺出版社1990年版,第1067页。

④ Christine Mollier, "Les Cuisines de Laozi et du Buddha", *Cahiers d'Extrême-Asie*, 11, 1999 - 2000, pp. 45 - 90.

⑤ 北京图书馆金石组、中国佛教图书文物馆石经组编:《房山石经题记汇编》第3部分《诸经题记(唐)》,书目文献出版社1987年版,第276页。

⑥ 同上书,第277页。

之例证明中军兵马使、中军都知兵马使之重要性与都知兵马使不异。都知兵马使与中军兵马使有时同时并置,可能因时因地而异①。依此推测,杨君亮任"中军兵马使下突将、勾当中军突将",应系牙兵。在这里,中军兵马使当等同于都知兵马使,统领牙兵。在咸通三年(862)佛诞日,杨君亮亲自"勾当石作",刊刻好几部佛经,并且明确声称奉为张允伸,可见杨君亮跟张允伸关系密切。

另外,石经题记中还出现"奉为相公造作《佛刑(形)像经》一卷、及《普遍知藏般若波罗密多经》一卷",题记曰:"长史、幽州卢龙节度副大使、知节度事、观察处置、押奚契丹两蕃、经略卢龙军等使、银青光禄大夫、检校司徒、同中书门下平章事、上柱国、清河县开国公、食邑一千五百户张允伸,咸通四年(863)四月八日建造。勾当石作杨君亮、杨秀安刻字。"② 至咸通四年(863)四月八日之前,张允伸又加"检校司徒"(正一品)、"清河县开国公"及"食邑一千五百户"。按照唐朝制度规定,"国公,从一品,食邑三千户"③。在此处,唐廷依据制度规定的一半赐予张允伸食邑。

下面看咸通二年(861)至咸通四年(863)王庆宾为张允伸所刻之佛经。

石经题"《佛说受岁经》一卷、《佛说中心经》一卷、《贤者五福经》一卷。幽州卢龙节[度]使、检校司空、同中书门下平章事张允伸。咸通二年岁次辛巳(861)四月乙巳朔八日壬子敬造。王庆宾镌字并书"④。

咸通三年(862)四月八日,张允伸刊刻《药师琉璃光本愿如来经》、《佛顶尊胜陀罗尼经》一卷、《报恩奉瓮经》一卷、《大七宝陀罗尼经》一卷,题名"幽州卢龙节度副大使、知节度事、观察处置、押奚契丹两蕃、经略卢龙军等使、银青光禄大夫、检校司空、同中书门下平章事、兼幽州大都督府长史、上柱国、清河县开国伯、食邑七百户张允伸。咸通三

---

① 严耕望:《唐代方镇使府僚佐考》,载严耕望《唐史研究丛稿》,新亚研究所1969年版,第216—217页。
② 北京图书馆金石组、中国佛教图书文物馆石经组编:《房山石经题记汇编》第3部分《诸经题记(唐)》,书目文献出版社1987年版,第279页。
③ (唐)李隆基撰、李林甫注:《大唐六典》卷2《尚书吏部》,司封郎中员外郎条,[日]广池千九郎训点、[日]内田智雄补订,三秦出版社1991年版,第39页。
④ 北京图书馆金石组、中国佛教图书文物馆石经组编:《房山石经题记汇编》第3部分《诸经题记(唐)》,书目文献出版社1987年版,第274—275页。

年岁次壬午（862）四月己亥朔八日丙午敬造。王庆宾镌字并书"①。

咸通四年（863）四月八日，张允伸雕刻《大乘遍照光明藏无字法门经》一卷、《佛说华积陀罗尼神咒经》一卷、《文殊师利问菩提经》一卷、《华聚陀罗尼咒经》一卷、《大方等修多罗王经》一卷、《大乘百福相经》一卷，题记云："幽州卢龙节度副大使、知节度事、观察处置、押奚契丹两蕃、经略卢龙军等使、银青光禄大夫、检校司徒、同中书门下平章事、兼幽州大都督府长史、上柱国、清河县开国公、食邑一千五百户张允伸。咸通四年岁次癸未（863）四月癸巳朔八日庚子敬造。王庆宾镌字并书。"②

在咸通年间（860—874），张允伸的弟弟张允皋也镌刻了好几条石经。

石经题"奉为常侍造《延年益寿经》及作《佛形像经》条。使持节蓟州诸军事、守蓟州刺史、充静塞军营田团练等使、兼蓟檀平三州马步都横巡使、检校右散骑常侍、上柱国、清河县开国男、食邑三百户张允皋，咸通二年（861）四月八日杨君亮镌"③。

《佛说受岁经》及《形像经》各一卷有题记曰："银青光禄大夫、检校右散骑常侍、使持节守蓟州刺史、蓟州诸军事、充静塞军营田团练等使、兼蓟檀平三州马步都横巡使、兼御史大夫、上柱国、清河县开国男、食邑三百户张允皋，咸通三年（862）四月八日建造。中军突将、勾当石作杨君亮。"④

在咸通四年（863）佛诞日，石经题记中出现"奉为常侍造《浴像功德经》一卷、《文殊师利问字母经》一卷。使持节前守蓟州刺史、静塞军营田团练等使、蓟檀平三州马步都横巡使、涿州诸军事、守涿州刺史、充永泰军营田团练等使、检校左散骑常侍、兼御史大夫、上柱国、清河县开国子、食邑五百户张允皋，咸通四年（863）四月八日建造。勾当石作杨君亮"⑤。

据《旧唐书·张允伸传》所载，在咸通十年（869），庞勋叛乱，张

---

① 北京图书馆金石组、中国佛教图书文物馆石经组编：《房山石经题记汇编》第 3 部分《诸经题记（唐）》，书目文献出版社 1987 年版，第 275—277 页。
② 同上书，第 278—279 页。
③ 同上书，第 274 页。
④ 同上书，第 276—277 页。
⑤ 同上书，第 279 页。

允伸"请以弟允皋领兵伐叛,懿宗不允"①。按上引石经题记,在咸通二年(861),张允皋已经是"使持节蓟州诸军事、守蓟州刺史、充静塞军营田团练等使、兼蓟檀平三州马步都横巡使",即担任支州蓟州的军政长官。蓟州"南二百里有静塞军,本障塞军,开元十九年(731)更名"②。"静塞军,在蓟州城内,管兵万六千人,马五百匹。"③ 张允皋"兼蓟檀平三州马步都横巡使",亦即掌管三个支郡蓟、檀、平州的骑兵和步兵。此三州均位于幽州卢龙镇的北部边境。很明显,张允伸派自己的弟弟出任这一要害职位,担负防御契丹和奚的重任。

至于张允伸主动请缨讨伐庞勋,而唐懿宗不批准,也有深层原因。其实,到了咸通十年(869),唐廷已经调集大量蕃族军队征讨庞勋,特别是骁勇善战的沙陀兵扮演了特殊的重要角色,而庞勋在当时已经众叛亲离。从战局上讲,官军战胜庞勋的叛军已经基本成定局④。在这种形势下,有没有幽州卢龙镇军队的参与,已经不是决定胜负的关键因素。如果幽州卢龙镇军队出本境讨伐叛军,必定牵涉到"出界粮"的问题。清代学者赵翼总结道:在中晚唐时期,"诸方镇各擅土地,赋税足以养军,乃朝廷用之讨叛,则一出本境,即须朝廷给以衣粮,此国力所以困于兵也"⑤。倘若张允皋率军出幽州镇辖境之后,不尽心尽力攻击叛军,只是逗挠虚打,并向朝廷大肆索要"出界粮"和赏赐,唐懿宗和中央政府岂不亏大了?而且,唐廷平定庞勋之乱,严重依赖蕃军,基本没有完全属于自己的军队。叛乱平定之后,朝廷如何封赏才能让这些胡人军将满意,甚至他们会不会恃功要挟皇帝,这一系列棘手的问题已经足够唐懿宗心烦了。如果张允皋出兵参战,到时论功行赏,朝廷还得大大方方地分给幽州镇一勺。可是,当时的国库本已不宽裕。由此看来,懿宗拒绝张允伸的参战请求,可说是经过深思熟虑的慎重决策。此

---

① (后晋)刘昫等:《旧唐书》卷180《张允伸传》,中华书局1975年标点本,第4679页。
② (宋)欧阳修、宋祁:《新唐书》卷39《地理志三》,中华书局1975年标点本,第1022页小注。
③ (后晋)刘昫等:《旧唐书》卷38《地理志一》,中华书局1975年标点本,第1387页小注。
④ 详细情况参见(宋)司马光等《资治通鉴》卷251,唐懿宗咸通十年条,中华书局1956年标点本,第8138—8149页。
⑤ (清)赵翼:《廿二史札记校证》(订补本)卷20,方镇兵出境即仰度支供馈条,王树民校证,中华书局2001年版,第430页。

时，张允伸已经在军界和政界摸爬滚打多年，经验丰富，想必也是看准了形势，才向皇帝主动请缨。一方面，这是他向君主和中央政府表演忠诚的绝佳时机；另一方面，正如上文分析，他欲借此机会获取实际利益。当然，张允伸的第一个目标实现了。唐懿宗虽然不允许幽州镇出兵帮助平叛，但张允伸仍然"进助军米五十万石，盐二万石，诏嘉之，赐以锦彩、玉带、金银器等。冬，又加特进，兼侍中"①。照此，张允伸的第二个目标可说部分实现了。

从上引题记来看，到咸通二年（861），张允皋已经加"清河县开国男、食邑三百户"。按《唐六典》的规定，"县男，从五品，食邑三百户"②。咸通三年（862），他又加授"银青光禄大夫"、兼宪衔。在咸通四年（863），张允皋的职务有调动和升迁，从蓟州的军政长官调任另一支州涿州的军政长官，即"涿州诸军事、守涿州刺史、充永泰军营田团练等使"。依前文所论，永泰军很可能设在涿州城内或其附近。同时，张允皋还从"检校右散骑常侍"转为"检校左散骑常侍"。右散骑常侍属中书省，从三品③；而左散骑常侍属门下省，亦为从三品④。就在这一年，张允皋的封爵又进为"清河县开国子、食邑五百户"。照《唐六典》的规定，"县子，正五品，食邑五百户"⑤。

总而言之，在咸通年间（860—874），节度使张允伸及其弟张允皋皆受到朝廷封赏，升迁迅速。杨君亮作为与张允伸关系密切的牙兵，不仅为张允伸刻经，还为他掌握支州兵权的弟弟造经。此亦从侧面印证了张允皋及其所统支郡兵在幽州卢龙镇的重要地位。

咸通十二年（871）四月八日《题名经》末尾的题名除了僧俗信徒，还有"左厢使□□将鲜于□佶"，"子将郭幼雅、弟幼恭、幼莲、幼行"，"亲

---

① （后晋）刘昫等：《旧唐书》卷180《张允伸传》，中华书局1975年标点本，第4679—4680页。
② （唐）李隆基撰、李林甫注：《大唐六典》卷2《尚书吏部》，司封郎中员外郎条，[日]广池千九郎训点、[日]内田智雄补订，三秦出版社1991年版，第39页。
③ （唐）李隆基撰、李林甫注：《大唐六典》卷9《中书省》，右散骑常侍条，[日]广池千九郎训点、[日]内田智雄补订，三秦出版社1991年版，第204页。
④ （唐）李隆基撰、李林甫注：《大唐六典》卷8《门下省》，左散骑常侍条，[日]广池千九郎训点、[日]内田智雄补订，三秦出版社1991年版，第180页。
⑤ （唐）李隆基撰、李林甫注：《大唐六典》卷2《尚书吏部》，司封郎中员外郎条，[日]广池千九郎训点、[日]内田智雄补订，三秦出版社1991年版，第39页。

事石士深"，"前亲事王师贞"，"什将陈宗简"，"□郡衙前虞候陈幽让"①。据研究，左右厢兵马使本是中央禁军。节度使府在唐玄宗时已设有左右厢兵马使。左右厢兵马使亦省厢字，称左右兵马使。右衙当即右厢。左右厢又或分置马军使、步军使等，亦有只分兵种似不分厢者②。兵马使系领兵大将，藩军分统于各兵马使，若干个兵马使之上又有一都知兵马使。藩军有左右厢军、中军的建制，故有左右厢都知兵马使、中军都知兵马使③。亲事即护卫军、牙兵。什将即十将，军中子将。十将在兵马使之下。十将带兵，整训军队。什或十除实指十位军将外，又有众、多、杂之义④。《题名经》中的某郡"衙前虞候陈幽让"可能是某支郡府衙的统兵官。这些题名中的"左厢使"、"子将"、"亲事"、"什将"及"衙前虞候"均为幽州卢龙镇的军政要员。他们和平民一道参加佛诞日的刻经和巡礼活动。

在中晚唐时期，各藩镇内部又复分派别，杀帅逐帅如同儿戏。可是，张允伸任幽州卢龙节度使却不同寻常地长达23年，稳坐帅位。《旧唐书》本传言他任节度使期间"克勤克俭，比岁丰登。边鄙无虞，军民用乂"⑤。纵观上文所引材料，张允伸所带职衔直线上升，不断获取中央政府的封赏，证明他跟朝廷的关系非常融洽。这一切与他大力支持当地文化事业（尤其是佛教）以笼络人心、协调关系，是分不开的。从前引石经题记亦可窥知：张允伸的权力基础既包括牙兵，也含有支郡兵。

（七）李可举时代

张允伸卒后，在唐懿宗咸通十三年至唐僖宗乾符三年（872—876）期间，张简会、张公素、李茂勋和李晔先后短暂地执掌过幽州卢龙节度使帅印⑥。此后，李可举于唐僖宗乾符三年（876）至光启元年（885）任幽州卢龙节度使⑦。

---

① 北京图书馆金石组、中国佛教图书文物馆石经组编：《房山石经题记汇编》第3部分《诸经题记（唐）》，书目文献出版社1987年版，第290页。
② 严耕望：《唐代方镇使府僚佐考》，载严耕望《唐史研究丛稿》，新亚研究所1969年版，第217—219页。
③ 张国刚：《唐代藩镇军将职级考略》，《学术月刊》1989年第9期，第74页。
④ 同上书，第75页。
⑤ （后晋）刘昫等：《旧唐书》卷180《张允伸传》，中华书局1975年标点本，第4680页。
⑥ 郁贤皓：《唐刺史考全编》卷116《幽州（范阳郡）》，安徽大学出版社2000年版，第1613—1614页。
⑦ 同上书，第1614页。

李可举"本回鹘阿布思之族也。张仲武破回鹘,可举父茂勋与本部侯王降也。茂勋善骑射,性沉毅,仲武器之。常遣拓边,以功封郡王,赐姓名"[1]。显然,李可举本系回鹘后裔,其父擅长骑射、兵戈之事,胡化特征浓厚。虽然如此,在李可举任幽州卢龙节度使期间,与他关系亲密的牙兵依然参与良乡县的刻经活动。石经《题名经》题记曰:"乾符四年(877)四月八日,女弟子志孝、李十一娘于三塔前普置义麻饮饭。"其后的题名除了平民,还有"乡贡进士贾庆初、父亲事兵马使师克"、"亲事兵马使李柔进"[2]。毫无疑问,亲事兵马使贾师克和李柔进俱为节度使李可举的牙兵。师克之子庆初还受汉文化教育,参加科举考试,成为"乡贡进士"。这三人当系李可举集团之要员。

(八)李匡威时代

李匡威于唐僖宗光启二年至唐昭宗景福二年(886—893)任幽州卢龙节度使[3]。李匡威"素称豪爽,屡遇乱离,缮甲燕蓟,有吞四海之志"。他还十分善于带兵打仗[4]。依此来看,李匡威本人胡化色彩非常浓郁。尽管如此,他仍然十分信奉佛教。

唐昭宗景福元年(892),李匡威重新埋葬过幽州城内悯忠寺的舍利。在景福年间(892—893),左街内殿讲论兼应制大德沙门南叙撰《悯忠寺重藏舍利记》曰:

> 陇西令公大王大庇生灵,巨崇像设,舍己禄俸,造观音阁,横壮妙丽,逾于旧贯。寺僧复严,陈力化导,塑观音像。当景福壬子年金欲迁舍利于阁内,乃陈辞上渎,请发封壤,上许之。即是年六月,徒侣云萃,各竭其诚,尘壒曜灵,香垒人手。未淹食顷,俄逢巨函,缝印香泥,记镌贞石。繇是撤其盖,发其缄,舍利光芒异香郁烈。寻录状,捧金函诣子东门,上献旌幢,中权后营,皆澡□沐心,通宵瞻礼,重沓亲施。复还本寺,显示城隍。道俗□黄金瓶如辨麦量,内藏

---

[1] (后晋)刘昫等:《旧唐书》卷180《李可举传》,中华书局1975年标点本,第4680—4681页。

[2] 北京图书馆金石组、中国佛教图书文物馆石经组编:《房山石经题记汇编》第3部分《诸经题记(唐)》,书目文献出版社1987年版,第272页。

[3] 郁贤皓:《唐刺史考全编》卷116《幽州(范阳郡)》,安徽大学出版社2000年版,第1615页。

[4] (后晋)刘昫等:《旧唐书》卷180《李匡威传》,中华书局1975年标点本,第4682页。

一粒仁寿舍利也。二粒在塔□内，又二粒在小金合子内，又九十粒如银粟状，在琉璃瓶内。玉环二，发七综，金铜棺椁异香钗钏等。今又有二粒舍利，光彩甚莹，在银结条琉璃瓶内。即故临坛大德明鉴平昔随身供养，临终授弟子栖忍，今同收函内。矧夫圣日久殁，遗形尚留，为福人天，坚固不坏。幸遇王臣信重，正法兴隆，同于宝坊，载礼金骨。而今而后，何年更逢？匪独人心浇醨，抑亦时侵末法，重閟于此。观音象前，谷变陵摧。犹凭刊石记曰：

大燕城内，地东南隅，有悯忠寺，门临康衢。中有宝阁，横云□虚。阁有巨象，观音圣躯。当象之前，缄于舍利。外石函封，内金函闠。填以异香，杂以珍器。用记岁年，景福壬子。①

其中"陇西令公大王"指幽州卢龙节度使李匡威。他十分热衷于佛教功德事业，施舍自己的俸禄在悯忠寺内建起了壮丽的观音阁，立观音像供养。景福壬子年（即景福元年，892），节度使李匡威欲迁藏舍利于观音阁内，事先上奏皇帝，征得君王的同意才正式进行。这说明至晚唐时代，幽州卢龙镇虽系割据之藩镇，但它依然通过佛教与中央保持形式上的联系。

在这次重新埋藏舍利的活动中，"徒侣云萃，各竭其诚"，表明众多僧俗信徒参与。按《悯忠寺重藏舍利记》所言，这一过程经历了好几个步骤：先挖掘出旧藏的舍利，瞻礼供奉，然后埋藏于悯忠寺内观音像前。迁藏的舍利包括好几类：有隋文帝仁寿年间（601—604）所藏舍利、其他舍利以及临坛大德明鉴平时随身供养之舍利。这些舍利一并封入函内，即所谓"外石函封，内金函闠。填以异香，杂以珍器"，然后再埋藏。

照《悯忠寺重藏舍利记》所述，李匡威让人发掘以往石函中旧藏的舍利，其"舍利光芒异香郁烈"，"内藏一粒仁寿舍利"。据《法苑珠林》记载，隋文帝仁寿年间（601—604）向全国分发舍利，封入石函，各州建塔供养。许多州的舍利塔皆感瑞应。其中，幽州藏舍利之石函"如水镜，放光众像"②。而南叙所撰碑文意在突出隋代埋藏的舍利直到晚唐还

---

① （清）董浩等编：《全唐文》卷920，中华书局1983年版，第9590—9591页。
② （唐）释道世：《法苑珠林校注》卷40《舍利篇第三十七》，周叔迦、苏晋仁校注，中华书局2003年版，第1281—1282页。

具有瑞应。

《元一统志》亦云：唐昭宗景福（892—893）初，幽州节度使李匡威在悯忠寺"建崇阁七楹三级，中置大悲观音塑像，发舍利徒瘗于像前。乾宁（894—898）末，节度使刘仁恭复建是塔"①。

综上所论，在晚唐时期，节度使李匡威在悯忠寺大张旗鼓地迁藏和供养舍利，并发动当地僧俗信徒积极参与，其排场虽然比不上唐朝皇室供养法门寺舍利，但依旧会在幽州地方社会产生不小影响。

《悯忠寺重藏舍利记》谓"抑亦时侵末法，重阕于此"，证明李匡威葬舍利实因末法观念之影响。用起塔藏舍利的方式以备末法的到来，这在辽朝十分流行。这一做法可能受唐代幽州佛教的影响。此问题在第七章第二节还将详尽解析。

（九）刘仁恭时代

刘仁恭于唐昭宗乾宁元年至昭宣帝天祐四年（894—907）任幽州卢龙节度使②。他"多权数"③，"幼多智机，数陈力于军中"，"志大气豪"④。刘仁恭不仅军事才能突出，足智多谋，佛教在他的政治生涯中也扮演了关键角色。

刘仁恭刚刚在幽州军中崭露头角，便"自言尝梦大佛幡出于指端，或云年四十九当领旄节"⑤。"幡"象征佛、菩萨降魔之威德。很明显，刘仁恭运用佛教祥瑞来隐喻自己将来会掌管幽州镇，以此制造舆论，进行政治宣传。

在乾宁（894—898）末，刘仁恭已经成为幽州卢龙节度使，他复建了其前任李匡威在幽州城悯忠寺所建之塔⑥。

《宋高僧传》载录了刘仁恭任节度使之后，尊崇一位僧人之善举：

---

① （元）李兰盼等：《元一统志》卷1《中书省统山东西河北之地》，赵万里校辑，中华书局1966年版，第24—25页。

② 郁贤皓：《唐刺史考全编》卷116《幽州（范阳郡）》，安徽大学出版社2000年版，第1615—1616页。

③ （后晋）刘昫等：《旧唐书》卷180《李可举传》，中华书局1975年标点本，第4681页。

④ （宋）薛居正等：《旧五代史》卷135《刘守光传》，中华书局1976年标点本，第1799页。

⑤ 同上。

⑥ （元）李兰盼等：《元一统志》卷1《中书省统山东西河北之地》，赵万里校辑，中华书局1966年版，第24—25页。

释亡名，履行尤峻，独居燕城南窑灶间。天祐（904—907）中，幽蓟不稔，道殍相望。因分卫回，闻车辙中呱呱之声，悯而收归，乃饥民所弃女子也。以求牛乳哺之。当七八岁，引于城中求色帛以衣之。及笄年也，容色艳丽，殆非凡俗，或讥呵者，僧终无渝志。适遇燕帅刘仁恭从禽逐兔，直入僧居窑内。一卒见女子侍僧之侧，遂白帅，刘往亲见，问其故，皆以实对。刘曰："弟子欲收之，可乎？"僧曰："诺。"早验无吝意，自扶上马。归府，元真处子也，刘益哀之，不令伍于下位。仍重其僧，谓为果位中人也。别造精舍以处之，刘一旬两往谒焉。其僧疾没，门人入讣，女方独座，闻之哀恸而死焉。刘为僧营塔标志矣。[①]

由此视之，刘仁恭殊为赞赏僧人亡名的善举和持戒行为，认为此系"果位中人"，即已证得果位之人，如阿罗汉、菩萨和佛等，遂给予"别造精舍"和没后建塔之礼遇。

入辽之后，刘仁恭家族仍系燕地大族，其家庭成员中不乏佛教徒。刘仁恭之孙刘承嗣在契丹建国之初归附于辽，历任显官，他"因缘私门，崇重释教"[②]。他有一位"出家女，幼居香刹，恒护戒珠"[③]。"恒护戒珠"乃引用《大庄严论经》所述"护鹅珠守戒"之典。该典故之具体含义详见第三章第二节。另外，刘承嗣之子刘宇杰也有一个女儿出家[④]。

### 二 幽州卢龙节度使的兼官

通过上引房山石经题记，再结合其他记载，我们能够比较完整地理解中晚唐幽州卢龙节度使的兼官，从中亦可窥见幽州卢龙镇与中央政府的关系。

据《新唐书·契丹传》所述，"故事，以范阳（即幽州）节度为押奚、契丹使"[⑤]。与此相应，房山石经题记中幽州卢龙节度使之系衔几乎

---

[①] （宋）赞宁：《宋高僧传》卷30《唐幽州南瓦窑亡名传》，范祥雍点校，中华书局1987年版，第745—746页。
[②] 《刘承嗣墓志》，向南辑《辽代石刻文编》，河北教育出版社1995年版，第48页。
[③] 同上书，第49页。
[④] 《刘宇杰墓志》，向南辑《辽代石刻文编》，河北教育出版社1995年版，第107页。
[⑤] （宋）欧阳修、宋祁：《新唐书》卷219《北狄·契丹传》，中华书局1975年标点本，第6172页。

皆带"押奚、契丹两蕃使"。

按前文所引石经《大般若波罗密多经》的题记，幽州卢龙节度使刘济的散阶的迁转顺序为：唐德宗贞元五年（789）四月八日为正二品的"特进"[1]，到唐宪宗元和四年（809）四月八日，已经升至从一品的开府仪同三司[2]。在贞元五年（789）四月八日，刘济已经带相衔"同中书门下平章事"。

在唐后期，方镇节帅检校京官普遍化。朝廷对方镇节帅姑息，使之检校品秩甚高的京官[3]。房山石经题记称奉为某节度使造经，一般格式是"奉为"加"节度使所带检校衔"。因此，我们从中能够整理出大部分幽州卢龙节度使检校衔的迁转顺序。

由上文所引石经题记，我们能够推知刘济检校京官的升迁顺序。笔者初步推断：贞元五年（789）二月八日，刘济"检校工部尚书"。贞元五年（789）四月八日，他"检校尚书右仆射"。可是，贞元六年（790）四月八日《大般若波罗密多经》题记却出现刘济检校品位更低的"兵部尚书"。刘济所带之检校官衔理应从低到高。因此，贞元六年四月八日《大般若波罗密多经》的日期可能有误。照此推测，刘济当先从检校工部尚书迁至检校兵部尚书，然后升检校尚书右仆射。兵部尚书是正三品[4]，工部尚书虽然也系正三品[5]，但是，在尚书省六部的序列中，按吏、户、礼、兵、刑、工排序[6]。因此检校"兵部尚书"比"工部尚书"品级高。到元和四年（809）四月八日，《大般若波罗密多经》题记和《涿鹿山石经堂记》中出现刘济"检校司徒"的记载。以是推之，刘济检校京官的顺序可能是：检校工部尚书（正三品）→检校兵部尚书（正三品）→检校尚书右仆射（从二品）→检校司徒（正一品）。

---

[1] （唐）李隆基撰、李林甫注：《大唐六典》卷2《尚书吏部》，吏部郎中员外郎条，[日]广池千九郎训点、[日] 内田智雄补订，三秦出版社1991年版，第27页。

[2] 同上。

[3] 王永兴：《关于唐代后期方镇官制新史料考释》，载王永兴编《纪念陈寅恪先生百年诞辰学术论文集》，江西教育出版社1994年版，第268—269页。

[4] （唐）李隆基撰、李林甫注：《大唐六典》卷5《尚书兵部》，兵部尚书侍郎条，[日]广池千九郎训点、[日] 内田智雄补订，三秦出版社1991年版，第112页。

[5] （唐）李隆基撰、李林甫注：《大唐六典》卷6《尚书工部》，工部尚书侍郎条，[日]广池千九郎训点、[日] 内田智雄补订，三秦出版社1991年版，第156页。

[6] （唐）李隆基撰、李林甫注：《大唐六典》卷1《三师·三公·尚书都省》，尚书都省条，[日] 广池千九郎训点、[日] 内田智雄补订，三秦出版社1991年版，第12页。

据前文所引《旧唐书·李载义传》，在唐敬宗宝历年间（825—827），李载义刚任节度使之时，先"检校户部尚书"（正三品）。

如上文所示，杨志诚在唐文宗大和五年（831）刚夺取幽帅之位时，"检校左散骑常侍"（从三品）。不久，他正式被朝廷任命为节度使，迁"检校工部尚书"，直到大和七年（833）仍然如此。

按前文所论，至少到唐文宗开成三年（838），史元忠已经"检校尚书右仆射"。开成四年（839）四月八日，石经中出现"奉为司空"字样。那么，此时史元忠可能已经"检校司空"，即检校正一品的京官①。在开成五年（840）四月八日之前，史元忠已经检校至正一品的司徒②。

据上文所述，张仲武刚夺取节度使权力之时，加"检校散骑常侍"（从三品）之衔。在唐武宗会昌二年（842），他被朝廷正式任命为节度使之时，迁"检校工部尚书"。至少在唐宣宗大中二年（848），他已经"检校司空"。

张允伸刚成为"留后"时，"检校右散骑常侍"（从三品），被授予节度使旌节后，迁"检校工部尚书"。他从大中四年（850）冬至大中七年（853）一直"检校工部尚书"，直到大中八年（854），他迁"检校兵部尚书"。到大中十一年（857），张允伸升至"检校尚书右仆射"，检校从二品的京官。在大中十四年（860）四月八日之前，张允伸已经"检校司空、同中书门下平章事"，即检校正一品的京官，还带标志很高地位的相衔。

《旧唐书》本传谓张允伸在唐懿宗"咸通九年（868），累加至光禄大夫、检校司徒、兼太傅、同中书门下平章事、燕国公"③。可是从房山刻经来看，早在咸通四年（863），张允伸便已经"检校司徒"，即检校正一品④的京官。

宋人洪迈总结道：

---

① （唐）李隆基撰、李林甫注：《大唐六典》卷1《三师·三公·尚书都省》，三公条，[日] 广池千九郎训点、[日] 内田智雄补订，三秦出版社1991年版，第10页。

② 同上。

③ （后晋）刘昫等：《旧唐书》卷180《张允伸传》，中华书局1975年标点本，第4679页。

④ （唐）李隆基撰、李林甫注：《大唐六典》卷1《三师·三公·尚书都省》，三公条，[日] 广池千九郎训点、[日] 内田智雄补订，三秦出版社1991年版，第10页。

> 唐节度使带检校官，其初只左右散骑常侍……后乃转尚书及仆射、司空、司徒，能至此者盖少。僖、昭以降，藩镇盛强，武夫得志，才建节钺，其资级已高，于是复升太保、太傅、太尉，其上惟有太师，故将帅悉称太尉。①

综观上文所论，中晚唐幽州卢龙节度使带检校官，其升迁顺序亦大致如此。而且，只要该节度使任职时间足够长，就能稳步升至检校司空、司徒，完整地经历这一升迁过程。不仅如此，幽州卢龙节度使带检校衔还有一个规律：某人刚刚夺取藩帅之权，称留后时，常常带检校散骑常侍之衔，正式获得朝廷的旌节和任命之后，方迁检校某部尚书，然后再依次升检校仆射、司空、司徒。

尽管幽州卢龙节度使的兼官均为虚衔，但仍然具有重要意义。唐武宗朝宰相李德裕指出："河朔兵力虽强，不能自立，须借朝廷官爵威命以安军情。"② 此语可谓一针见血。事实情况是：包括幽州卢龙镇在内的河朔三镇节度使都需要依靠中央政府的官爵名号来获取自身的政治合法性。幽州卢龙节度使检校之京官衔常常出现在佛教刻经所题"奉为"之后，此系表达功德事业之动机的核心部分。皇帝授予的这些名号通过公开的佛教活动，在公共空间反复宣示，即是传达朝廷的权威符号。此亦成为唐廷与幽州卢龙镇联系的纽带、中央统治的象征，时间一长，便会对当地民众的心理产生潜移默化的影响。

### 三 支郡兵的力量

支郡兵的力量是观察唐后期藩镇与支郡之间关系的一个关键切入点。而对唐后期藩镇内部的支郡兵，学界探讨甚少。大家往往认为牙兵在藩镇起主导作用，而相对来讲，支州兵力量较弱，影响不大。如严耕望先生就指出：藩镇外镇（即支州、支郡）诸军将职，对军政影响较小③。此说大

---

① （宋）洪迈：《容斋三笔》卷7，节度使称太尉条，上海古籍出版社1996年版，第498页。
② （宋）司马光等：《资治通鉴》卷248，唐武宗会昌四年条，中华书局1956年标点本，第8010页。
③ 严耕望：《唐代方镇使府僚佐考》，载严耕望《唐史研究丛稿》，新亚研究所1969年版，第211页。

致不误。夏炎先生从总体上讨论唐后期藩镇与州的关系，提出在这一时代，藩镇与其所辖的州为上下级行政关系，藩镇参与到对支州的各种行政事务的管控、对州级官员的选任及监察等工作中[①]。张达志先生从整体上谈及唐后期藩镇节度使与州刺史拥有军权，分统藩镇兵和支州军，二者互相制衡[②]。但是具体到幽州卢龙镇，情况又存在一定的特殊性。实际上，幽州卢龙镇支郡兵的实力和作用不容小觑。尽管在形式和制度规定层面，幽州卢龙镇与其所辖支州为"中央"与"地方"之间的关系，但在实际运作中，上下关系却并不简单。

《旧唐书·地理志》记述幽州卢龙镇所统支郡兵云：

> 范阳节度使，临制奚、契丹，统经略、威武、清夷、静塞、恒阳、北平、高阳、唐兴、横海等九军。[③]

其小注曰：

> 经略军，在幽州城内，管军三万人，马五千四百匹。
> 威武军，在檀州（今北京密云）城内，管兵万人，马三百匹。
> 清夷军，在妫州（今河北怀来东南）城内，管兵万人，马三百匹。
> 静塞军，在蓟州（今天津蓟县）城内，管兵万六千人，马五百匹。
> 恒阳军，在恒州（今河北正定）城东，管兵三千五百人。
> 北平军，在定州（今河北定州）城西，管兵六千人。
> 高阳军，在易州（今河北易县）城内，管兵六千人。
> 唐兴军，在莫州（今河北任丘北）城内，管兵六千人。
> 横海军，在沧州（今河北沧州东南）城内，管兵六千人。[④]

---

[①] 夏炎：《唐代州级官府与地域社会》第 9 章《藩镇与州的关系》，天津古籍出版社 2010 年版，第 256—299 页。

[②] 张达志：《唐代后期藩镇与州之关系研究》第 2 章《藩镇与州之军力强弱》，中国社会科学出版社 2011 年版，第 103—132 页。

[③] （后晋）刘昫等：《旧唐书》卷 38《地理志一》，中华书局 1975 年标点本，第 1387 页。

[④] 同上。

王永兴先生曾根据不同文献考证过幽州节度使所领州及所辖军。但是，王先生讨论幽州节度使所辖的支郡兵不出《旧志》的范畴[①]。通过上文对房山石经题记的分析，可以补充：唐廷在涿州（今河北涿州）城内或其附近设永泰军，在瀛州（今河北河间）城内或其附近置永宁军。

综观上引石经题记可知：支州的长官或其他官吏频频参与良乡县的刻经活动。他们还经常和牙兵一道为幽州卢龙节度使造经。其实，这跟支郡兵在幽州卢龙镇的能量和地位紧密勾连。

如前文所论，幽州卢龙镇的支州长官兼管民政和军事。实际上，在这一藩镇，支州长官不但兼管军政，同时还具有监察权。上文所引石经题记中的支郡长官，有几位还带"兼监察御史"之衔，如杨志荣、李行琮、史再荣和史元宽等。此已经暗示：这些支州长官或许集当地行政、监察和军权于一身。据《莫州唐兴军都虞候兼押衙试鸿胪卿郑府君玉墓石》所述，郑玉通过正规的选官制度入仕，从文职官员做起。"时岁俭，人饥多盗，世乱思理，须得其人，遂屈充唐兴军左虞候，以屏盗贼，擒奸摘状，抚弱遏强，井邑肃然。论功授秩，累有拜迁，官至鸿胪卿，职竟都虞候，自一主局，向三十年。闾里怀其仁，乡党服其义。犬不野吠，衣锦昼行。……众称才用无穷"[②]。而如前述，唐兴军设在莫州城内，统兵马。郑玉作为唐兴军的左虞候，在地方治安、刑法和监察方面发挥了重要作用。此例已经说明：唐兴军这一机构不仅统当地兵马，还兼管当地监察事务。这也暗示莫州刺史兼领唐兴军，就意味着集行政、军事和监察权于一身。以此类推，幽州卢龙镇的其他支郡很可能亦如此。那么，支州存在成为"独立王国"的条件。

上文分析房山石经题记，显示某些牙兵跟支郡官吏之间具有姻亲关系。郑玉先在支郡莫州任职，然后"又拜牙门将，内外瞻瞩"[③]。"牙门将"可能在节度使衙内带兵。据此推断，郑玉是从"地方"支郡官升至"中央"幽州节度使府的牙兵。这再次证明幽州卢龙镇内部的牙兵与支州的密切关系。

由上引石经题记可见：幽州卢龙节度使常派自己的近亲到支州任长

---

[①] 王永兴：《论唐代前期幽州节度》，原载《学人》第11辑，1997年，此据王永兴《唐代经营西北研究》，兰州大学出版社2010年版，第353—359页。

[②] （清）董诰等编：《全唐文》卷993，中华书局1983年版，第10294页。

[③] 同上。

官。此处还可以补充一个例证。

如幽州卢龙节度使刘济就派自己的弟弟、儿子担任支州瀛州的刺史。刘澭，"济之异母弟也"，他拥立刘济当上节度使，"济常感澭奉己，澭为瀛州刺史"①。刘济之次子刘总也担任过瀛州刺史②。

《旧唐书·刘澭传》又载："济常感澭奉己，澭为瀛州刺史，亦许以澭代己任。其后济乃以其子为副大使。澭既怒济，遂请以所部西捍陇塞，拔其所部兵一千五百人、男女万余口直趋京师，在道无一人犯令者"③。所谓刘澭"拔其所部兵一千五百人"，应指他作为瀛州刺史所统领之支郡兵。这再次印证瀛州刺史既管民政、又统兵。"在道无一人犯令者"云云，表明刘澭的军队训练有素。这一事例充分说明刘澭这支"地方"势力已经坐大。

前辈学者早就指出牙兵在藩镇杀帅逐帅如同儿戏，对藩镇最高统治者的变动具有决定性作用。但是，具体到唐朝后期的幽州卢龙镇，牙兵和支郡兵在这一方面其实皆起过重要作用。在唐朝后期，通过牙兵夺取幽州卢龙节度使之位的有李载义④、杨志诚⑤和李全忠⑥。而运用支郡兵成功夺取帅位的也有好几例。

如张仲武本为"蓟北雄武军使。会昌（841—846）初，陈行泰杀节度使史元忠，权主留后。俄而行泰又为次将张绛所杀，令三军上表，请降符节。时仲武遣军吏吴仲舒表请以本军伐叛"。张仲武遂在当朝宰相李德裕的支持下，成为幽州节度使⑦。毫无疑问，张仲武所统领的雄武军是他重要的政治资本。雄武军本是安禄山声称为防御契丹和奚而建，位于幽州城北。具体情况第三章第二节已经论及。至中唐时期，张仲武夺幽帅之位时，"拔自雄武，授之蓟门"⑧，即充分倚靠了雄武军。据此观之，幽州节度使下属的雄武军本系用于防御两蕃的威慑力量，其实在内争中也起着作

---

① （后晋）刘昫等：《旧唐书》卷143《刘澭传》，中华书局1975年标点本，第3901页。
② （后晋）刘昫等：《旧唐书》卷143《刘总传》，中华书局1975年标点本，第3902页。
③ （后晋）刘昫等：《旧唐书》卷143《刘澭传》，中华书局1975年标点本，第3901页。
④ （后晋）刘昫等：《旧唐书》卷180《李载义传》，中华书局1975年标点本，第4674页。
⑤ （后晋）刘昫等：《旧唐书》卷180《杨志诚传》，中华书局1975年标点本，第4675页。
⑥ （后晋）刘昫等：《旧唐书》卷180《李全忠传》，中华书局1975年标点本，第4682页。
⑦ （后晋）刘昫等：《旧唐书》卷180《张仲武传》，中华书局1975年标点本，第4677页。
⑧ （唐）李德裕：《李德裕文集校笺》卷2《幽州纪圣功碑铭》，傅璇琮、周建国校笺，河北教育出版社2000年版，第11页。

用，会成为威胁节度使地位的势力。而如前述，张仲武当上节度使之后，又安排自己的亲兄弟担任重要支州的军政长官，其目的是巩固自家权位。

《旧唐书·张公素传》曰：

> 张公素，范阳人。咸通（860—874）中，为幽州军校，事张允伸，累迁至平州（今河北卢龙）刺史。允伸卒，子简会权主留后事，公素领本郡兵赴焉。三军素畏公素威望，简会知力不能制，即时出奔，遂立为帅。朝廷寻授旌节，累加至中书门下平章事。①

张公素身为"平州刺史"，能在节度使张允伸死后"领本郡兵"奔赴幽州，并成功夺取幽帅之位，充分证实平州刺史兼管民事和军事，平州兵力量强悍，足以左右幽州镇之乾坤。

《旧唐书·李可举传》云：

> 李可举，本回鹘阿布思之族也。张仲武破回鹘，可举父茂勋与本部侯王降焉。茂勋善骑射，性沉毅，仲武器之。常遣拓边，以功封郡王，赐姓名。咸通（860—874）末，纳军降使陈贡言者，幽之宿将，人所信服。茂勋密谋劫而杀之，声云贡言举兵。张公素以兵逆击不利，公素走，茂勋入城，军民方知其非贡言也。既有其众，遂推而立之，朝廷即降符节。②

张公素所统平州兵需要防御骁勇善战的两蕃，而李茂勋常常率军拓边，其所领之兵亦当属支州兵。二人统领之兵马当皆为劲旅，所以才能凭此夺取幽帅之位。

史载幽州卢龙节度使李匡威使刘仁恭将兵，"戍蔚州（今山西灵丘），逾期未代，士皆怨。会匡筹夺地，故戍卒拥仁恭赴幽州，匡筹逆战，败之，遂以族奔太原"③。其中"匡筹"即李匡筹，为李匡威之弟。刘仁恭

---

① （后晋）刘昫等：《旧唐书》卷180《张公素传》，中华书局1975年标点本，第4680页。
② （后晋）刘昫等：《旧唐书》卷180《李可举传》，中华书局1975年标点本，第4680—4681页。
③ （宋）欧阳修、宋祁：《新唐书》卷212《刘仁恭传》，中华书局1975年标点本，第5986页。

统兵"戍蔚州",这支部队当属支州兵、边防军。这支军队开赴幽州,竟然能够打败镇守在此的李匡筹之兵,足见刘仁恭所统支州兵之剽悍。

后晋史臣评论道:

> 彼幽州者,列九围之一,地方千里而遥,其民刚强,厥田沃壤。远则慕田光、荆卿之义,近则染禄山、思明之风。二百余年,自相崇树,虽朝廷有时命帅,而土人多务逐君。习苦忘非,尾大不掉,非一朝一夕之故也。①

唐廷对兵强马壮的幽州卢龙镇鞭长莫及,其势力"尾大不掉"。实际上,在这一藩镇内部,也同样存在某些支郡兵力量太强,不易驾驭的问题。换言之,幽州卢龙节度使同样面临"内轻外重"之困境。支州长官兼管民政、军政和监察,缺乏制约机制,存在独立割据的条件。而且,幽州卢龙镇地处边疆,十分需要仰仗支郡兵以防备外患。这样,幽州卢龙节度使自然不可能毫无顾忌地推行"强干弱枝"措施。如何有效控制下辖的支郡,也是令幽州卢龙节度使非常挠头的问题。所以,我们不难理解好些幽州卢龙节度使常派自己的家人或亲信统领支州兵马。除了让支郡军政长官多带"押衙"衔,表示与节度使的主从关系外,节度使及牙兵还经常跟支州军政长官共同参加佛教仪式,以达到互相交流、联络感情和凝聚本利益集团之目的。

## 第二节 幽州卢龙镇佛教活动的经济基础

在中晚唐时期,幽州卢龙镇能频繁举行佛事活动,离不开当地富足的经济实力。早在20世纪50年代,日本学者松井秀一先生即指出:唐后期幽州卢龙镇的经济状况整体良好②。本书则选取几个典型层面展开论述。

从"安史之乱"后直到晚唐,河北地区一直具有雄厚的物质和军事基础。正如晚唐诗人杜牧所说:

---

① (后晋)刘昫等:《旧唐书》卷180,中华书局1975年标点本,第4683页。
② [日]松井秀一:《卢龙藩镇考》,《史学杂志》第68编第12号,1959年,第22—29页。

## 第四章 唐后期幽州卢龙镇的佛教与社会

夫河北者，俗俭风浑，淫巧不生，朴毅坚强，果于战耕。……加以土息健马，便于驰敌，是以出则胜，处则饶，不窥天下之产，自可封殖，亦犹大农之家，不待珠玑，然后以为富也。天下无河北则不可，河北既虏，则精甲、锐卒、利刀、良弓、健马无有也。①

据《太平广记》所载，在张直方生活的时代（约唐武宗至僖宗时期②），燕地"地沃兵庶，朝廷每姑息之"③。虽然《广记》系小说，但它所依托和描述的社会背景应当是真实的。

按照日本的日野开三郎先生的意见，唐五代留州、留使的财政数额仅限制在必要的限度，大概是不够供养部曲等预算的，故藩帅们要用各种各样的方法去获得额外的私下收入：第一，两税等的额外加征；第二，名目外收敛；第三，私置监征（商税征收的场务）；第四，利贷；第五，质店经营；第六，营商；第七，由承包场务获取剩余利润；第八，影庇；第九，没收财产；第十，请托纳贿；第十一，私产的利息；第十二，其他④。张国刚先生也认为：中晚唐藩镇的财政收入，除了两税、营田之外，还有各种杂税及经商收入。藩镇的财政支出主要包括上供、供军、进奉和赏军⑤。李锦绣先生亦提出：在中晚唐时期，道州有两税收入，还有各种名目繁多的其他收入。除西北边州，唐后期绝大多数（尤以江淮为主）均收大于支，每年财政结余数量可观。节帅、刺史对地方财政有很大的调节支用权。节度使的俸禄远远多于中央定数⑥。河朔藩镇常常户口、赋税不上供，自擅赋税、盐利。中央很难从河北得到尺寸布帛之赋税。藩镇割据、对抗中央实际上有强大的经济基础。唐后期中央与藩镇的

---

① 杜牧：《樊川文集》卷 5《战论》，载吴在庆《杜牧集系年校注》，中华书局 2008 年版，第 649 页。
② （后晋）刘昫等：《旧唐书》卷 180《张仲武传·附子直方传》，中华书局 1975 年标点本，第 4679 页。
③ 李昉等编：《太平广记》卷 455《张直方》，中华书局 1961 年版，第 3713 页。
④ ［日］日野开三郎：《五代史概说》，载日野开三郎《日野开三郎东洋史学论集（二）》，三一书房 1980 年版，第 210—214、258—263 页。
⑤ 张国刚：《唐代藩镇研究》第 11 章《唐代藩镇财政收入与分配》，湖南教育出版社 1987 年版，第 207—221 页。
⑥ 李锦绣：《地方收支》，载李锦绣《唐代财政史稿》第 5 册，社会科学文献出版社 2007 年版，第 406—445 页。

战争是财政战争①。金钱固然是战争之母，但金钱也是佛教发展和繁荣的助推器。

唐宪宗元和五年（810）六月癸巳，朝廷规定："应给食实封例，节度使兼宰相，每食实封百户，岁给八百端匹，若是绢，加给绵六百两；节度使不兼宰相，每百户给四百端匹。"②如上文所论，唐后期的好些幽州卢龙节度使兼宰相衔，他们无疑能够获得朝廷非常丰厚的食实封和岁赐。

唐穆宗长庆元年（821），幽州卢龙节度使刘总请求归朝，"献马万五千匹"③。唐懿宗咸通十年（869），在庞勋叛乱之时，幽州卢龙节度使张允伸"进助军米五十万石，盐二万石，诏嘉之"④。由此可见，在中晚唐时期，幽州地区的粮食、食盐和马匹非常充裕，节度使控制的财源亦十分丰厚。幽州卢龙镇这两次向朝廷进献的物资数量皆很庞大，这肯定是留够了本镇的军费、赏军钱等各种开支的前提下，拨出一部分物资用以进奉。

更引人注目的是：幽州卢龙镇最后两任节度使刘仁恭、刘守光父子的财产相当可观。

从唐昭宗乾宁元年至唐哀帝天祐四年（894—907），刘仁恭任幽州卢龙节度使⑤。当时"天子播迁，中原多故，仁恭啸傲蓟门，志意盈满"，在幽州之西的大安山（今北京房山西北部大安山）上"盛饰馆宇，僭拟宫掖，聚室女艳妇，穷极侈丽。……又以堇泥作钱，令部内行使，尽敛铜钱于大安山巅，凿穴以藏之，藏毕即杀匠石以灭其口"⑥，"后人皆莫知其处"⑦。在后唐明宗朝，"幽州衙将潘昊上言，知故使刘仁恭于大安山藏钱之所，枢

---

① 李锦绣：《藩镇割据》，载李锦绣《唐代财政史稿》第5册，社会科学文献出版社2007年版，第580—584页。

② （后晋）刘昫等：《旧唐书》卷14《宪宗纪上》，中华书局1975年标点本，第431页。

③ （宋）欧阳修、宋祁：《新唐书》卷212《刘济传》，中华书局1975年标点本，第5976页。

④ （后晋）刘昫等：《旧唐书》卷180《张允伸传》，中华书局1975年标点本，第4679页。

⑤ 郁贤皓：《唐刺史考全编》卷116《幽州（范阳郡）》，安徽大学出版社2000年版，第1615—1616页。

⑥ （宋）薛居正等：《旧五代史》卷135《刘守光传》，中华书局1976年标点本，第1802页。关于此事，《资治通鉴》云：刘仁恭"悉敛境内钱，瘗于（大安）山巅；令民间用堇泥为钱。"见（宋）司马光等《资治通鉴》卷266，梁太祖开平元年三月条，中华书局1956年标点本，第8671页。

⑦ （宋）欧阳修撰，徐无党注：《新五代史》卷39《刘守光传》，中华书局1974年标点本，第424页。

密院差人监往发之，竟无所得"①。后唐朝廷对刘仁恭所藏之钱垂涎三尺，像寻宝一样搜寻，足见这笔宝藏数量庞大。据《辽史·食货志》所述，辽"圣宗凿大安山，取刘守光所藏钱，散诸五计司，兼铸太平钱，新旧互用。由是国家之钱，演迤域中"②。此处"刘守光"当作"刘仁恭"③。这笔钱数目不菲，竟然可以支援辽朝的五京计司，对辽朝的货币流通产生重要影响，最终为辽朝造福。因此，谓刘氏家族富可敌国，当不过分。

不仅如此，刘仁恭还垄断幽州卢龙镇的茶利。刘仁恭"又禁江表茶商，自撷山中草叶为茶，以邀厚利"④。这暗示幽州地区对茶叶需求量大，所以才会有为利而往的外地茶商在此活动。至8世纪中叶，饮茶之风似乎已经从南方流传到北方寺院⑤。唐文宗、武宗时入唐的日本僧人圆仁，在通往五台山巡礼之路上，经过淄青、魏博、成德辖境，入寺院住宿，寺院均用茶招待他及随行僧人⑥。以是推之，至迟到9世纪，河北地区的佛寺中十分盛行饮茶。

在中晚唐时期，盘山的禅师道宗在修行时用"柏茶半斤，稻米数斗"⑦。唐刻房山石经《般若波罗密多心经碣赞并序》曰："五州兄弟共结经会，实施饭□□、设茶茗供养圣贤。伏愿□□不朽□□。"⑧虽然此方石碑的具体年代尚不清楚，但我们可以肯定：幽州地域的佛事活动中存在用茶供养的情况。

---

① （宋）薛居正等：《旧五代史》卷43《明宗纪》，中华书局1976年标点本，第593页。
② （元）脱脱等：《辽史》卷60《食货志下》，中华书局2016年标点本，第1033页。
③ 同上书，第1035页，校勘记三。
④ （宋）薛居正等：《旧五代史》卷135《刘守光传》，中华书局1976年标点本，第1802页。对此事，《资治通鉴》云：刘仁恭"又禁江南茶商无得入境，自采山中草木为茶，鬻之。"见（宋）司马光等《资治通鉴》卷266，梁太祖开平元年三月条，中华书局1956年标点本，第8671页。
⑤ John Kieschnick, "Accidents and Incidentals", *The Impact of Buddhism on Chinese Material Culture*, Princeton and Oxford: Princeton University Press, 2003, p. 269. [美] 柯嘉豪：《佛教对中国物质文化的影响》第4章《无心插柳》，赵悠、陈瑞峰、董浩晖、宋京、杨增译，祝平一、杨增、赵凌云、李玉珍、吴宓芩、丁一校，中西书局2015年版，第259页。
⑥ [日] 圆仁：《入唐求法巡礼行记校注》卷1、2，白化文、李鼎霞、许德楠修订校注，周一良审阅，花山文艺出版社2007年版，第1—257页。
⑦ 知宗：《盘山上方道宗大师遗行碑》，（清）董浩等编《全唐文》卷920，中华书局1983年版，第9589页。
⑧ 北京图书馆金石组、中国佛教图书文物馆石经组编：《房山石经题记汇编》第3部分《诸经题记（唐）》，书目文献出版社1987年版，第216页。

在唐代，僧人在寺庙修行需要茶，俗信徒施舍茶亦十分普遍。茶在寺院生活、宗教仪式中占有重要地位。如僧人"过午不食"，需要用茶解渴充饥；僧人禅定沉思，需要茶来提神、保持警觉；茶作为日常饮品，茶可以作药物，有医疗功效；茶还能够用于供养佛教神灵，招待客人；僧人作茶诗，唐代文人的诗文中常把茶和僧人形象联系起来；唐诗记录很多僧人之间赠送茶叶的事例，茶普遍作为僧侣和文化精英之间交换的礼物；茶还作为僧侣的货币使用；寺院之茶能作为贡品；帝王供养、奖赏佛僧也用茶[1]。蜡面茶有香气，能解毒，作为贡品。唐代皇帝赐珍贵的茶给大臣，茶是人们之间互相馈赠的贵重礼品。唐人诗文集中常茶、药并提。茶和汤药在唐代朝廷、官府、民间各个阶层的日常生活中均占有重要地位[2]。僧人有独特的饮茶仪节。他们在寺院中不仅日常生活吃茶，还在特定的节日组织茶会[3]。唐代的幽州地区佛教隆盛，至少寺院僧人和俗信徒对茶的需求很大。因此，在幽州卢龙镇，光是佛教事业方面，茶叶的市场需求就十分可观。在这种情况下，刘仁恭阻止外来茶商在当地活动，自制茶叶，无疑能牟取暴利。

在唐末五代之际，刘仁恭之子刘守光据有幽州卢龙镇之后，欲称帝。他认为可以凭借的经济资本之一便是他所自诩的"我大燕地方二千里……东有鱼盐之饶，北有塞马之利"[4]。由此视之，即便在安禄山叛乱之后，幽州地区的经济条件依然非常优越。

我们能够根据刘仁恭家族的财力大致推测中晚唐五代其他幽州卢龙节度使的经济状况。这些藩帅的经济实力当与刘氏家族相差无几。因此，即使在"安史之乱"后，幽州地域的佛教亦不乏富裕施主的支持和供养。

按敦煌文书 S.529 背面《诸山圣迹志》所记，在后唐时期，一无名僧人游历至河北地区，叙述当地的情况云：

---

[1] John Kieschnick, "Accidents and Incidentals", *The Impact of Buddhism on Chinese Material Culture*, Princeton and Oxford: Princeton University Press, 2003, pp. 266–275. [美] 柯嘉豪：《佛教对中国物质文化的影响》第4章《无心插柳》，赵悠、陈瑞峰、董浩晖、宋京、杨增译，祝平一、杨增、赵凌云、李玉珍、吴宓芩、丁一校，中西书局2015年版，第256—263页。

[2] 刘淑芬：《唐、宋世俗社会生活中的茶与汤药》，原载《燕京学报》新第16期，此据刘淑芬《中古的佛教与社会》，上海古籍出版社2008年版，第332—340页。

[3] 刘淑芬：《唐、宋寺院中的茶与汤药》，原载《燕京学报》新第19期，此据刘淑芬《中古的佛教与社会》，上海古籍出版社2008年版，第373—393页。

[4] （宋）薛居正等：《旧五代史》卷135《刘守光传》，中华书局1976年标点本，第1804页。

第四章　唐后期幽州卢龙镇的佛教与社会　　197

大凡河北道六节廿四州，南北二千里，东［西］一千里，北是外界，屡犯他（?）骑，西背崇山，东临海溟。桑麻暎日，柳槐交阴，原野膏腴，关闹好邑。①

这名僧人游历到幽州，这样描述幽州城：

南行三百里至幽州，管九州七县，［城］周围五十里。大寺一十八所，禅院五十余所，僧尼一万余人，并有常住，四事丰盈。负论知识，担经并州（?）。大底（抵）民风凶旱（悍），诸处俗尚贞惠（?），人多勇烈。封壃沃壤，平广膏腴，地产绫罗，偏丰梨栗。②

依其所述，在晚唐五代战乱时期，幽州地区仍然十分富庶。这也为当地佛教持续繁荣提供了重要基础。

## 本章小结

中晚唐幽州卢龙镇的佛教活动，尤其是房山刻经事业，对我们理解这一区域性政治实体的社会文化、权力基础及其特殊的政治生态至关重要。

在幽州卢龙镇这样一个深受佛教影响的胡汉交错的社会，节度使所

---

① 图录参见中国社会科学院历史研究所、英国图书馆等编《英藏敦煌文献》第2卷，四川人民出版社1990年版，第11—13页；录文参见郑炳林《诸山圣迹志S.529号》，载郑炳林《敦煌地理文书汇辑校注》，甘肃教育出版社1989年版，第266—275页；郝春文主编《英藏敦煌社会历史文献释录》第3卷，社会科学文献出版社2003年版，第45—77页。S.529背面文献，向达先生拟题《失名行记》。参见向达《伦敦所藏敦煌卷子经眼目录》，载向达《唐代长安与西域文明》，生活·读书·新知三联书店1957年版，第200页。王重民先生拟题《诸山圣迹志》。参见王重民《敦煌遗书总目索引》二《斯坦因劫经录》，中华书局1983年版，第120页。郑炳林先生根据五代十国的政治形势、各地地名、行政建置的变化，断定《诸山圣迹志》反映的是后唐庄宗至明宗十余年的情况。参见郑炳林《论〈诸山圣迹志〉的成书年代》，《中国历史地理论丛》1989年第1期，第143—150页；郑炳林《关于〈诸山圣迹志〉的撰写年代》，载郑炳林主编《敦煌吐鲁番文献研究》，兰州大学出版社1995年版，第289—296页。徐俊先生认为：《诸山圣迹志》中诸诗并非游历诸山圣迹的僧人所创作，而是他就游历所及抄录前人作品。参见徐俊纂辑《敦煌诗集残卷辑考》卷下，中华书局2000年版，第491—493页。无论《诸山圣迹志》中的诗歌是游历圣迹的僧人自己创作，还是抄录前人作品，终究还是对所见所闻的记录，其内容仍大致反映了当时的社会状况。本书主旨只涉及其中所载之幽州地区的情况，对此问题不再纠缠。本书征引该卷文书主要参照郝春文先生的录文，同时对照《英藏敦煌文献》的图录和郑炳林先生的录文。

② 郝春文主编：《英藏敦煌社会历史文献释录》第3卷，社会科学文献出版社2003年版，第49—50页。

代表的地方利益集团大力支持房山刻经等佛教事业。不仅节度使及其使府官僚积极参与佛教活动,连监军也参加刻经,还有高僧直接参与为节度使造经的活动。在这一过程中,当地官僚、文士、僧人和民众达成协作。

美国的柯嘉豪先生认为:佛教事业的捐赠人多由复杂的动机所驱使。除了对佛教的虔诚信仰外,这也是一种获得名声的方式,使自己的名字得以被镌刻在石碑上,并在当地寺院向公众展示。家族能通过佛教功德事业建立并维持声望。给寺院布施能满足施主的诸多需要,从承担社会责任、表达家人之间的感情,到减轻对死亡的恐惧,等等,不一而足。这也就难怪极少有人质疑功德观念。因为这类施舍所得之回报一方面很具体,同时又模糊到足够响应多种不同的情感[1]。透过这种解释,我们更能深入理解幽州地方官僚对佛教功德事业的热忱及其动因。

在唐后期,幽州地域内部及周边的政治形势极为复杂。因而幽州卢龙节度使迫切需要平衡内部的文武、僧俗、蕃汉各方势力,协调与中央及其他藩镇的关系,巩固自身的统治基础。因此,这些藩帅借助佛教活动来营造祥和的社会氛围,无疑是一项高明的政治策略,是扩大和夯实统治根基之有效手段。由前文所论可知:在支持佛教事业方面,无论是汉人节度使还是已经胡化的节度使,在这一点上并无本质区别。种族的差异并未对宗教文化的选择产生任何实质性障碍。

从房山石经的题名,我们能够窥见幽州卢龙节度使的兼官和官衔之升迁过程。这是中央政府与幽州卢龙镇的统治关系的象征。在该藩镇,牙兵对权力更替发挥着重要作用。但是,支郡长官掌握行政、军事和监察权,又与节度使或牙兵有"裙带"关系(包括血缘和拟制血缘关系)[2],支州兵马亦能影响当地权力格局。支州官吏也常常参加刻经活动,或者与牙兵一道为节度使造经。此系强化内部政治结构、凝聚幽州军事集团的重要途径。

---

[1] John Kieschnick, "Merit", *The Impact of Buddhism on Chinese Material Culture*, Princeton and Oxford: Princeton University Press, 2003, pp. 198-199. [美]柯嘉豪:《佛教对中国物质文化的影响》第4章《无心插柳》,赵悠、陈瑞峰、董浩晖、宋京、杨增译,祝平一、杨增、赵凌云、李玉珍、吴宓芩、丁一校,中西书局2015年版,第189—190、203页。

[2] 日本学者松井秀一先生主要利用文献材料论证唐卢龙镇统治阶层中的血缘关系、姻党关系。参见[日]松井秀一《卢龙藩镇考》,《史学杂志》第68编第12号,1959年,第19—22页。

## 第四章 唐后期幽州卢龙镇的佛教与社会

以往好些学者注意到：在中晚唐时代，房山石经中几乎没有信徒发愿为皇帝或朝廷造经，而是很多信徒奉为当地藩帅刻经，并以此来验证安史乱后河北北部地区对中央的离心倾向，幽州地区浓厚的地域主义观念[①]。这种说法很有道理。不过，从上文的论证可知：幽州卢龙节度使的重要僚属或支郡官吏经常奉为节度使刻经，最根本还是因为他们已经结成了一个个具有姻亲关系或拟制血缘关系的利益集团。这些官吏与节度使存在"唇亡齿寒"的利害关系。相比较而言，皇帝、朝廷的情况跟他们的切身利益确实无关痛痒。因此，我们不难理解这一时期幽州当地刻经之发愿文很少为名义上高高在上的、遥远的君主和国家，而是多奉为跟自身利益关系最近的节度使，或与之关系亲密、位高权重的当地官僚。幽州军事集团的核心成员常常参加刻经这样的佛事活动，通过这种反复的表演仪式，来塑造节度使的领袖形象，将这类价值观赋予主持者和参与者，从而凝聚和强化内部认同。

在"安史之乱"后，幽州卢龙镇藩帅和社会各阶层人士大力支持和供养佛教，离不开当地优越的经济条件。幽州卢龙镇经济发达，节度使财力雄厚。这为当地佛学研究的延续和佛教事业的持续繁荣提供了必要的物质基础。

陈寅恪先生提出：自"安史之乱"后，河北藩镇为独立之团体，"其政治、军事、财政等与长安中央政府实际上无隶属之关系，其民间社会亦未深受汉族文化之影响"。河北社会的通常情态是尚攻战而不崇文教，社会全是胡化。长安天子与河北镇将为对立不同之二集团首领。这是两独立敌视之团体，而此二团体之统治阶级，其种族文化亦不相同[②]。综合本书的分析和论述，陈寅恪先生的这一观点确有必要重新探讨。

尽管唐后期的幽州卢龙镇带有明显的胡化特征，但当地强势的佛教文化仍然影响到各阶层、各族群人士。汉文化因子依然在当地宗教活动和政治生态中扮演着重要角色。原本为防御契丹和奚入侵而培植起来的幽州军

---

[①] 如刘琴丽女士提出：自盛唐以来，幽州军将开始为当地节度使刻经祈福、祝寿。在天宝以后，幽州军人在观念认同上已经远离朝廷，更多地与地方政府发生联系，反映了强烈的地域主义观念。参见刘琴丽《唐代幽州军人与佛教——以〈房山石经题记汇编〉为中心》，《世界宗教研究》2011年第6期，第30页。

[②] 陈寅恪：《唐代政治史述论稿》上篇《统治阶级之氏族及其升降》，载陈美延编《陈寅恪集》，生活·读书·新知三联书店2001年版，第209—212页。

事集团成为推动当地佛教事业发展的中坚力量,幽州地域亦成为佛教与地方政治进行演绎的典型舞台。不仅如此,中晚唐幽州卢龙镇的佛教文化还被后来进入该地区的契丹人所继承,并对辽朝精神文化及政治文化的塑造产生重大影响。

在幽州卢龙镇这样一个佛教色彩浓郁的蕃汉杂糅的社会,汉化与胡化两种文化倾向亦并非完全水火不相容,以佛教为代表的汉文化与胡人的文化可以说并行不悖。这是一种独特的多元文化共生、互动和交融的社会。

在中晚唐时代,幽州卢龙镇与中央政府虽属于不同集团,二者之间存在隔阂和争斗,但并非绝对的对立和敌视。它们之间也有妥协、合作。一方面,幽州卢龙节度使依旧奉唐廷为"正朔",接受其官号、封赐,本镇的合法性和权威性仍需中央政府认可。另一方面,朝廷则承认幽州卢龙镇相对独立的政治地位和实际利益。

本书从佛教与社会的视角出发,将唐后期的幽州卢龙镇作为一个区域性政治实体进行剖析,拓展讨论该藩镇内部的社会情态、政治格局与权力运作机制。相信这对于增进8—13世纪华北北部地区的社会文化、权力结构及基本特征的深入理解,会具有抛砖引玉的作用。

# 第五章

## "安史之乱"和"会昌法难"对幽州佛教的影响
### ——以《大唐云居寺故寺主律大德神道碑铭并序》为中心

"安史之乱"和"会昌毁法"是讨论中晚唐幽州地区的佛教与社会时不容回避的两个重大事件。以往学界对这两大事件给整个唐朝的佛学研究、佛教的破坏和冲击探讨颇多,但是迄今似无专文探究它们对幽州佛教的影响。

《大唐云居寺故寺主律大德神道碑铭并序》详细记录了中唐时期活跃在幽州良乡县(今北京房山)云居寺的一位高僧——真性大德的生平。这方典型的神道碑背后牵动的问题甚多,能延伸讨论"安史之乱"和"会昌法难"对幽州佛教的影响①。现将《大唐云居寺故寺主律大德神道碑铭并序》(以下简称《真性大德神道碑》)录文并标点如下,以备分析讨论。"《[大]唐云居寺故寺主律大德神道碑铭并序》,灂江栖夷子何筹撰,前卢龙节度驱使官张景琮书并篆额。"碑文曰:

> 昔者金人教演西方,化流东土。神功莫测,妙用难穷。日月不能拟其明,圣贤无以究其奥。历河沙之世界,论亿劫之修行。既立三乘,又开不二。执之则」② 纤毫有别,契之则丝发无差。共证菩提,俱登解脱。巍巍荡荡,无得而称。末代宗徒,随性而入。

---

① 日本学者松浦典弘先生提及此方碑刻,指出真性在唐后期云居寺刻经事业发展中的重要作用,以及他深受幽州节度使恩遇的情况,但是并未进一步深入论证。参见[日]松浦典弘:《唐代河北地域的藩镇与佛教:以幽州(卢龙军)节度使为例》,《大手前大学论集》第10号,2009年,第69—70页。

② "」"表示碑文提行处。

大德讳真性，俗姓史氏，涿郡范阳人也。爰祖及父，晦迹夷名，嘉遁」林泉，勤业皋垄。大德逸步孤立，介然而贞。性自天钟，议非师得。观色身之假立，潜趣真宗；知至道之可求，精修梵行。既端清而秉志，乃受具」以依年。薰然律风，辉振前古。万行由兹浸起，六事于是齐修。坚刚迥持，清净靡杂。狂风虽振，宁摇赤箭之茎；欲浪徒翻，不着青莲之色。割烦恼之系，」利蕴刺钟；断贪爱之缘，铦含切玉。而乃听读忘倦，慈忍兼习。操持勇猛，佩服精进。非唯二百五十净戒，洞达玄关；抑以八万四千法」门，游泳真际。则知鸿鹄飞翔，必造云霄之上；龙象跃跃，宁留沼沚之间？繇是四远向从，一方瞻敬。高行善节，时为美谈。

顷者，合寺耆年至」于初学，同诚壹志，请朵寺纲。大德固执挹谦，抑而不许。乃曰："云山异境，禅律杂居。若非通明，何以悦众？"」大德曰："顾无捷连统众之术，且乏末田乞地之功。凡练纪纲，必资德业。非安己，不利于人。"寺众愈坚其辞，志不可夺，乃唱言曰："佛刹」戒严，固难条贯。考详视履，非上德而谁？师之不从，吾将安附！"三请而后许之。四众欣然，合寺相贺。

大德至性平等，慧用圆明。规绳既」陈，高卑自序。奉精勤以敬，策堕慢以严。共乐推诚，咸称悦服。遂使施财者松门继踵，赍供者溪路相望。佛宇益崇，常住滋赡。是知道行」高而归依云赴，福德具而感应响从。又以巾锡之余，床榻之外，曾于本院别起道场。请高行数人转藏经七遍。大德宿植精进，」专至饶益。襦寒饭喂，每损节其衣盂；拯溺持癫，宁顾蹈其水火。殊踪异行，难可思量。寒暑屡移，始终一贯。

元和中（806—820），廉察使相国彭城」刘公慕其高节，亟请临坛。手字叠飞，使车交织。大德以情田不产，鉴用忘机。久处山林，已遂平生之志。那能师证，更登名利之场？徒」观马胜之威仪，谁识罗侯之密行？恳写牢让，持坚不回。暨大和有九祀，方伯司徒史公之领戒也，常目重山，聆风仰德。乃曰："昔三藏」传经于天竺，六祖弘化于曹溪。方知涿鹿名区，时有异人间出。佛法渐远，吾宗继明。益倾南望之诚，兼陈北巷之敬。"奇香异药，上服名」衣，使命往来，难可称计。以其年季秋下旬有三日，示疾，归寂于本寺东院。俗年八十四，法岁六十五。猿马悲鸣，松筠改色。凄凉士」庶，喟悼元戎。于戏！火宅方然，羊车脱辐。师之已矣，人何归依！

大德学行该通，威德端肃。所依上足，皆是名人。难具升堂，聊书入」室曰仲说、恒智、鉴直、惠增、志千、文展、宝定等七人焉。惟增也早岁辞乡，游京就学。曾于荐福寺讲《大花严经》，声振洪都，艺交清级。众」称开士，时谓入流。细行密用，难具详纪。直与千业擅小乘，学游多地。尽得南山之要，皆扬东塔之能。彼四人者，精通秘奥，博达多闻。虎步莲」官，鸾翔梵苑。感师之教，报师之恩。焚棺于碧岫之阳，起塔于清流之左。虽朝昏展敬，未尽所诚。更议刊乎贞珉，纪其盛德。良工方购，朴而」未形。俄属先朝大兴沙汰，寺皆毁废，僧遁林岩。泊佛日重明，屡更星岁。七人之内，唯宝定存焉。其诚则深，其力不置。有说公门」人前寺主僧弘信，即释门之孙也。戒律清肃，义心坚勇。悲本师之早殁，宿志未陈。与定公之相扶，再议崇立。访余以至，感而直书。冀」巡礼往来，披文知行。铭曰：」

圆觉真乘，多不能造。吾师正性，尽入其奥。操持净行，契叶流教。意马忘奔，心猿不踔。戒月圆满，律风清凉。白璧无点，明珠有光。」利根精进，密行包藏。破暗灯炬，济难舟航。宰寺开经，施财供食。但益勤励，曾无退息。时遵其义，众悦其德。不可思议，多所饶益。」法性无灭，色身有移。悲缠上足，追慕先师。既崇灵塔，又立丰碑。遗风余烈，千古长垂。」

咸通八年丁亥岁（867）十一月四日建。①

## 第一节　安史乱后的幽州佛教

### 一　真性大德的律行和中晚唐幽州地区的律宗

书写《真性大德神道碑》并篆书碑额的是"前卢龙节度驱使官张景琮"。严耕望先生勾稽文献和石刻材料中驱使官的记录，认为：在安史乱前，节度使府中已有驱使之职，但具体职掌不详②。因此，《真性大德神

---

① 录文根据以下资料：《大唐云居寺故寺主律大德神道碑》拓片，载云居寺文物管理处编《云居寺贞石录》，北京燕山出版社2008年版，第69页；（清）董浩等编：《全唐文》卷757，中华书局1983年版，第7856—7857页；北京图书馆金石组、中国佛教图书文物馆石经组编：《房山石经题记汇编》第1部分《碑和题记（唐至民国）》，书目文献出版社1987年版，第17—19页。

② 严耕望：《唐代方镇使府僚佐考》，载严耕望《唐史研究丛稿》，新亚研究所1969年版，第205—206页。

道碑》的书写者张景琮属于幽州卢龙节度使府的僚佐。此碑于唐懿宗咸通八年（867）刻成，时任幽州卢龙节度使为张允伸[①]。既然张景琮系"前卢龙节度驱使官"，那么，他很可能是张允伸的前任张仲武、张直方或周綝使府中的僚佐[②]。

据碑文所述，真性于唐文宗大和九年（835）去世，"俗年八十四，法岁六十五"。照此推断，他当生于唐玄宗天宝十一载（752），在唐代宗大历五年（770）受具足戒，经历了"安史之乱"。

真性大德在云居寺和整个幽州地区都是一位德高望重的律僧。《真性大德神道碑》称他"薰然律风，辉振前古。万行由兹浸起，六事于是齐修"。"六事"指菩萨欲成就六度之行所修之六事，即"六波罗密"：布施、持戒、忍辱、精进、禅定、智慧。真性还"听读忘倦，慈忍兼习。操持勇猛，佩服精进"。真性自身修行颇高，成为释门龙象、法界栋梁，所以"四远向从，一方瞻敬。高行善节，时为美谈"。

不仅如此，真性还擅长禅法。按《真性大德神道碑》所记，众僧请真性担任云居寺住持，言"云山异境，禅律杂居。若非通明，何以悦众"？此段文字暗示当时的云居寺兼行禅宗和律宗，真性为禅律皆通之高僧。他修六波罗密法以达到解脱，属于北宗禅的"渐修"，与南宗"道在心悟"的理念完全不同。《真性大德神道碑》对真性的这种修行方式赞赏有加，暗示中晚唐的云居寺行北宗禅。在这样的情形下，众僧极力主张有才德而威望高的真性来主持大局。真性成为住持后，"四众欣然，合寺相贺"，即获得僧俗界信徒的广泛认可。

据敦煌文书 S.529 背面《诸山圣迹志》所载，在后唐时期，一名云游僧人从盘山到幽州城，又"南行百余里至石经寺，大藏经文并镌石上。云轩皇龛月殿，迥若天宫。律门洋洋，禅流济济"[③]。"石经寺"即云居寺。以是观之，直到后唐时代，云居寺仍然禅律相间。

---

[①] 据郁贤皓《唐刺史考全编》卷116《幽州（范阳郡）》，安徽大学出版社2000年版，第1613页。张允伸于唐宣宗大中四年（850）至唐懿宗咸通十三年（872）任幽州卢龙节度使。

[②] 据郁贤皓《唐刺史考全编》卷116《幽州（范阳郡）》，安徽大学出版社2000年版，第1612—1613页。张仲武于唐武宗会昌元年（841）至唐宣宗大中三年（849）任幽州卢龙节度使，张直方于唐宣宗大中三年（849）任幽州卢龙节度使，周綝于唐宣宗大中三年（849）至大中四年（850）任幽州卢龙节度使。

[③] 郝春文主编：《英藏敦煌社会历史文献释录》第3卷，社会科学文献出版社2003年版，第50页。

## 第五章 "安史之乱"和"会昌法难"对幽州佛教的影响

在佛教宗派中，最深刻、最富于理论色彩的当推法相宗和华严宗①。自8世纪中叶以后，士人越来越相信，真正的佛教信仰不在经典的阅读和研习中，而应该是在习禅与持律中得来②。在8、9世纪之间的佛教文献中，似乎佛教的理论兴趣突然丧失，人们似乎更愿意接受律师、禅师们的实践性修行方式和解脱途径，修行中禅律并重③。因此，在这一时代，幽州云居寺禅律并行，与中晚唐全国的佛教发展轨迹一致。

在唐前期，道宣创立律宗（称"南山宗"）之后不久，怀素又创立新章（称"东塔宗"），分别形成旧疏与新疏④。律宗一直存在新、旧二疏之争。经过唐代宗朝的争论和刊定，到唐德宗即位，皇帝下诏新、旧两疏并行⑤。在长安如此，在幽州云居寺，似乎也是新、旧二疏兼容。如《真性大德神道碑》谓真性的弟子鉴直与志千"业擅小乘，学游多地。尽得南山之要，皆扬东塔之能"。

按房山云居寺《山顶石浮图后记》所述，开元二十八年（740），唐玄宗接受金仙公主的建议，将开元藏经送到幽州良乡县云居寺。负责送经的就包括"京崇福寺沙门智升，检校送经临坛大德沙门秀璋"等⑥。陈金华先生将秀璋比定为《宋高僧传》中的秀章⑦。倘若这一推论成立，从东塔律师怀素临终前对秀章说"余律行多缺，一报将终"⑧来看，秀章很可能也是一位东塔宗的律僧。徐文明先生就此认定秀章肯定是怀素的亲传弟

---

① 葛兆光：《理论兴趣的衰退——八至十世纪中国佛教的转型之一》，《世界宗教研究》2001年第1期，第38—39页。

② 同上书，第35—36页。

③ 同上书，第44页。

④ 汤用彤：《隋唐佛教史稿》第4章《隋唐之宗派》，中华书局1982年版，第174—186页。

⑤ 具体情况参见唐代宗《答天长寺沙门昙邃等表定新旧两疏诏》，（清）董浩等编：《全唐文》卷48，中华书局1983年版，第526页；（宋）赞宁《宋高僧传》卷15《唐京师安国寺如净传》、《唐京师西明寺圆照传》，范祥雍点校，中华书局1987年版，第365—366、376—379页。

⑥ 北京图书馆金石组、中国佛教图书文物馆石经组编：《房山石经题记汇编》第1部分《碑和题记（唐至民国）》，书目文献出版社1987年版，第11—12页。

⑦ Jinhua Chen, "A Daoist Princess and a Buddhist Temple: a New Theory on the Causes of the Canon-Delivering Mission Originally Proposed by Princess Jinxian (689 – 732) in 730", *Bulletin of the School of Oriental and African Studies*, vol. 69, Part 2, 2006, p. 269.

⑧ （宋）赞宁：《宋高僧传》卷5《唐京师恒济寺怀素传》，范祥雍点校，中华书局1987年版，第335页。

子①。徐先生提出怀素为东塔宗的创始人,传弟子思恒、秀章,且智升可能是秀章的弟子②。照此推断,智升和秀章皆曾经前往云居寺送经,他们可能同时也将东塔宗学说传播到幽州地区。

《宋高僧传》之《明律篇》收录的高僧多为南方人,而且出生于南方贵族家庭③。徐文明先生和陈怀宇先生认为:律宗始祖道宣的家世系南方贵族,正是他将南方的佛学传统带入律宗④。其实,在北方地区,佛教色彩浓厚的幽州也建有不少律寺。在唐前期,幽州地区亦有习"南山律"之高僧。如"燕代高僧"向南山宗的玄俨学习⑤。从"安史之乱"后直到晚唐,幽州的律宗仍然富有盛名。除了云居寺的律大德真性,还有来自江都(今江苏扬州)禅智寺的释从审在唐懿宗咸通五年(864)"受具戒于燕台奉福寺律席经筵,遍知尝染,后并三衣成五纳"⑥。从审从遥远的江南地区云游至河北北部的幽州受具足戒,足见幽州律宗之声名。

除了上文所述云居寺外,幽州城内著名的悯忠寺(今北京法源寺)也是一座大型律寺。在晚唐五代时期,有一些高僧在此活动。如"释可止,姓马氏,范阳(即幽州)大房山高丘人也。年甫十二,迥有出俗之心,依悯忠寺法贞律师"⑦。"释僧照,姓张氏,范阳人也。年十四出家,投悯忠寺。"⑧ "释师律,范阳人也,姓贾氏,大丞相魏国公耽之后,《唐书》有传。律弱龀端谨,不与群童斗伎。裁(才)十五岁,于悯中(忠)寺落发,礼贞涉为师。"⑨ 另外,幽州的宝刹寺亦有律僧。唐文宗大和七年(833)四

---

① 徐文明:《东塔宗的传承与流布》,《戒幢佛学》第 2 卷,2002 年,第 470 页。
② 同上书,第 469—475 页。
③ (宋)赞宁:《宋高僧传》卷 14 至 16,范祥雍点校,中华书局 1987 年版,第 327—410 页。
④ 徐文明:《东塔宗的传承与流布》,《戒幢佛学》第 2 卷,2002 年,第 470—471 页;Chen Huaiyu, "Buddhism in South China as a Cultural Imaginaire", *The Revival of Buddhist Monasticism in Medieval China*, New York: Peter Lang Publishing, 2007, pp. 13 - 56.
⑤ (宋)赞宁:《宋高僧传》卷 14《唐越州法华山寺玄俨传》,范祥雍点校,中华书局 1987 年版,第 342—343 页。
⑥ (宋)赞宁:《宋高僧传》卷 25《梁扬州禅智寺从审传》,范祥雍点校,中华书局 1987 年版,第 640 页。
⑦ (宋)赞宁:《宋高僧传》卷 7《后唐洛京长寿寺可止传》,范祥雍点校,中华书局 1987 年版,第 148—150 页。
⑧ (宋)赞宁:《宋高僧传》卷 7《汉洛京法林院僧照传》,范祥雍点校,中华书局 1987 年版,第 153—154 页。
⑨ (宋)赞宁:《宋高僧传》卷 28《大宋东京开宝寺师律传》,范祥雍点校,中华书局 1987 年版,第 710 页。

月八日,房山石经《佛说七俱胝(胝)佛大心准提陀罗尼经》额题"奉为尚书敬造七俱胝(胝)之经"①,还有幽州城名寺之高僧的题名:"云居寺大德僧真性,宝刹寺大德僧玄素,宝刹寺律座主僧惟简。"②

直至辽朝,律宗在幽州地域依然繁盛。辽南京城(唐幽州城基础上的小修葺)建有许多大型律寺,其规模令人咋舌。金初出使的宋朝使者洪皓写道:"燕京兰若相望,大者三十有六,然皆律院。自南僧至,始立四禅,曰太平、招提、竹林、瑞像。"③

## 二 中晚唐幽州佛教发展的物质条件

"安史之乱"是唐朝乃至整个中国佛教发展中的一个重要分水岭,这场叛乱迫使唐代的宗教格局发生重大调整。高僧在大寺院里安静地译经,需要贵族官僚的供养。"安史之乱"使此根基遭到严重破坏。寺院作为贵族化经院佛学的依托,一旦在战争中衰败,佛教的经院学术与理论研究就失去了条件④。在叛乱之后,依托于大寺院、需要大家族供养的、依靠译经、讲经、论辩、造疏维持的佛教理论兴趣逐渐衰退,精深的佛学研究成为一种"奢侈",崇尚义学的风气渐渐消解⑤。"安史之乱爆发后,各种宗教势力都乘机而起,以求得发展。"⑥

法藏敦煌文书P.3608背面、P.3620《讽谏今上破鲜于叔明令狐垣等请试僧尼及不许交易书》载:在"安史之乱"后,"天下寺舍,翻作军营;所在伽蓝,例无僧饭"⑦。宝应元年(762)八月,唐代宗颁布诏令:

---

① 北京图书馆金石组、中国佛教图书文物馆石经组编:《房山石经题记汇编》第3部分《诸经题记(唐)》,书目文献出版社1987年版,第233页。
② 同上。
③ (宋)洪皓:《松漠记闻》卷上,《丛书集成初编》本,中华书局1985年版,第10页。
④ 孙昌武:《唐长安佛寺考》,载荣新江主编《唐研究》第2卷,北京大学出版社1996年版,第31页。
⑤ 葛兆光:《理论兴趣的衰退——八至十世纪中国佛教的转型之一》,《世界宗教研究》2001年第1期,第35—47页。
⑥ 荣新江:《〈历代法宝记〉中的末曼尼和弥失诃——兼谈吐蕃文献中的摩尼教和景教因素的来历》,原载《藏学研究丛刊——贤者新宴》,1999年,此据荣新江《中古中国与外来文明》,生活·读书·新知三联书店2001年版,第357—368页。
⑦ 黄永武主编:《敦煌宝藏》第129册,新文丰出版公司1986年版,第258、320页;陈尚君辑校:《全唐文补编》卷54,中华书局2005年版,第651页。

"如闻州县公私，多借寺观居止，因兹亵渎，切宜禁断，务令清肃。"① 唐宣宗大中二年（848）敕曰："如闻天下寺观，多被军士及官吏诸客居止。狎而黩之，曾不畏忌，缁黄屏窜，堂居毁撤，寝处于象设之门，庖厨于廊庑之下。缅然遐想，愧叹良深。自今已后，切宜禁断。其军士，委州县长吏与本将商量，移于稳便处安置。其官吏诸客等，频有处分，自合遵承。仰敕到当时遣。"②"安史之乱"的主战场在北方，所以寺观被破坏应该主要指北方地区的情况。直到宣宗时期，离叛乱已经90余年，战争中遭受破坏的寺观却仍然没有得到恢复。在这样的环境下，安静地沉下心来进行精深的佛学研究，肯定是一种不合时宜的"奢侈"。

在唐文宗、武宗时代，入唐求法的日本僧人圆仁在通往五台山巡礼之路上，亲眼目睹今山东半岛上的好些寺院面临窘境。开成五年（840）二月二十七日，圆仁到达登州牟平县（今山东烟台东旧牟平县）的庐山寺，"未时，入寺宿。只有三纲、典座、直岁五人，更无僧人。佛殿破坏。僧房皆安置俗人，变为俗家"③。三月，圆仁抵达登州（今山东蓬莱、龙口），"入开元寺宿。……开元寺僧房稍多，尽安置官客，无闲房。有僧人来，无处安置"④。连登州的官寺开元寺都将僧房尽用于安置官客，让僧人无法留宿。三月十五日，圆仁行至莱州（今山东掖县），"出城外东南龙兴寺宿。佛殿前有十三级砖塔。基阶颓坏，周廊破落。寺无众僧，仅有二僧。寺主典座，心性平庸，不知主客之礼"⑤。第二天"早朝，常住供吃粥。寺家无饭，各自求食"⑥。龙兴寺亦为唐朝的官寺，却依然衰落了。这座寺庙不但经济条件恶劣，僧人的修养和学问均令人不敢恭维。三月十九日，圆仁至青州北海县（今山东潍坊）观法寺留宿，目睹"佛殿僧房破落，佛像露坐。寺中十二来僧尽在俗家，寺内有典座僧一人"⑦。

---

① 《条贯僧尼敕》，（宋）宋敏求编：《唐大诏令集》卷113，商务印书馆1959年版，第590页。又见于（清）董浩等编《全唐文》卷46，中华书局1983年版，第508页。

② 常衮：《禁天下寺观停客制》，（宋）宋敏求编《唐大诏令集》卷113，商务印书馆1959年版，第590页。

③ ［日］圆仁：《入唐求法巡礼行记校注》卷2，白化文、李鼎霞、许德楠修订校注，周一良审阅，花山文艺出版社2007年版，第213页。

④ 同上书，第217页。

⑤ 同上书，第232页。

⑥ 同上书，第233页。

⑦ 同上书，第234页。

四月六日，圆仁抵达长白山（今山东邹平附近）中著名的醴泉寺，见"寺舍破落，不多净喫。圣迹陵夷，无人修治。寺庄园十五所，于今不少。僧途本有百来僧，如今随缘散去。现住寺者，三十向上也"①。所谓原来的僧人"随缘散去"，当指经过"安史之乱"的打击，本寺衰落，迫使僧人到别处去谋生。圆仁的亲身经历充分证明：自安禄山叛乱后，将近100年，今山东半岛上的好些寺院依然没有恢复生气和昔日的景象。

在成德镇境内，情况亦相差无几。开成五年（840）四月十七日，圆仁行至冀州堂阳县（今河北新河附近），"入城内觉观寺宿。寺舍破落，无有僧徒，只有知寺僧一人，见客不殷勤。房床铺设，总不勾当"②。四月十八日，圆仁"到赵州界宁晋县（今河北宁晋）东唐城寺宿。寺极贫疏，僧心庸贱"③。四月十九日，圆仁"到赵州（今河北赵县）南开元寺宿。屋舍破落，佛像尊严。师僧心鄙，怕见客僧"④。连官方的开元寺都尚且如此。四月二十二日，圆仁"到镇州界行唐县（今河北行唐），入城内西禅院宿。有廿余禅僧，心极闹乱"⑤。这些禅僧在"心极闹乱"的情况下，必然无法静心修行。

河北地区众多寺院凋零，主要因为这是"安史之乱"的主战场。在这样的物质条件下，自然没有学问僧潜心钻研佛学。相形之下，幽州良乡县的云居寺还出现学问和修行均非常出众的高僧真性。这跟叛乱之后，幽州地区良好的物质条件是分不开的（详见第四章第二节）。

《真性大德神道碑》叙述真性以自己的人格魅力和管理才干赢得广大信徒的尊重，因而吸引大量信徒前来布施、做功德。结果，云居寺"佛宇益崇"，"常住滋赡"。其中"常住"系佛教僧众不可分割之共同财产，泛指所有布施于佛教的财产。根据道宣所作《量处轻重仪》，施主的捐赠在寺院中可以有6种处理方式：第一，属于僧团（入重），被用于公共财产；第二，分配给个体僧人（入轻）；第三，主人捐赠的短

---

① [日]圆仁：《入唐求法巡礼行记校注》卷2，白化文、李鼎霞、许德楠修订校注，周一良审阅，花山文艺出版社2007年版，第246页。
② 同上书，第253页。
③ 同上书，第254页。
④ 同上。
⑤ 同上书，第257页。

期服役的劳动力,完成在寺院的工作后,应归还原来的主人;第四,乐器、戏剧装饰工具、戏剧衣物、游戏工具应该被卖,其收入归僧院;第五,俗信徒捐赠的野生动物应该放生;第六,如果施主捐赠武器,应该用火烧掉[1]。据陈怀宇先生研究,寺院的上座、寺主和都维那通过他们对戒律的理解,控制着寺院财产的所有权、分配权、出卖权和毁灭权。虽然所有僧人都参加处理财产的聚会、参与讨论,但是决定权还是保留在高僧手中,特别是有行政管理权的僧人:上座、寺主和都维那[2]。真性担任云居寺住持之后,寺院"常住"迅速增长,可知施主的捐赠大部分"入重",成为云居寺的公共财产。此当与稳操寺院财产支配权的真性分配捐赠物以公为先有关。

在中晚唐时代,高深的佛学研究在云居寺得以延续,源于当地大寺院能够持续从有经济实力的幽州卢龙镇军将获得丰厚的供养(详见第四章)。而且,从唐德宗贞元(785—805)至唐宪宗元和(806—820)年间,真性还得到幽州地方势力,特别是幽州卢龙节度使刘济的施助,刊刻了许多石经[3]。显然,在"安史之乱"后,云居寺仍然能够获得源源不断的资助。这些都是精深的佛学研究得以延续的必要条件。

### 三 戒坛和度牒

《真性大德神道碑》还隐隐约约透露出一些有关唐后期国家的度牒政策及其施行状况的关键信息。

《真性大德神道碑》讲述真性不断受到幽州卢龙节度使的礼遇:"元和中,廉察使相国彭城刘公慕其高节,亟请临坛。手字叠飞,使车交织。"据考,刘济在唐德宗贞元元年(785)至唐宪宗元和五年(810)任幽州卢龙节度使[4]。唐宪宗元和五年(810)七月乙卯,"幽州

---

[1] (唐)道宣:《量处轻重仪》,[日]高楠顺次郎等编《大正藏》第45册,大正一切经刊行会1927年版,第842、845、849—850页。

[2] Chen Huaiyu, "Property and Buddhism Monasticism", *The Revival of Buddhist Monasticism in Medieval China*, New York: Peter Lang Publishing, 2007, p. 142.

[3] 中国佛教协会:《〈房山云居寺石经〉前言》,载吕铁钢主编、中国佛教文化研究所编《房山石经研究》第1册,中国佛教文化出版有限公司1999年版,第29页。

[4] 郁贤皓:《唐刺史考全编》卷116《幽州(范阳郡)》,安徽大学出版社2000年版,第1608—1609页。

节度使刘济为其子总鸩死"①。而刘总又在唐宪宗元和五年（810）至唐穆宗长庆元年（821）任幽州卢龙节度使②。目前还无法判断碑文中的"廉察使相国彭城刘公"是指刘济还是刘总。而真性大德回绝了邀请："那能师证，更登名利之场？徒观马胜之威仪，谁识罗侯之密行？恳写牢让，持坚不回。"其中，罗侯罗系佛十大弟子之一，释尊之子，为耶输陀罗所生，又作罗护罗、罗怙罗、罗吼罗、曷罗怙罗、何罗怙罗、罗云、罗芸，意译为覆障、障月、执日。罗侯罗严守制戒，精进修道，终证阿罗汉果，并以"密行第一"著称。敦煌文书P.4617中有诗《赞肉身罗睺》：

> 罗睺尊者化身来，十二年中在母胎。
> 昔日王宫修密行，今时凡室作婴孩。
> 端严肉髻同千圣，相好真容现五台。
> 能与众生无限福，世人咸共舍珍财。③

尽管幽帅热忱相邀，可真性认为：接受节度使的邀请去开设戒坛，即是登"名利之场"，其实很多人并不真正理解佛教戒律及修道方法。

值得关注的是：实际上，唐宪宗在即位之初便已经颁布诏敕，禁止设坛私度僧尼。这从李德裕的上奏可以证明。唐敬宗即位之后，长庆四年（824）十二月下旬，李德裕上《王智兴度僧尼状》曰：

> 王智兴于所属泗州（今江苏盱眙西北淮水西岸）置僧尼戒坛。自去冬于江、淮以南，所在悬牓招置。江、淮自元和二年（807）后，不敢私度。闻泗州有坛，户有三丁，必令一丁落发，意在规避王徭，影庇资产。自正月以来，落发者无虑数万。臣今于蒜山渡点其过者，一旦百余人，勘问，惟十四人是旧人沙弥，余是苏、常百姓，亦无本州文牓，寻已勒还本贯。访闻泗州置坛次

---

① （后晋）刘昫等：《旧唐书》卷14《宪宗纪上》，中华书局1975年标点本，第431页。
② 郁贤皓：《唐刺史考全编》卷116《幽州（范阳郡）》，安徽大学出版社2000年版，第1609页。
③ 徐俊纂辑：《敦煌诗集残卷辑考》卷中（法藏部分下），中华书局2000年版，第454—455页。

第，凡髡夫到，人纳二千，给牒即回，别无法事。若不特行禁止，比到诞节，计江、淮以南，失却六十万丁壮。此事非细，系于朝廷法度。①

李德裕的"江、淮自元和二年后，不敢私度"之语，暗示宪宗至迟在元和二年（807）已经颁布禁止私度之诏敕。

在唐文宗开成三年（838），入唐巡礼的日本僧人圆仁称："大唐太和二年以来，为诸州多有密与授戒，下符诸州，不许百姓剃发为僧。唯有五台山戒坛一处，洛阳终山琉璃坛一处。自此二外，皆悉禁断。"②日本的小野胜年先生已经依据《旧唐书·李德裕传》所载"江、淮自元和二年后，不敢私度"之辞，判定圆仁所记"太和二年"可能系"元和二年"之误③。白化文先生根据《嵩山会善寺戒坛记》之文，认定"洛阳终山琉璃坛"的"终山"乃"嵩山"之误，当指唐高僧一行所创立的"嵩山会善寺琉璃坛"④。总之，自元和二年（807）之后，朝廷承认的戒坛仅有五台山和嵩山两处。但圆仁却书"诸州多有密与授戒"，说明禁令执行不严。

唐敬宗刚即位，"徐州（今江苏徐州）节度使王智兴聚货无厌，以敬宗诞月，请于泗州置僧坛，度人资福，以邀厚利"⑤。起初，皇帝"诏可"⑥。结果，"江、淮之民，皆群党渡淮"。李德裕上奏皇帝，直陈其弊端，皇帝遂"即日诏徐州罢之"⑦。如上文所引《王智兴度僧尼状》，李德裕阻止王智兴滥度僧尼，主要是担心有人借此"规避王徭，影庇资产"，江、淮以南会失去"六十万丁壮"。这无疑会对唐朝的经济命脉产生重大影响。对此问题，下文将进一步阐述。我们先看幽州卢龙镇的

---

① （唐）李德裕：《李德裕文集校笺·别集》卷5，傅璇琮、周建国校笺，河北教育出版社2000年版，第516—517页。又见于（后晋）刘昫等《旧唐书》卷174《李德裕传》，中华书局1975年标点本，第4514页。这两个版本用词略有不同。

② [日]圆仁：《入唐求法巡礼行记校注》卷1，白化文、李鼎霞、许德楠修订校注，周一良审阅，花山文艺出版社2007年版，第54页。

③ [日]小野胜年：《入唐求法巡礼行记の研究》第1卷，铃木学术财团1964年版，第242—245页。

④ [日]圆仁：《入唐求法巡礼行记校注》卷1，白化文、李鼎霞、许德楠修订校注，周一良审阅，花山文艺出版社2007年版，第55页。

⑤ （后晋）刘昫等：《旧唐书》卷174《李德裕传》，中华书局1975年标点本，第4514页。

⑥ （宋）欧阳修、宋祁：《新唐书》卷180《李德裕传》，中华书局1975年标点本，第5329页。

⑦ （后晋）刘昫等：《旧唐书》卷174《李德裕传》，中华书局1975年标点本，第4514页。

情况。

唐宪宗元和四年（809），在朝廷讨伐成德镇王承宗之时，刘济、刘总父子曾率领幽州镇兵助战[1]。元和五年（810）七月，朝廷与成德镇的战争陷入僵局，"时招讨非其人，诸军解体，而藩邻观望养寇，空为逗挠，以弊国赋。而李师道、刘济亟请昭雪，乃归罪卢从史而宥承宗，（唐宪宗）不得已而行之也"[2]。卢从史时任昭义节度使，并在朝廷与叛臣王承宗之间首鼠两端[3]。在宪宗朝，幽州镇与朝廷保持和睦。在唐廷平定藩镇的战争中，尤其是讨伐成德镇王承宗的重大军事行动中，幽州镇属于朝廷笼络和拉拢的对象[4]。宪宗十分看重幽州镇对王承宗的牵制力。由于形势所迫，对刘济所提的不合规矩的要求，中央政府尚且姑息而从之。照此推之，对幽州卢龙节度使（无论是刘济，还是刘总）违反诏敕、置戒坛度僧尼之事，朝廷更不会过问和处罚。可以想见，刘济或刘总对这些利害关系早就算好了。如果真性接受刘济或刘总的邀请，开坛度僧，宪宗就算知道，为了战争之大局，也会佯装不知。

在唐宣宗朝，幽州卢龙节度使张允伸还两次公开开设戒坛（详见第四章第一节）。他完全无视朝廷的禁令。而唐廷对张允伸一直恩宠有加，倚重他守卫东北边疆。他对朝廷亦十分恭顺，在当地民政、抵御外敌方面皆值得称道[5]。正如牛僧孺所言，"自安、史之后，范阳（即幽州）非国家所有"。"范阳国家所赖者，以其北捍突厥，不令南寇"，对其可以作为"爪牙之用，固不计于逆顺"[6]。自"安史之乱"后，幽州卢龙镇的赋税本来就不"上供"中央，即使当地因度僧过多，酿成民众资产隐匿或劳动力流失的恶果，也绝对与中央财政收入无涉。在这种情形下，唐廷着实

---

[1]（唐）权德舆：《唐故幽州卢龙节度副大使知节度事管内支度营田观察处置押奚契丹两番经略卢龙军等使开府仪同三司检校司徒兼中书令幽州大都督府长史上柱国彭城郡王赠太师刘公墓志铭并序》，权德舆《权德舆诗文集》，郭广伟校点，上海古籍出版社2008年版，第319—320页。

[2]（后晋）刘昫等：《旧唐书》卷14《宪宗纪上》，中华书局1975年标点本，第431页。

[3]（后晋）刘昫等：《旧唐书》卷132《卢从史传》，中华书局1975年标点本，第3652—3653页。

[4]（后晋）刘昫等：《旧唐书》卷14、15《宪宗纪》上下，中华书局1975年标点本，第411—472页。

[5]（后晋）刘昫等：《旧唐书》卷180《张允伸传》，中华书局1975年标点本，第4679—4680页。

[6]（后晋）刘昫等：《旧唐书》卷180《杨志诚传》，中华书局1975年标点本，第4676页。

没有必要撕破脸皮指责其节度使开坛度僧之事。

在同属"河朔藩镇"的魏博镇，节度使何进滔在唐武宗时设戒坛度僧尼，也不见朝廷干预。开成五年（840）四月十三日，圆仁行至魏博镇所辖贝州（今河北清河附近）城里开元寺住宿，听说"中丞申节度使，于开元寺新开坛场，牒报街衢，令人知闻。从诸州来受戒僧四百有余。昨日坛场罢，新戒僧尽散去"①。四月十四日，圆仁斋后返回开元寺。"晚际，入戒坛院，见新置坛场：垒砖二层，下阶四方各二丈五尺，上阶四方各一丈五尺。高：下层二尺五寸，上层二尺五寸。坛色青碧。时人云'取琉璃色'，云云。"② 贝州不仅度僧，还设有"尼众戒坛"。四月十五日，圆仁"斋后入善光寺，见尼众戒坛。堂里悬幡铺席，以绳界地。不置坛，平地铺着，以为戒坛。明日起首可行道受戒"③。很明显，皇帝禁止私度僧尼之诏敕在魏博镇亦成为一纸空文。

细检史籍，笔者只见中央政府对江淮地区的私度采取过措施。而如前述，在唐敬宗时，李德裕上奏弹劾王智兴置戒坛之举，结果皇帝下诏禁止。另外，唐敬宗宝历二年（826）三月"辛未，江西观察使殷侑请于洪州（今江西南昌）宝历寺置僧尼戒坛。敕殷侑故违制令，擅置戒坛，罚一季俸料"④。唐文宗《条流僧尼敕》曰："不得度人为僧尼，累有明敕。切在提举，惟我元元。务在长育，擅有髡削，亦宜禁断。"该敕又云："天下更不得创造寺院、普通、兰若等。如因破坏，即任修葺。"⑤ 唐文宗大和三年（829）十月"己酉，江西沈传师奏：皇帝诞月，请为僧尼起方等戒坛"。文宗诏曰："不度僧尼，累有敕命。传师忝为藩守，合奉诏条，诱致愚妄，庸非理道，宜罚一月俸料。"⑥ 文宗处罚沈传师之后不久，十一月甲申，"帝亲祀昊天上帝于南郊"⑦。文宗在这次《南郊赦文》中指出："缁黄之众，蚕食生人，规避王徭，凋耗物力，应诸州府度僧尼、道

---

① ［日］圆仁：《入唐求法巡礼行记校注》卷2，白化文、李鼎霞、许德楠修订校注，周一良审阅，花山文艺出版社2007年版，第251页。

② 同上。

③ 同上书，第252页。

④ （后晋）刘昫等：《旧唐书》卷17《敬宗纪》，中华书局1975年标点本，第519页。

⑤ （宋）宋敏求编：《唐大诏令集》卷113，商务印书馆1959年版，第591页。又见于（清）董诰等编《全唐文》卷74，中华书局1983年版，第778页。

⑥ （后晋）刘昫等：《旧唐书》卷17《文宗纪上》，中华书局1975年标点本，第533页。

⑦ 同上。

士，及创造寺观，累有禁令，尚或因循。自今已后，非别敕处分，妄有奏请者，委宪司弹奏，量加罚责。其百姓中，有苟避徭役，冒为僧道，所在长吏，量为科禁。"① 显然，文宗禁止私度僧尼主要还是为了国家经济、中央政府的财政收入。文宗又在大和九年（835）七月"丁巳，诏不得度人为僧尼"②。综观上文所述，从宪宗开始，皇帝就屡次下诏，禁止私度。从上引材料中，我们也确实仅看到中央对江淮地区的私度采取过惩罚官员的措施。撮要而言，中央对其他地方的私度行为可以睁一只眼闭一只眼，但对关系朝廷经济命脉的江淮地区却十分警觉。在"安史之乱"后，唐廷的财政收入主要依赖东南地区的江淮八道③，唐德宗、宪宗两朝对藩镇采取军事行动，江淮诸道的进奉是不可或缺的战争费用来源④。自安史乱后，河北三镇"以赋税自私，不朝献于廷"，"讫唐亡百余年，卒不为王土"⑤。因此，江淮地区僧尼太多，直接影响中央的赋役征调和财政收入。而河北地区的财政，几乎是藩镇"自负盈亏"，僧尼数目过多，招致赋税收入或劳动力减少的恶果，多半也只是藩镇自己的事情，对中央财政着实无关痛痒。所以，唐廷对江淮地区的私度行为非常揪心，而对其他地区不会盯得太紧，甚至撒手不管（特别是相对独立的河朔藩镇）。概括而言，无论从当时的政治形势还是经济收入考虑，中央政府"不能"，也"没有必要"干涉河北藩镇置坛度僧尼之事。

### 四 幽州与长安佛教的互动

中晚唐以降，在政治、军事和经济领域，幽州卢龙镇俨然自为一体，但在佛教文化方面，它与长安仍然有交流和互动。

《真性大德神道碑》谈及真性的弟子惠增"早岁辞乡，游京就学。曾于荐福寺讲《大花严经》，声振洪都，艺交清级。众称开士，时谓入流"。惠增早年在幽州师从真性，后来到京师长安学习佛学。他在荐福寺讲经一

---

① （清）董浩等编：《全唐文》卷75，中华书局1983年版，第793页。
② （后晋）刘昫等：《旧唐书》卷17《文宗纪下》，中华书局1975年标点本，第559页。
③ 陈寅恪：《唐代政治史述论稿》上篇《统治阶级之氏族及其升降》，载陈美延编《陈寅恪集》，生活·读书·新知三联书店2001年版，第209—210页。
④ 张国刚：《唐代藩镇研究》第11章《唐代藩镇财政收入与分配》，湖南教育出版社1987年版，第229—230页。
⑤ （宋）欧阳修、宋祁：《新唐书》卷210《藩镇传·序》，中华书局1975年标点本，第5921页。

事值得予以特别关注。荐福寺位于长安开化坊[①]，与皇城仅隔两坊，为唐中宗的藩邸所改。中宗复辟后对它大加营饰，使之成为长安乃至整个唐朝的译经中心[②]。荐福寺在律宗、华严宗发展史上有过光辉的历史。在唐前期，义净在荐福寺译经，偏重于律部。至唐中宗时，道岸律师在荐福寺讲律，实叉难陀和法藏在该寺弘扬华严。直到晚唐时代，荐福寺仍有僧人入内道场。在中晚唐时期，荐福寺成为文人居住以及进行各种社会交往的重要场所，是达官贵人题名之地，盛行俗讲，还设有戏场[③]。惠增在这座名寺中宣讲《大花严经》，博得广泛赞誉，足证其学术水平。这也暗示：作为一名僧人，无论学问多好，必须获得京城佛教界人士的认可，方能真正算作"入流"。《真性大德神道碑》刻意书写真性的弟子在长安名寺讲经的辉煌经历，说明当时的幽州人十分看重这一点，这也是通过记录弟子的业绩来给其师父贴金，发挥榜样示范效应。

在"安史之乱"后，虽然河朔藩镇割据，但在幽州卢龙镇仍然有僧人惠增赴长安学习，以登上京城名寺之讲席、获得长安佛教圈的认可为荣耀。此亦从侧面证明：尽管"安史之乱"对北方佛教冲击甚大，两京地区的佛刹遭遇重创，但长安作为东亚佛学中心的地位并未发生根本动摇。自战乱之后，长安不仅还是名僧荟萃之地，而且佛教的硬件设施依然具有其他地域无可比拟的优势[④]。在会昌毁佛期间，圆仁称："长安城里坊内佛堂三百余所，佛像、经楼等庄校如法，尽是名工所作。一个佛堂院敌外州大寺。"[⑤]

《宋高僧传》载："释可止，姓马氏，范阳大房山高丘人也。年甫十二，迥有出俗之心，依悯忠寺法贞律师。"他游历数地，"后于长安大庄严寺化徒数载"。可止于唐昭宗乾宁三年（896）"进诗，昭宗赐紫袈裟，

---

[①]（清）徐松撰，李健超增订：《增订唐两京城坊考》（修订版）卷2，三秦出版社2006年版，第47页。
[②] 孙英刚：《长安与荆州之间——唐中宗与佛教》，载荣新江主编《唐代宗教信仰与社会》，上海辞书出版社2003年版，第133—139页。
[③] 申秦雁：《唐代荐福寺》，《文博》1991年第4期，第91—93页。
[④] 冯金忠先生曾讲述，唐后期长安、洛阳两京权贵、官僚云集，名刹、名僧荟萃，这些优越条件对各地的行脚僧具有极大的诱惑，即使割据型藩镇也不例外。参见冯金忠《幽州镇与唐代后期人口流动——以宗教活动为中心》，《青岛大学师范学院学报》2007年第1期，第6页。但是，冯先生对此问题并未进一步深入论证。
[⑤][日]圆仁：《入唐求法巡礼行记校注》卷4，白化文、李鼎霞、许德楠修订校注，周一良审阅，花山文艺出版社2007年版，第442页。

应制内殿"①。在晚唐时期，原本生长于幽州、在悯忠寺受戒的可止，最终跻身于长安名寺——大庄严寺②教化徒弟，并得到皇帝"赐紫"的荣宠。相信这也是令众多幽州僧人非常艳羡的境界。

安禄山叛乱使长安佛教受到巨大冲击，但幽州僧人还是对长安的佛学具有"朝圣"的心态。在长安名寺获取一席之地或得到皇帝颁赐的紫衣袈裟，依然是他们心目中的光荣与梦想。这充分表明：自中晚唐以来"不为王土"的幽州卢龙镇与中央在佛教领域仍然有人才流动、文化交流。只要这一"朝圣之旅"不被阻断，幽州卢龙镇跟朝廷就不能完全脱离关系。

当然，位于东北边疆地区的幽州也绝非长安佛教文化的被动接受者，它对京城的佛教也产生了一定影响。在中唐时期，长安禅定寺僧人明准亦模仿和学习幽州良乡县刊刻石经之举。明准"生缘本天台灵墟道场，出俗游方。至京邑，观古之神僧智苑于范阳北山刊石写经灌铁，以俟慈氏下生，免水火之虞。又东洛长寿寺写《华严》，圣善寺写《法华》，嵩山岳寺写《楞伽》，悉刊贞珉，皆图不朽。准遂于贞元戊寅岁春正月，见寺僧錾山攻石，石悉顽恶，知匠氏不虔，山灵秘吝。时准疏告阴灵，请神善务。俄于定中见若干幅贮无量石，冥冥之间，如有宰割，皆中刻字。时连率博陵崔公激劝幕府参佐各书一品，从《序》至《劝发》，凡二十八。圆廊挺立，不期毕工。准之化人，皆此类也。元和元年（806）八月中也"③。明准在唐德宗贞元戊寅岁，即贞元十四年（798）开始模仿智苑雕刻房山石经的举动，以"图不朽"。直到唐宪宗元和元年（806）八月才完成，历经九年。此功德事业还赢得贵族官僚的支持。这又一次证明：虽然"安史之乱"后，中央与幽州卢龙镇在政治上存在隔阂，但并不妨碍长安与幽州在佛教文化方面的交流和互相学习。

中晚唐河北藩镇虽与朝廷对峙，但朝廷依然对河朔地区执行科举制

---

① （宋）赞宁：《宋高僧传》卷7《后唐洛京长寿寺可止传》，范祥雍点校，中华书局1987年版，第148—149页。

② 大庄严寺位于长安城西南隅永阳坊，占半坊之地。隋文帝仁寿二年（602），独孤后崩，文帝为其立为禅定寺。唐高祖武德元年（618）改为庄严寺，天下伽蓝之盛，莫与于此。唐宣宗大中六年（852）改为圣寿寺。参见（清）徐松撰，李健超增订《增订唐两京城坊考》卷4，三秦出版社2006年版，第256—257页。

③ （宋）赞宁：《宋高僧传》卷27《唐长安禅定寺明准传》，范祥雍点校，中华书局1987年版，第683页。

度,当地士人仍对科举仕进持积极态度。特别是幽州镇在中晚唐时期涌现出大量士人,还出现了两大科举家族:王时邕和刘钤家。在文化政策方面,河北藩镇对朝廷有支持和配合的一面,不是完全僵化对立[①]。实际上,自"安史之乱"以后,幽州镇和朝廷的文化交流,不仅体现在儒学和科举制度层面,还反映在佛教文化方面。这就如同晚唐时期归义军与唐中央政府的关系。归义军在政治上相当于一个"独立王国",它与唐廷在政治上的明争暗斗并不影响文化上的交往,敦煌、长安两地佛教界的交往也没有断绝[②]。

## 第二节 "会昌法难"对幽州佛教的影响

唐朝是中国佛教蓬勃发展的黄金时代,但也正是在这一时期,佛教遭遇了至为严酷的"会昌法难"。对这一重大事件,众多中外学者从不同角度进行过研究[③]。很多学者认为:唐中叶以后,河北藩镇骄纵跋扈,其节度使又都敬信佛教,因此他们不遵奉唐武宗毁佛的命令,"会昌灭佛"的影响不及河朔地区。

唐武宗会昌五年(845),圆仁在回国的途中写道:

---

① 刘琴丽:《中晚唐河北举子研究》,《史学集刊》2009年第4期,第37—46页。

② 荣新江:《法门寺与敦煌》,原载《'98法门寺唐文化国际学术讨论会论文集》,陕西人民出版社2000年版,此据荣新江《敦煌学新论》,甘肃教育出版社2002年版,第29—38页。

③ 如[日]龟川正信《关于会昌废佛》,《支那佛教史学》第6卷,1942年,第147—168页;Kenneth Ch'en, "The Economic Background of the Hui-Ch'ang Suppression of Buddhism", *Harvard Journal of Asiatic Studies*, 19, 1956, pp. 67-102;[法]戴密微(Paul Demiéville)《中国历史上的"会昌灭佛"》,邓文宽、吕敏译,载《法国汉学》第7辑,中华书局2002年版,第68—77页(此文原载 *Mélanges d'histoire des religions offerts à HenriCharles Puech*, Paris, PUF, 1974, pp. 17-25);汤用彤《隋唐佛教史稿》第1章《隋唐佛教势力之消长》,中华书局1982年版,第40—51页;袁刚《会昌毁佛和李德裕的政治改革》,《中国史研究》1988年第4期,第124页;[美]史丹利·外因斯坦(Stanley, Weinstein)《唐代佛教——王法与佛法》第6章《武宗时代的灭佛之祸》,释依法译,佛光文化事业有限公司1999年版,第193—230页;黄运喜《会昌法难研究》,花木兰文化出版社2011年版;季爱民《会昌六年寺院存毁与改名史事》,载陈金华、孙英刚编《神圣空间:中古宗教中的空间因素》,复旦大学出版社2014年版,第134—149页;张箭《三武一宗抑佛综合研究》第3章《唐武宗之禁佛》,世界图书出版广东有限公司2015年版,第152—257页;季爱民《隋唐长安佛教社会史》第7章《会昌毁佛的社会反响》,中华书局2016年版,第272—300页;等等。

## 第五章 "安史之乱"和"会昌法难"对幽州佛教的影响

> 三四年已来,天下州县准敕条流僧尼,还俗已尽;又天下毁拆佛堂、兰若、寺舍已尽;又天下焚烧经像、僧服罄尽;又天下剥佛身上金已毕;天下打碎铜铁佛,称斤两,收捡讫;天下州县收纳寺家钱物、庄园,收家人奴婢,已讫。唯黄河已北镇、幽、魏、路(潞)等四节度元来敬重佛法,不拆[寺]舍、不条流僧尼。佛法之事,一切不动之。频有敕使勘罚。云:"天子自来毁拆焚烧,即可然矣,臣等不能作此事也。"①

汤用彤先生根据圆仁的这段记载,认定"会昌法难"至为严厉,但河北幸免②。按照这一逻辑,冯金忠先生进一步提出:河北的佛教寺院和寺院经济不仅没有受到破坏和冲击,相反,"会昌法难"是河北佛教发展的重要契机。许多高僧投奔河北避难③。当时身为幽州卢龙节度使的张仲武④在当地应该"不拆寺舍、不条流僧尼"。照此推之,幽州地区当不受法难之影响。但是,地方政府的政策与当地佛教的实态虽有关联,却不能简单等同。佛教本来就牵涉到政治、经济、社会、民众等诸层面,不完全是政府的态度和措施所能决定的。

会昌五年(845)秋七月庚子,武宗"敕并省天下佛寺。中书门下条疏闻奏:'据令式,诸上州国忌日官吏行香于寺,其上州望各留寺一所,有列圣尊容,便令移于寺内;其下州寺并废'"⑤。敕曰:"上州合留寺,工作精妙者留之;如破落,亦宜废毁。其合行香日,官吏宜于道观。"⑥幽州作为上州,按规定当留寺一所。据《元一统志》追述,"武宗会昌五

---

① [日]圆仁:《入唐求法巡礼行记校注》卷4,白化文、李鼎霞、许德楠修订校注,周一良审阅,花山文艺出版社2007年版,第491页。
② 汤用彤:《隋唐佛教史稿》第1章《隋唐佛教势力之消长》,中华书局1982年版,第49页。
③ 冯金忠:《幽州镇与唐代后期人口流动——以宗教活动为中心》,《青岛大学师范学院学报》2007年第1期,第7页。
④ 张仲武于唐武宗会昌元年(841)至唐宣宗大中三年(849)任幽州卢龙节度使。参见郁贤皓《唐刺史考全编》卷116《幽州(范阳郡)》,安徽大学出版社2000年版,第1612页。
⑤ (后晋)刘昫等:《旧唐书》卷18《武宗纪》,中华书局1975年标点本,第604—605页。
⑥ 同上书,第605页。

年（845）下令毁削佛寺，幽燕八州惟悯忠独存"①。可是，时任幽州卢龙节度使张仲武可能敷衍中央的命令，表面上宣称只保留悯忠寺，其实并未认真执行。因为在中古时代，许多佛教碑刻对寺院遭受法难破坏的情形都有记录，但幽州地区的佛寺碑铭却少有这类记载。《真性大德神道碑》谓弟子正准备给真性大德刻碑之际，"俄属先朝大兴沙汰，寺皆毁废，僧遁林岩。洎佛日重明，屡更星岁"，真性的七名弟子中，"唯宝定存焉"②。这似乎暗示云居寺亦遭受"会昌法难"的冲击。辽穆宗应历十五年（965）《重修范阳白带山云居寺碑》又追述道："岌岌碧岩，不畏会昌之毁。"③ 显然，云居寺在这场法难中仍然幸免于难。综合各类材料观之，张仲武对武宗毁佛的诏令，肯定没有严格执行。尽管如此，由于各种复杂因素的交互作用，"会昌法难"依然对幽州地区的佛教事业造成负面影响。

## 一　会昌毁法对幽州佛教功德事业的冲击

按《真性大德神道碑》所记，弟子安葬了真性，起塔瞻仰，并欲镌刻碑铭述其德行。可是"良工方购，朴而未形。俄属先朝大兴沙汰，寺皆毁废，僧遁林岩"。其中"良工方购"指弟子们和雇工匠来刊刻石碑，可惜还"朴而未形"就遭遇"会昌法难"，工程被迫停下。而如前述，幽州卢龙节度使张仲武消极执行中央毁佛的命令。由此可以推定：仲武或幽州当地官吏不会干预和阻止真性神道碑的刊刻。但是，佛教事业实为一复杂之系统和链条。云居寺，甚至整个幽州地区的佛教功德事业可能还是受到冲击，详见下文解析。

法国汉学家谢和耐（Jacques, Gernet）先生总结道：佛教传入中国促使商业和手工业经济大发展。当然，这也是以损害农业的利益为前提的。佛教教团及其信徒们的需要，也促进了某些商业的发展，尤其是那些与建筑有关的商业、建筑用的木材和染料等产品的交易。同时，佛教还引起了

---

① （元）孛兰肹等：《元一统志》卷1《中书省统山东西河北之地》，赵万里校辑，中华书局1966年版，第25页。

② 日本学者塚本善隆先生据此认定"会昌法难"中，云居寺未能幸免，遭受沉重打击。参见［日］塚本善隆《石经山云居寺与石刻大藏经》，《东方学报》（京都）第5册副刊，1935年，第135—136页。这一观点所依据的材料仅此1条，需要再行探讨。

③ 向南辑：《辽代石刻文编》，河北教育出版社1995年版，第32页。

## 第五章 "安史之乱"和"会昌法难"对幽州佛教的影响

另外一些行业的出现或发展：承包工程的企业家、木匠、雕塑家、画家、金银匠、抄经师，他们都是佛教运动的直接受益者[①]。这充分说明佛教功德事业具有广泛的牵动性。

《妙法莲华经》详细记录了制作佛像的材料："若人为佛故，建立诸形像，刻雕成众相，皆已成佛道。或以七宝成，鍮石、赤白铜、白蜡及铅、锡、铁、木及与泥，或以胶漆布，严饰作佛像。如是，诸人等皆已成佛道。"[②] 在具体实践中，唐代造像也大体采用该经典规定的材料，同时亦有不少金、银铸成之佛像。

在唐代，用鍮石铸造佛像和佛教用品十分常见，鍮石制成的香炉也常出现在文献中[③]。如长安佛寺中就供有鍮石制造的佛像。在长安常乐坊赵景公寺华严院中，有"鍮石卢舍立像，高六尺，古样精巧"[④]。长安大同坊云华寺的圣画"堂中有于阗鍮石立像，甚古"[⑤]。日本僧人圆仁在长安求得"鍮石印佛一面（小注：一百佛）"[⑥]。唐文宗"大和三年（829），诏佛像以铅、锡、土、木为之，饰带以金银、鍮石、乌油、蓝铁，唯鉴、磬、钉、镮、钮得用铜，余皆禁之，盗铸者死"[⑦]。这份诏书证明民间社会有利用贵金属制作佛像之喜好，同时也暗示在文宗朝，唐代社会已经面临贵金属短缺的困境。在武宗下诏毁法之时，中书又奏："天下废寺，铜像、钟磬委盐铁使铸钱，其铁像委本州铸为农器，金、银、鍮石等像销付度支。衣冠士庶之家所有金、银、铜、铁之像，敕出后限一月纳官，如违，委盐铁使依禁铜法处分。其土、木、石等像合留寺内依旧。"[⑧] 由是可知，时人铸造佛像常用金、银、铜、铁、鍮石，还有土、木、石。其中

---

① ［法］谢和耐：《中国5—10世纪的寺院经济》第1章《直接资料》，耿昇译，上海古籍出版社2004年版，第20页。
② ［日］高楠顺次郎等编：《大正藏》第9册，大正一切经刊行会1925年版，第8—9页。
③ 李鸿宾：《大谷文书所见镔铁鍮石诸物辨析》，原载《文史》第34辑，中华书局1992年版，此据李鸿宾《隋唐五代诸问题研究》，中央民族大学出版社2006年版，第297—299页。
④ （唐）段成式：《酉阳杂俎·续集》卷5《寺塔记上》，方南生点校，中华书局1981年版，第248—249页。
⑤ 同上书，第250页。
⑥ ［日］圆仁：《入唐新求圣教目录》，载［日］圆仁《入唐求法巡礼行记校注·附录三》，白化文、李鼎霞、许德楠修订校注，周一良审阅，花山文艺出版社2007年版，第553页。
⑦ （宋）欧阳修、宋祁：《新唐书》卷54《食货志四》，中华书局1975年标点本，第1390页。
⑧ （后晋）刘昫等：《旧唐书》卷18《武宗纪》，中华书局1975年标点本，第605页。

许多材料并非幽州地域的土特产。

据汪篯先生研究，河北道所辖全境，除边郡不能确知外，皆盛产蚕丝，各郡所贡皆丝织品之精美者。河北道丝织业发达，是唐代纺织工业的中心[1]。唐耕耦先生认为：从房山石经来看，天宝时期（742—756）纺织业邑会多，与幽州地区纺织业发达密切相关[2]。按敦煌文书 S.529 背面《诸山圣迹志》所述，在后唐时期，幽州"封壃沃壤，平广膏腴，地产绫罗，偏丰梨栗"[3]。这说明从"安史之乱"后直到晚唐五代，幽州地域的纺织业依然十分繁荣。

其实，房山石经题记中的手工业、商业行会大部分属于纺织业，与河北道的土贡大致吻合。《唐六典》规定：各道"任土所出，而为贡赋之差"[4]，即全国各地的土贡均以当地出产的产品为依据。幽州卢龙节度使辖区内的莫州（今河北任丘北）贡"绵"，瀛州（今河北河间）贡"绢"，幽州贡"范阳绫"[5]。顺理成章，幽州地区出现各种纺织业行会。在佛寺中，纺织品能用于包裹佛经，制作幡盖、缯彩以供养佛，用作装饰，等等。可是，仅仅拥有这些生产部门，并不足以全面支撑起佛教建筑、造像和刻经事业。这类事业所需之原材料石头、蜡、木材、玉、贵金属等，皆不在河北地区的土贡范围之内。因此，幽州地域佛教功德事业的原料当主要依靠市场流通，而不可能由当地自给自足。这又牵涉到这些材料的分布地域及手工业工匠的情况。

受小农经济的影响和法令的制约，唐代手工业技术秘不外传，只授予家族内部成员，世代沿袭。唐代手工业还有地域聚业的特点。因受各地条件和环境影响而形成同一地区生产相同或相类的产品，或某地以制造某种商品闻名。地方聚业的形成，与世业承传有密切关系[6]。房山石经题记中

---

[1] 汪篯：《隋唐时期丝产地之分布》，载汪篯著，唐长孺、吴宗国等编《汪篯隋唐史论稿》，中国社会科学出版社 1981 年版，第 292—293 页。

[2] 唐耕耦：《房山石经题记中的唐代社邑》，《文献》1989 年第 1 期，第 83 页。

[3] 郝春文主编：《英藏敦煌社会历史文献释录》第 3 卷，社会科学文献出版社 2003 年版，第 49—50 页。

[4] （唐）李隆基撰、李林甫注：《大唐六典》卷 3《尚书户部》，户部郎中员外郎条，[日]广池千九郎训点、[日]内田智雄补订，三秦出版社 1991 年版，第 53 页。

[5] 同上书，第 57 页。

[6] 李鸿宾：《唐代和雇及对官私手工业的影响》，原载《山西大学学报》1992 年第 2 期，此据李鸿宾《隋唐五代诸问题研究》，中央民族大学出版社 2006 年版，第 325—326 页。

与金石相关的行会,只有生铁行①。依此推断,在幽州地区,金银铁器、泥瓦、石器制造这类工匠很可能多系外来户。

唐代产、贡金银的州府,大都在南方地区②。岭南地区是唐朝境内最重要的金银生产地和来源地,中央政府有严密的制度和措施控制岭南地区的金银生产③。在唐前期,金银器生产主要由官府控制,以两京地区为中心。在中晚唐时代,长安、洛阳仍然是北方金银器生产的中心。但是,南方作为金银的主要产地,其金银制造业迅速发展。地方官府、个体工匠制品进入市场、也供应朝廷④。《太平广记》云:"唐定州安嘉县人王珍,能金银作,曾与寺家造功德,得绢五百匹。同作人私费十匹,王珍不知。"⑤《广记》虽为小说,但其故事内容亦有所本。此故事暗示幽州附近的定州(今河北定州)当有金银匠活动。尽管如此,受原材料产地限制,金银制作在幽州及附近地区应该规模不大。而这一行业又和佛教功德事业高度关联。

《新唐书·食货志》曰:"江淮多铅锡钱。"⑥唐宪宗曾颁布《条贯江淮铜铅敕》,规定:"江淮诸州府收市铜铅等,先已令诸道知院官勾当。缘令初下,未尽颁行。宜委诸道观察等使与知院官切共勾当。事毕日仍委盐铁使据所得数堪会闻奏。"⑦显然,江淮地区系铜、铅和锡的重要产地,其中铜、铅由国家严格掌控。而铜、铅和锡俱为铸造金属像和金属供养具所必备之原料。但是,这些材料又皆非幽州地区的特产。

建造佛寺,还需要大量木材。可是,在幽州地区,修建寺庙的木材仍然需要依靠外地供给。

据唐临于唐高宗永徽四年(653)所撰《冥报记》,"幽州沙门释智苑,精练有学识"。他在隋大业中(605—617)发愿雕造石经,得到笃信佛法的隋炀帝萧皇后及其弟萧瑀的资助,结果"朝野闻之,争共舍施,

---

① 唐耕耦:《房山石经题记中的唐代社邑》,《文献》1989年第1期,第75—82页。

② [日]加藤繁:《唐宋时代金银之研究——以金银之货币机能为中心》第8章《唐宋时代之金银出产地及其输出与输入》,中华书局2006年版,第391—411页。

③ 王承文:《论唐代岭南地区的金银生产及其影响》,《中国史研究》2008年第3期,第45—58页。

④ 齐东方:《唐代南方地区的金银器》,载齐东方《唐代金银器研究》,中国社会科学出版社1999年版,第189—196页。

⑤ (宋)李昉等编:《太平广记》卷134《王珍》条,中华书局1961年版,第956页。

⑥ (宋)欧阳修、宋祁:《新唐书》卷54《食货志四》,中华书局1975年标点本,第1388页。

⑦ (清)董浩等编:《全唐文》卷61,中华书局1983年版,第653页。

故苑遂得其功"。"苑尝以役匠既多，道俗奔凑，欲于岩前造木佛堂并食堂寝屋。而念木瓦难办，恐分费经物，故未能起作。一夜暴雨，雷电震山，明旦既晴，乃见山下有大松柏数千株，为水所漂流积道次。山东少材木，松柏尤稀，道俗惊骇，不知来处。推寻踪迹，逐自西山，崩岸倒木，漂送来此。于是远近叹服，谓为神助。苑乃使匠择取其木，余皆分与邑里。邑里喜悦，而共助造堂宇，顷之毕成，皆如其志焉。苑所造石经已满七室，以贞观十三年（639）卒，弟子犹继其功。"① 唐宪宗元和四年（809），幽州卢龙节度使刘济所撰《涿鹿山石经堂记》也记录了类似的传说："济封内山川，有涿鹿山石经堂者，始自北齐。至隋沙门静琬睹层峰灵迹，因发愿造十二部石经。国朝贞观五年（631），《涅槃经》成。其夜山吼三声，生香树三十余。本六暴月，水浮大木数千株于山下，遂构成云居寺焉。……元和四年（809）四月八日记。"② 日本的气贺泽保规先生认为：《冥报记》所述很多"役匠"、职人从事云居寺的建造，一夜洪水运来大量木材的传说不是荒唐不可信的。他又征引《涿鹿山石经堂记》所录山吼、洪水冲来数千株大木之事，以证明这些说法具有一定的真实性③。这些传说真实与否姑且不论，其表述方式背后所隐藏的信息即：云居寺所在的幽州良乡县及附近地区木材不足，建寺不能就地取材，而且木材的运输存在一定困难。所谓"木瓦难办"，"山东（此处当指太行山以东）少材木，松柏尤稀"云云，应该反映了真实情况。僧俗信徒对漂来的大松柏"推寻踪迹，逐自西山"，意味着这批大松柏可能来自幽州西郊之群山，它们属于太行山脉④。

---

① （唐）唐临：《冥报记》卷上，方诗铭辑校，中华书局1992年版，第10页。（宋）李昉等编《太平广记》卷91《释知苑》条，中华书局1961年版，第603页，引《冥报录》所载略同，其中"知苑"即"智苑"。
② 北京图书馆金石组、中国佛教图书文物馆石经组编：《房山石经题记汇编》第1部分《碑和题记（唐至民国）》，书目文献出版社1987年版，第15—16页。
③ [日]气贺泽保规：《唐代房山云居寺的发展与石经事业》，载[日]气贺泽保规编《中国佛教石经的研究——特别以房山云居寺石经为中心》，京都大学学术出版会1996年版，第39—41页。
④ 唐代荆州（今湖北荆沙江陵）天皇寺禅僧道悟在修建天皇寺之时，亦出现类似传说："凡我疆畛，富于松梓，悉愿倾倒，施僧伽蓝。……时维秋杪，水用都涸，徒众敛手，块然无谋。会一夕雨至，万株并进，晨发江浒，暮抵寺门。……事邻语怪，缺而不书。其感摄灵祇，皆此类也。"参见（宋）赞宁《宋高僧传》卷10《唐荆州天皇寺道悟传》，范祥雍点校，中华书局1987年版，第233页。

## 第五章 "安史之乱"和"会昌法难"对幽州佛教的影响

幽州地区不仅缺乏木材,还缺少技艺精湛的石匠。

唐代所刻房山石经《佛说当来变经》(无纪年)云:"爰有清信士幽州都督府虞侯(候)校尉、上骑都尉周文奭性悟三乘、心明八解",他和妻子、子孙共同"敬造《菩萨饲饿虎经》一部,存亡供养。召寰中之绝伎,征象外之良工。精思入神,瑂镂尽相。与乾坤而并固,将玉石而同坚者矣"[1]。其中"召寰中之绝伎,征象外之良工"之辞,已经暗示其附近地区没有擅长雕刻石块的良匠。

唐玄宗开元十年(722)四月八日建、易州前遂成(城)县(今河北徐水西北遂城)书助教梁高望撰《大唐易州新安府折冲李公石浮图之铭》曰:

> 清信士易州新安府折冲都尉李文安游心正觉,妙达苦空,知劳生之有涯,设津梁于彼岸。乃于范阳县西云居寺,为亡妻河东郡君薛氏敬造石浮图一所。……远召良工,班输以之呈巧。[2]

据《唐六典》所载,"四品若勋官二品,有封母、妻为郡君"[3]。那么,李文安之妻出自名门河东薛氏[4]。李文安建造石浮图需要"远召良工",可见幽州及附近地区缺乏堪与鲁班或公输般相媲美之能工巧匠。此石浮图确实做工精细:"盘螭隐伏,与云绛而相交;灵凤将翔,共阳乌而

---

[1] 北京图书馆金石组、中国佛教图书文物馆石经组编:《房山石经题记汇编》第3部分《诸经题记(唐)》,书目文献出版社1987年版,第203页。

[2] 《大唐易州新安府折冲李公石浮图之铭》拓片,见以下几书:云居寺文物管理处编:《云居寺贞石录》,北京燕山出版社2008年版,第62页;(清)董浩等编:《全唐文》卷305《云居寺石浮屠铭》,中华书局1983年版,第3102页;北京图书馆金石组、中国佛教图书文物馆石经组编:《房山石经题记汇编》第1部分《碑和题记(唐至民国)》,书目文献出版社1987年版,第8页。

[3] (唐)李隆基撰、李林甫注:《大唐六典》卷2《尚书吏部》,司封郎中员外郎条,[日]广池千九郎训点、[日]内田智雄补订,三秦出版社1991年版,第41页。

[4] 魏来先生和翟杜鹃女士探讨了房山云居寺的这座石塔,涉及此塔七级密檐式塔的建筑形制、塔铭所透露的历史信息、塔身上精美纹饰的象征意义以及造塔功德主的身份。该文指出:造塔者李文安系易州(今河北易县)新安府的统军长官,其所辖兵丁不少,其亡妻薛氏当出自河东薛氏家族,为名将薛仁贵的后代。在唐前期,河东薛氏家族持续经略幽州地区,并立下赫赫战功,成为当地大族。参见魏来、翟杜鹃《房山云居寺开元十年造石塔相关问题初探》,《纪念房山石经与云居寺创建1400周年暨中国佛教协会发掘拓印房山石经60周年国际学术讨论会论文集》,北京,2016年9月,第337—341页。

接翼。飞空七级,状多宝之移来;腾虚四回,疑众仙之涌出","众妙难名,约敷厥美,冀同拂石,万劫兹山。"① 由此看来,即便在唐朝最繁荣安定的开天时期(713—756),在幽州地域商业、手工业鼎盛之时②,制作精致的石浮图尚且需要"远召良工"。在"安史之乱"后,恐怕更难就近觅到技术高超的石匠。估计会昌年间(841—846)弟子为真性刻碑所求之"良工"亦从外地和雇而来。因"会昌法难"政策极为严厉,外地工匠或许不敢公然接受幽州佛寺的雇佣,导致真性的神道碑无法及时刊刻。

如上文所论,由于节度使张仲武消极执行中央的灭佛政策,幽州地区受"会昌法难"的冲击不大。照此推断,各阶层信徒依然能够在精神层面奉佛,在日常生活中念经、参拜佛和菩萨。但是,佛教实践乃一复杂之体系。在幽州地域,佛教功德事业十分盛行。在刻经、造像、供品、庙宇建造和装饰方面,当地对相关材料和工匠的需求量都不小。可是,这些工程的运转又不能完全依赖当地社会,在很大程度上必须依靠市场流通来支撑,由一整套商业活动和产业链条来确保。武宗对佛教的打压虽然不太可能全然禁断与佛教功德有关的商品、工匠流入幽州地区,但极有可能使这一链条的某些环节发生堵塞,间接影响幽州地区的佛教事业。只是相关材料匮乏,我们无法进一步详细论证这一问题。

唐宣宗即位之后,于会昌六年(846)五月下诏恢复佛教。"新天子姓李。五月中大赦。兼有敕:'天下每州造两寺。节度府许造三所寺。每

---

① 《大唐易州新安府折冲李公石浮图之铭》拓片,见以下几书:云居寺文物管理处编:《云居寺贞石录》,北京燕山出版社2008年版,第62页;(清)董浩等编:《全唐文》卷305《云居寺石浮屠铭》,中华书局1983年版,第3102页;北京图书馆金石组、中国佛教图书文物馆石经组编:《房山石经题记汇编》第1部分《碑和题记(唐至民国)》,书目文献出版社1987年版,第8页。这座石塔的照片,见以下几书:云居寺文物管理处编:《云居寺贞石录》,北京燕山出版社2008年版,第63页;李桂清、王得军主编:《房山云居寺画册》,方志出版社2016年版,第142—143页。魏来先生和翟杜鹃女士认为:此塔身第三层正面雕刻一狮逐二鹿一象之图,大象表示佛陀乘象入胎及以后的诞生,双鹿表示佛陀在鹿野苑初转法轮,而狮子则表示佛陀说法的狮子吼。塔身第三层背面为女人乘凤图,似乎是表达超度、升仙的图案。灵凤之上的女人形象极可能就是造塔功德主的亡妻。参见魏来、翟杜鹃《房山云居寺开元十年造石塔相关问题初探》,《纪念房山石经与云居寺创建1400周年暨中国佛教协会发掘拓印房山石经60周年国际学术讨论会论文集》,北京,2016年9月,第313—336页。

② [日]气贺泽保规:《唐代幽州的地域与社会——以房山石经题记为中心》,载唐代史研究会编《中国都市的历史的研究》,《唐代史研究会报告》第Ⅵ集,刀水书房1988年版,第157—167页。

寺置五十僧。去年还俗僧年五十已上者许依旧出家。其中年登八十者国家赐五贯文。'"① 南叙所作《悯忠寺重藏舍利记》谓：在隋文帝仁寿年间（601—604）分发舍利之时，幽州长官窦抗曾创立五层大木塔、并藏舍利于其下。在唐文宗时，"天火焚塔"，"至宣宗初登宝位，岁在丙寅，敕修废蓝，将兴畚□，得石函于故基下。时旄麾清河公，晓示人天，溥令供施，迁藏于悯忠寺多宝塔下"②。"清河公"指时任幽州卢龙节度使张仲武。唐宣宗即位不久，便颁布诏敕兴佛，张仲武立即响应，到幽州城的悯忠寺施钱供奉舍利，明确表示支持朝廷复兴佛教。

幽州地方政府已经明确表态鼓励和支持佛教事业，镌刻真性之碑却没有立即进行。按碑文所记，最终由弟子宝定和曾任云居寺寺主的弘信一同在唐懿宗咸通八年（867）十一月四日刻成《真性大德神道碑》。此距离弟子们在会昌五年（845）左右倡议立碑已经22年。

## 二 "会昌法难"阻碍幽州与河东地区的佛教文化交流

幽州与河东地区（今山西）在地缘上相邻，两地在佛教方面一直有交流。早在唐前期，河东地区的信徒就参与了良乡县的刻经事业。《大唐云居寺石经堂碑》曰："时燕赵佳人，幽并侠客，不远千里，动盈万计，皆相与襥。修袖牵长，缅揭石版。跻□□□□□□□下，左右徒呼，□作朋至。……开元□四年二月八日建。"③ 在中唐时期，有僧人"释幽玄，俗姓刘，幽州人也。夙怀出俗之愿，年及弱冠，方遂前心，投并州（今山西）贤禅师而了玄契"④。幽玄本系幽州人，却投到河东僧人门下出家为僧。开成五年（840）四月二十五日，圆仁从河北向五台山行进，在经河北曲阳至太行山的途中，遇见"巡礼五台山送供人僧尼女人共一百余人"⑤。日本的气贺泽保规先生根据此条材料，推测同一时期云居寺也聚

---

① [日]圆仁：《入唐求法巡礼行记校注》卷4，白化文、李鼎霞、许德楠修订校注，周一良审阅，花山文艺出版社2007年版，第495页。
② （清）董浩等编：《全唐文》卷920，中华书局1983年版，第9590—9591页。
③ 北京图书馆金石组、中国佛教图书文物馆石经组编：《房山石经题记汇编》第1部分《碑和题记（唐至民国）》，书目文献出版社1987年版，第9—10页。
④ （宋）赞宁：《宋高僧传》卷27《唐洪州宝历寺幽玄传》，范祥雍点校，中华书局1987年版，第683页。
⑤ [日]圆仁：《入唐求法巡礼行记校注》卷2，白化文、李鼎霞、许德楠修订校注，周一良审阅，花山文艺出版社2007年版，第259页。

集了许多"巡礼"的信众。五台山和云居寺两地位置接近,巡礼的表现与时间一致,说明当时五台山和云居寺形成一系列"巡礼"的热线①。

不仅是民众,幽州官方也与五台山的佛教有交流。圆仁在开成五年(840)七月三日,抵达五台山大历灵境寺。他这样描述自己的所见所闻:

> 于寺三门西边有圣金刚菩萨像。昔者于太原、幽、郑等三节度府皆现金刚身。自云:"我是楼至佛。身作神,护佛法。埋在地中,积年成尘。再出现,今在台山灵境寺三门内。"三州节度使惊怪,具录相貌,各遣使令访。有二金刚在寺门左右,其形貌体气一似本州所现,体色同。其使却到本道报之。遂三州发使来,特修旧像,多有灵验。具如碑文,写之在别。②

其中"圣金刚菩萨"属于密宗神祇,又译持金刚、执金刚,身呈青金色,右手持金刚杵,左手持金刚铃,表示金刚部菩萨摧毁魔敌之坚毅、智慧。圣金刚菩萨化现于河东、幽州、郑州节度使府,三州节度使均派遣使者访求这一神灵的所在地,还特派使者修缮其像。这则传说可能包含佛教徒渲染的成分,但亦当有所本。其中五台山中供有密教圣金刚菩萨像,河东、郑州、幽州节度使对这一信仰的传布起过推动作用,当为事实。由此可以推定:幽州地区的密教也受到附近五台山的影响。

在唐武宗毁佛期间,幽州卢龙节度使张仲武封刀居庸关,阻止五台山游僧入境之举措,实际阻碍了幽州与河东两地的佛教文化联系。这说来话长。

张仲武夺得幽州卢龙节度使之位,主要依靠了朝中宰相李德裕的策划和帮助③。正如陈寅恪先生所说:"然非李文饶(即李德裕)之策略,仲武亦未必遽得为镇将也。"④ 唐武宗会昌元年(841),张仲武为夺取幽帅

---

① [日]气贺泽保规:《从房山石经隋唐刻经看唐朝后期的河北社会》,打印稿,2009年,第4页。
② [日]圆仁:《入唐求法巡礼行记校注》卷3,白化文、李鼎霞、许德楠修订校注,周一良审阅,花山文艺出版社2007年版,第303页。
③ (后晋)刘昫等:《旧唐书》卷180《张仲武传》,中华书局1975年标点本,第4677页。
④ 陈寅恪:《唐代政治史述论稿》上篇《统治阶级之氏族及其升降》,载陈美延编《陈寅恪集》,生活·读书·新知三联书店2001年版,第226页。

之位，先派奏事官到李德裕宅密奏，得到朝廷认可①。事成之后，张仲武对朝廷一直十分恭顺。他还给李德裕送礼②。这就意味着张仲武对李德裕的权势具有依附性，也决定了在"会昌法难"期间，张仲武不能全然无视李德裕的命令。

李德裕在武宗朝决策用兵，击溃回鹘、平定泽潞，颇有治绩，名声和威望非常高，以至于"（河朔）三镇每奏事，德裕引使者戒敕为忠义，指意丁宁，使归各谓其帅道之，故河朔畏威不敢慢。后除浮屠法，僧亡命多趣幽州"③。对此，"李德裕召进奏官谓曰：'汝趣白本使，五台僧为将必不如幽州将，为卒必不如幽州卒，何为虚取容纳之名，染于人口！独不见近日刘从谏招聚无算闲人，竟有何益！'张仲武乃封二刀付居庸关曰：'有游僧入境则斩之。'"④据张国刚先生研究，进奏院是唐后期藩镇驻京城的联络机构。其长官为都知进奏官，又称进奏吏、邸吏等。进奏院起到沟通中央与地方的桥梁作用。它的其中一项重要职能就是十分迅速、具体、翔实地传递中央的诏令、文牒。张先生所举的例证之一便是李德裕为向幽州卢龙镇贯彻朝廷灭佛的政令，通过进奏院从中递转，达到了预期效果⑤。张仲武惧怕李德裕，不敢公开反对或不执行其命令，遂作出封刀居庸关之举。日本的小野胜年先生认为：张仲武虽然不许游僧进入居庸关，但他在幽州境内恐怕未全面执行朝廷令僧尼还俗的命令⑥。

从五台山所在的代州（今山西代县、五台县、繁畤）到蔚州（今山西灵丘），再到妫州（今河北怀来东南），通过居庸关至幽州，为太行山主要陉道之一，也是幽州向西北取此道，再往太原府（今山西太原），通

---

① （唐）李德裕：《论幽州事宜状》，李德裕《李德裕文集校笺》卷17，傅璇琮、周建国校笺，河北教育出版社2000年版，第322页。又见于（后晋）刘昫等《旧唐书》卷180《张仲武传》，中华书局1975年标点本，第4677页；（宋）欧阳修、宋祁《新唐书》卷212《张仲武传》，中华书局1975年标点本，第5980页。

② （唐）李德裕：《让张仲武寄信物状》、《再让仲武寄信物状》，李德裕《李德裕文集校笺》卷18，傅璇琮、周建国校笺，河北教育出版社2000年版，第365—367页。

③ （宋）欧阳修、宋祁：《新唐书》卷180《李德裕传》，中华书局1975年标点本，第5342页。

④ （宋）司马光等：《资治通鉴》卷248，唐武宗会昌五年八月条，中华书局1956年标点本，第8018—8019页。

⑤ 张国刚：《唐代藩镇研究》第9章《唐代藩镇进奏院制度》，湖南教育出版社1987年版，第165—180页。

⑥ ［日］小野胜年：《入唐求法巡礼行记的研究》第4卷，铃木学术财团1964年版，第253页。

向长安之一道①。自唐中叶以后,河北藩镇跋扈,河北北部诸州与长安之交通多取妫、蔚、代州、太原道②,其中居于妫、幽之间的居庸关系中古太行八陉之最北陉道,为天下之险③。那么,幽州与河东地区(特别是五台山)的交通(包括佛教方面的交流)亦多半取此道。河东地区的佛教因子可能也多半通过此道传入幽州地区。从会昌毁法时,众多五台山僧人经过居庸关逃往幽州的情况来看,这条通道原本当为两地僧界进行交流之要路。

其实,张仲武本人十分推崇佛教。他曾经施舍俸禄雇人抄写佛经(详见第四章第一节)。他还礼请过盘山的道宗禅师④。在"会昌法难"中,张仲武阻止五台游僧入境,一是为了对朝廷和李德裕有个交待,二是出于实际的社会秩序考虑,并非真心反对佛教。但是,他的这项措施,一方面固然阻止了五台山僧人从太行山、河东地区进入幽州;另一方面也会让幽州的僧人不能随意通过居庸关去河东地区(怕有去无回)。毫无疑问,两地的佛教文化交流因此受到影响。

自唐宣宗兴佛后,河东与幽州地区的佛学交流恢复正常。

大中兴佛之后不久,便有燕地僧人巡礼五台山。如"释常遇,俗姓阴,范阳人也,出家于燕北安集寺。……大中四年(850),杖锡离燕,孤征朔雪,祁洹千里,径涉五峰(即五台山),诣华严寺菩萨堂"。他在文殊降龙之处祕魔岩结茅修行⑤。"释智江,俗姓单,幽州三河南管人也。""唐乾宁四载(897),(智江)始年十五,诣盘山感化寺遂成息慈,息慈业备。天复三祀(903),往五台山梨园寺纳木叉法。"⑥ "息慈"乃梵语沙弥之旧译,即初入佛门息世情、行慈济之义。"木叉"为波罗提木叉之异称,译言别解脱,为戒律之一名。很明显,智江先在幽州地域内的

---

① 严耕望:《唐代交通图考》第 5 卷《河东河北区》,上海古籍出版社 2007 年版,第 1367 页。
② 同上书,第 1368 页。
③ 同上书,第 1677 页。
④ 知宗:《盘山上方道宗大师遗行碑》,(清)董浩等编《全唐文》卷 920,中华书局 1983 年版,第 9589 页。
⑤ (宋)赞宁:《宋高僧传》卷 21《唐清凉山祕魔岩常遇传》,范祥雍点校,中华书局 1987 年版,第 542—543 页。
⑥ (宋)赞宁:《宋高僧传》卷 28《周宋州广寿院智江传》,范祥雍点校,中华书局 1987 年版,第 702 页。

盘山感化寺受沙弥戒，然后又赴河东地区的五台山受解脱律。佛教界称小乘学徒为"木叉提婆"，唐言"解脱天"①。所以，智江在五台山所受乃小乘戒律。

至五代时期，亦有幽州人到河东地区出家。如"释从彦，姓米氏，燕人也"。他十五岁时，"父母听许出家于并部慧觉禅院也"。从彦"历晋、汉、周三朝，皆加恩命"②。

综上所论，会昌毁佛的确给幽州、河东两地的佛教文化交流造成一定障碍，但时间非常短。

## 本章小结

本书通过考察《大唐云居寺故寺主律大德神道碑铭并序》，拓展分析了"安史之乱"和"会昌法难"对幽州佛教的影响，揭示出中晚唐幽州卢龙镇佛教之特性。

幽州地区是律宗的重要基地，出现学问修行都很高的代表人物真性大德。中晚唐的幽州亦和其他许多地域一样，禅律并行。虽然"安史之乱"对北方佛教造成巨大冲击，以往需要大家族供养的佛教义学研究因经济破坏而衰落，但是，幽州地区的经济条件依然十分优越，云居寺在战乱后仍很兴盛，得到众多富裕施主的供养。这为精深佛学研究的持续繁荣提供了必要的物质条件。

中晚唐以降，朝廷出于经济考虑，屡次下诏禁止私度僧尼。可是，幽州卢龙节度使却毫无顾忌地在自己的辖区内邀请高僧开设戒坛度僧，唐廷对这类事件又往往不加干预。此与"安史之乱"后，河朔地区在政治、军事和经济方面俨然成为"独立王国"密切相关。尽管如此，幽州卢龙镇的僧人仍然十分向往长安的佛学，以在京城名寺立足、获得皇帝所赐紫衣袈裟为荣耀。长安僧人亦模仿幽州地区刊刻石经的做法。政治上的隔阂和争斗并不影响双方在佛教文化方面的交流和互动。

在会昌毁佛期间，幽州地区受自然条件、手工业门类的限制，佛教功

---

① （唐）玄奘、辩机：《大唐西域记校注》卷12《记赞》，季羡林等校注，中华书局2000年版，第1040页。

② （宋）赞宁：《宋高僧传》卷28《大宋西京宝坛院从彦传》，范祥雍点校，中华书局1987年版，第705—706页。

德事业受到冲击，与河东地区的佛教文化交流暂时受阻。但是，各阶层民众信仰佛教的热忱不变，精深佛学文化的主要传承者——高僧的传法和佛学研究未见受影响。换言之，当地佛学延续和发展的最重要的根基没有被动摇。正是这股"有生力量"支撑着幽州佛学和佛教事业的持续繁荣。这也为后来辽朝南京道佛学研究发达、成为东亚佛学之中心①奠定了基础。

  总而言之，"安史之乱"和"会昌法难"均未使幽州当地佛教元气大伤。因此，我们不能"高估"前者对幽州佛教的破坏，也不能"低估"后者对当地佛教的冲击，而应当结合当时广阔的政治、经济和社会背景，恰如其分地评价这两大事件对幽州佛教演变轨辙及后世的影响。

---

① 日本的竺沙雅章先生经过扎实的佛教文献考证，提出在10—12世纪，东亚佛学的中心在辽而不在宋。参见［日］竺沙雅章《关于宋代东亚佛教之交流》，原载《佛教史学研究》第31卷第1号，1987年。此据［日］竺沙雅章《宋元佛教文化史研究》第1部之第3章，汲古书院2000年版，第72—77页。而辽南京（原唐幽州）又是辽朝无可争议的佛学中心。

# 第六章

# 唐代幽州地域禅宗的发展与传布

唐朝是禅宗形成与发展的重要时期。前贤研究唐代禅宗，多集中于两京地区及禅宗兴盛的南方，对华北地区的禅宗却几乎未尝措意[1]。其实，幽州地区禅宗的脉动及其与当地社会的关系，同样值得探究。

## 第一节 房山石经本《金刚经》及其相关问题

《开元释教录》曰："《金刚般若波罗蜜经》一卷，亦云《金刚般若经》。佛在舍卫国者初出，与元魏留支等出者同本。"[2]《金刚般若波罗蜜经》简称《金刚经》，系大乘佛教的根本典籍，也被禅宗奉为经典。禅宗五祖弘忍发挥《金刚般若》之义旨，此经尤其在禅宗六祖慧能以来更受重视，在社会上广泛流传。《金刚经》的各种注疏达100多种。

在唐代社会，《金刚经》的影响遍及各阶层民众日常生活的各个层面[3]。

---

[1] 如研究禅宗有影响的学者有：日本的铃木大拙，参见（[日]铃木大拙《铃木大拙全集》，岩波书店1971年版。日本的柳田圣山，参见[日]柳田圣山《初期禅宗史书之研究——中国初期禅宗史料的形成之考察》，禅文化研究所1966年版；[日]柳田圣山《唐代之禅宗》，大东出版社2004年版。中国的葛兆光，参见葛兆光《增订本中国禅思想史——从六世纪到十世纪》，上海古籍出版社2008年版。美国的马克瑞（John McRae），参见[美]马克瑞《北宗禅与早期禅宗的形成》，韩传强译，上海古籍出版社2015年版等。均未涉及或专门论述唐朝幽州地域的禅宗。

[2] （唐）智升：《开元释教录》卷4，[日]高楠顺次郎等编《大正藏》第55册，大正一切经刊行会1928年版，第512页。

[3] 具体情况参见（宋）李昉等编《太平广记》卷100至卷108，中华书局1961年版，第667—737页。

至中晚唐时期,《金刚经》已经被各阶层僧俗信徒所信奉、念持[①]。"冥间号《金刚经》最上功德"[②],"《金刚经》是圣教之骨髓,乃深不可思议功德者也"[③]。凤翔府(今陕西凤翔)宁师问冥司的使者:"孰是功德经?"答曰:"《金刚般若》是欤!此经冥间济拔,功力无比。"[④] 可见唐代民众普遍信奉《金刚经》拯救亡灵之功效。

　　方广锠先生将敦煌文书中的《金刚经》及其注疏作了系统归纳,指出:《金刚经》有6个译本,鸠摩罗什的译本最为流行。敦煌本和房山石经中的罗什译本都比传世本少62字,保持了译本的原貌。敦煌本《金刚经》有些卷子在卷首或卷末附有陀罗尼咒语,说明在密教流传的影响下,《金刚经》的信仰形态发生变化[⑤]。郑阿财先生的《敦煌本〈持诵金刚经灵验功德记〉综论》一文[⑥]亦牵涉敦煌地区的《金刚经》信仰状况。孙英刚先生探讨长安社会的精神世界时提及诵持《金刚经》的功能[⑦]。但是,迄今还无人结合幽州地域社会专门研究《金刚经》在当地社会的流布及其特点。在唐代幽州地区,佛教经典《金刚经》及其注疏正是通过当地特有的镌刻石经的方式向社会渗透,并对各阶层民众的思想、行为方式产生影响。当然,在某种程度上,这也是幽州地域民众心灵世界的反映和需求。因此,关于房山石经本《金刚经》及其注疏,值得结合当地社会进一步分析。

---

　　① 参见(唐)段成式《酉阳杂俎·续集》卷7《金刚经鸠异》,方南生点校,中华书局1981年版,第265—273页;(宋)李昉等编《太平广记》卷252《俳优人》条,中华书局1961年版,第1958—1959页。

　　② (宋)李昉等编:《太平广记》卷103《李丘一》条,中华书局1961年版,第699页。此条出自《报应记》。

　　③ (唐)戴孚:《广异记》,方诗铭辑校,中华书局1992年版,第16页;(宋)李昉等编《太平广记》卷104《卢氏》条,中华书局1961年版,第705页,引。

　　④ (宋)赞宁:《宋高僧传》卷21《唐凤翔府宁师传》,范祥雍点校,中华书局1987年版,第555页。

　　⑤ 方广锠:《敦煌文献中的〈金刚经〉及其注疏》,《世界宗教研究》1995年第1期,第74页。

　　⑥ 郑阿财:《敦煌本〈持诵金刚经灵验功德记〉综论》,《敦煌学》第20辑,1995年,第119—146页。

　　⑦ 孙英刚:《想象中的真实——隋唐长安的冥界信仰与城市空间》,载荣新江主编《唐研究》第15卷,北京大学出版社2009年版,第159—160页。

## 一 房山石经本《金刚经》及注疏的刊刻情况

在唐代和辽代，幽州地域的佛教信徒非常频繁地雕造禅宗崇奉的重要经典——《金刚经》及注疏[①]，如下表所示：

表1　　　房山石经本《金刚经》及注疏的刊刻情况

| 雕刻年代 | 版本 | 字体、题记 | 材料来源 | 备注 |
| --- | --- | --- | --- | --- |
| 隋唐，具体年代不详。 | 《金刚般若波罗蜜经》一卷，三藏菩提流支在胡相国秦大上文宣公弟译。 | 楷书，书法很好。 | 《房山石经（隋唐刻经）》第1册，第88—94页。 | 拓片图录完整。与《佛说温室洗浴众僧经》刻在同一石板上。 |
| 唐武后垂拱元年（685） | 《金刚般若波罗蜜经》一卷，姚秦鸠摩罗什译。《故上柱国庞府君金刚经颂》。 | 楷书，书法很好。题记："垂拱元年岁次乙酉（685）四月丙子朔八日癸未，幽州范阳县庞德相兄弟等为亡考及见存母敬造此经，合家供养。" | 《房山石经（隋唐刻经）》第2册，第400—401页。《房山石经题记汇编》第1部分《碑和题记（唐至民国）》，第4—5页。《房山石经题记汇编》第3部分《诸经题记（唐）》，第203页。 | 顶端有图像，拓片图录不清，中部有大片残缺。 |
| 武周长安四年（704） | 《佛说金刚般若波罗蜜经》一卷，姚秦鸠摩罗什译。 | 楷书，书法很好。 | 《房山石经（隋唐刻经）》第2册，第409页。 | 拓片图录清楚。与其后《妙法莲华经·观世音菩萨普门品第二十五》刻在同一石板上。 |
| 唐，具体年代不详。 | 《佛说金刚般若波罗蜜经》一卷，姚秦鸠摩罗什译。 | 楷书，书法很好。 | 《房山石经（隋唐刻经）》第2册，第410—412页。 | 拓片图录局部漫漶不清。与其后《佛说蜜多心经》一卷刻在同一石板上。 |
| 唐，具体年代不详。 | 《佛说金刚般若波罗蜜经》一卷，姚秦鸠摩罗什译。 | 楷书，书法很好。 | 《房山石经（隋唐刻经）》第2册，第413—414页。 | 拓片图录局部漫漶不清。 |
| 唐，具体年代不详。 | 《金刚般若波罗蜜经》一卷，姚秦鸠摩罗什译。 | 楷书，书法很好。 | 《房山石经（隋唐刻经）》第2册，第524—527页。 | 拓片图录是残片。 |

---

① 葛兆光先生提出：研究中国禅宗，灯录、石刻材料和敦煌文书三者不可偏废。参见葛兆光《增订本中国禅思想史——从六世纪到十世纪》第5章《禅思想史的大变局》，上海古籍出版社2008年版，第339—340页。

续表

| 雕刻年代 | 版本 | 字体、题记 | 材料来源 | 备注 |
| --- | --- | --- | --- | --- |
| 唐玄宗天宝元年（742） | 《金刚般若波罗蜜经》（御注并序）一卷，唐玄宗李隆基注。 | 楷书，书法很好。其中有双行小字夹注。题记太长，内容丰富，下文将专门讨论，此处略。 | 《房山石经（隋唐刻经）》第3册，第333—336页。《房山石经题记汇编》第3部分《诸经题记（唐）》，第211—212页。 | 拓片图录有残损。 |
| 唐天宝四年（745） | 《金刚般若波罗蜜经》一卷，姚秦鸠摩罗什译。 | 楷书，书法很好。 | 《房山石经（隋唐刻经）》第3册，第337—338页。 | 拓片图录左上角、右上角残缺。 |
| 唐，具体年代不详。 | 《金刚般若波罗蜜经》（残石），姚秦鸠摩罗什译。 | 楷书，书法很好。 | 《房山石经（隋唐刻经）》第3册，第369页。 | 拓片图录中部残缺。 |
| 唐宪宗元和十一年（816） | 《金刚般若波罗蜜经》一卷，译者不清。 | 楷书，书法很好。 | 《房山石经（隋唐刻经）》第3册，第375页。 | 拓片图录残缺厉害。 |
| 唐，具体年代不详。 | 《金刚般若波罗蜜经》一卷，姚秦鸠摩罗什译。 | 刻石最上端有这些字样："奉为仆射敬造《金刚般若波罗蜜经》一卷，四月八日建"。这段文字系楷书，书法很好，是经文字体的4倍大。经文部分也是楷书，书法很好。 | 《房山石经（隋唐刻经）》第3册，第526—527页。 | 拓片图录经文部分残缺。 |
| 唐，具体年代不详。 | 《金刚般若波罗蜜经》一卷，姚秦鸠摩罗什译。 | 楷书，书法很好。 | 《房山石经（隋唐刻经）》第3册，第528—529页。 | 拓片图录残缺。 |
| 唐，具体年代不详。 | 《金刚般若波罗蜜经》，译者不详。 | 题记中出现："□□妹瑠璃藏为合家平安造《金刚般若波罗蜜经》。" | 《房山石经题记汇编》第3部分《诸经题记（唐）》，第281页。 | |
| 辽，无刻石年代。 | 《金刚般若波罗蜜经》一卷，元魏天竺三藏菩提留支译。 | 楷书，书法很好。 | 《房山石经（辽金刻经）》第7册，第380—381页。 | 拓片图录完整。 |
| 辽，无刻石年代。 | 《金刚般若波罗蜜经》一卷，耆树林陈天竺三藏真谛译。 | 楷书，书法很好。 | 《房山石经（辽金刻经）》第7册，第382—384页。 | 拓片图录完整。 |

第六章　唐代幽州地域禅宗的发展与传布　　237

续表

| 雕刻年代 | 版本 | 字体、题记 | 材料来源 | 备注 |
| --- | --- | --- | --- | --- |
| 辽，无刻石年代。 | 《金刚般若波罗蜜经》一卷，姚秦鸠摩罗什译。 | 楷书，书法很好。 | 《房山石经（辽金刻经）》第 7 册，第 385—386 页。 | 拓片图录完整。 |
| 辽，无刻石年代。 | 《金刚般若论》二卷，无著菩萨造，隋天竺三藏达摩笈多译。 | 楷书，书法很好。卷上末尾题记："碑八条，计一十五纸，三百七十一字。"卷下末尾题记："碑八条，一十五纸，三百八十八字。" | 《房山石经（辽金刻经）》第 17 册，第 242—257 页。 | 拓片图录完整。 |
| 辽，无刻石年代。 | 《金刚般若波罗蜜经论》三卷（分上、中、下三卷），天亲菩萨造，元魏天竺三藏菩提留支译。 | 楷书，书法很好。卷上末尾题记："计五百四十八字，计纸一十六张，计碑八条。"卷中末尾题记："计二百七十五字，计一十七纸，计碑九条。"卷下末尾题记："共计碑八条，计十六纸，共计七百二十六字。" | 《房山石经（辽金刻经）》第 17 册，第 318—342 页。《房山石经题记汇编》第 4 部分《诸经题记（辽金）》，第 480 页。 | 拓片图录完整。 |
| 辽，无刻石年代。 | 《金刚般若波罗蜜经破取著不坏假名论》二卷（分上下卷），功德施菩萨造，唐中天竺国沙门地婆诃罗等奉敕于西太原寺译。 | 楷书，书法很好。卷上末尾题记："共计碑八条，计十六纸，共计九百二十三字。"卷下末尾题记："计九百三十四字，计纸一十六张，计碑八条。" | 《房山石经（辽金刻经）》第 17 册，第 360—375 页。《房山石经题记汇编》第 4 部分《诸经题记（辽金）》，第 480 页。 | 拓片图录完整。 |

附：上表所引材料的版本：

北京图书馆金石组、中国佛教图书文物馆石经组编：《房山石经题记汇编》，书目文献出版社 1987 年版。

中国佛教协会、中国佛教图书文物馆编：《房山石经》，华夏出版社 2000 年版。

　　据上表统计，房山石经中的《金刚经》及其注疏共有 19 部，其中以鸠摩罗什的译本最多，达 10 部。能确切断定为唐代所刻的有 12 部，占总数的一半以上。在整个房山刻经中，《金刚经》及其注疏的雕刻频率非常高。而且，石经具有坚固性和永久性，它作为信息载体和传播途径具有特殊性。

## 二 房山石经本《金刚经》与唐幽州地域佛教

上表所示房山石经本《金刚经》及其注疏的镌刻情况，蕴含着关于唐代幽州地域佛教与社会的珍贵信息。

张国刚先生探讨过房山石经《金刚经》的题记《故上柱国庞府君金刚经颂》，但他重在分析庞家的家世、亲属关系，扩展论及唐代世俗家庭礼佛生活：举行法会、写经发愿，出家僧尼与世俗家庭的紧密联系①。本书将着眼于《金刚经》在幽州地区的流布情况，侧重剖析该经对当地社会的影响。

《故上柱国庞府君金刚经颂》②曰：

> 公讳怀，字伯，其先南安郡人也。远祖因宦家于范阳焉。曾祖光，魏任雁门郡丞；祖安，齐任魏州昌乐县令；父谦，隋任定州别驾。并价重连城，光融造乘，棲仁杖义，履顺居贞。公璧孕蓝田，珠生汉水。幼不好弄，长实多能。勋庸冠于朝伦，领袖标于士友。讵心门称武穴，室拟龙泉而已哉！③

依此可知：至庞怀家居范阳，庞家已经有好几代人居于河北地区，可以视为本地人。庞怀之祖、父均在河北地区为官。庞怀本人是勋官。庞怀"遽以光宅元年（684）十一月遘疾，终于私第，春秋七十九也。有子德相等扣地屠魂，号天泣血。想津梁之无据，思回向之有因。以为救助莫若于受持，施与不及于书写。今敬为亡父镌石造《金刚般若经》一部。即以垂

---

① 张国刚：《唐代世俗家庭的宗教生活——跋房山石经题记〈故上柱国庞府君金刚经颂〉》，《中华文史论丛》1999年第3辑，第138—152页。

② 本书所引《故上柱国庞府君金刚经颂》的标点参考了张国刚先生的《唐代世俗家庭的宗教生活——跋房山石经题记〈故上柱国庞府君金刚经颂〉》，《中华文史论丛》1999年第3辑，第139—140页。该文中所引该石碑之录文。张先生认为：庞怀伯本人是飞骑尉，上柱国应该是其长子庞德相的勋官，颇疑《故上柱国庞府君金刚经颂》的拟题有误。见张国刚《唐代世俗家庭的宗教生活——跋房山石经题记〈故上柱国庞府君金刚经颂〉》，《中华文史论丛》1999年第3辑，第151页，注释2。

③ 北京图书馆金石组、中国佛教图书文物馆石经组编：《房山石经题记汇编》第1部分《碑和题记（唐至民国）》，书目文献出版社1987年版，第4—5页。

拱元年（685）四月八日雕饰毕功。兼设四部众斋，送经于山寺之顶也"①。庞怀之子德相为拯救亡父的灵魂，在庞怀去世的第二年的佛诞日造《金刚般若经》一部，并且隆重地设斋送经到山寺之顶。《金刚经》结尾之处的题记云："垂拱元年岁次乙酉（685）四月丙子朔八日癸未，幽州范阳县（今河北涿州）庞德相兄弟等为亡考及见存母敬造此经，合家供养。"② 由此看来，庞德相兄弟等正是发愿为亡父和健在的母亲刊刻《金刚经》。

《故上柱国庞府君金刚经颂》末尾的题名除了一些僧人和平民，主要是庞家之人和一些官员："□□□上柱国庞德相□□。弟长上果毅上护军德立，弟柱国名立，弗（弟）左金吾翊卫元（玄）表③，相妻杨，立妻张，名妻郑，表妻刘"，还有"夫涿城府队正郭神行，亡妻庞"，"□□上柱国史四郎，□（妻）□（庞），□（息）□（上）护军承问"，"上骑都尉郭神恭，母胡，妻梁，□（息）□（朗）"，"庞怀闻，妻孔"，"庞怀素，息义重，庞怀道，息小□"，"飞骑尉刘山刚，妻唐"，"上柱国刘□相德□□□□"④。庞德相本人、史四郎和刘某带勋官"上柱国"，十二转，比正二品⑤。庞德相之弟德立为"长上果毅上护军"，果毅都尉是府兵之职，"上府果毅尉，从五品下，中府正六品上，下府从六品下"⑥。上护军，十转，比正三品⑦。庞德相之弟名立为柱国，十一转，比从二品⑧。玄表带"左金吾翊卫"之衔，应是挂左金吾卫翊府⑨之号。至于

---

① 北京图书馆金石组、中国佛教图书文物馆石经组编：《房山石经题记汇编》第1部分《碑和题记（唐至民国）》，书目文献出版社1987年版，第5页。
② 北京图书馆金石组、中国佛教图书文物馆石经组编：《房山石经题记汇编》第3部分《诸经题记（唐）》，书目文献出版社1987年版，第203页。
③ 张国刚先生认为"弗"当作"弟"，又根据《咸亨五年庞怀伯等造像记》的题记，指出"元表"应作"玄表"。参见张国刚《唐代世俗家庭的宗教生活——跋房山石经题记〈故上柱国庞府君金刚经颂〉》，《中华文史论丛》1999年第3辑，第139—141页。
④ 北京图书馆金石组、中国佛教图书文物馆石经组编：《房山石经题记汇编》第1部分《碑和题记（唐至民国）》，书目文献出版社1987年版，第5页。
⑤ （唐）李隆基撰、李林甫注：《大唐六典》卷2《尚书吏部》，司勋郎中员外郎条，[日]广池千九郎训点、[日]内田智雄补订，三秦出版社1991年版，第43页。
⑥ （唐）李隆基撰、李林甫注：《大唐六典》卷25《诸卫府》，诸府折冲都尉条，[日]广池千九郎训点、[日]内田智雄补订，三秦出版社1991年版，第458页。
⑦ （唐）李隆基撰、李林甫注：《大唐六典》卷2《尚书吏部》，司勋郎中员外郎条，[日]广池千九郎训点、[日]内田智雄补订，三秦出版社1991年版，第43页。
⑧ 同上。
⑨ （唐）李隆基撰、李林甫注：《大唐六典》卷25《诸卫府》，左右金吾卫条，[日]广池千九郎训点、[日]内田智雄补订，三秦出版社1991年版，第453页。

"涿城府队正郭神行"，各折冲府"队正"为正九品下①。承问是上护军，比正三品。郭神恭为上骑都尉，六转，比正五品②。飞骑尉刘山刚，三转，比从六品③。至唐高宗时代，国家已经存在勋官滥授、府兵制衰落的问题。因此，即便是名位很高的勋官，实际权力也不大，社会地位并不高。但无论如何，带有勋官或府兵之号的官僚在地方社会还是比普通百姓有地位。庞德相为其父刻经，除了自家人，竟然有众多府兵、勋官参与，从侧面反映出其家族在幽州地域的影响。日本学者气贺泽保规先生认为：在唐前期，府兵是参加刻经的重要阶层④。

在房山刻经中，还有《金刚经》与其他流传甚广的佛经刊刻在同一石板上的情形。如上表所示，武周长安四年（704）所刻鸠摩罗什所译《金刚经》即与社会上普遍流行的《妙法莲华经·观世音菩萨普门品》镌刻在同一石板上。唐代所刻的另一具体年代不详的鸠摩罗什所译《金刚经》就与《佛说蜜多心经》（《般若波罗蜜多心经》的简称）雕刻在一起。在南北朝时期，观音信仰已经广泛流传，观世音菩萨救苦救难的神圣形象深入人心，长期为各阶层人士崇信，同时佛教界也翻译和产生浩如烟海的与观音信仰相关的经典。在中国，最受欢迎、流传最广的是《妙法莲华经·观世音菩萨普门品》（简称《法华经·普门品》或《观世音经》）和《金刚般若波罗蜜多心经》（简称《心经》）。《观世音经》宣扬观音的弘深悲愿及普门示现之妙用，描述观音神力广大，为众生说法、渡脱。此经为信徒提供简易的呼救法，只要一心念观音名号，菩萨即现身解救。在这种文化气候中，《法华经·普门品》很早便有单行本流行⑤。而

---

① （唐）李隆基撰、李林甫注：《大唐六典》卷25《诸卫府》，诸府折冲都尉条，[日] 广池千九郎训点、[日] 内田智雄补订，三秦出版社1991年版，第459页。

② （唐）李隆基撰、李林甫注：《大唐六典》卷2《尚书吏部》，司勋郎中员外郎条，[日] 广池千九郎训点、[日] 内田智雄补订，三秦出版社1991年版，第44页。

③ 同上。

④ [日] 气贺泽保规：《唐代房山云居寺的发展与石经事业》，载 [日] 气贺泽保规编《中国佛教石经的研究——特别以房山云居寺石经为中心》，京都大学学术出版会1996年版，第51—64，78—82页。

⑤ （梁）僧祐《出三藏记集》曰："《光世音经》一卷。（小注：出《正法华经》，或云《光世音普门品》。）""《观世音经》一卷。（小注：出《新法华》。）"见释僧祐《出三藏记集》卷4，苏晋仁、萧炼子点校，中华书局1995年版，第128页。按：出自《正法华经》的《光世音经》一卷指西晋竺法护的译本，出自《新法华》的《观世音经》一卷指姚秦鸠摩罗什所译《妙法莲华经》。

《心经》精炼简洁,总括《般若经》要理,强调观音的大智慧、度一切苦厄。总之,《金刚经》、《观世音经》和《心经》皆与民众通俗信仰关系密切。在房山石经中,《金刚经》与《观世音经》或《心经》刊刻在同一石板上的编排方式,正反映出唐代幽州地域某些信仰群体的意图、需求和心理遐想。

房山石经中的天宝元年(742)《金刚般若波罗蜜经》(御注并序)亦引人注目。开元二十三年(735)九月,唐玄宗"亲注《金刚经》及修《义诀》。中书令张九龄等上言:'臣等伏见御注前件经及《义诀》。……伏望降出御文,内外传授'"①。《义诀》大概指与玄宗讨论注释《金刚经》的僧人道氤的《御注金刚般若波罗蜜经宣演》的底稿②。张九龄《贺御注〈金刚经〉状并御批》曰:

> 但佛法宗旨,摄在此经,人间习传,多所未悟。陛下曲垂圣意,敷演微言,幽关妙键,豁然洞达。……是知日月既出,天下普照,诚在此也!陛下至德法天,平分儒术,道已广其宗,僧又不违其愿,三教并列,万姓知归。③

御批云:

> 不坏之法,真常之性,实在此经。众为难说,且用稽合同异,疏决源流。朕位在国王,远有传法,竟依群请,以道元元。与夫《孝经》、《道经》,三教无阙,岂兹秘藏,能有探详。所贺知。④

禅宗一直重视《金刚经》,玄宗可能在北宗神秀《观心论》的启发下作《御注金刚经》,然后该《御注》再影响到南宗文献《顿悟真

---

① (宋)王钦若等编:《册府元龟》卷51《帝王部·崇释氏一》,中华书局影印明本1960年版,第575页。
② [日]衣川贤次:《唐玄宗〈御注金刚般若经〉的复原与研究》,载项楚、郑阿财主编《新世纪敦煌学论集》,巴蜀书社2003年版,第119—120页。此文的修订本载《花园大学文学部研究纪要》第36号,2004年,第1—75页。但是,笔者目前尚未找到该版本,无法拜读。
③ (唐)张九龄:《张九龄集校注》卷15,熊飞校注,中华书局2008年版,第791页。
④ 同上书,第792页。

宗论》①。唐玄宗于开元年间（713—741）将《金刚经御注》颁行天下后，《金刚经》的地位才凌驾于他经之上，逐渐成为禅门之不二经典②。

石经《御注金刚般若波罗密经注序》曰：

> 开元二十三乙亥之岁（735）六月三日，都释门威仪僧思有表请至。九月十五日经出，合城具法仪于通洛门奉迎。其日表贺，便颁示天下，写本入藏、宣付史官。其月十八日于敬爱寺设斋庆赞，兼请中使、王公、宰相、百□□□□□开元廿三年（735）十月□□。书手臣张若芳用小麻纸三十五张、校书郎坦初校、校书郎韩液再校、正字李希言三校、装书近（匠）臣陈善装、典书臣侯令晖典、秘书郎臣卢俜掌、朝散大夫守秘书监上柱国平乡县开国男臣宋升监、□□□上柱国载国公李道□、光禄大夫秘书监同正员上柱国汝阳郡王臣总淳监。天宝元年（742）八月十五日立。③

其中"敬爱寺"位于东都"怀仁坊。显庆二年（657），孝敬（即太子李弘）在春宫，为高宗、武太后立之，以敬爱寺为名，制度与西明寺同。天授二年（691），改为佛授记寺，其后又改为敬爱寺"④。敬爱寺系东都著名的大寺院，素与李唐皇室关系密切⑤。开元二十三年（735）九月，玄宗在东都洛阳将《御注金刚般若波罗密经》颁布于天下，众多官僚贵戚参与设在敬爱寺的斋会，仪式极为庄重。七年之后，到天宝元年

---

① ［日］衣川贤次：《唐玄宗〈御注金刚般若经〉的复原与研究》，载项楚、郑阿财主编《新世纪敦煌学论集》，巴蜀书社2003年版，第124页。
② 王重民：《敦煌变文研究》，《中华文史论丛》1981年第2辑，第221页。
③ 北京图书馆金石组、中国佛教图书文物馆石经组编：《房山石经题记汇编》第3部分《诸经题记（唐）》，书目文献出版社1987年版，第211页。
④ （宋）王溥：《唐会要》卷48，寺条，上海古籍出版社2006年版，第993页。
⑤ （清）徐松撰，李健超增订：《增订唐两京城坊考》（修订版）卷5，三秦出版社2006年版，第376页。另外，王惠民先生对敬爱寺的佛教艺术、沿革及佛教活动有详细研究。他也提及开元二十三年（735）玄宗御注《金刚经》，天宝元年（742）房山石经刊刻此经。他认为：敬爱寺一度是禅宗寺院。开元二十二年（734）正月至二十四年（736）九月，玄宗在洛阳。开元二十三年（735），玄宗在兴唐寺御注《金刚经》，写成后不久，于敬爱寺设斋庆赞，说明此时敬爱寺仍有较高地位。《金刚经》为禅宗所重视，所以这次设斋活动安排在禅宗寺院敬爱寺。参见王惠民《唐东都敬爱寺考》，载荣新江主编《唐研究》第12卷，北京大学出版社2006年版，第357—377页。

(742)，幽州良乡县的石经也出现《御注金刚般若波罗密经》。此系当地信徒响应玄宗的政策而采取的行动。其依据的版本经过朝廷书手、校书郎、正字、装书、典书臣、秘书郎的反复校雠、装订，可见朝廷十分重视此事。

在上表中，有辽刻房山石经"《金刚般若波罗蜜经破取著不坏假名论》二卷（分上、下卷），功德施菩萨造，唐中天竺国沙门地婆诃罗等奉敕于西太原寺译"。"西太原寺"即唐西京太原寺，位于休祥坊，唐高宗咸亨元年（670），武后将外氏故宅立为太原寺，武后载初元年（689）改称崇福寺①。毋庸赘言，此寺与武则天家渊源极深。高僧地婆诃罗曾在长安西太原寺译经。"沙门地婆诃罗，唐言日照，中印度人。洞明八藏，博晓四含。戒行清高，学业优赡。尤工咒术，兼洞五明。志在利生，来游此国。以天皇仪凤（676—679）初至天后垂拱（685—688）末，于两京东西太原寺及西京弘福寺译《大乘显识经》等一十八部。……天后亲敷睿藻，制序标首。光饰像教，传之不朽也。"②《大周刊定众经目录》曰："《金刚般若波罗蜜经破取著不坏假名论》一部二卷"，"大唐永淳二年（683）九月十五日，三藏地婆诃罗于西京西太原寺归宁院译，新编入录"③。综观前引文献可知：地婆诃罗乃奉唐高宗之敕翻译《金刚般若波罗蜜经破取著不坏假名论》，估计该经在唐代就流传于幽州地域。只是佛经从传本到刻上石经还有一段时间和过程。这或许是我们仅在辽代石经中看到这一注疏的缘由。

概括言之，房山石经刊刻来自东都敬爱寺的唐玄宗所著《御注金刚般若波罗蜜经序》和两京译经高僧地婆诃罗所译《金刚般若波罗蜜经破取著不坏假名论》，充分证明幽州地域的禅宗受东西两京之影响。

在唐僖宗中和年间（881—885），石经《大般若波罗密多经》的题记

---

① 孙昌武：《唐长安佛寺考》，载荣新江主编《唐研究》第 2 卷，北京大学出版社 1996 年版，第 11 页。

② （唐）智升：《开元释教录》卷 9，[日] 高楠顺次郎等编《大正藏》第 55 册，大正一切经刊行会 1928 年版，第 564 页。又见于（宋）赞宁《宋高僧传》卷 2《周西京广福寺日照传》，范祥雍点校，中华书局 1987 年版，第 32—33 页。

③ 明佺等：《大周刊定众经目录》卷 6，[日] 高楠顺次郎等编《大正藏》第 55 册，大正一切经刊行会 1928 年版，第 406 页。

中出现"《金刚经》社官史良楚、社录崔谦恭"①，说明晚唐时期，在幽州或其附近区域有信徒组成的"《金刚经》社"活动。由此视之，《金刚经》已然渗入到当地普通民众的宗教生活，在当地民众的精神世界中占有重要地位。

### 三 《金刚经》与幽州兵的灵验故事

唐代社会还流传着关于《金刚经》和幽州卢龙镇兵的灵异传说，体现民众的心灵世界和信仰观念。

《法苑珠林》载：

> 显庆（656—661）中，平州（今河北卢龙）有人，姓孙名寿。于海滨游猎，见遇野火焰炽，草木荡尽，唯有一丛茂草，独不焚燎。疑此草中有兽，遂以火烧之，竟不能著。寿甚怪之，遂入草间寻觅，乃见一函《金刚般若经》。其傍又见一死僧，颜色不变，火不延燎，盖由此也。始知经像，非凡所测。孙寿亲自说之。②

这则故事以幽州卢龙镇所辖之平州作为背景，渲染《金刚经》的威力。据此推之，在唐代社会，《金刚经》不怕火烧当系具有一定普遍性之思想意识。

在佛教传说中，幽州卢龙节度使麾下之兵骁勇善战，却畏惧金刚巨人。《太平广记》曰：

> 宁勉者，云中（今山西大同）人，年少有勇气，善骑射，能以力格猛兽，不用兵仗。北都（今山西太原）守健其勇，署为衙将，后以兵四千军于飞狐城（今河北涞源）。时蓟门帅（即幽州卢龙节度使）骄悍，弃天子法，反书闻阙下。唐文宗皇帝诏北都守攻其南。诏未至，而蓟门兵夜伐飞狐，钲鼓震地，飞狐人汹然不自安，谓宁勉

---

① 北京图书馆金石组、中国佛教图书文物馆石经组编：《房山石经题记汇编》第 2 部分《大部经题记（唐至辽）》，书目文献出版社 1987 年版，第 181 页。
② （唐）释道世：《法苑珠林》卷 18《敬法篇第七》，周叔迦、苏晋仁校注，中华书局 2003 年版，第 610 页。（宋）李昉等编《太平广记》卷 103《孙寿》条，中华书局 1961 年版，第 692 页，引。

曰："蓟兵（即幽州卢龙镇军队）豪健不可敌。今且至矣，其势甚急，愿空其邑以遁去。不然，旦暮拔吾城，吾不忍父子兄弟尽血贼刃下，悔宁可及。虽天子神武，安能雪吾冤乎？幸熟计之。"勉自度兵少，固不能折蓟师之锋，将听邑人语，虑得罪于天子；欲坚壁自守，又虑一邑之人悉屠于贼手。忧既甚而策未决。忽有谍者告曰："贼尽溃矣！有弃甲在城下，愿取之。"勉即登城坦望，时月明朗，见贼兵驰走，颠踬者不可数，若有大兵击其后。勉大喜，开邑门，纵兵逐之，生擒数十人，得遗甲甚多。先是，勉好浮图氏，常阅佛书《金刚经》。既败蓟师，擒其虏以讯焉。虏曰："向夕望见城上有巨人数四，长二丈余，雄俊可惧，怒目呿吻，袒荡执剑。蓟人见之，惨然汗栗，即走避。又安有斗心乎！"勉悟巨人乃金刚也，益自奇之。勉官御史中丞，后为清塞副使。①

此则故事证明：时人相信常常阅览《金刚经》便能召来金刚巨人，吓退强敌。即使"豪健不可敌"的幽州兵都不是对手。《金刚经》本系禅宗崇奉之经典，而故事中金刚巨人的形象"长二丈余，雄俊可惧，怒目呿吻，袒荡执剑"，似密宗菩萨。密教的金刚菩萨具有降魔之力。这说明在民众的信仰实践中，由于名称的相似性，产生《金刚经》和密教金刚菩萨混融的现象。民众恰恰从这种"误读"，"创造"出阅读《金刚经》能感应金刚巨人的观念。

## 第二节 中晚唐幽州地域禅宗的发展轨迹

南禅宗的祖师慧能自称"惠能慈父，本官范阳，左降迁流岭南，作新州（今广东新兴）百姓。惠能幼小，父又早亡，老母孤遗，移来南海"②。王维所撰《六祖能禅师碑铭》因袭《坛经》的说法，谓慧能"禅师俗姓卢氏，本贯范阳人也"③。《宋高僧传》亦云慧能"姓卢氏，南海

---

① （宋）李昉等编：《太平广记》卷108《宁勉》条，中华书局1961年版，第731—732页。此条出自《宣室志》。
② （唐）慧能：《坛经校释》，郭朋校释，中华书局1983年版，第4页。
③ 王维：《六祖能禅师碑铭》，（唐）慧能《坛经校释·附录》，郭朋校释，中华书局1983年版，第141页。

新兴（今广东新兴）人也，其本世居范阳。厥考讳行瑫，武德中（618—626）流于新州百姓，终于贬所。略述家系，避卢亭岛夷之不敏也"①。可见慧能本出身于山东大族范阳卢氏家族，因其父犯事被流放到岭南。依此看来，慧能之家世显系文化上之望族。

据撰写于宋真宗景德元年（1004）的禅宗灯史《景德传灯录》所述，早在唐初，慧能的南宗禅法便已经传播到河北地区。如"河北智隍禅师者，始参五祖法席。虽常咨决，而循乎渐行。后往河北结庵长座，积二十余载，不见惰容"。后来，他"舍庵往参六祖。祖愍其远来，便垂开抉。师于言下豁然契悟。前二十年所得，心都无影响。其夜，河北檀越、士庶忽闻空中有声曰：'隍禅师今日得道也。'后回河北，开化四众"②。按照禅宗自己编撰的灯史，南禅传入河北地区的时间非常早。许多学者认定：禅门宗派文献灯录的叙述隐藏着不真实的想象和权力，有渲染本宗辉煌历史的倾向，不可完全相信。但是，在唐初，慧能的禅法流传到河北地区，亦并非不可能。

照《宋高僧传》所记，"释圆绍，姓孙氏，其先富阳（今浙江富阳）人也，祖官于南燕，因为滑台白马（今河南滑县东旧县）人焉。……至年二十二，于相州（今河南安阳）义檀香灯律师边受具。……唯视禅宗立雪傅衣，是其素望也。至于三湘、五岭、二蜀、两京，凡曰丛林，一皆参礼。……绍即七祖荷泽神会禅师五叶法孙也。演其无念，示以真心，了达磨之密传，极南能之深趣"。他卒于唐昭宗乾宁二年（895），"俗寿八十五"③。那么，他当生于唐宪宗元和六年（811）。"丛林"通常指禅宗寺院而言，故亦称"禅林"。圆绍只选择"三湘、五岭、二蜀、两京"地区的"丛林"参礼，表明中晚唐时期，这些区域盛行禅宗，佛教色彩十分浓厚的幽州地区并不在其中。这也暗示中晚唐时代，禅宗主要兴盛于南方和两京地区，而在河北地区影响有限。

据葛兆光先生研究，盛唐至中唐时代，禅门有四支最为重要：其一，

---

① （宋）赞宁：《宋高僧传》卷8《唐韶州今南华寺慧能传》，范祥雍点校，中华书局1987年版，第173页。
② （宋）释道原编著：《景德传灯录》卷5，财团法人佛陀教育基金会1999年版，第85—86页。
③ （宋）赞宁：《宋高僧传》卷13《唐今东京封禅寺圆绍传》，范祥雍点校，中华书局1987年版，第301—302页。

净众禅（今四川一带）；其二，牛头禅（今江苏一带）；其三，南方禅（今广东、湖南、浙江、江西一带）；其四，北宗禅（包括西京长安、东都洛阳和嵩山的少林寺、会善寺、嵩岳寺等）[1]。由此观之，禅宗的主要分布区并不包括偏处东北一隅而佛教非常隆盛的幽州地区。

其实，幽州地域并非禅宗的荒漠之地。本书第一章第二节提示幽州城内有一些禅寺，如天城院（延洪寺）、宝刹寺。下文将具体探讨唐代幽州地区禅宗的发展轨辙。

### 一 云居寺与北宗禅

不少学者认为：在"安史之乱"中，荷泽神会主持卖度牒、收香水钱为朝廷筹集军费，受到唐廷恩宠，因此，这是南宗取代北宗的契机，标志着南宗的胜利[2]。不过，葛兆光先生却提出：在"安史之乱"后，北宗禅虽失去第一把交椅，但依然是禅宗当时最大的四派之一[3]。实际上，自"安史之乱"后，北宗禅在幽州地区并未销声匿迹，而是仍有一定影响。

如上一章所论，幽州良乡县云居寺的真性大德禅律兼修，修六波罗密法以达到解脱的境界，属于北宗禅的"渐修"，跟南宗"道在心悟"的理念完全不同。《真性大德神道碑》对真性的这种修行方式赞赏有加，暗示中晚唐的云居寺行北宗禅法。

英藏敦煌文书 S.529 背面《诸山圣迹志》是五代时期一位无名僧人云游各地佛教圣迹的记录，其中包含唐末五代幽州地域社会的宝贵信息。S.529 背面文献的《题幽州盘山七言》诗和《题幽州石经山》诗，同时又见于 S.373[4]。《题幽州盘山七言》后小注曰："在幽州北"，《题幽州石经山》后小注云："在南"[5]。S.373 中诗歌的作者、与 S.529 背

---

[1] 葛兆光：《增订本中国禅思想史——从六世纪到十世纪》第 3 章《北宗禅再认识》，上海古籍出版社 2008 年版，第 206—207 页。

[2] 如胡适《荷泽大师神会传》、《神会和尚遗集序》，载《胡适文集》第 5 卷，北京大学出版社 1998 年版，第 199—236 页。

[3] 葛兆光：《增订本中国禅思想史——从六世纪到十世纪》第 3 章《北宗禅再认识》，上海古籍出版社 2008 年版，第 219—221 页。

[4] 中国社会科学院历史研究所、英国图书馆等编：《英藏敦煌文献》第 1 卷，四川人民出版社 1992 年版，第 162 页。

[5] 同上。

面文献之诗的关系，学界讨论颇多①。徐俊先生指出：《诸山圣迹志》中诸诗并非游历诸山圣迹的僧人所创作，而是他就游历所及抄录前人作品②。尽管如此，这终究还是对所见所闻的记录，其内容仍然大致反映了当时的社会状况。本书主旨只涉及其中所载之幽州地区的情况，对此问题不再纠缠。

照 S.529 背面文献所述，在后唐时期，一名云游至幽州地区的僧人从盘山到幽州城，又"南行百余里至石经寺，大藏经文并镌石上。云轩皇龛月殿，迥若天宫。律门洋洋，禅流济济。"诗曰：

空（闲）乘五马谒真宗，来入山门问远公。
云起乱峰朝［古］寺，鸟巢高处恋晴空。
碧罗引蔓枝枝到，石溜穿渠院院通。
佛僧（境）不利（离）人境内，人心不与佛心同。③

其中"石经寺"即云居寺。徐俊先生已经考出诗中"五马"为引用汉太守五马驾辕之典，"远公"系借用名僧慧远尊指被访僧人。这显

---

① 郑炳林先生推测：S.373 与 S.529 出自一人之手，作者为后唐时期河北地区（或定州一带）的僧人。S.529 中的诗即《诸山圣迹志》作者所作。见郑炳林《关于〈诸山圣迹志〉的撰写年代》，载郑炳林主编《敦煌吐鲁番文献研究》，兰州大学出版社 1995 年版，第 289—296 页；郑炳林《敦煌文书斯 373 号李存勖唐玄奘诗证误》，载郑炳林主编《敦煌吐鲁番文献研究》，兰州大学出版社 1995 年版，第 297—307 页。徐俊先生认为并非如此。徐先生提出：《诸山圣迹志》是后唐时期某僧人游历各州郡寺院、名山圣迹的记录。其中略述各州郡建置、寺院、僧尼、风俗、距离等情况，还抄录了一些诗文作品，包括已见于 S.373 卷的《题幽州盘山七言》、《题幽州石经山》、《题中岳山七言》三诗。原卷潦草不清，但从作者"凡睹圣迹，并皆抄录"之辞，可以断定作者所记并非均出于自己的创作，而是对所见所闻的记录。从《题幽州石经山》诗的口吻能推断这不是游历诸山圣迹的僧人的口吻。《诸山圣迹志》所记山寺概况多有所本。综合考察 S.373 和 S.529，可以确定《诸山圣迹志》中诸诗并非游历诸山圣迹的僧人所创作，而是他就游历所及抄录前人作品。S.373 诗亦非某一人的作品，而是诸山圣迹题咏诗丛钞。S.373 卷书法工整，行款严格。S.529 卷正面归文牒等书法亦较工稳，但背面《诸山圣迹志》用不规范且极草率之草书写成，文字多有脱漏。颇疑 S.373 与 S.529 正面归文牒为一人所抄。见徐俊纂辑《敦煌诗集残卷辑考》卷下，中华书局 2000 年版，第 491—493 页。

② 徐俊纂辑：《敦煌诗集残卷辑考》卷下，中华书局 2000 年版，第 491—493 页。

③ 郝春文主编：《英藏敦煌社会历史文献释录》第 3 卷，社会科学文献出版社 2003 年版，第 50 页。

然不是游历诸山圣迹的僧人的口吻①。慧远拒绝了晋安帝的邀请，潜心在庐山修行。他"卜居庐阜三十余年，影不出山，迹不入俗。每送客游履，常以虎溪为界焉"②。按徐先生的考证，这首诗不是云游僧人的创作，而是抄录前人之诗。但无论如何，该诗反映了云居寺的情况。其中"闲乘五马谒真宗，来入山门问远公"，可能就是指中唐时期活跃在云居寺的名僧真性大德。他像慧远一样，拒绝了幽州卢龙节度使刘公的邀请，坚持在山林中修行（详见第五章第一节）。因此，幽州当地人可能会将真性称为当代"慧远"，将拜谒他视作"来入山门问远公"。所谓"闲乘五马谒真宗"，即暗指幽州地方长官游览云居寺、拜会其中的高僧，可能就是征引汉代典故比喻唐元和（806—820）、大和（827—835）年间，幽州卢龙节度使刘公、史元忠尊崇、拜谒真性之事（详见第四章第一节、第五章第一节）。

诗中所吟"佛境不离人境内，人心不与佛心同"，实乃表达北宗禅理念。以神秀为代表的北宗禅强调人境与佛境之间有一道鸿沟，需要通过"观心"的方式"渐修"，方能达到佛陀境界。因此，人心与佛心不能等同。但是，二者有沟通的可能。佛境和佛心是追求的终极目标，从人境到佛境，从人心到佛心，都需要通过修行来实现。这与南禅宗马祖道所倡导的"即心即佛"，人心即佛心的思想相异。据此观之，这首诗隐约地道出中晚唐五代的云居寺其实是崇尚北宗禅的。

总之，《真性大德神道碑》和敦煌文书在叙述中注重名僧的生平事迹、修行情况、地方文化和政治情势。通过上文的解析，我们能够清晰地窥见：中晚唐五代的云居寺流行北宗禅，当地藩帅与佛教之关系至为密切。

## 二 敦煌文书反映的盘山佛教

英藏敦煌文书 S.529 背面文献不仅提及幽州地域云居寺的佛教，还提供了中晚唐五代盘山佛教的珍贵讯息。

S.529 背面《诸山圣迹志》记载："盘山，在幽州，寺院五十余所，

---

① 徐俊纂辑：《敦煌诗集残卷辑考》卷下，中华书局 2000 年版，第 492 页。
② （梁）释慧皎：《高僧传》卷 6《晋庐山释慧远传》，汤用彤校注，汤一玄整理，中华书局 1997 年版，第 221 页。

僧尼一千余人。戒静纳（？）拜（？），永为龙王。业行孤高，硕德盛弘律［禅］①，兼济大乘，至博学情忧，十经五论，余余济济。重风光而拂照林牖，爱山水而附带烟霞。为像学之宗师，作众中之领袖。"诗曰：

  冲过浮云数十重，经霄始到最高峰。
  日出近观沧海水，斋［时］［遥］［听］［梵］［天］［钟］。
  千年松树巢仙鹤，五个盆［池］隐毒龙。
  下方乞食上方去，尘俗难寻道者踪。②

  郑炳林先生认为："硕德盛弘律"之后应补"禅"字③，有一定道理。在中唐时期，有著名禅师道宗在盘山修行④。唐宣宗、懿宗时期，在幽州长大的奖公落发后，"遂于蓟三河县（今河北三河东）盘山甘泉院依止禅大德晓方，乃亲承杖履，就侍瓶盂。启顾全身，惟思半偈"。他一直禅律双修，在禅僧和律僧中皆享有声誉⑤。奖公擅长禅、律，当与盘山地区的佛教形势有关。S.529 背面文献的作者游历僧人对此绝对不会视而不见。因此，《诸山圣迹志》言后唐时期的盘山"盛弘律禅"，符合实际情况。

  S.529 背面文献还将盘山描写为孤峰绝顶、尘俗难寻之圣地。对此，辽圣宗统和五年（987）《祐唐寺创建讲堂碑》云："有盘山者，乃箕尾之巨镇也。深维地轴，高阙天门。煖碧凝霄，寒青压海。珠楼璇室，仰宵窅于昆邱；宝洞琼台，耀磅礴于恒岳。"⑥辽天祚帝乾统七年（1107）《上方感化寺碑》曰："渔阳古郡之西北，业岫迤逦，其势雄气秀，曰田盘山。

---

① 郑炳林先生释读为："盛弘律□（禅）"。参见郑炳林《敦煌地理文书汇辑校注》，甘肃教育出版社1989年版，第269页。郝春文先生释读为："盛弘律席"。参见郝春文主编《英藏敦煌社会历史文献释录》第3卷，社会科学文献出版社2003年版，第49页。本书取郑先生的意见，理由详见下文。
② 郝春文主编：《英藏敦煌社会历史文献释录》第3卷，社会科学文献出版社2003年版，第49页。
③ 郑炳林：《敦煌地理文书汇辑校注》，甘肃教育出版社1989年版，第269页。
④ 知宗：《盘山上方道宗大师遗行碑》，（清）董浩等编《全唐文》卷920，中华书局1983年版，第9589页。
⑤ 公乘亿：《魏州故禅大德奖公塔碑》，（宋）李昉等编《文苑英华》卷868，中华书局1966年版，第4582—4583页。
⑥ 向南辑：《辽代石刻文编》，河北教育出版社1995年版，第89页。

冈峦倚叠，富有名寺。"① 辽朝人所描绘的盘山之地理风貌，与中晚唐五代的记录大致相仿。

《诸山圣迹志》还谓盘山"永为龙王"、"五个盆［池］隐毒龙"。《盘山上方道宗大师遗行碑》亦称盘山峰顶"多逢兽迹，莫面人踪。境类虎溪，地蟠龙腹"，禅僧道宗大师修行之时"山现莲池，龙降香水"②。《祐唐寺创建讲堂碑》对盘山山顶也进行特写："岭上时兴于瑞雾，谷中虚老于乔松。奇树珍禽，异花灵草。绝顶有龙池焉，向旱岁而能兴雷雨；岩下有潮井焉，依旦暮而不亏盈缩。于名山之内，最处其佳。"③

佛教文献中常常出现高山或水池中藏龙的传说。早在五胡十六国时期，佛图澄为干涸的襄国城堑水源求水，对石勒说："水泉之源，必有神龙居之。""澄坐绳床，烧安息香，咒愿数百言。如此三日，水泫然微流。有一小龙，长五六寸许，随水来出。诸道士竞往视之。澄曰：'龙有毒，勿临其上。'有顷，水大至，隍堑皆满。"④ 唐代社会还流传着盂兰盆中藏龙的故事。"故唐安太守卢元裕未仕时，以中元设幡幢像，置盂兰于其间。俄闻盆中有唧唧之音，元裕视，见一小龙才寸许，逸状奇姿，蜿然可爱。于是以水沃之。其龙伸足振已长数尺矣。元裕大恐。有白云自盆中而起，其龙亦逐云而去。元裕即翰之父也。"⑤ 五台山峰顶也有毒龙。入唐巡礼的日本僧人圆仁于唐文宗开成四年（839）九月十二日，在五台山听老僧等云："古来相传此山多有龙宫。"⑥ 五台山醴泉寺之"南峰名为龙台，独出群岫。地图所载，曾有龙舞其巅，以此奏闻，奉敕改名龙台寺。后因泉涌，改名醴泉寺"⑦。五台山之中台"台顶，中心有玉花池，四方各四丈许，名为龙池。池中心小岛上有小堂，置文殊像。时人呼之为龙

---

① 向南辑：《辽代石刻文编》，河北教育出版社1995年版，第563页。
② 知宗：《盘山上方道宗大师遗行碑》，（清）董浩等编《全唐文》卷920，中华书局1983年版，第9589页。
③ 向南辑：《辽代石刻文编》，河北教育出版社1995年版，第88页。
④ （梁）释慧皎：《高僧传》卷9《晋邺中竺佛图澄传》，汤用彤校注，汤一玄整理，中华书局1997年版，第346—347页。
⑤ （唐）张读：《宣室志辑佚》，张永钦、侯志明点校，中华书局1983年版，第190页。
⑥ ［日］圆仁：《入唐求法巡礼行记校注》卷2，白化文、李鼎霞、许德楠修订校注，周一良审阅，花山文艺出版社2007年版，第180页。
⑦ 同上书，第246页。

堂。"① 西台"台顶中心亦有龙池，四方各可五丈许。池之中心有四间龙堂，置文殊像"②。北台"台顶之南头有龙堂。堂内有池，其水深黑。满堂澄潭，分其一堂为三隔。中间是龙王宫。临池水，上置龙王像。池上造桥，过至龙王座前。此乃五台五百毒龙之王：'每台各有一百毒龙，皆以此龙王为君主。此龙王及民被文殊降伏归依，不敢行恶'云云。龙宫左右隔板墙置文殊像，于龙堂前有供养院"③。北台台顶中心"隔三四步皆有小井池无数，名为龙池"④。东台"台顶无龙池，地上亦无水，生草稍深"⑤。东台台顶之那罗延窟"窟内黑暗，宜有龙潜藏矣"⑥。"五台山乃万峰之中心也。五百毒龙潜山而吐纳风云，四时八节不辍雷，雹频降矣。"⑦ 因此，出现盘山之最高峰有"五个盆池隐毒龙"的说法，也不足为奇。

概括言之，敦煌文书及晚唐、辽代的一些石刻资料在书写过程中着重描摹盘山的地理和人文景观，融佛境与自然美景于一体，尤其是《诸山圣迹志》详细描绘了当地寺院、僧尼和佛学图景。

## 三 晚唐、五代和辽代碑刻所见之盘山佛教

基于现存晚唐、五代和辽代碑刻所显示的信息，盘山系中晚唐时期北方地区重要的禅宗基地，好些著名禅僧在此地活动。

### （一）道宗大师

据唐懿宗咸通中（860—874）沙门知宗所撰《盘山上方道宗大师遗行碑》，"师讳道宗，俗姓田，唐千牛将军宾庭之后。元和九秋，师年弱冠，于燕庭金阁寺受戒，礼志敬寺如琳为师。后至永泰大师所，与师契合，谓师曰：'蓟门旧里田盘灵山，可构净居。'师蒙指教，惊喜难名"⑧。

---

① ［日］圆仁：《入唐求法巡礼行记校注》卷2，白化文、李鼎霞、许德楠修订校注，周一良审阅，花山文艺出版社2007年版，第280—281页。
② 同上书，第282页。
③ ［日］圆仁：《入唐求法巡礼行记校注》卷3，白化文、李鼎霞、许德楠修订校注，周一良审阅，花山文艺出版社2007年版，第284—285页。
④ 同上书，第285页。
⑤ 同上书，第286页。
⑥ 同上书，第286—287页。
⑦ 同上书，第296页。
⑧ （清）董浩等编：《全唐文》卷920，中华书局1983年版，第9589页。

第六章　唐代幽州地域禅宗的发展与传布　　253

至唐宪宗元和九年（814），道宗正值弱冠之年，即20岁，由此推断，他当出生于唐德宗贞元十一年（795）。《盘山上方道宗大师遗行碑》详细记录了道宗的修行情况：

> 太（大）和二年（828），届盘山峰顶，多逢兽迹，莫面人踪。境类虎溪，地蟠龙腹。师止栖处所，如在四禅。柏茶半斤，稻米数斗，二年所食，一半犹存。皎月银河，借为灯烛；松风石溜，指作笙簧。息烦焰于尘涂，莹戒珠于岩岫。曾游绝岳，坠地无伤。山现莲池，龙降香水。猛虎每蹲于坐侧，巨蛇长绕于阶前。一上云岭，两更岁华。①

他的修行使"山现莲池，龙降香水"，竟然能够降伏野兽。碑文正是以此类神异来衬托道宗修行之高妙境界。在中古时代的佛教文献中，常常出现高僧与猛虎和谐相处、降伏猛虎的故事，并将此归因于高僧个人的佛学修行②。

《宋高僧传》亦载有禅僧通过修行降伏山中毒龙的传说，如：

> 释惟忠，姓童氏，成都府（今四川成都）人也。幼从业于大光山（位于今河南东南部）道愿禅师，神骥伏枥，虽止也，发蹄则超忽千里焉。游嵩岳，见神会禅师，折疑沉默，处于大方。观览圣迹，见黄龙山（位于今江西修水修河发源地的白岭镇）郁翠而奇异，乃营茅舍。其穷溪极谷而多毒龙，喷气濛濛，山民犯者多如中瘴焉，医工寡效。忠初不知，独居禅寂，涧饮木食，其怪物皆卷而怀矣，山民无害。或闻空中声云："得师居此，民之多幸，令我解脱也。"乡人因号是山为伏龙，言忠弭伏鳞虫之长，故此名焉。以建中三年（782）入灭，报龄七十八。其年九月迁塔云。③

---

① （清）董浩等编：《全唐文》卷920，中华书局1983年版，第9589页。
② 陈怀宇：《动物与中古政治宗教秩序》第3章《中古佛教驯虎记》，上海古籍出版社2012年版，第167—209页。
③ （宋）赞宁：《宋高僧传》卷9《唐黄龙山惟忠传》，范祥雍点校，中华书局1987年版，第208页。

惟忠迁化于唐德宗建中三年（782），享年78岁，那么，他出生于唐中宗神龙元年（705）。他到嵩山参谒神会，可见他与南禅宗的关系。在黄龙山，他正是以禅寂的修行方式降伏了传说中的山中毒龙。被称为"曹溪（即指慧能）之孙、荷泽（即指神会）之子"的禅僧灵坦到润州（今江苏镇江）江中金山，"其山北面有一龙穴，常吐毒气如云，有近者多病或毙。坦居之，毒云灭迹"①。此意味着灵坦修禅的威力能降伏毒龙。采用灵异事迹来凸显禅僧修行之威力，正是《宋高僧传·习禅篇》的写作特色之一。

道宗之名声"初传乡里，渐达州邦。千里风闻，四众云集"②。很明显，道宗走的是"农村包围城市"之路。幽州卢龙节度使张仲武、张允伸对道宗均十分礼遇。"方伯太尉相国清河张公仲武，遥瞻道德，渴想音徽。专飞简章，特有招辟。师以松萝誓节，云水坚怀，三十九年，不下栖隐。侍中清河张公允伸，大阐释风，远钦道行。频驰清奉，累降尺书。命建丰碑，以崇盛德。于是沙门知宗撰文，节度判官梁知至书石。"③ 结果，道宗并没有接受张仲武、张允伸的邀请。

（二）元宫寺（感化寺）

从晚唐至辽，盘山地区的元宫寺皆为禅宗寺庙。辽天祚帝乾统七年（1107）《上方感化寺碑》曰："渔阳古郡之西北，业岫迤逦，其势雄气秀，曰田盘山。冈峦倚叠，富有名寺。而感化者，旧号元宫。物无常名，事穷则变。会幽州主帅清河张公奏请之，故因以是额易其前号。"④ 在唐昭宗景福年间（892—893），左街内殿讲论兼应制大德沙门南叙所撰《悯忠寺重藏舍利记》称：隋文帝仁寿年间（601—604）分发舍利时，幽州长官窦抗创五层大木塔藏舍利于其下。在唐文宗时代，"天火焚塔"，"至宣宗初登宝位，岁在丙寅（即会昌六年，846），敕修废蓝，将兴畚□，得石函于故基下。时旄麾清河公，晓示人天，溥令供施，迁藏于悯忠寺（今北京法源寺）多宝塔下"⑤。唐宣宗初年的幽州卢龙节度使"清河公"

---

① （宋）赞宁：《宋高僧传》卷10《唐扬州华林寺灵坦传》，范祥雍点校，中华书局1987年版，第225—226页。

② 知宗：《盘山上方道宗大师遗行碑》，（清）董浩等编：《全唐文》卷920，中华书局1983年版，第9589页。

③ 同上。

④ 向南辑：《辽代石刻文编》，河北教育出版社1995年版，第563页。

⑤ （清）董浩等编：《全唐文》卷920，中华书局1983年版，第9590—9591页。

就是张仲武①。照《盘山上方道宗大师遗行碑》所记，有"方伯太尉相国清河张公仲武"，也有"侍中清河张公允伸"②。张允伸于唐宣宗大中四年（850）至唐懿宗咸通十三年（872）任幽州卢龙节度使③。那么，改易元宫寺之号的可能是张仲武，亦可能是张允伸。

《上方感化寺碑》又云："唐太（大）和（827—835）、咸通（860—874）间，道宗、常实二大师，前季后昆，继踵而至。故碑遗像，文迹具存。尔后人多住持，处亦成就。布金之地，广在山麓。法堂佛宇敞乎下，禅宝经龛出乎上。"④显然，这里曾是道宗、常实两位大师的驻锡地，寺院藏有禅经。而且，该寺也有自耕的传统："居然缁属，殆至三百。自师资传衣而后，无城郭乞食之劳。以其创始以来，占籍斯广。野有良田百余倾，园有甘栗万余株。清泉茂林，半在疆域。斯为计久之业，又当形胜之境。"⑤此明确昭示：感化寺在实践方面具有农禅的特征。

从五代至辽初，智辛禅师曾驻锡盘山感化寺⑥。按辽穆宗应历二年（952）《感化寺智辛禅师塔记》所述，智辛禅师"俗姓王氏，金台三河人也"⑦。向南先生已经指出：金台即燕台，指幽州，三河系辽蓟州的属县⑧，相当于今河北三河。而盘山恰位于三河县境内。智辛"深信禅理"、"一言顿悟"，"气禀淳和，性惟沉静。爰从佩，便悟出尘"⑨。他经过受具、习禅、游历之后，"为四众以开禅，乃午侯而请益。归依转甚，珍重弥增。禅师洎传六祖之衣，将付一真之理。故山却返，法席重开。而有达人，请居都邑，寓崇国寺。参般若市，来往如云"⑩。由"顿悟"、"传六

---

① 据郁贤皓《唐刺史考全编》卷116《幽州（范阳郡）》，安徽大学出版社2000年版。张仲武于唐武宗会昌元年（841）至唐宣宗大中三年（849）任幽州卢龙节度使。
② （清）董浩等编：《全唐文》卷920，中华书局1983年版，第9589页。
③ 郁贤皓：《唐刺史考全编》卷116《幽州（范阳郡）》，安徽大学出版社2000年版，第1613页。
④ 向南辑：《辽代石刻文编》，河北教育出版社1995年版，第563页。
⑤ 同上书，第563—564页。
⑥ 《感化寺智辛禅师塔记》，向南辑《辽代石刻文编》，河北教育出版社1995年版，第6—8页。
⑦ 同上书，第6页。
⑧ 同上书，第8页，注释3。
⑨ 同上书，第6页。
⑩ 同上书，第7页。

祖之衣"可知：智辛属南禅宗高僧。他在游学之后，先返回盘山感化寺开法席讲禅，信徒云集，后被"达人"邀请，居辽南京城（原唐幽州城）中的崇国寺①。这位禅师的活动区域从幽州城外的盘山，进入到幽州城中的大寺，标志着他在辽朝的佛教中心得到认可。

直到辽朝末代皇帝天祚帝统治时期，感化寺依然是"禅枝律裔，保有其业"②。这说明即便在异族统治下，盘山感化寺的佛教仍然维持固有的格局。

（三）祐唐寺

在唐代，盘山地区的祐唐寺曾是禅宗和律宗之圣地。辽圣宗统和五年（987）《祐唐寺创建讲堂碑》追述道："当昔全盛之时，砌叠龙蟠，檐排凤翅；晨钟暮磬，上闻兜率；禅宗律学，宛是祇园；骈阗可类于清凉，赫奕遥同于白马；乃法侣辐辏之乡也。爰自大兵之后，并已烬灭。"③ 在唐末五代的战乱中，祐唐寺遭受打击而衰落。至辽代，这座寺庙又由本寺寺主大德、邑人募资陆续重建。重建之后的祐唐寺不但建筑精良，还有高僧在此开讲佛法④。此碑又曰："高谈玉偈，然慧炬而绝烦恼薪；妙演经文，挥智刃而剖无明縠"，⑤ 即宣扬挥舞智慧之剑而斩断烦恼。以是观之，在辽代，祐唐寺已然恢复昔日的盛况。

前文所引晚唐、五代、辽代的石刻材料充分显示：在中晚唐时期，盘山乃北方重要的禅宗基地，即便在辽朝的统治之下也仍然如此。这些碑刻在表述中侧重于人物生平事迹、时间、地理空间，与当地世俗社会和历史背景紧密相连，重在写"实"。

**四 禅门文献描述的盘山佛教**

在后世编纂的禅宗史书中，唐代的盘山地区已经成为马祖道的天下。编写于南唐时期的《祖堂集》曰：

---

① （元）熊梦祥著，北京图书馆善本组辑：《析津志辑佚·寺观》，北京古籍出版社1983年版，第72页；（元）孛兰肹等：《元一统志》卷1《中书省统山东西河北之地》，赵万里校辑，中华书局1966年版，第31页。
② 《上方感化寺碑》，向南辑《辽代石刻文编》，河北教育出版社1995年版，第564页。
③ 向南辑：《辽代石刻文编》，河北教育出版社1995年版，第90页。
④ 同上书，第90—91页。
⑤ 同上书，第91页。

## 第六章 唐代幽州地域禅宗的发展与传布

  盘山和尚嗣马大师，在北京。师讳宝积，未详姓氏。师有时示众云："心若无事，万法不生；境绝玄机，纤尘何立？道本无躰，因道而得名；道本无名，因名而得号。若言即心即佛，今时未入玄微；若言非心非佛，犹是指踪之极。……全心即佛，全佛即人，人、佛无异，始为道矣。"①

  很明显，宝积奉行马祖道"人心即是佛心"的理念。
  撰写于宋真宗景德元年（1004）的禅门灯史《景德传灯录》更加细致地记录宝积的禅法：

  幽州盘山宝积禅师。僧问："如何是道？"师曰："出。"僧曰："学人未领旨在。"师曰："去。"师上堂示众曰："心若无事，万象不生。意绝玄机，纤尘何立？道本无体，因道而立名。道本无名，因名而得号。若言即心即佛，今时未入玄微。若言非心非佛，犹是指踪之极。则向上一路，千圣不传。学者劳形，如猿捉影。夫大道无中，复谁先后？长空绝迹，何用称量？空既如斯，道复何说？夫心月孤圆，光吞万象。光非照境，境亦非存。光境俱亡，复是何物？禅德譬如掷剑挥空，莫论及之不及。斯乃空轮无迹，剑刃无亏。若能如是，心心无知。全心即佛，全佛即人。人佛无异，始为道矣。禅德可中学道，似地擎山，不知山之孤峻；如石含玉，不知玉之无瑕。若如此者，是名出家。故导师云：法本不相碍，三际亦复然。无为无事人，犹是金锁难。所以灵源独耀，道绝无生。大智非明，真空无迹。真如凡圣，皆是梦言。佛及涅槃，并为增语。禅德且须自看，无人替代。三界无法，何处求心？四大本空，佛依何住？璇玑不动，寂而无言。觌面相呈，更物余事。珍重。"②

  由是观之，宝积禅师所传之禅法宣扬"一切皆空"、"全心即佛"、"人佛无异"和"心心相传"，无疑乃具体实践马祖道思想。

---

① （南唐）静、筠二禅师编撰：《祖堂集》卷15《盘山和尚宝积传》，孙昌武、[日]衣川贤次、[日]西口芳男点校，中华书局2007年版，第663—664页。
② （宋）释道原编著：《景德传灯录》卷7，财团法人佛陀教育基金会1999年版，第122—123页。

不仅如此，宝积还遵循禅宗为祖师设立影堂之惯例①。宝积在临迁化之时，请众人为他画像，并由他亲自过目。《祖堂集》曰："众皆将写真呈似和尚。师尽打。时有一少师普化，出来云：'某甲邈得师真。'师云：'呈似老僧看！'普化倒行而出。师云：'我不可著汝这般底，向后去别处打风颠去也。'"②"师平生住持轨范，严整异常，海内闻名。敕谥凝寂大师、真际之塔。"③ 宝积禅师被皇帝"敕谥"师号和塔号，表明他获得中央政府和皇帝的认可。

《宋高僧传》为宝积禅师的弟子普化专门立传，云"释普化，不知何许人也。受性殊常，且多真率，作为简放，言语不拘。躬事盘山积禅师，密密指教，深入堂奥，诫令保任，而发狂悖。尝与临济玄公相见，乃对之以之驴鸣，旁侍无不哂笑。有时歌舞，或即悲号。人或接之，千变万态，略无恒度。……禅宗有著述者，以其发言先觉，排普化为散圣科目中，言非正员也矣"④。《景德传灯录》谓普化和尚"不知何许人也，师事盘山，密受真决。而佯狂出言无度，暨盘山顺世，乃于北地行化。或城市、或塚间，振一铎云：'明头来也打，暗头来也打。'"⑤ 由是可知，普化的行为类似于"狂禅"。普化被请到临济院，与南宗禅另一支系——临济宗的义玄辩论。双方虽有争执和互相贬低的情况，但在唐咸通（860—874）初年，普化示灭之时，临济仍令人送一棺材。普化"振铎入棺而逝"之时，"郡人奔走出城，揭棺视之，已不见。唯闻铎声渐远，莫测其由"⑥。

除了普化，《景德传灯录》又载："幽州盘山宝积禅师法嗣二人。（小

---

① 柯嘉豪先生讨论过禅宗祖师影堂的圣像被赋予神力、在弘扬祖师精神方面的作用。参见 John Kieschnick, "Sacred Power", *The Impact of Buddhism on Chinese Material Culture*, Princeton and Oxford: Princeton University Press, 2003, pp. 59 – 63；[美] 柯嘉豪：《佛教对中国物质文化的影响》第 1 章《灵力》，赵悠、陈瑞峰、董浩晖、宋京、杨增译，祝平一、杨增、赵凌云、李玉珍、吴宓芩、丁一校，中西书局 2015 年版，第 64—67 页。
② （南唐）静、筠二禅师编撰：《祖堂集》卷 15《盘山和尚宝积传》，孙昌武、[日] 衣川贤次、[日] 西口芳男点校，中华书局 2007 年版，第 665 页。又见于（宋）释道原编著《景德传灯录》卷 7，财团法人佛陀教育基金会 1999 年版，第 122—123 页。
③ （南唐）静、筠二禅师编撰：《祖堂集》卷 15《盘山和尚宝积传》，孙昌武、[日] 衣川贤次、[日] 西口芳男点校，中华书局 2007 年版，第 665 页。
④ （宋）赞宁：《宋高僧传》卷 20《唐真定府普化传》，范祥雍点校，中华书局 1987 年版，第 510—511 页。
⑤ （宋）释道原编著：《景德传灯录》卷 10，财团法人佛陀教育基金会 1999 年版，第 186 页。
⑥ 同上书，第 186—187 页。

注：一人见录。）"① 幽州还有青原的法嗣："盘山和尚。（小注：幽州第二世住。）僧问：'如何出得三界？'师曰：'在里头来多少时耶？'曰：'如何出得？'师曰：'青山不碍白云飞。'问：'承教有言，如化人烦恼，如石女儿。此理如何？'师曰：'阇黎直须石女儿去。'"② 青原的法嗣还有"幽州潭柘水从实禅师。僧问：'如何是道？'师曰：'个中无紫早。'曰：'如何是禅？'师曰：'不与白云连。'师问：'僧作什么来？'曰：'亲近来。'师曰：'任汝白云朝岳顶，争奈青霄不展颜。'"③ 另外还有"幽州传法和尚。僧问：'教意与祖意是同是别？'师曰：'华开金线秀，古洞白云深。'问：'别人为什么徒弟多？师为什么无徒弟？'师曰：'海岛龙多隐，茅茨凤不栖。'"④ 这些对话显系禅宗师徒之间的问答。师父的回答采取禅宗惯用的方式——答非所问。

综上所述，敦煌文书和晚唐五代的石刻材料作为时间上最接近当事人的记录，在谈及盘山地区的禅宗时，并未将它归入南禅。而辽代的石碑却透露出：此地感化寺在晚唐五代流行南宗。后出的禅宗典籍《祖堂集》和《景德传灯录》更是将盘山描绘为马祖道基地，在表述中刻意突出马祖禅的观念、修行及传导方式，编造一套看似清晰的师承谱系，凸显马祖一系特有的语言系统，可谓"虚""实"相间。在这一建构过程中，马祖道之外的盘山佛教史被逐步遮蔽了。毫无疑问，这种叙述掺进了后世信徒们太多的想象、理念和感情。此亦为传播策略和增强认同的需要。尽管葛兆光先生认为：在中唐时期，洪州马祖一系的势力已经扩展到北方，并渗入北宗禅及荷泽宗的中心地带，如幽州的盘山宝积寺⑤。但是，就上文的分析来看，葛先生的说法还值得商榷。

**五　余论：政权更迭对唐幽州地域禅宗的影响**

在中国古代社会，王权与佛法关系甚密。从晚唐五代至辽朝，幽州地

---

① （宋）释道原编著：《景德传灯录》卷10，财团法人佛陀教育基金会1999年版，第170页。

② （宋）释道原编著：《景德传灯录》卷15，财团法人佛陀教育基金会1999年版，第297页。

③ （宋）释道原编著：《景德传灯录》卷23，财团法人佛陀教育基金会1999年版，第467页。

④ 同上书，第473页。

⑤ 葛兆光：《增订本中国禅思想史——从六世纪到十世纪》第5章《禅思想史的大变局》，上海古籍出版社2008年版，第358页。

域经历了频繁的政权更迭,几易其主。政局的变迁给当地禅宗带来了什么影响呢?

敦煌文书 S.529 背面文献言幽州城内"大寺一十八所,禅院五十余所,僧尼一万余人,并有常住,四事丰盈。负论知识,担经并州(?)"①。而如前述,此系后唐时期一名僧人游历的记录。这段文字说明经历"安史之乱""会昌法难",直到五代,幽州的佛教依然繁盛。由"负论知识"之辞,可知佛学研究得以保持。值得注意的是:在后唐时期,幽州城尚有 50 余所禅院,可是辽南京城(原唐幽州城)却出现诸多大型律寺,其规模令人咋舌,几乎不见禅寺的踪影。金初出使的宋朝使者洪皓写道:"燕京兰若相望,大者三十有六,然皆律院。自南僧至,始立四禅,曰太平、招提、竹林、瑞像。"② 这似乎暗示辽南京城禅宗不盛。

学术界一般认为:辽朝虽然崇佛,但禅宗不兴。《跋飞山别传议》载大辽皇帝诏有司将禅宗典籍《六祖坛经》、《宝林传》等作为伪妄之书焚毁,日本学者竺沙雅章先生引用这条记录,谈到唐代河北地区盛行的禅宗为何在辽代消失的问题,但未及论证③。以崇佛著称的辽帝国的皇帝竟然下令烧掉南宗祖师慧能的《坛经》和洪州马祖系的典籍《宝林传》。笔者在此不打算考辨这条记录真实与否。只要出现这一说法,便已经暗示禅宗在辽代遭受挫折。就上文所论,在辽朝,盘山地区仍为禅宗基地,禅僧智辛还进入南京城弘法。因此,竺沙先生之说恐不尽然。不过,在辽朝统治下,作为中心城市的南京城内不见禅院,在相对边缘的盘山地区,禅宗还保留一块根据地。由此可见,朝代更替对幽州地区禅宗的发展确有影响。契丹贵族虽然狂热奉佛,不遗余力地支持佛教,但是还未发现这一群体当中的某人对禅宗情有独钟。此或许是禅宗在辽南京道地区或整个辽朝不盛的重要原因。

---

① 郝春文主编:《英藏敦煌社会历史文献释录》第 3 卷,社会科学文献出版社 2003 年版,第 49 页。

② (宋)洪皓:《松漠记闻》卷上,《丛书集成初编》本,中华书局 1985 年版,第 10 页。

③ [日]竺沙雅章:《从新出资料看辽之佛教》,原载《禅学研究》第 72 号,1994 年,此据[日]竺沙雅章《宋元佛教文化史研究》,汲古书院 2000 年版,第 102、106 页。

## 第三节　临济禅与幽州地域佛教

在中晚唐时期，作为南禅宗之一的临济宗在河北地区一度很有影响。临济义玄及其弟子孔存奖在当地弘扬临济禅法，影响颇大。著名禅宗专家日本的柳田圣山先生系统梳理和考辨临济义玄的材料，归纳出临济义玄的生平事迹[①]。但是，临济义玄本人和他的弟子孔存奖（即奖公）在河北弘法的情况，犹存"未发之覆"。本书拟在这方面作更深入、细致的考察，期冀能进一步认识中晚唐时代临济禅的发展历程，以及作为割据型藩镇的幽州卢龙镇的文化面貌。

### 一　从《魏州故禅大德奖公塔碑》看奖公的求法历程

奖公之弟子藏晖委托晚唐文人公乘亿[②]所撰《魏州故禅大德奖公塔碑》[③]（以下简称《奖公塔碑》）翔实记载了临济义玄的弟子孔存奖的生平事迹，这也是现存的最接近当事人的记录。本书先从这一石碑入手进行探索。

禅大德奖公"姓孔，字存奖，家本邹鲁，即阙里之裔孙也。乃祖乃父，因官隶于蓟门。历祀既深，籍同编人"[④]。照此，孔存奖的祖父和父亲皆在幽州地区做官，到他本人已经是第三代，所以，他跟幽州当地人已经没什么区别，正所谓"历祀既深，籍同编人"。他不到七岁，"遂于蓟三河县盘山甘泉院依止禅大德晓方。乃亲承杖履，就侍瓶盂，启顾全身，惟思半偈"[⑤]。可见奖公最初在盘山甘泉院出家，跟随禅师晓方习禅法。关于晓方的事迹，《唐故甘泉院禅大师灵塔记》曰：

---

[①] Yanagida Seizan, "The Life of Lin-chi I-hsuan", *The Eastern Buddhist*, n.s. 5, 2, 1972, pp. 70-94.

[②] 据日本的柳田圣山先生考证，公乘亿于唐懿宗咸通十二年（871）中进士，然后效力于魏博节度使乐彦祯，他以文学作品而知名。Yanagida, Seizan, "The Life of Lin-chi I-hsuan", *The Eastern Buddhist*, n.s. 5, 2, 1972, p. 88. 乐彦祯（乐行达）于唐僖宗中和三年至文德元年（883—888）任魏博节度使。郁贤皓：《唐刺史考全编》卷98《魏州（冀州、魏郡）》，安徽大学出版社2000年版，第1387页。

[③] 公乘亿：《魏州故禅大德奖公塔碑》，（宋）李昉等编《文苑英华》卷868，中华书局1966年版，第4582—4583页。

[④] 同上书，第4582页。

[⑤] 同上。

故甘泉院禅大德晓方，苏州常熟县（今江苏常熟）人也。……其于慈悲以接物，勇猛以化人，横身塞河决之波，举手□山崩之势。破裂魔纲，高张法云。……方岳公侯，连城守宰，偃风渴道，靡不归依。牵迷手于□□，破石心于难舍。三兽极浅深之渡，百草滋甘苦之牙。……咸通十一年（870）三月十日，迁神于此山，报龄七十一，僧夏五十八。……予则闻风企仰，临纸酸悽，以师之形则迁流委顺矣，以师之神□□明清静矣，以师之法则一灯燃百千燃矣。故门人法顺等悉心劝力，肇建灵龛于院西南一百步盘龙山首焉。以明年□月□日奉迁神座于是山。……时大唐咸通十二年岁次辛卯（871）闰八月甲辰朔十三日丙辰，卢龙节度衙前兵马使、前摄幽推朝议郎、试大理司直中山郎肃记。右北平采思伦书。①

禅师晓方卒于唐懿宗咸通十一年（870），时年71，那么，他当出生于唐德宗贞元十六年（800）。从上引《唐故甘泉院禅大师灵塔记》来看，晓方主要在甘泉院修行、传法。晓方迁化后，门人在离甘泉院西南一百步的盘山为他修建灵龛，后来将他的神座也迁于此。所谓"方岳公侯，连城守宰，偃风渴道，靡不归依"，以及《唐故甘泉院禅大师灵塔记》最后题"卢龙节度衙前兵马使、前摄幽推朝议郎、试大理司直中山郎肃记"，均说明幽州地方官支持和推崇晓方的佛教活动，晓方在当地社会影响不小。从时间和地点推算，奖公所拜之师"禅大德晓方"，应该就是《唐故甘泉院禅大师灵塔记》所述之主人公。

奖公不仅在盘山学禅，还兼习其他禅法。"禅大德玄公者，即临济之大师也。和尚一申礼谒，得奉指归，传黄檗之真筌，授白云之秘诀。所为醍醐味爽，乍灌顶以皆醒。蒼蔔花香，才经手而分馥。"②显然，奖公又向临济义玄学习禅法。"释义玄……参学诸方，不惮艰苦。因见黄檗山运禅师，鸣啄同时，了然通彻。"③义玄的传法方式为："罢唱经论之徒，皆

---

① 周绍良主编、赵超副主编：《唐代墓志汇编》，上海古籍出版社1992年版，第2452页。
② 公乘亿：《魏州故禅大德奖公塔碑》，（宋）李昉等编《文苑英华》卷868，中华书局1966年版，第4582页。
③ （宋）赞宁：《宋高僧传》卷12《唐真定府临济院义玄传》，范祥雍点校，中华书局1987年版，第277页。

亲堂室，示人心要，颇与德山相类。"① 临济义玄亲自"示人心要"，类似于德山宣鉴禅师，即：不能开口言说，只能以棒打点醒学人。柳田圣山先生指出：临济义玄和德山虽属于不同的禅宗支派，但名字却经常连在一起。二人的传教方式相似，可能一个受了另一个的影响，习惯上称"德山之棒"和"临济之喝"②。奖公从临济大师学习，"蒼蔔花香，才经手而分馥"，正是禅宗"拈花微笑、以心传心"的布教方式。柳田先生甚至认为：存奖就是临济义玄的直传弟子和临济禅第二代宗师③。

然后，奖公四处游历，"无不追穷圣迹，探讨禅宗。后过钟陵（今江西南昌），伏遇仰山大师方开法宇，大启禅扁。赴地主之邀迎，会天人之供施。而陈奥义，众莫能分。和尚立以剖之，如刀解物。仰山目眙击指，称叹再三"④。"咸通（860—874）之初，禅宗兴盛，风起于大沩也。"⑤沩山（湘江支流沩水的发源地）系南宗禅高僧灵祐的居处，而其弟子慧寂则居仰山（今江西宜春南），是为沩仰宗，它是洪州禅的一支⑥。由此可以推定：这里的"仰山大师"指慧寂。依此可见，奖公跟洪州禅有过切磋和交流。

公乘亿在《奖公塔碑》开篇便写道：中原地区禅宗的传播"不泯不灭者，则我大觉大师固有系焉"⑦。在唐代，获得"大觉大师"之号的有两人：杭州（今浙江杭州）径山的法钦和洪州马祖道一的弟子智藏。法钦于贞元八年（792）示灭后，"德宗赐谥曰大觉"⑧。虔州（今江西赣州）西堂释智藏"得大寂（即马祖道一）付授纳袈裟"，于"元和九年

---

① （宋）赞宁：《宋高僧传》卷12《唐真定府临济院义玄传》，范祥雍点校，中华书局1987年版，第277页。

② Yanagida, Seizan, "The Life of Lin-chi I-hsuan", *The Eastern Buddhist*, n. s. 5, 2, 1972, pp. 85 – 86.

③ Yanagida, Seizan, "The Life of Lin-chi I-hsuan", *The Eastern Buddhist*, n. s. 5, 2, 1972, note 38, p. 86.

④ 公乘亿：《魏州故禅大德奖公塔碑》，（宋）李昉等编《文苑英华》卷868，中华书局1966年版，第4582页。

⑤ （宋）赞宁：《宋高僧传》卷13《梁抚州曹山本寂传》，范祥雍点校，中华书局1987年版，第308页。

⑥ 汤用彤：《隋唐佛教史稿》第4章《隋唐之宗派》，中华书局1982年版，第189页。

⑦ 公乘亿：《魏州故禅大德奖公塔碑》，（宋）李昉等编《文苑英华》卷868，中华书局1966年版，第4582页。

⑧ （宋）赞宁：《宋高僧传》卷9《唐杭州径山法钦传》，范祥雍点校，中华书局1987年版，第211—212页。

(814)四月八日终,春秋八十,夏腊五十五。……至长庆元年(821)谥大觉禅师云"①。如上文所示,奖公与洪州马祖禅法有过互动,那么,此处的"大觉大师"很可能指马祖的直传弟子智藏。

奖公还两次受幽州卢龙节度使张允伸之邀,开设坛场。据《奖公塔碑》所载,存奖"大中五年(851),伏遇卢龙军节度使张公奏致(置)坛场。和尚是时,戒相方具。而后大中九年(855),再遇侍中张公重起戒坛于涿郡。众请和尚以六逾星纪三统讲筵,宣金石之微言,示玉毫之真相。三千大千之世界,靡不瞻依。十一十二之因缘,竟无凝滞"②。张允伸在唐宣宗大中四年(850)至唐懿宗咸通十三年(872)任幽州卢龙节度使③。那么,《奖公塔碑》中的"卢龙军节度使张公"和"侍中张公"当指张允伸。特别是他在大中九年(855)邀请奖公开设坛场,吸引众多信徒瞻仰。这说明至唐宣宗时代,存奖已经成为幽州当地富有名望之高僧。

## 二 奖公与魏博镇

奖公与仰山大师辩论之后,"遽闻临济大师已受蒲相蒋公之请,才凝省侍,飞锡而迟"④。据日本学者柳田圣山先生考证,此处的"蒲相蒋公"可能就是晚唐著名学者和高官蒋伸。他系翰林院官员,于唐懿宗咸通二年(861)被任命为河中节度使⑤,临济义玄接受了他的邀请。存奖遂跟随义玄前往蒲州(今山西永济西南)。可是,义玄和奖公还未见到"蒲相蒋公",蒋公就到别处任职去了。于是义玄和奖公转投魏博。实际上,直到咸通二年(861),奖公才开始向临济义玄学习⑥。

后来,临济义玄和奖公"及中条,寻复参随,致林而将渡,白马当

---

① (宋)赞宁:《宋高僧传》卷10《唐洪州开元寺道一传·附智藏传》,范祥雍点校,中华书局1987年版,第223页。
② 公乘亿:《魏州故禅大德奖公塔碑》,(宋)李昉等编《文苑英华》卷868,中华书局1966年版,第4582页。
③ 郁贤皓:《唐刺史考全编》卷116《幽州(范阳郡)》,安徽大学出版社2000年版,第1613页。
④ 公乘亿:《魏州故禅大德奖公塔碑》,(宋)李昉等编《文苑英华》卷868,中华书局1966年版,第4582页。
⑤ Yanagida, Seizan, "The Life of Lin-chi I-hsuan", *The Eastern Buddhist*, n. s. 5, 2, 1972, pp. 88 – 89.
⑥ Ibid., pp. 89 – 90.

道。先太尉中令何公专发使人迎请临济大师和尚,翼从一行不信,宿而至于府下,而乃止于观音寺江西禅院"①。按日本学者柳田圣山先生的意见,其中的"先太尉中[书]令何公"即唐武宗时期的魏博节度使何弘敬②。据考,何弘敬(即何重霸、何重顺)于唐文宗开成五年至唐懿宗咸通六年(840—865)任魏博节度使,咸通六年(865)三月已卒③。何弘敬之子何全皥于咸通六年至十一年(865—870)任魏博节度使④。依《新唐书·懿宗纪》所述,咸通十一年(870)八月,"魏博军乱,杀其节度使何全皥,其将韩君雄自称留后"⑤。在前往魏博的行程中,临济义玄和奖公暂住于观音寺江西禅院。结果,这两位高僧"而得簪裾继踵、道俗连肩"⑥,亦即赢得众多僧俗信徒的参访。

义玄在魏博镇定居之后,存奖始终侍奉在他身边⑦。临济大师在当地示灭后,奖公尽弟子之礼。《奖公塔碑》谓义玄"曾未期年,是至迁化。斯盖和尚服勤道至,展敬情深。无乖灵堵之仪,克尽荼毗之礼"⑧。按《宋高僧传》所载,义玄"以咸通七年丙戌岁(866)四月十日示灭"⑨。据柳田圣山先生推断,义玄出生于唐宪宗元和年间(806—820),虽然不会晚于815年,但很可能早到810年⑩。从时间上推算,义玄和奖公当于

---

① 公乘亿:《魏州故禅大德奖公塔碑》,(宋)李昉等编《文苑英华》卷868,中华书局1966年版,第4582页。

② Yanagida, Seizan, "The Life of Lin-chi I-hsuan", *The Eastern Buddhist*, n. s. 5, 2, 1972, note 50, p. 90.

③ 郁贤皓:《唐刺史考全编》卷98《魏州(冀州、魏郡)》,安徽大学出版社2000年版,第1386页。

④ 同上。

⑤ (宋)欧阳修、宋祁:《新唐书》卷9《懿宗纪》,中华书局1975年标点本,第262页。

⑥ 公乘亿:《魏州故禅大德奖公塔碑》,(宋)李昉等编《文苑英华》卷868,中华书局1966年版,第4582页。

⑦ Yanagida, Seizan, "The Life of Lin-chi I-hsuan", *The Eastern Buddhist*, n. s. 5, 2, 1972, note 49, p. 91.

⑧ 公乘亿:《魏州故禅大德奖公塔碑》,(宋)李昉等编《文苑英华》卷868,中华书局1966年版,第4582页。

⑨ (宋)赞宁:《宋高僧传》卷12《唐真定府临济院义玄传》,范祥雍点校,中华书局1987年版,第277页。(南唐)静、筠二禅师编撰《祖堂集》卷19《临济和尚义玄传》所载同。(南唐)静、筠二禅师编撰:《祖堂集》卷19《临济和尚义玄传》,孙昌武、[日]衣川贤次、[日]西口芳男点校,中华书局2007年版,第857页。

⑩ Yanagida, Seizan, "The Life of Lin-chi I-hsuan", *The Eastern Buddhist*, n. s. 5, 2, 1972, p. 72.

咸通六年（865）抵达魏博镇。当时，邀请义玄的节度使何弘敬已卒，由其子何全皞继任节度使。

在义玄迁化之后，奖公继续在魏博传法。唐僖宗乾符二年（875），"有幽州节度押两蕃副使、检校秘书、兼御史中丞、赐紫金鱼袋董廓，及幽州临坛律大德沙门僧惟信，并涿州（今河北涿州）石经寺监寺律大德弘屿等，咸欲指陈盘岭祈请。比归，和尚欲徇群情，将之蓟部。晨诣衙庭，启述行迈"①。据考，张公素于咸通十三年（872）至乾符二年（875）六月任幽州卢龙节度使，李茂勋于乾符二年（875）六月至乾符三年（876）三月任幽州卢龙节度使②。由此推测，在幽州卢龙镇官僚、僧人邀请奖公返回幽州镇弘法之时，可能是张公素、也可能是李茂勋任幽州卢龙节度使。前来游说奖公的官员、高僧还"指陈盘岭祈请"，即试图用乡情来打动奖公。

但是，他们的邀请并没有成功。"先时，中丞韩公之叔曰：'赞中邃间告去'。抚掌大惊，乃曰：'南北两地有何异也？魏人何薄？燕人何厚？如来之敬，岂如是耶？'和尚辞不获已，许立精舍。韩公之叔常侍及诸檀信鸠集财货，卜得胜槩，在于南甎门外，通衢之左，成是院也。"③据柳田圣山先生考证，其中的"中丞韩公"即魏博的韩允忠（原名韩君雄），他在何弘敬之子被杀后，被推举为魏博节度使④。韩允忠于咸通十一年至乾符元年（870—874）任魏博节度使⑤。他去世后，士兵推举他儿子韩简继任⑥。因此，在乾符二年（875），奖公打算返回幽州镇之时，正是韩简任魏博节度使。韩公之叔欲以魏博与幽州的待遇差异来说服奖公留下。由此可见，同为河朔三镇的魏博与幽州卢龙也存在文化上的争夺。这场竞争的结果是奖公留在魏博，待遇还大大提高了。魏博官员和信徒施财，专门

---

① 公乘亿：《魏州故禅大德奖公塔碑》，（宋）李昉等编《文苑英华》卷868，中华书局1966年版，第4582页。

② 郁贤皓：《唐刺史考全编》卷116《幽州（范阳郡）》，安徽大学出版社2000年版，第1614页。

③ 公乘亿：《魏州故禅大德奖公塔碑》，（宋）李昉等编《文苑英华》卷868，中华书局1966年版，第4582—4583页。

④ Yanagida, Seizan, "The Life of Lin-chi I-hsuan", *The Eastern Buddhist*, n. s. 5, 2, 1972, p. 91.

⑤ 郁贤皓：《唐刺史考全编》卷98《魏州（冀州、魏郡）》，安徽大学出版社2000年版，第1387页。

⑥ 同上。

第六章 唐代幽州地域禅宗的发展与传布　　267

为他修建一座寺院。此举无疑提高了他在当地的地位和影响。奖公遂在这座寺院"崇兹幽致,用化群迷,开解脱门,演无量法。能使天花散地,水月澄空。常与四众天人,皆臻法要。六州士庶,尽结胜因"①。按《元和郡县图志》所记,"魏州(今河北大名东北),今为魏博节度使理所。管州六:魏州、相州(今河南安阳)、博州(今山东聊城东北)、卫州(今河南卫辉)、贝州(今河北清河)、澶州(今河南清丰西南)"②。显然,奖公在魏博镇所辖之六州皆有信徒。勿庸置疑,他在魏博镇发挥着开悟士众、劝导民俗的作用。

《奖公塔碑》载:"岂谓一念俱尸,奄从物化。斯乃文德元年(888)七月十二日也。享龄五十九,僧腊四十一。"③奖公于唐僖宗文德元年(888)迁化,享年五十九,那么,他应当出生于唐文宗大和四年(830)。存奖在魏博最辉煌的时刻,即乾符二年(875)至文德元年,恰恰是韩简和乐彦祯任节度使④。又恰恰是效力于乐彦祯、并以文学而知名的晚唐进士公乘亿⑤为奖公撰写了碑铭。

奖公的弟子于唐昭宗"龙纪元年(889)八月二十二日,于本院焚我真身,用观法相。阖城禅律,继踵争来。四达簪裾,连有悉至。于是幡花蔽日,螺嗔喧天,火才发而云自愁,薪不加而风助势。三日三夜,号礼如斯"⑥。这段记载说明奖公同时被禅僧和律僧尊崇。而塔铭结尾之处却称:"历千万祀,传我禅宗。"⑦由此视之,奖公虽然禅律双修,但是最后的落脚点还是弘扬禅宗。碑文感叹道:"仰双林而莫见,遂建塔于府南贵乡

---

①　公乘亿:《魏州故禅大德奖公塔碑》,(宋)李昉等编《文苑英华》卷868,中华书局1966年版,第4583页。
②　(唐)李吉甫:《元和郡县图志》卷16《河北道一》,贺次君点校,中华书局1983年版,第447页。
③　公乘亿:《魏州故禅大德奖公塔碑》,(宋)李昉等编《文苑英华》卷868,中华书局1966年版,第4583页。
④　韩简于唐僖宗乾符元年(874)至唐僖宗中和三年(883)任魏博节度使,乐彦祯(即乐行达)于唐僖宗中和三年至唐僖宗文德元年(888)任魏博节度使。见郁贤皓《唐刺史考全编》卷98《魏州(冀州、魏郡)》,安徽大学出版社2000年版,第1387页。
⑤　Yanagida, Seizan, "The Life of Lin-chi I-hsuan", *The Eastern Buddhist*, n.s. 5, 2, 1972, p. 88.
⑥　公乘亿:《魏州故禅大德奖公塔碑》,(宋)李昉等编《文苑英华》卷868,中华书局1966年版,第4583页。
⑦　同上。

县，薰风里附于先师之塔，志也。"① 贵乡县系魏州的属县②，相当于今河北大名东北。临济义玄和奖公之塔亦建于斯地。

从遣词造句和叙事策略来看，《奖公塔碑》有将奖公神化成"当世如来"之意味。按前文所示，魏博的韩公已经把奖公称作"如来"。奖公在魏博镇的寺院讲法之时，显现一系列神异现象："能使天花散地，水月澄空。常与四众天人，皆臻法要。"③ 在佛经里，释迦常给四众天人说法。碑文在叙述中采用灵异事迹来渲染存奖的弘法过程。奖公卒后，他的弟子"于本院焚我真身，用观法相"④。其中"真身"指佛骨舍利。奖公之身体荼毗之后，"于香炉之中得舍利一千余粒。诸寺大德各各作礼，请分供养"⑤。这分明是模仿释迦涅槃后，"八王分舍利"⑥的故事。碑文言信徒"仰双林而莫见"⑦，其实也是摹写释迦涅槃的场景。在佛教传说中，释迦就是在双林树下涅槃的。概括言之，《奖公塔碑》在表述过程中，将传主定位为"当世如来"。这反映出魏博镇信徒对奖公之景仰，同时有助于在信徒和非信徒中建立他可资信赖的权威形象。因此，谓奖公充当魏博镇的地方保护神，当不为过。在幽州地区长大和接受最初佛学教育的奖公，最终作为"人才输出"，到魏博镇大展鸿图，达到事业顶峰。

很多学者都注意到：唐后期割据一方的河朔三镇并非铁板一块。实际上，它们之间既有政治、军事利益冲突，也有文化上的争夺。奖公的事例充分印证了这一点，由此可以窥知河朔诸镇在佛教文化方面的竞争和微妙关系。

### 三 禅宗典籍的记载

自中唐以后，临济禅的影响力日益扩大，与之相应，在禅宗史籍中，

---

① 公乘亿：《魏州故禅大德奖公塔碑》，（宋）李昉等编《文苑英华》卷 868，中华书局 1966 年版，第 4583 页。

② （唐）李吉甫：《元和郡县图志》卷 16《河北道一》，贺次君点校，中华书局 1983 年版，第 448 页。

③ 公乘亿：《魏州故禅大德奖公塔碑》，（宋）李昉等编《文苑英华》卷 868，中华书局 1966 年版，第 4583 页。

④ 同上。

⑤ 同上。

⑥ 《大般涅槃经》卷下，［日］高楠顺次郎等编《大正藏》第 1 册，大正一切经刊行会 1924 年版，第 207 页。

⑦ 公乘亿：《魏州故禅大德奖公塔碑》，（宋）李昉等编《文苑英华》卷 868，中华书局 1966 年版，第 4583 页。

本宗人物地位亦日渐提升。禅宗文献着力刻画和强调的因素与《奖公塔碑》所作的描述迥然不同。

宋人编集的禅宗语录《兴化（存奖）禅师语录》略去存奖的家世、存奖在拜师义玄之前的求法过程，也未描写他开设戒坛及律学素养，只强调存奖继承义玄的"棒喝之法"①。从叙事角度来说，这缺乏完整性。但是，禅籍的这种书写模式跟中唐以降佛教宗派及禅宗内部的派别竞争日趋激烈高度关联。《兴化禅师语录》实有意强化奖公师承义玄，略去奖公的其他师承，意在建构一条更为清晰的传承谱系，传递临济禅的修行观念。

在后出的禅宗典籍中，临济义玄还预测了晚唐五代幽州政局的变迁。撰写于宋真宗景德元年（1004）的《景德传灯录》云：

> 涿州纸衣和尚初问临济："如何是夺人不夺境？"临济曰："春煦发生铺地锦，婴儿垂发白如丝。"师曰："如何是夺境不夺人？"曰："王令已行天下遍，将军塞外绝烟尘。"师曰："如何是人境俱不夺？"曰："王登宝殿，野老讴歌。"师曰："如何是人境俱夺？"曰："并、汾绝信，独处一方。"师于言下领旨，深入三玄三要四句之门，颇资化道。②

在这段问答中，临济义玄似乎在说谶语。其中"王登宝殿，野老讴歌"，"并、汾绝信，独处一方"之辞，似指刘仁恭、刘守光父子占据幽州，刘守光自立为大燕皇帝之事。唐昭宗乾宁元年（894）十二月，"幽州节度使李匡筹溃围而遁。（李）克用陷幽州，以李匡威故将刘仁恭为幽州兵马留后"③。乾宁二年（895）八月，唐昭宗从河东节度使李克用的奏请，"以幽州兵马留后刘仁恭检校司空、兼幽州大都督府长史、充幽州卢龙军节度、押奚契丹等使"④。李克用与河朔三镇斗争的结果是刘仁恭在

---

① （宋）赜藏主编集：《古尊宿语录》卷5，萧萐父、吕有祥点校，中华书局1994年版，第84—86页。

② （宋）释道原编著：《景德传灯录》卷12，财团法人佛陀教育基金会1999年版，第224—225页。元代惠然集《镇州临济（义玄）慧照禅师语录》也有相似的记载。（宋）赜藏主编集：《古尊宿语录》卷4，萧萐父、吕有祥点校，中华书局1994年版，第57页。

③ （后晋）刘昫等：《旧唐书》卷20上《昭宗纪》，中华书局1975年标点本，第752页。

④ 同上书，第756页。

李克用的支持下控制了幽州。克用"留仁恭守之,以亲信分典其兵"。后来,李克用征战,请仁恭出兵相助,仁恭不答,"尽囚太原士(即李克用的部下)之在燕者",与李克用绝交。克用遂发兵击仁恭,"不胜,师丧过半"①。刘仁恭为了扩展自己的势力,又与李克用分道扬镳,回戈攻击李克用,还"欲吞噬河朔"②。此当系临济义玄所谓"并、汾绝信,独处一方"。梁太祖乾化元年(911)八月甲子,"(刘)守光即皇帝位,国号大燕,改元应天"③。此正如义玄所云"王登宝殿,野老讴歌"。这段记录虽然系临济义玄与涿州纸衣和尚的谈话,但暗示临济禅在幽州卢龙节度使的辖区涿州具有影响力。在禅籍中,临济义玄被刻画为具有洞灼世事、预见政局的能力的"神僧"。禅宗也为刘仁恭父子在幽州得势制造舆论。临济义玄的预言亦符合众多谶语的特征:"犹抱琵琶半遮面"、若明若暗地泄漏天机。虽然从史料的角度来看,《景德传灯录》的这段文字可靠与否难以判断,但它却真实反映出临济宗的特点及发展轨迹,非常有效地塑造了临济义玄的圣人形象。此段记载是否如实反映真相,已经不重要。重要的是:众多信徒"相信"它是真实的④。

在《景德传灯录》中,幽州卢龙节度使下辖的涿州也有南禅宗禅师活动。

> 涿州杏山鉴洪禅师。临济问:"如何是露地白牛?"师曰:"吽。"济曰:"哑却杏山口。"师曰:"老兄作么生?"济曰:"这畜生。"师

---

① (宋)欧阳修、宋祁:《新唐书》卷212《刘仁恭传》,中华书局1975年标点本,第5986页。此事又见于(宋)薛居正等《旧五代史》卷135《刘守光传》,中华书局1976年标点本,第1799—1800页。

② (后晋)刘昫等:《旧唐书》卷20上《昭宗纪》,中华书局1975年标点本,第763页。

③ (宋)司马光等:《资治通鉴》卷268,梁太祖乾化元年八月条,中华书局1956年标点本,第8745页。(宋)薛居正等《旧五代史》卷135《刘守光传》,中华书局1976年标点本,第1805页,将此事于天祐四年(907)八月;(宋)欧阳修撰、徐无党注《新五代史》卷39《刘守光传》,中华书局1974年标点本,第426页,则将此事于梁乾化元年(911)八月。

④ 柳田圣山先生分析临济义玄的生平事迹,认为禅宗文献和碑刻杜撰晚唐五代镇州(今河北正定)地区的英雄人物默君和支持义玄传法之事,以提高临济义玄的声望。临济义玄英年早逝,没有留下一大批出色的弟子去传布他的禅法。他的弟子其实并不多,但后世的禅籍记录他的弟子却多达24位。这是后世的临济禅信徒支持本宗的创立者、尽可能地提高义玄的声望的方式。Yanagida, Seizan, "The Life of Lin-chi I-hsuan", *The Eastern Buddhist*, n. s. 5, 2, 1972, pp. 82 – 83, 86 – 87, 93 – 94.

乃休。师有五咏十秀，皆畅玄风。灭后茶毗，收五色舍利。①

鉴洪与临济义玄使用生活化的口语辩难，此乃南禅的基本风格。鉴洪火葬后，出现舍利。按照佛教的说法，他属于修行极高之高僧。

《景德传灯录》记述临济义玄的法嗣幽州谭空和尚②之事迹云：

> 幽州谭空和尚。有尼欲开堂说法。师曰："尼女家不用开堂。"尼曰："龙女八岁成佛，又作么生？"师曰："龙女有十八变，汝与老僧试一变看。"尼曰："变得也是野狐精。"师乃打趁。宝寿和尚问："除却中上二根人来时，师兄作么生？"师曰："汝适来举早错也。"寿曰："师兄也不得无过。"师曰："汝却与我作师兄？"寿侧掌云："这老贼。"③

这段文字强调和凸显禅宗的口语式对话，以收深入浅出之效。

单纯从史实的角度着眼，后世编纂的禅宗典籍是佛教史中最不可靠的一类。但是，它的书写模式所产生的宣传效应和思想价值不可否认。尽管我们目前难以断定禅宗文献对义玄的预见能力和法嗣的记录是否为信史，但是，我们能够剖析这些说法的形成过程及影响。要言之，禅宗史书的作者意在建构历史悠久的、一脉相承的传灯谱系，宣扬本宗辉煌的历史。

## 本章小结

本章通过探讨唐朝幽州地域禅宗之发展与流布，试图从一个具体方面阐释河北北部地区的文化面貌和重构早期禅宗的历史。

在幽州地域，禅宗所奉行的典籍《金刚经》及其注疏通过刊刻石经的方式被反复生产、复制，并向公众传播。石经中出现来自长安、洛阳的《金刚经》注疏，说明幽州地域之禅宗受到两京的影响。在民众的观念

---

① （宋）释道原编著：《景德传灯录》卷15，财团法人佛陀教育基金会1999年版，第293页。

② （宋）释道原编著：《景德传灯录》卷12，财团法人佛陀教育基金会1999年版，第208页。

③ 同上书，第222页。

中,《金刚经》不怕火炼。在信仰实践中,人们创造性地"误读",产生阅览《金刚经》便能感应密教金刚菩萨、并吓退强敌的观念。

佛教史也是由胜利者书写出来的。最终南禅宗取得了胜利,影响了佛教史,尤其是禅宗史的书写。灯录作为禅门宗派文献,为了传播策略和增强认同的需要,在叙述中有意彰显或掩盖一些信息。

敦煌文书和晚唐五代的石刻材料均显示:北宗在中晚唐的幽州地域仍有影响,云居寺流行北宗禅。幽州地区的盘山是北方重要的禅宗基地。尽管后世编纂的禅宗典籍将它描绘为马祖道的天下,但时间上最接近当事人的记录——敦煌文书、晚唐、五代和辽代的石刻材料所描述的盘山佛教却不是这幅景象。显然,中唐时期马祖道已经渗入盘山的说法,是被后出的禅籍刻画和建构出来的。这样,在佛教系统的文献中,中晚唐盘山的佛教史几乎被浓缩和概括为南禅的传灯史。

敦煌文书、晚唐、五代和辽代的碑刻材料在叙述中侧重人物生平事迹、时间和地理空间,与当地世俗社会和历史背景紧密相连,重在写"实"。而后来传世的禅籍却意在突出马祖禅的观念、修行及传导方式,编造一套看似清晰的师承谱系,凸现马祖一系特有的语言系统,在表述中"虚""实"相间。通过灯史的书写重建本宗光辉的传播史和发展史,乃南禅系典籍的传统。这些信息不一定是真实的,重要的是众多信徒"相信"它是真实的。这对本宗的广泛传播和增强认同感具有不可取代的作用。

在契丹的统治之下,虽然唐代幽州地域的佛教文化几乎全盘保留下来(详见第七章),但是禅宗的发展却受到影响。在后唐时期,幽州城中还有不少禅院。可是到辽末,这些禅院却不见踪影。禅宗在盘山地区还保留有根据地。

孔存奖本系幽州人,在盘山接受最初的佛学教育,习禅法,后来却拜临济义玄为师,到魏博镇大力弘法、开悟士庶,被视为"当世如来"。这体现出同为河朔藩镇的幽州卢龙镇与魏博镇在精神文化方面存在竞争。

时代较早的《奖公塔碑》与后世编纂的禅宗文献的书写模式差异甚大。《奖公塔碑》描述奖公禅律兼修、开过戒坛,在禅宗和律宗界均有声望。而后出的禅宗文献却隐去这些内容,仅着力强调奖公继承义玄的禅法。禅籍更是将义玄塑造成具有预见政局能力的"神僧",并叙述他在幽州地区的法嗣的事迹。前者注重叙述人物的生平事迹,将禅宗的理念和传法套路穿插在这种描写之中。而后者却基本忽略人物本身的经历，意在运用禅宗惯用的问答方式和描绘超越凡人的预知能力来塑造一个个佛教领袖的形象。这一切都是为了建构一个更为清晰的传灯谱系、编撰本宗的光辉历史。

# 第七章

# 唐幽州佛教对辽代佛教的影响

辽代的佛教深受唐幽州佛教之影响，这对契丹和辽朝的汉化进程产生重要作用。契丹人和辽朝转向崇佛，与契丹的势力进入华北北部地区一致。

契丹王朝的开国皇帝辽太祖耶律阿保机在建立政权前后，专门在被俘汉人集中居住之地修建佛寺，借助佛教来安抚汉人之民心①。这为佛教在辽朝社会的广泛传播打下基础。

在天显九年（935）十一月，辽太宗耶律德光"立石敬瑭为晋帝。后至幽州城中，见大悲菩萨佛相，惊告其母曰：'此即向来梦中神人。冠冕如故，但服色不同耳。'因立祠木叶山，名菩萨堂"②。通过扶立石晋政权，辽太宗将幽云十六州正式并入契丹王朝的版图。天显十二年（938），太宗将幽州大悲阁白衣观音像迁往木叶山，建庙供奉，"尊为家神"③，是即所谓菩萨堂。太宗因而改变其祖宗之祭山大礼，"于拜山仪过树之后，增'诣菩萨堂仪'一节，然后拜神，非胡剌可汗之故也"④。太宗在契丹人意识形态和礼仪中心之地木叶山崇奉观音，标志着契丹人对佛教信仰的认同。

至辽圣宗统治时期，辽朝在政治制度和文化建设方面进一步汉化。在多元文化的相互激荡之下，佛教逐渐占据上风，成为辽帝国的主流意识形

---

① ［日］田村实造：《辽代佛教的社会史之考察——寺院与社会的关系》，载［日］田村实造《中国征服王朝的研究》（上）第6章第3节，京都大学东洋史研究会1964年版，第355—370页。

② 旧题（宋）叶隆礼：《契丹国志》卷2《太宗嗣圣皇帝上》，贾敬颜、林荣贵点校，上海古籍出版社1985年版，第19页。

③ （元）脱脱等：《辽史》卷37《地理志一》，中华书局2016年标点本，第504页。

④ （元）脱脱等：《辽史》卷49《礼志一》，中华书局2016年标点本，第929页。

态。佛教渗入各阶层、各族群人士的日常生活之中,并对整个王朝的精神文化和物质文化产生巨大影响。

学界对辽代的佛俗研究颇多①,但是,跨朝代、长时段地发掘唐幽州佛俗对辽朝社会的影响的文章却非常少。日本的野上俊静先生早就指出:辽朝的燕京寺院、僧侣数量最多,质量最好,密宗、华严宗、法相宗繁荣,续刻房山石经、雕造《契丹藏》均与燕京名僧有关。因此,燕京是辽朝佛教的中心。辽朝名僧皆为汉人,且大半与燕京有关,辽代佛教本质是汉化佛教②。实际上,从民俗方面来看,唐幽州地域汉人的佛俗对辽朝佛教影响甚巨。

## 第一节 唐幽州佛俗对辽朝社会的影响

在唐玄宗时期,房山石经中平民的题名开始大量涌现。这包含唐代幽州地域佛俗的珍贵信息。

### 一 佛诞日巡礼活动

冯金忠先生关照到晚唐时期幽州良乡县石经山的"巡礼"之风③。日本学者气贺泽保规先生指出:自"安史之乱"以后,幽州地方势力兴起,各阶层信徒前往云居寺"巡礼"。被束缚在土地上的民众基于佛教信仰而进行流动。这种"巡礼"活动持续盛行,石经事业也获得"巡礼"人群的支持。此标志着中国从中世向近世的转换④。不过,这一问题还值得进一步分析。

在晚唐时期,各阶层人士在佛诞日频频前往云居寺巡礼。这里将能够辨别年代的"四八"巡礼题名碑缕列如下(在巡礼题名碑中,平民占大

---

① 尤李:《辽代佛教研究评述》,载尤李《多元文化的交融——辽代历史与文化研究》,中国社会科学出版社2013年版,第195—197页。
② [日]野上俊静:《辽代燕京的佛教》,原载《支那佛教史学》第2卷第4号,1938年,此据[日]野上俊静《辽金的佛教》,平乐寺书店1953年版,第92—120页。
③ 冯金忠:《唐代河北藩镇研究》第5章《唐代河北藩镇统治下的人口流动——以宗教活动为中心》,科学出版社2012年版,第62—66页。
④ [日]气贺泽保规:《房山云居寺石经事业和"巡礼":唐代后半期的社会诸相与信仰世界》,郭雪妮译,载陈金华、孙英刚编《神圣空间:中古宗教中的空间因素》,复旦大学出版社2014年版,第236—253页。

多数。以下引文将平民俗信徒以外的题名特别引出)。

唐懿宗咸通七年（866）四月八日《巡礼碑题记》阳面额题"涿州（今河北涿州）西北石经如有君子刊名灭罪"，以下是一连串题名。其中有僧人"弟子圆满、弟子法贞"。其阴面曰："咸通七年（866）四月八日南北巡礼，五戒烈名于后。……乡贡进士张琢，乡贡明经贾思恭。……乡贡进士刘舶，前节度子弟成君约。……僧石莜道……易州容城县（今河北容城北）清平乡弟子曹士则……幽州宝集寺律学沙门合方、沙门僧师瑾少初，刘建和侄男前乡贡明经应存，乡贡明经孙守德，处士张行绍……"①。

咸通九年（868）四月八日《巡礼题名碑》阳面题名有"固安县（今河北固安）兵马使孙公遇，妻焦氏，男叔儒，男叔章，男叔言，男叔乡，男叔敬……"阴面题名有"□□节度驱使官摄□州参军李恭约……刘弘雅送香钱廿文……"②。

咸通十年（869）四月八日《巡礼题名碑》阳面题名曰："固安县弟子王公余……僧行缘……李全晟为父母延年益爱……妙香山公政母卢氏……僧悟真……咸通十年（869）四八巡礼。"其阴面题名曰："北衙右□□将下百仁将李公建。"③

咸通十三年（872）四月八日《巡礼碑题名》额题"固安县政和乡程村正汕、摄归顺州（今北京怀柔）参军李弘琳四月八日，男文适记"，阳面题名出现"武庆宗石经一条，咸通十三年（872）四月八日建。应有四方巡礼，君子愿挂一名，灭罪恒沙"④。

咸通十四年（873）四月八日《巡礼题名碑》阳面题名有"□□□神（押）衙□……男充永军押衙友谏……兵马使郭渐璘，妻王氏、男公赡、男公谓、外生公练……涿州永泰军知军副使李文立，都押衙商令正，知客押衙王好礼……押衙王绍章，随从押衙杨知从。咸通十四年（873）四月十八日故记。……"⑤"四月十八日"中的"十"字乃衍文。其阴面题名

---

① 北京图书馆金石组、中国佛教图书文物馆石经组编：《房山石经题记汇编》第1部分《碑和题记（唐至民国）》，书目文献出版社1987年版，第45—46页。
② 同上书，第47—48页。
③ 同上书，第48—49页。
④ 同上书，第52页。
⑤ 同上书，第50页。

曰:"尚书巡礼至此。涿州司功参军令孙黯,司法参军张敬宗,参军成长明,前磁州邯郸县(今河北邯郸)主薄何岳书,马少直、殷文会,使补军将赵友方……僧弘幽……僧惠建……僧惠初……"① 据考,张公素于唐懿宗咸通十三年(872)至唐僖宗乾符二年(875)任幽州卢龙节度使②。虽然没有材料直接证明张公素曾加"尚书"之衔,但是,如本书第四章第一节所论,历任幽州卢龙节度使常加检校某部"尚书"之号,因此张公素任节度使亦可能加此号。诚如是,咸通十四年(873)《巡礼题名碑》中的"尚书"应指张公素。由此视之,节度使、节度使府僚佐、支州官员和僧人、平民共同参与这次佛诞日的巡礼活动。咸通十四年(873)四月八日另一《巡礼碑题名》阴面题名中出现"良乡县葫卢伐村唐前亲事大将吕士信……堂南巡都子巡"③。这两位当系幽州卢龙节度使府的牙兵。

唐僖宗乾符二年(875)四月八日《巡礼碑题记》阳面题名俱为平民:"乾符二年(875)四月八日巡礼弟子等……当家十口长愿平安。"其阴面题名除了俗信徒,还有"僧师雅"④。乾符二年(875)四月八日另一《巡礼碑》题名曰:"巡礼书传业庞隆,乡贡进士王彭,乡贡明经武情……瀛州河涧(间)县(今河北河间)亲事赵德裕送石经山香一两,愿请表列。……瀛州河涧(间)县孝弟乡……僧法真、僧成宗……僧行方……涿州永泰军押衙安行复……易州高阳军衙前虞侯(候)张公闻……良乡县造弓人李元信……左相(厢)第二将、权引军将、散副将李公达……乡贡明经张审故……散将李士雄孙子李刘九□……□□□□副使□何从妻曾氏。"⑤ 此系支郡官僚、地方文化精英、僧俗信徒和工匠共同巡礼。

乾符三年(876)四月八日有一《巡礼碑》都是平民的题名⑥。乾符三年(876)四月八日,另一《巡礼碑》阳面题名除了平民,还有"前浔

---

① 北京图书馆金石组、中国佛教图书文物馆石经组编:《房山石经题记汇编》第1部分《碑和题记(唐至民国)》,书目文献出版社1987年版,第51页。
② 郁贤皓:《唐刺史考全编》卷116《幽州(范阳郡)》,安徽大学出版社2000年版,第1614页。
③ 北京图书馆金石组、中国佛教图书文物馆石经组编:《房山石经题记汇编》第1部分《碑和题记(唐至民国)》,书目文献出版社1987年版,第52—53页。
④ 同上书,第53—54页。
⑤ 同上书,第55—56页。
⑥ 同上书,第56—57页。

州（今广西桂平西）押衙刘允……幽州衙前散将檀元方……又散将秦元道……高阳县（今河北高阳东）尉齐师本，景城（今河北沧州西景城）节度要藉郭士端……前夏州朔方县（今陕西靖边北白城子）主薄郭汴，弟前盐州（今陕西定边）巡官郭贲，男都郎，侄增郎……"① 还有一方乾符三年（876）四月《巡礼碑》（具体日期不详）的题名皆系平民②。

　　乾符四年（877）四月八日《巡礼题名碑》题名曰："遥摄蓟州（今天津蓟县）参军韩瑶，节度驱使官王师戍……佛弟子至净……上谷郡（今河北易县）□慈寺比丘尼等□坚净、贤操、妙惠、坚市……刘弘友愿合家长幼并乞清吉贵……乡贡进士羊潜……"③

　　乾符五年（878）四月八日《巡礼碑》题名有："上谷郡容城县散副将刘文建，西南巡四县界张文亮，东门器仗官李万发、妻于氏、男弘立，新妇阳氏，男弘□……前摄涿州司兵参军、给事□□太子官门□□□，涿州防镇将、银青光禄大夫、检校太子宾客、兼监□□□□居□下虞侯（候）王景羡，马步将下虞侯（候）刘嗣敬。"④

　　乾符六年（879）四月八日《巡礼碑》题名曰："前遥摄归顺州参军王玄约，妻张氏……亲事兵马使、充内衙管左器仗将、银青光禄大夫、检校国子祭酒、兼监察御史、上柱国高行存……亲事大（太）中大夫、试殿中监行□……遥摄玉田县（今河北玉田）尉行思……亲事太中大夫、试殿中权知柔……押衙刘弘德……"⑤

　　唐僖宗广明元年（880）四月八日《巡礼碑》题名中出现："乡贡进士郑密，乡贡明经赵镡，僧存志……幽州良乡县复叶乡白水里、节度衙前正兵马使、银青崇（光）禄大夫、检校太子宾客、兼监察御史、上柱国、彭城郡刘良丰，夫人西平郡史氏……，乡贡童子彦琮、童子彦琛……前遥摄归顺州参军王玄约，妻张氏。"⑥

---

① 北京图书馆金石组、中国佛教图书文物馆石经组编：《房山石经题记汇编》第1部分《碑和题记（唐至民国）》，书目文献出版社1987年版，第57—58页。
② 同上书，第58页。
③ 同上书，第59页。
④ 同上书，第60页。
⑤ 同上书，第61页。
⑥ 同上书，第62页。

广明二年（881）四月八日《巡礼碑》的题名尽是平民①。

唐僖宗中和二年（882）四月八日《巡礼碑》的题名除了普通民众，还有"音声人李花放"②。

综观前引材料可知：巡礼题名碑集中出现在咸通（860—874）和乾符（874—879）年间。云居寺佛诞日巡礼题名碑中的题名几乎皆为平民俗信徒，有少量僧尼、官吏和识字的文化人。其中有幽州卢龙节度使府的僚佐和来自支郡的官员。在唐代，能通过科举做官的文化精英毕竟是少数，后来方镇的辟召制还是无法满足其需求③。地方上积压着一大批有文化获取了考试资格却未能科考成功的文化人，如"乡贡进士"、"乡贡明经"，他们成为地方社会的重要力量，即"举人层"④。良乡县云居寺巡礼题名碑中"举人层"的题名，正是这批文化精英积极参与当地宗教事务、引导和建设地方文化的具体表现。总而言之，在晚唐时期，佛诞日到云居寺巡礼已经成为幽州卢龙镇地方社会各阶层人士共有的风俗，俨然成为幽州地域文化的重要组成部分。

这一习俗后来影响到辽朝。如在应历年间（951—969），辽穆宗就曾到云居寺巡礼。应历十五年（965）《重修范阳白带山云居寺碑》云：

> 风俗以四月八日，共庆佛生。凡水之滨，山之下，不远百里，仅有万家，预馈供粮，号为义仓。是时也，香车宝马，藻野缛川，灵木神草，艳赫芊绵，从平地至于绝巅，杂沓驾肩，自天子达于庶人，归依福田。维摩互设于香积，焉将通戒于米山。……醵施者，不以食会而由法会。巡礼者，不为食来而由法来。观其感于心，外于身，所燃

---

① 北京图书馆金石组、中国佛教图书文物馆石经组编：《房山石经题记汇编》第1部分《碑和题记（唐至民国）》，书目文献出版社1987年版，第63页。

② 同上书，第63—64页。

③ 英国唐史专家杜希德（Denis Twitchett）先生认为：在唐代，辟召制带来的社会流动比科举制的作用还大。唐朝的科举制度并没有对原有的统治阶层造成很大的影响。在唐朝的学校和选官制度下，贵族仍然在教育资源的分配和选拔官吏中占绝对优势，很多进士也是贵族出身。最好的老师和学校集中在首都，在长安受教育的贵族官僚子弟有机会享受最好的教育资源和接触有影响的学者。而地方上的"贡人"却没有这些优势。因此，他们很少在科举考试和选官中胜出。参见Denis Twitchett, *The Birth of the Chinese Meritocracy: Bureaucrats and Examinations in T'ang China*, Delivered to the China Society in London on 17$^{th}$ December, 1974, pp. 7 – 13, 15 – 17, 19 – 33。按：在这样的情况下，幽州人参加科举考试的条件无法跟长安人相比，不占优势。

④ 吴宗国：《唐代科举制度研究》，辽宁大学出版社1992年版，第291—297页。

指续灯者,所炼顶代香者,所堕岩舍命者,所积火焚躯者,道俗之间,岁有数辈。噫!佛之下生,人即如是。①

所谓"风俗以四月八日,共庆佛生",表明这原本就是当地民众的习俗。在这一天,有"万家"为庆祝佛诞日义务提供粮食,可见做功德之盛况。不仅如此,僧尼和民众信仰狂热,甚至牺牲自己的身体"燃指"、"炼顶"、"舍命"、"焚躯"以供养佛。而且,这种行为已经"岁有数辈"。照此推算,至迟在晚唐时期,当地已然开始流行这些风俗。契丹皇帝参与汉族民众的佛事活动,"与民同乐",可以贴近大众、收服民心。正如日本的野上俊静先生所说:胡族国家最适应的宗教是佛教,它不讲族群差异,是汉族与胡族的精神纽带②。

## 二 佛名、佛号的流行

早在开天时期(713—756),就有大量平民参与云居寺的刻经活动。平民取佛名、佛号的情况亦频频出现,至中晚唐更加兴盛。

在中晚唐时期,房山石经《大般若波罗密多经》普通民众的题名中,佛名、佛号十分普遍。

如唐代宗大历十三年(778)四月八日,有俗信徒题名:"妙庄严"、"那罗延"、"精进"、"净庄严"、"佛性"、"海净"、"净观张奴"、"真如藏"、"真净"、"宝严"、"宝奴"、"法明"、"真法"、"真阳"③。

唐德宗建中元年(780)二月八日有题名"男藏奴"、"女宝莲花"④。建中三年(782)四月八日,题名有:"经主宁净智、女妙相。"⑤ 唐德宗贞元六年(790)四月八日有题名"净庄严"、"女光严"、"王观音"、"如来藏"、"妙严"、"常精进"⑥。贞元七年(791)四月八日有题名"女

---

① 向南辑:《辽代石刻文编》,河北教育出版社1995年版,第33页。
② [日]野上俊静:《胡族国家与佛教》,原载《真宗同学会年报》第1辑,1943年,此据[日]野上俊静《辽金的佛教》,平乐寺书店1953年版,第87—95页。
③ 北京图书馆金石组、中国佛教图书文物馆石经组编:《房山石经题记汇编》第2部分《大部经题记(唐至辽)》,书目文献出版社1987年版,第110—111页。
④ 同上书,第111页。
⑤ 同上书,第114页。
⑥ 同上书,第124页。

菩提信"、"四姑菩提心"、"女弟子夏侯法光"①。贞元九年（793）二月八日有题名"女净德"②。贞元九年（793）四月八日有题名"刘净住"③。贞元十一年（795）四月八日有题名"涞水县（今河北涞水）女弟子刘妙净"④。贞元十三年（797）四月八日有邑人"阳大庄严"、"张妙藏"、"常精进"⑤。贞元十四年（798）四月八日有邑人"马大悲智"⑥。

唐宪宗元和元年（806）四月，题名有："张智度"、"呈庄严"、"王法净"、"刘妙惠"、"卢普净"、"司徒净德"、"阳宝藏"、"刘净梵"⑦。

唐文宗大和元年（827）四月八日，题名有："经主节度要藉段承林，妻郭真如藏。"⑧ 唐文宗开成四年（839）四月八日，参加刊刻《大般若波罗密多经》的有："屈宝胜"、"杨妙庄严"、"女弟子高苦净"、"李常精进"⑨。开成五年（840）四月八日题名中有"李菩行"、"刘庄严"、"张妙庄严"⑩。

唐僖宗乾符四年（877）四月八日，题名有女弟子"郭宝庄严"⑪。唐僖宗中和二年（882）四月八日，题名有女弟子"孔妙相"⑫。中和三年（883）四月八日，题名有"男花严奴、和尚奴"、"张花严奴"、"张菩提志"⑬。

除了大部头的《大般若波罗密多经》，在房山石经其他刻经中也出现大量俗信徒的佛名、佛号。

如唐玄宗开元二十七年（739），石经《大方等大集经》题名中有女

---

① 北京图书馆金石组、中国佛教图书文物馆石经组编：《房山石经题记汇编》第 2 部分《大部经题记（唐至辽）》，书目文献出版社 1987 年版，第 126—127 页。
② 同上书，第 130 页。
③ 同上书，第 132 页。
④ 同上书，第 134 页。
⑤ 同上书，第 138—139 页。
⑥ 同上书，第 142 页。
⑦ 同上书，第 152—154 页。
⑧ 同上书，第 160 页。
⑨ 同上书，第 186—187 页。
⑩ 同上书，第 172—173 页。
⑪ 同上书，第 179 页。
⑫ 同上书，第 180 页。
⑬ 同上书，第 183—184 页。

性俗信徒叫"庄严"、"妙记"①。

唐穆宗长庆元年（821）四月八日雕造的《佛说弥勒成佛经》的题名有："张妙真"、"安如来藏"、"宝庄严"、"宝莲花"、"常清净"②。

镌刻于唐文宗大和元年（827）四月八日的《佛说遗教经》的题名有"李净藏"、"修多罗"、"卢妙严"、"张净戒"、"马妙真"③。大和二年（828）的题名有阎惟献之"新妇王最上乘"、"孙男金刚"④。大和二年（828）四月八日所刻《佛说鸯掘摩经》的题名有"宋常清净"、"马常清净"⑤。大和五年（831）四月八日所造《大佛灌顶经》的题名有"常精进"、"常清净"、"广庄严"、"杨严持"、"郑妙音"、"吕妙法"⑥。大和六年（832）四月一日所造《佛说随求陀罗尼神咒经》的题名有"杨清净"、"王清净心"、"靳妙法"⑦。大和七年（833）四月八日所刻《佛说七俱胝（胝）佛大心准提陀罗尼经》的题名有"阳严持"、"刘妙心"、"安妙净"、"王信行、女花严"、"王清净心"、"逯妙清外孙菩萨奴"、"孙观音"、"李妙戒"、"张金毗罗"⑧。大和七年（833）四月八日雕造《佛说百佛名经》，题名有邑人阎忠孝之"男观音"、邑人"赵清净"、"程法自在"、"孙花严"、"李妙定惠"、"吕庄严"⑨。

唐文宗开成三年（838）四月一日，《佛说护诸童子陀罗尼咒经》碑阴的题名有"王花严藏"、"仇妙智"、"阳妙觉"、"郝福德藏"、"间功德藏"、"王法藏"、"葛宝真如"、"孙如莲花"⑩。开成三年（838）四月八日，《佛说鬼子母经》碑阴的俗信徒题名有"刘清净智"、"王金藏"、"王宝藏"、"赵自在"、"马宝严"、"马妙净"、"李妙庄严"、"孙常住"⑪。开成四年（839）四月八日，《佛说太子和休经》碑阴有题名"于

---

① 北京图书馆金石组、中国佛教图书文物馆石经组编：《房山石经题记汇编》第 3 部分《诸经题记（唐）》，书目文献出版社 1987 年版，第 210—211 页。
② 同上书，第 218—219 页。
③ 同上书，第 221 页。
④ 同上书，第 222 页。
⑤ 同上书，第 223 页。
⑥ 同上书，第 228—229 页。
⑦ 同上书，第 230—232 页。
⑧ 同上书，第 233—234 页。
⑨ 同上书，第 235—237 页。
⑩ 同上书，第 241—243 页。
⑪ 同上书，第 244—245 页。

福德藏"、"李妙智"、"阳妙意"、"张妙严"、"王妙修因"、"王法藏"、"张法藏"、"菜福德藏"、"阳福德藏"、"莫真如"、"魏清净智"、"刘清净惠"、"刘庄严智"、"李如莲花"、"间妙庄严"、"雷七宝藏"、"刘福德藏"、"李真如藏"、"王清净藏"、"王妙戒"、"天王奴"、"王金宝藏"、"卫宝藏"、"孟如莲花"、"张花严净"、"王花严净"、"邢功德藏"、"何宝庄严"、"王花严"、"张福德藏"、"李清净戒"、"刘观自在"、"金法藏"、"石自在"①。开成四年（839）四月八日所造《如来在金棺嘱累清静庄严敬福经》的题名有"天王奴"、"王庄严"、"刘妙法智"、"赵自在"、"李福德藏"、"朱氏庄严"、"王宝藏"②。

唐武宗会昌元年（841）四月八日所刻《佛说八部佛名经》碑阴的俗信徒题名有"杜功德藏"、"赵沙（妙）莲花"、"阳妙意"、"裴妙庄严"、"何宝庄严"、"郝福得藏"、"刘福德藏"、"贾妙严"、"李净心"、"张常清净"、"药师奴"、"何真如藏"③。会昌二年（842）四月八日所造《佛说三品弟子经》阳面的题名有"王宝藏"、"王金藏"，碑阴的题名有"郭常清净"、"邢功德藏"、"李妙净花"、"郑宝藏"、"张解脱"、"马妙净"、"卢妙界藏"、"和尚奴"、"刘妙法智"、"清净智"、"严功德藏"、"何妙净"、"裴妙庄严"、"刘菩提□"、"张功德林"、"孙真如藏"、"许真如藏"、"阳净戒"、"李王妙法"、"阿毕天王奴"、"福德藏"、"殷莲花"、"高净行"④。

唐僖宗乾符四年（877）四月八日所刻《题名经》的俗信徒题名有"天王奴"⑤。

石经《佛说蜜多心经》（年代不详）一卷的题名有"王真如"⑥。《阿难七梦经》（年代不详）碑阴的题名有"杨妙净"、"董福德藏"⑦。《佛说盂兰盆经》（年代不详）的题名中出现"李福德藏"、"卫宝藏"、"张解脱"、"盖宝真如"、"妙严智"，刘士则妻"常清净、宝莲花、男观音"，"真如藏"、"李妙藏"，张宪荣之"男大悲奴"、"张法性"、"宝庄严"、

---

① 北京图书馆金石组、中国佛教图书文物馆石经组编：《房山石经题记汇编》第3部分《诸经题记（唐）》，书目文献出版社1987年版，第246—248页。
② 同上书，第249—250页。
③ 同上书，第255—256页。
④ 同上书，第259—263页。
⑤ 同上书，第272页。
⑥ 同上书，第214页。
⑦ 同上书，第258—259页。

"和尚奴"①。

晚唐云居寺巡礼题名碑中亦大量出现俗信徒的佛名、佛号。

唐懿宗咸通七年（866）四月八日《巡礼碑题记》阳面有"孙女如意"、"刘妙意"、"刘妙净慈"、"莲花会"、"孙悟真愿"，阴面有"刘妙行"、"刘妙净"②。咸通八年（867）四月八日巡礼《题名经》的题名有"柳天王"、"李常住"③。咸通九年（868）四月八日《巡礼题名碑》阳面题名有"男和尚奴"，阴面题名有"郭妙藏"、"张妙意"、"男菩萨奴"④。咸通十二年（871）四月八日《题名经》末尾的题名有"常见性"、"李福德藏"、"天王奴"⑤。咸通十三年（872）四月八日《巡礼碑题名》阳面有"真檀林小奴"、"孙大悲"、"赵清净"、"凭真如藏"⑥。咸通十四年（873）四月八日《巡礼题名碑》阳面有"赵士通妻真如藏"、"王心清静"、"王福德藏"，阴面有"如莲花"、"宝莲花"⑦。咸通十四年（873）四月八日，另一《巡礼碑题名》阴面有"刘真如藏"⑧。咸通十四年（873）四月八日，还有一方《巡礼题名碑》阳面有"女弟子李妙严"，阴面有"女公奴"，"金刚藏李普光"，"女弟子智惠因"⑨。

唐僖宗乾符二年（875）四月八日《巡礼碑题记》阳面有"男和尚奴"、"刘功德林"⑩。乾符二年（875）四月八日，另一《巡礼碑》题名

---

① 北京图书馆金石组、中国佛教图书文物馆石经组编：《房山石经题记汇编》第 3 部分《诸经题记（唐）》，书目文献出版社 1987 年版，第 282—284 页。
② 北京图书馆金石组、中国佛教图书文物馆石经组编：《房山石经题记汇编》第 1 部分《碑和题记（唐至民国）》，书目文献出版社 1987 年版，第 45—46 页。
③ 北京图书馆金石组、中国佛教图书文物馆石经组编：《房山石经题记汇编》第 3 部分《诸经题记（唐）》，书目文献出版社 1987 年版，第 289 页。
④ 北京图书馆金石组、中国佛教图书文物馆石经组编：《房山石经题记汇编》第 1 部分《碑和题记（唐至民国）》，书目文献出版社 1987 年版，第 47—48 页。
⑤ 北京图书馆金石组、中国佛教图书文物馆石经组编：《房山石经题记汇编》第 3 部分《诸经题记（唐）》，书目文献出版社 1987 年版，第 290 页。
⑥ 北京图书馆金石组、中国佛教图书文物馆石经组编：《房山石经题记汇编》第 1 部分《碑和题记（唐至民国）》，书目文献出版社 1987 年版，第 52 页。
⑦ 同上书，第 48—49 页。
⑧ 同上书，第 53 页。
⑨ 同上书，第 50—51 页。
⑩ 同上书，第 53—54 页。

有"男小僧","上谷郡妙真佛娘子□□"、"薛法净"、"常清净"、"阿师子"①。乾符三年(876)四月八日《巡礼碑》阳面题名有"妻张氏妙智",阴面题名有"男菩散奴"、"男大悲"②。乾符四年(877)四月八日《巡礼题名碑》阳面题名有"男悯师奴、神奴",阴面有"女弟子何清净"③。乾符六年(879)四月八日《巡礼碑》题名有"妙行"④。

幽州地区并入契丹的版图之后,在汉人当中,取佛名、佛号的习俗依然延续下来。

辽穆宗应历五年(955)《北郑院邑人起建陀罗尼幢记》位于北京房山区,其结尾处的题名有邑录丁仁德之"次男和尚奴"⑤。辽景宗保宁二年(970)《耿崇美墓志》称耿崇美有一孙名"大悲奴"⑥。据辽圣宗统和九年(992)《韩瑜墓志》所载,燕地著名的汉人世家玉田韩氏家族的韩瑜(韩知古之孙、韩匡美之子)所娶的两位夫人皆为契丹萧氏,韩瑜和元配所生之子有叫"宝神奴"、"高神奴"的,女儿有叫"杨佛喜"、"罗汉女"的⑦。这说明上层汉官群体(包括某些胡汉混血儿)喜好起佛名。

辽圣宗开泰九年(1020)《澄赞上人塔记》施主的题名有:"建造塔施主张从信,同施刘氏。祖父银青崇禄大夫、检校国子祭酒、使持节昌州诸军事、昌州刺史、兼监察御史、武骑尉元□,母庞氏。长男吴越长生汤药都监辅翼,次男奴歌,次男栲栳,次男和尚奴,次男善孙,女祭哥,女药师女,长男新妇周氏。"⑧ 显然,张从信的众多家人都参与了修建澄赞上人塔的活动。从张从信的祖父、长男的官职及《澄赞上人塔记》言他资助澄赞上人燃身之法事、施财帛助建赞公塔来看,张家系南京道的汉族上层。张从信本人信佛,他的其中一子名"和尚奴"、一女叫"药师女"。以是观之,在辽代,起佛名、佛号的习俗在汉人聚居的南京道地区依旧

---

① 北京图书馆金石组、中国佛教图书文物馆石经组编:《房山石经题记汇编》第1部分《碑和题记(唐至民国)》,书目文献出版社1987年版,第55—56页。

② 同上书,第57—58页。

③ 同上书,第59页。

④ 同上书,第61页。

⑤ 北京辽金城垣博物馆:《北京辽金元拓片集》,燕山出版社2012年版,第31页;向南辑:《辽代石刻文编》,河北教育出版社1995年版,第12页。

⑥ 《耿崇美墓志》,向南、张国庆、李宇峰辑注《辽代石刻文续编》,辽宁人民出版社2010年版,第15页。

⑦ 向南辑:《辽代石刻文编》,河北教育出版社1995年版,第95页。

⑧ 同上书,第166页。

存在。

　　契丹建国之后，尤其是它占有燕云十六州之后，汉文化在辽朝开始成为一种强势文化，这不可避免地要为契丹传统的名字习俗注入许多新元素[①]。契丹人接受佛教信仰，以汉文化作为媒介[②]。由此可以推定：燕地（即唐幽州地域）汉族民众取佛名、佛号之风影响到契丹贵族，特别是辽朝中后期，佛教成为国家主流意识形态的时代。

　　契丹贵族因崇佛而以佛教语为号、为名者，不可胜数。

　　如淳钦皇后述律氏的幼子李胡曾被封为"自在太子"[③]。辽世宗次女名观音[④]，景宗长女名观音女[⑤]，景宗的近臣耶律贤适之子名观音[⑥]，圣宗小字文殊奴[⑦]，圣宗之弟耶律隆庆小字普贤奴[⑧]，圣宗齐天皇后萧氏小字菩萨哥[⑨]，道宗宣懿皇后萧氏小字观音[⑩]。此外，《辽史》本纪和列传中还有人叫萧观音奴[⑪]、萧和尚[⑫]、萧佛奴[⑬]、耶律和尚[⑭]、萧慈氏奴[⑮]、耶

---

[①] 刘浦江：《契丹名、字研究——文化人类学视野下的父子联名制》，原载《文史》2005年第3辑，此据刘浦江《松漠之间——辽金契丹女真史研究》，中华书局2008年版，第171页。

[②] 同上书，第173页。

[③] 《宋会要辑稿·蕃夷一》，郭声波点校：《宋会要辑稿·蕃夷道释》，四川大学出版社2010年版，第19页；(宋)李焘：《续资治通鉴长编》卷70，大中祥符元年，中华书局2004年标点本，第1583页；旧题(宋)叶隆礼：《契丹国志》卷14《诸王传》，贾敬颜、林荣贵点校，上海古籍出版社1985年版，第152页。

[④] (元)脱脱等：《辽史》卷65《公主表》，中华书局2016年标点本，第1107页。

[⑤] 同上。

[⑥] (元)脱脱等：《辽史》卷79《耶律贤适传》，中华书局2016年标点本，第1403页。

[⑦] (元)脱脱等：《辽史》卷10《圣宗纪一》，中华书局2016年标点本，第115页。

[⑧] (元)脱脱等：《辽史》卷64《皇子表》，中华书局2016年标点本，第1088页。

[⑨] 辽圣宗齐天皇后萧菩萨哥笃信佛教。《辽史》卷71《圣宗仁德皇后萧氏传》曰：皇后"小字菩萨哥，睿智皇后弟隗因之女。……美而才……尝以草茔为殿式，密付有司，令造清风、天祥、八方三殿。既成，益宠异。所乘车置龙首鸱尾，饰以黄金。又造九龙辂、诸子车，以白金为浮图，各有巧思。夏秋从行山谷间，花木如绣，车服相错，人望之以为神仙。"(元)脱脱等：《辽史》卷71《圣宗仁德皇后萧氏传》，中华书局2016年标点本，第1323页。齐天皇后有巧思，善工艺，类似于密教高僧擅长绘画、工巧艺术。

[⑩] (元)脱脱等：《辽史》卷71《道宗宣懿皇后萧氏传》，中华书局2016年标点本，第1326页。

[⑪] (元)脱脱等：《辽史》卷85《萧观音奴传》，中华书局2016年标点本，第1446页。

[⑫] (元)脱脱等：《辽史》卷86《萧和尚传》，中华书局2016年标点本，第1460页。

[⑬] (元)脱脱等：《辽史》卷15《圣宗纪六》，中华书局2016年标点本，第187页。

[⑭] (元)脱脱等：《辽史》卷89《耶律和尚传》，中华书局2016年标点本，第1489页。

[⑮] (元)脱脱等：《辽史》卷93《萧惠传·附慈氏奴传》，中华书局2016年标点本，第1513页。

律大悲奴[1]、耶律罗汉奴、耶律僧隐[2]、萧普贤女[3]等等。辽代碑刻材料中亦出现天王奴[4]、萧弥勒女[5]。由此视之，在契丹贵族中，取佛教语为名，已成风尚。

将时段拉长来看，起佛名、佛号习俗流行和传播顺序很可能是：燕地汉族平民→汉族上层→契丹贵族。唐幽州地域的地方文化传统在辽朝演变为契丹上层的时尚。本系唐幽州地区的大众俗文化，却为汉族上层和契丹精英文化提供了资源。

### 三 佛顶尊胜陀罗尼信仰的传布

至辽朝中后期，原风行于唐幽州地域的佛顶尊胜陀罗尼信仰亦渗入契丹贵族当中。

《金石萃编》卷六六、六七集中收录了一批唐代佛顶尊胜陀罗尼经幢的碑刻，可是几乎没有河北北部地区的[6]。今河北石家庄井陉矿区天护村有一座建于唐玄宗开元十五年（727）的天护陀罗尼经幢，高4.7米，幢顶已残[7]。今北京首都博物馆有一通立于唐昭宗乾宁元年（894）九月八日的石柱经幢，内容为《佛顶尊胜陀罗尼咒》和《般若波罗蜜多心经》[8]。房山北郑村辽塔出土一所后唐明宗长兴三年（932）所造的陶幢。此幢由基座、幢身、幢顶组成，高1.875米，平面为圆形，座高31厘米，顶高60厘米，直径62厘米。幢身阴刻楷书汉字经文四种：《佛顶尊胜陀罗尼神咒》、《高王观世音经》、《续命经》和《烧香真言》。其题记曰："长兴三年（932）五月十五日造尊胜陀罗尼幢，奉为皇帝万岁□□，法

---

[1] （元）脱脱等：《辽史》卷95《耶律大悲奴传》，中华书局2016年标点本，第1531页。
[2] （元）脱脱等：《辽史》卷16《圣宗纪七》，中华书局2016年标点本，第211页。
[3] （元）脱脱等：《辽史》卷30《天祚皇帝纪四》，中华书局2016年标点本，第399页。
[4] 《耶律元宁墓志》，向南、张国庆、李宇峰辑注《辽代石刻文续编》，辽宁人民出版社2010年版，第44页。
[5] 《耶律弘益妻萧氏墓志》，向南辑《辽代石刻文编》，河北教育出版社1995年版，第590页。
[6] 新文丰出版公司编辑部编：《石刻史料新编》第1辑第2册，新文丰出版公司1977年版，第1116—1154页。
[7] 李裕群：《第四批全国重点文物保护单位石窟及石刻综述》，《文物》1997年第5期，第91—95页。
[8] 转引自黄春和《隋唐幽州城区佛寺考》，《世界宗教研究》1996年第4期，第18页。此经幢的图片及内容迄今尚未正式发表。

界一切有情,同占此福,功德弟子刘儒。"① 辽南京道地区留存的尊胜经幢非常多,其数目远超前朝。从金石著录所见,在房山石经山下,辽代所建之经幢就有 30 所②。但是,传世碑刻的发现与出土多属偶然,不能仅凭此就断定辽朝南京道的佛顶尊胜信仰比唐、五代的幽州地域更盛。

笃信佛教的唐代宗在大历十一年(776)颁布了一份诏令,命天下所有僧尼每天须诵"佛顶尊胜陀罗尼",每年正月一日上奏:

> 奉敕语李元琮。天下僧尼令诵佛顶尊胜陀罗尼,限一月日诵令精熟。仍仰每日诵二十一遍。每年正月一日,遣贺正使,具所诵遍数进来。大历十一年(776)二月八日内谒者监李宪诚宣。③

这份诏书的颁布与不空及其弟子有密切关系。他们极力利用国家力量推广《佛顶尊胜陀罗尼经》④。许多学者认为:代宗的这道诏令发布之后,对《佛顶尊胜陀罗尼经》的普及作用很大,使它超越了佛教宗派的区分,广及各地寺院,特别是偏远地区的僧尼和信徒⑤。可是,自"安史之乱"后,河朔地区相对独立,因此很难说代宗大历十一年(776)诏书对幽州地区《尊胜陀罗尼经》的流传有直接推动作用。在唐代,幽州地区一直为佛教隆盛之区域。照此推之,当地人士也会积极接纳《尊胜陀罗尼经》。笔者推断:《尊胜经》的教义与个人现实利益关联、具有破地狱的功能,并与幽州地区奉佛的宗教氛围相结合,促成了此经及其经幢的盛行。这一信仰至辽朝仍然延续。

从《辽代石刻文编》和《辽代石刻文续编》所录碑文来看,经幢多集中于辽南京道地区,且多为汉人所建,其中佛顶尊胜幢最多,可见民间

---

① 齐心、刘精义:《北京市房山县北郑村辽塔清理记》,《考古》1980 年第 2 期,第 152 页。
② [日] 塚本善隆:《中国近世佛教史的诸问题》,载 [日] 塚本善隆《塚本善隆著作集》第 5 卷,大东出版社 1975 年版,第 525—528 页。
③ 《敕天下僧尼诵尊胜真言制》,(唐) 圆照集《代宗朝赠司空大辨正广智三藏和上表制集》卷 5,[日] 高楠顺次郎等《大正藏》第 52 册,大正一切经刊行会 1927 年版,第 852 页。
④ 刘淑芬:《〈佛顶尊胜陀罗尼经〉与唐代尊胜经幢的建立——经幢研究之一》,《中央研究院历史语言研究所集刊》第 67 本第 1 分,1996 年,第 174—184 页。
⑤ [日] 大村西崖:《密教发达志》,载《世界佛学名著译丛》第 74 册,华宇出版社 1986 年版,第 831 页;刘淑芬:《〈佛顶尊胜陀罗尼经〉与唐代尊胜经幢的建立——经幢研究之一》,《中央研究院历史语言研究所集刊》第 67 本第 1 分,1996 年,第 174—178 页。

社会流行"杂密"信仰。辽代经幢的表述、措辞、功能与汉译《佛顶尊胜陀罗尼经》以及《全唐文》、《全唐文补遗》所收《佛顶尊胜陀罗尼经》之《序》、《赞》高度相似。由此观之，至少在民众信仰层面，南京道地区的汉人受中原"杂密"因素之影响。

在辽圣宗之前的时代，还只发现汉人的经幢。目前发现的最早的契丹人的尊胜经幢位于辽圣宗庆陵。1949年前，《圣宗陵幢记残文》发现于内蒙古昭乌达盟巴林右旗白塔子辽庆州南门之北，砖塔之南，《幢记》题有"陀罗尼幢一座"①。另外，在内蒙古昭乌达盟巴林左旗，有辽道宗咸雍二年（1066）建于大横帐曷鲁墓园的《曷鲁墓园经幢记》②。"横帐"即"横帐三父房"，指辽朝开国皇帝阿保机及其两个伯父和诸弟的后裔，是阿保机成为契丹部落联盟首领后，耶律氏家族内具有世选可汗资格者的大致范围③。辽宁阜新关山马掌洼萧德让墓中发现一经幢，刊刻于辽道宗大康二年（1076），题"大丞相、公主为□□诸行宫都部署、同政事门下平章事、驸马都尉、柳城郡王，故魏国公主，特建施幢，维大康二年岁丙辰年（1076）十月乙亥朔十七日丙时建"④。"魏国公主"为辽道宗的长女，下嫁萧德让⑤。显然，在辽朝中后期，契丹皇帝及皇室成员亦接受了佛顶尊胜信仰。

值得注意的是：契丹人其实原本相信灵魂归"黑山"。《辽史·礼志》云：

> 冬至日，国俗，屠白羊、白马、白雁，各取血和酒，天子望拜黑山。黑山在境北，俗谓国人魂魄，其神司之，犹中国之岱宗云。每岁

---

① 向南辑：《辽代石刻文编》，河北教育出版社1995年版，第273—274页。关于庆陵的调查报告，详见[日]田村实造、[日]小林行雄《庆陵——东蒙古辽代帝王陵及其壁画》，京都大学文学部、座右宝刊行会1953年3月版；[日]竹岛卓一、[日]岛田正郎《中国文化史迹增补》，法藏馆1976年版；[日]田村实造《庆陵的壁画》，同朋舍1977年版；[日]田村实造《庆陵调查纪行》，平凡社1994年版。

② 向南辑：《辽代石刻文编》，河北教育出版社1995年版，第328页。

③ 刘浦江：《辽朝"横帐"考》，原载《北大史学》第8辑，2001年，此据刘浦江《松漠之间——辽金契丹女真史研究》，中华书局2008年版，第53—72页。

④ 《关山经幢记》，向南、张国庆、李宇峰辑注《辽代石刻文续编》，辽宁人民出版社2010年版，第160页。

⑤ 《关山经幢记》，向南、张国庆、李宇峰辑注《辽代石刻文续编》，辽宁人民出版社2010年版，第160页，注释1。

是日，五京进纸造人马万余事，祭山而焚之。俗甚严畏，非祭不敢近山。①

王小甫先生指出：这体现摩尼教信仰。"黑"在这里不表颜色，而是用作修饰，显示"北方"、"首要"、"原初"、"伟大"、"崇高"之意。契丹人从摩尼教中得到"北方是天堂"的观念。契丹拜黑山，是以传统方式表达对死后魂归最高天国的向往②。

综合上引材料可知：自辽朝中期以后，契丹统治者也接受了佛教"破地狱"的观念。而且，庆陵与黑山均坐落在上京道庆州（今内蒙古巴林右旗）所辖范围之内，二者距离很近。曷鲁墓园位于巴林左旗，即上京临潢府附近，离黑山也不远。这是否也暗示传统的灵魂归黑山的信仰依然有影响呢③？

## 第二节　辽代密教的来源

在辽朝社会，密教最为盛行。辽代密教的渊源迄今尚未得到十分圆满的解释。中日很多学者通过分析辽代高僧的著作，指出辽代密教在上层知识体系和哲学表达中继承了唐密④。实际上，中原汉地流行的"杂密"对辽朝社会的影响也非常大，超越地域和阶层⑤。上节讨论佛顶尊胜陀罗尼信仰已经证明了这一点。在建国前后，契丹与北方、西方族群或地域的交流亦极为频繁。本节将进一步挖掘"杂密"和西方的密教因子对辽代社会的影响。

---

① （元）脱脱等：《辽史》卷53《礼志六》，中华书局2016年标点本，第975页。
② 王小甫：《契丹建国与回鹘文化》，原载《中国社会科学》2004年第4期，此据王小甫《中国中古的族群凝聚》第4章，中华书局2012年版，第139—141页。
③ 契丹贵族对佛顶尊胜信仰的接纳程度有多深，还值得深入探讨。契丹人的佛顶尊胜信仰有没有向其传统宗教"妥协"、"屈服"的方面？这需要运用艺术考古学的视角仔细分析辽代考古材料，容另文讨论。
④ 参见尤李《辽代佛教研究评述》，载尤李《多元文化的交融——辽代历史与文化研究》，中国社会科学出版社2013年版，第187—189页。
⑤ 张明悟先生提出：辽代高僧道殿的《显密圆通成佛心要集》对杂密陀罗尼信仰的流行具有重要推动作用。参见张明悟《〈显密圆通成佛心要集〉与辽晚期密教之流行》，《纪念房山石经与云居寺创建1400周年暨中国佛教协会发掘拓印房山石经60周年国际学术讨论会论文集》，北京，2016年9月，第156—173页。

刘淑芬先生关照到《佛顶尊胜陀罗尼经》言尊胜陀罗尼是塔、《佛说造塔功德经》及《法华经·见宝塔品》与塔有关、好些经幢内埋藏舍利、很多石刻材料直称经幢为塔、经幢的建筑结构和塔类似的现象，力图证明经幢的性质是法舍利塔[①]。她关注到许多"舍利经幢"的例证[②]，但未将《尊胜经》和《妙法莲华经》（简称《法华经》）的交融点出。其实，从经典依据来看，尊胜经幢或无垢净光塔内藏舍利皆与《法华经》宣称的佛舍利信仰有关；塔幢互通，实际上是"杂密"的典型经典《无垢净光大陀罗尼经》和《佛顶尊胜陀罗尼经》在实践中与《法华经》合流的结果。这在唐代已现端倪，被辽朝所继承，并得到淋漓尽致的发展。

一　《无垢净光大陀罗尼经》与《法华经》的交融

本书第三章第二节对《悯忠寺宝塔颂》进行考释，指出：《无垢净光大陀罗尼经》在唐初被翻译，大约在契丹李尽忠、孙万荣叛乱之时，粟特僧人法藏将之传播到幽州地区。在"安史之乱"时，史思明依照这一经典在幽州城东南角的悯忠寺（今北京法源寺）造无垢净光塔一所，相应地命张不矜撰写了《悯忠寺宝塔颂》。从《宝塔颂》的内容来看，张不矜依据的《无垢净光大陀罗尼经》系精英整理的全本。而在辽代的实际运用中，人们往往仅选取其中一部分内容，甚至根据具体情况发挥出偏离本经的思想观念。

（一）庆州释迦佛舍利塔

在辽朝，《无垢净光大陀罗尼经》与《法华经》交融的最典型例子就是庆州（今内蒙古巴林右旗）释迦佛舍利塔（即庆州白塔）。本书先剖析这一个案，然后再结合其他例证探讨辽朝社会《无垢净光大陀罗尼经》与《法华经》融合的情况。

邱瑞中先生提出：建造庆州白塔的经典依据是《无垢净光大陀罗尼经》，钦哀后在辽兴宗重熙十六年（1047）修建白塔是因为她病重，惧怕被她残杀的仁德皇后等冤魂索命[③]。日本的古松崇志先生注意到庆州释迦

---

[①] 刘淑芬：《经幢的形制、性质和来源——经幢研究之二》，《中央研究院历史语言研究所集刊》第68本第3分，1997年，第698—708页。

[②] 刘淑芬：《墓幢——经幢研究之三》，《中央研究院历史语言研究所集刊》第74本第4分，2003年，第687—691页。

[③] 邱瑞中：《从庆州、雷峰二塔经卷看佛教功德观与印刷术产生发展之关系》，《内蒙古师大学报》1996年第4期，第97—100页；邱瑞中：《辽庆州白塔佛教文物安置规矩与建塔缘起考》，《内蒙古社会科学》1996年第6期，第35—40页。

佛舍利塔建造的经典依据《无垢净光大陀罗尼经》，并将塔中的文物与此经的内容相结合，进行细致分析①。但是，对于塔中所藏《妙法莲华经》，他只是说这可能是因为念诵此经能来世成佛和往生极乐世界②。他没有对《法华经》作进一步解析。他认为：庆州白塔埋藏舍利，是契丹帝室信仰舍利的实例③。其实，这座佛塔中藏有舍利，正是依据《法华经》宣扬的舍利信仰。

据《妙法莲华经》卷六《药王菩萨本事品第二十三》所述，药王燃身供养佛，于是佛嘱咐道：自己灭度后所有舍利交给药王菩萨，"当今流布，广设供养。应起若干千塔"。佛涅槃后，以火烧之，"火灭已后，收取舍利，作八万四千宝瓶，以起八万四千塔"④。《妙法莲华经》卷四《见宝塔品第十一》曰："此宝塔从地踊出。又于其中发是音声。尔时佛告大乐说：'菩萨，此宝塔中有如来全身。……欲供养我全身者，应起一大塔。……今多宝如来塔，闻说《法华经》，故从地踊出。'赞言'善哉！善哉！'"⑤与经典对应，庆州释迦佛舍利塔内置小字雕版印经《妙法莲华经》一卷。包裹佛经的白绢袱上有墨书"《法华经》一部，全身舍利在此塔中"⑥。

庆州释迦佛舍利塔中，有一陀罗尼咒金板，长方形，单面横书5行，双勾镂刻梵文陀罗尼咒77字，左侧竖刻汉文"相轮樘中陀罗尼咒"8字。辽代称其为金法舍利。还有一陀罗尼咒银板，长方形，单面竖刻汉字12行103字，所载内容为《无垢净光大陀罗尼经》中的这段文字："善男子应当如法书写此咒九十九本，于相轮樘四周安置。又写此咒及功能法，于樘中心密覆安处。如是作已。则为建立九万九千相轮樘已，亦为安置九万九千佛舍利已，亦为已造九万九千佛舍利塔，亦为已造九万九千八大宝塔，亦为已造九万九千菩提场塔。"⑦白塔中所藏多种多样的陀罗尼经卷，

---

① ［日］古松崇志：《庆州白塔创建之谜——11世纪契丹皇太后奉纳之佛教文物》，载《辽文化·辽宁省调查报告书》，京都大学大学院文学研究科2006年版，第151—158页。
② ［日］古松崇志：《辽庆州白塔创建之谜——从考古、石刻资料所见的辽代佛教史研究》，北京大学历史系学术讲座，2009年9月4日。
③ ［日］古松崇志：《庆州白塔创建之谜——11世纪契丹皇太后奉纳之佛教文物》，载《辽文化·辽宁省调查报告书》，京都大学大学院文学研究科2006年版，第141页。
④ ［日］高楠顺次郎等编：《大正藏》第9册，大正一切经刊行会1925年版，第53页。
⑤ 同上书，第32页。
⑥ 中国历史博物馆、内蒙古自治区文化厅编辑：《契丹王朝——内蒙古辽代文物精华》，中国藏学出版社2002年版，第324—325页。
⑦ 同上书，第322—323页。

是契丹时代陀罗尼信仰流行的重要资料①。

《法华经》中本来包含陀罗尼品，与陀罗尼信仰有关联。据《妙法莲华经》卷七《陀罗尼品第二十六》所记，药王菩萨念陀罗尼咒以守护佛，亦以陀罗尼神咒拥护持《法华经》者②。在庆州白塔所藏经卷中，有"一切如来心秘密全身舍利《宝箧印陀罗尼经》云：'佛告金刚菩萨、一切如来、未来、现在及已般涅盘者，全身舍利皆在宝箧印陀罗尼中，是诸如来所有三身亦在其中，即说陀罗尼。'"③ 此显示出舍利信仰与陀罗尼信仰交融。

庆州白塔中既藏有《法华经》，又藏有《无垢净光大陀罗尼经》，充分证明造塔的依据是这两部佛经。庆州白塔既可被视为多宝塔，又可被看成密教无垢净光塔。

美国的夏南悉（Nancy Shatzman, Steinhardt）先生从艺术考古的角度分析辽代的八角形塔，指出：通过塔这样一个中介物，贯彻了辽人从多种文化学来的佛教图像学。塔作为永久性的纪念物，是契丹皇权的一种象征。通过塔身和塔上的雕刻，契丹统治者可以将自己比作佛教之神④。其实，我们直接从庆州白塔中佛教经典的表述，亦能窥知契丹统治者借佛塔神化自己的意图。

庆州白塔中所藏经卷尾题文有"《妙法莲华经》卷第五"的字样，公布的经卷还有《法华经》的一部分内容⑤。其中一部分内容与《法华经》卷五《安乐行品第十四》的一部分几乎完全相同：

> 复如是以禅定、智慧力得法。国土王于三界而诸魔王不肯顺伏如来。贤圣、诸将与之共战。其有功者心亦欢喜。于四众中为说诸经，

---

① ［日］古松崇志：《庆州白塔创建之谜——11世纪契丹皇太后奉纳之佛教文物》，载《辽文化·辽宁省调查报告书》，京都大学大学院文学研究科2006年版，第150页。

② ［日］高楠顺次郎等编：《大正藏》第9册，大正一切经刊行会1925年版，第58—59页。

③ 中国历史博物馆、内蒙古自治区文化厅编辑：《契丹王朝——内蒙古辽代文物精华》，中国藏学出版社2002年版，第328页。

④ Nancy Shatzman, Steinhardt, *Liao Architecture*, Honolulu: University of Hawaii Press, 1997, p. 398.

⑤ 中国历史博物馆、内蒙古自治区文化厅编辑：《契丹王朝——内蒙古辽代文物精华》，中国藏学出版社2002年版，第338—339页。

令其心悦，赐以禅定、解脱、无漏根力、诸法之财。又复赐予涅槃之城。言得灭度、引导其心，令皆欢喜而不为。说是《法华经》，文殊师利如转轮王，见诸兵众有大功者，心甚欢喜。以此难信之珠，久在髻中，不妄与人，而今与之如来，亦复如是。于三界中为大法王，以法教化一切众生。见贤圣军与五阴魔、烦恼魔、死魔共战。有大功勋，灭三毒、出三界、破魔网。①

只是在庆州白塔所藏经卷中，"智慧"作"智惠"，内容仅书到"见贤圣军与五阴魔烦恼魔死魔共战有"为止。

上引庆州白塔所藏《法华经》卷子中关于转轮圣王的表述，值得进一步探究。贵霜王朝的丘就却王创立佛教转轮王的政治传统来神话自己。转轮王即世界大王，体现佛教治国的理念：转轮王用兵或兵器降伏天下，用佛法教化民众②。转轮王观念东传入中国后，由于传统政治思想与大乘佛教的影响，逐渐转变成"转轮王即佛"的模式。隋文帝和武则天充分利用这一佛教资源以证明自己统治的神圣性和合法性③。不仅如此，在唐朝，官方、精英、僧人和世俗大众常常将君主描绘为转轮王。转轮王观念作为佛教主要的王权观，对中古时代的君主概念和政治修辞产生巨大影响，其内涵和术语被广泛而频繁地用于论证君主统治的合法性④。契丹皇室在庆州白塔中藏《法华经》卷子，其中恰好包含转轮王的内容，说明契丹统治者也仿效中原皇帝，运用佛教转轮王的思想资源来证明自己的正统性与合法性。佛教思想成为契丹统治者权力正当性的来源。从这一层面来讲，契丹皇室修建庆州白塔就不仅仅是"追寻一己之福"⑤，还关涉到王朝统治的神圣性和合法性。契丹统治者正是通过渲染神圣性，来证明自己的合法性。

---

① [日]高楠顺次郎等编：《大正藏》第9册，大正一切经刊行会1925年版，第39页。
② 古正美：《贵霜佛教政治传统与大乘佛教》，允晨文化实业股份有限公司1993年版，第53—87、96—119页。
③ 康乐：《转轮王观念与中国中古的佛教政治》，《中央研究院历史语言研究所集刊》第67本第1分，1996年，第109—143页。
④ 孙英刚：《转轮王与皇帝：佛教对中古君主概念的影响》，《社会科学战线》2013年第11期，第78—88页。
⑤ 这是借用蒲慕州先生的提法，参见蒲慕州《追寻一己之福——中国古代的信仰世界》，上海古籍出版社2007年版。

关于"难信之珠，久在髻中，不妄与人"的情况，《法华经》卷五《安乐行品第十四》有具体阐释：

> 文殊师利，譬如强力转轮圣王，欲以威势降伏诸国，而诸小王不顺其命。时转轮王，起种种兵而往讨伐。王见兵众战有功者，即大欢喜，随功赏赐。或与田宅、聚落、城邑，或与衣服严身之具。或与种种珍宝、金银、琉璃、车磲、马脑、珊瑚、虎珀、象、马车乘、奴婢、人民。唯髻中明珠不以与之。所以者何？独王顶上有此一珠，若以与之，王诸眷属必大惊怪。①

概括言之，在辽朝社会，密教陀罗尼影响强大，庆州白塔的文字和布置在叙述结构和象征符号上体现出塔幢合流。

（二）蓟县盘山甘泉寺无垢净光舍利塔

撰于辽圣宗统和二十三年（1005）的《盘山甘泉寺新创净光佛塔记》位于天津蓟县盘山甘泉寺，正书，碑阴刊刻功德主智诠等题名②。《佛塔记》曰："今乃岁值安康，人皆丰足。重空门者雾集，慕释典者云屯。欲构良因，特于胜地。"③ 信徒在丰收之年云集，特选形胜之地建塔。

《佛塔记》又称：

> 伏遇我承天皇太后，恩沾万汇，德被两朝。致率土以虞□，实含灵而有赖。况我昭圣皇帝，垂衣而御宇宙，握镜以统黔黎。乃见迩肃之远安，是致涂歌之里咏。我大元帅梁国大王，机宣虎帐，力赞龙图。遐方畏威，生民怀惠。况州主司徒，牧民廉洁，作国忠贞。早扬去兽之谣，复著还珠之美。本县侍御，才高吐凤，词逸怀蛟。此时屈带于铜章，异日已达于金阙。④

这是首先歌颂契丹临朝称制的承天太后及当朝皇帝辽圣宗。据向南先生考证，"大元帅梁国大王"乃辽景宗的次子、辽圣宗的弟弟耶律隆庆，

---

① ［日］高楠顺次郎等编：《大正藏》第9册，大正一切经刊行会1925年版，第38页。
② 向南辑：《辽代石刻文编》，河北教育出版社1995年版，第119页。
③ 同上。
④ 同上。

他于统和二十一年（1003）在定州（今河北定州）与宋作战①。《佛塔记》然后颂扬本州县地方官的德政。这段记录的排序体现出辽朝的官僚等级。在辽朝佛教石刻材料中，皇太后置于皇帝之前是惯例。

《无垢净光大陀罗尼经》中含有护国思想：

> 于彼国土，若有诸恶先相现时，其塔即便于神变出大光焰，令彼诸恶不祥之事无不殄灭。若复于彼有恶心众生，或是怨雠及怨伴侣并诸劫盗、寇贼等类欲坏此国，其塔亦便出大火光。即于其处现诸兵仗，恶贼见已自然退散。常有一切诸天善神守护其国。②

此乃宣称无垢净光塔威力巨大，能变出大火焰、大火光消灭诸恶、寇盗，保卫国家。上段所引《盘山甘泉寺新创净光佛塔记》的表述系对《无垢净光大陀罗尼经》护国思想的具体阐发，彰显宗教与皇权的统一。

《佛塔记》题名曰："维那蓟州（今天津蓟县）司马张彦琼等，兴国军节度巡官李玉，道心坚固，胜事修崇。于渔阳之封，在甘泉之寺，创无垢净光佛舍利塔也。非因旧址，特立新规。事既办于众心，功乃成于不日。"③"邑众同修上善，并刊芳名。统和二十三年岁次乙巳（1005）十月丙子朔二日丁丑记。"④ 有学者认为：在辽代，起塔藏舍利很普遍，无垢净光舍利塔之名频频出现，影响及朝鲜、日本，修建特定之塔来藏舍利似乎是东北亚地区的传统⑤。其实，从盘山甘泉寺所创之塔称"无垢净光舍利塔"来看，无垢净光陀罗尼信仰与《法华经》舍利信仰已然合流。

前文已经提及：该《佛塔记》碑阴刻有功德主智诠等题名，智诠当系僧人。兴国军为辽上京道龙化州（今内蒙古奈曼旗西北八仙筒附近）的军号，"契丹始祖奇首可汗居此，称龙庭。太祖于此建东楼"⑥。"兴国

---

① 向南辑：《辽代石刻文编》，河北教育出版社1995年版，第120页，注释1。
② [日] 高楠顺次郎等编：《大正藏》第19册，大正一切经刊行会1928年版，第718—719页。
③ 向南辑：《辽代石刻文编》，河北教育出版社1995年版，第119页。
④ 同上书，第119—120页。
⑤ Hsueh-man Shen, "Realizing the Buddha's *Dharma* Body during the *Mofa* Period: A Study of Liao Buddhist Relic Deposits", *Artibus Asiae*, 61, 2, 2001, pp. 295 – 296.
⑥ （元）脱脱等：《辽史》卷37《地理志一》，中华书局2016年标点本，第447页。

军节度巡官李玉"显然来自上京道。由此看来,这是僧人、上京道官员、蓟州地方官和邑人共建的无垢净光塔,放置在公共空间甘泉寺的"胜地",肯定能广徕信徒瞻仰、膜拜。

甘泉寺的无垢净光塔"上侵圆盖,视日月以相连;下镇方隅,得天龙之拥护。瞻礼者罪灭,敬仰者福生"①。天龙护塔系根据《无垢净光大陀罗尼经》中的这段表述:

> 是时除盖障菩萨、执金刚主、四王、帝释、梵天王、那罗延天、摩醯首罗及天龙八部等,咸礼佛足,同声白言:"我等已蒙世尊加护,授此咒法及造塔法,咸皆守卫、住持、读诵、书写、供养。为护一切诸众生,故于后时分令彼众生悉得闻知,不堕地狱及诸恶趣。我等为报如来大恩,咸共守护,令广流通。尊重恭敬,如佛无异。不令此法而有坏灭。"②

至于灭罪、福生,《无垢净光大陀罗尼经》亦有具体阐述:书写此咒本置于塔中供养,能永离恶道、消除一切众病及烦恼,灭一切罪,满足一切愿望,能得广大善根福德之聚③。另外,辽代的《张楚璧等造幢记》也有龙神护持经幢的记录:"龙神四遶以护持"④。

(三)顺义净光舍利塔

1963年,在北京顺义出土一座辽代净光舍利塔,塔基为圆形,夯土。塔基中央1.2米深处,即为舍利函。函用长勾纹砖砌成,长2.7米,宽2.65米,高2.4米。出土银盒5件,其中2件压制花纹,有凤纹和花蒂纹,内皆盛葫芦形器,装有佛舍利子⑤。"净光舍利塔"之名证实建造此塔既依据了《无垢净光大陀罗尼经》,又根据了《法华经》宣扬的舍利信仰。

净光舍利塔基中放置石经幢一个,通高1.09米,幢身分为5节,底

---

① 向南辑:《辽代石刻文编》,河北教育出版社1995年版,第119页。
② [日]高楠顺次郎等编:《大正藏》第19册,大正一切经刊行会1928年版,第721页。
③ 同上书,第718—720页。
④ 向南辑:《辽代石刻文编》,河北教育出版社1995年版,第694—695页。
⑤ 北京市文物工作队:《顺义县辽净光舍利塔基清理简报》,《文物》1964年第8期,第49—50页。

座为八角形，分为两层，上雕莲瓣图案，顶部如八角亭状，上置莲瓣圆盘，再上为宝顶。经幢前靠南侧安放一长方形佛塔题名石刻①。该经幢造于辽圣宗开泰二年（1013），其上的题记曰："定光佛舍利五尊，单佛舍利十尊，螺髻舍利四尊……顺州（今北京顺义）管内都细讲《法华》上主沙门惠贞、……邑人曹贞……施舍利银盒……维开泰二年岁次癸丑（1013）四月壬戌朔二十二日未丙时葬。顺州勾官李玄锡书。"② 在施舍利银盒葬舍利时，有专门讲《法华经》的僧人参与，当和《法华经》中的佛舍利信仰直接相关。这段题记富含"舍利"和《法华经》，而且镌刻在经幢之上，足见《法华经》与《无垢净光大陀罗尼经》的互融。

石志两面雕有建塔经过和布施人姓名："施塔地主李贵，妻相氏，同施地主人李遇……"，其后的题名有僧尼、汉人俗信徒③。综合上引材料可知：参与造塔、葬舍利活动的有僧人、邑会成员和顺州地方官。其中"顺州管内都细讲《法华》上主"疑是僧官。

（四）朝阳东塔

在辽宁朝阳东塔的塔基中，出土辽圣宗开泰六年（1017）七月十五日再建的经幢，其上刊刻《无垢净光大陀罗尼经》④，额题《无垢净光大陀罗尼法舍利经记》⑤。从名称看，这显系无垢净光陀罗尼信仰与《法华经》舍利信仰的合流。

此经幢后面的造幢记和题名有"楚国长公主施财。建、霸、宜、白川、锦等州制置使、金紫崇禄大夫、检校太尉、守左千牛卫上将军、知彰武军节度使事韩绍基施财。塔主、讲经谈论副贡大德沙门悬镜书。同辩（办）塔事、讲经律论、持大长教长坐阿阇梨惠素。都维那、持诵同修塔事沙门惠旻"，"左林牙、平卢军节度使、检校太尉、左金吾卫上将军、驸马都尉萧绍宗，梁国公主，齐国妃，三小娘子"⑥。这表明圣宗时期，在契丹贵族、汉官和一些高僧当中，已经存在陀罗尼和舍利信仰合一的观念，而且他们选择七月十五日盂兰盆节建幢。

---

① 北京市文物工作队：《顺义县辽净光舍利塔基清理简报》，《文物》1964年第8期，第49页。
② 同上书，第50页。
③ 同上书，第64页。
④ 张洪波、林象贤：《朝阳三塔考》，《北方文物》1992年第2期，第48页。
⑤ 向南辑：《辽代石刻文编》，河北教育出版社1995年版，第149页。
⑥ 同上。

### （五）云州慈云寺舍利塔

辽圣宗开泰八年（1019）《慈云寺舍利塔记》原在辽西京道云州天成县（今山西大同东北之天镇县）慈云寺内。慈云寺旧名法华禅寺，建于唐代。石柱高约81.6厘米，共4面，宽约21.5厘米，记文5行，每行25至26字不等，正书①。碑文曰："《云州天成县创建无垢净光法舍利塔记》。讲经比丘和照□□□。粤惟释氏之教，例分为八。"② 此系引用释迦涅槃后，"八王分舍利"的典故③。该塔塔名和这段表述证实这座塔跟舍利信仰有关。碑文又云："陀罗尼之藏，名□其七。"④ 陀罗尼藏本是"五藏"（即经藏、律藏、论藏、慧藏和陀罗尼藏）之一，不知此碑为何称"名□其七"，或是笔误。

《舍利塔记》又曰："今《无垢净光陀罗尼经》者，自大唐天册金轮皇帝（即武则天）万岁元年（695），天竺三藏□□罗国沙门□声译布中夏焉⑤。其或依言禀奉□□修崇，抛五趣之纶二，□六天之快乐。"⑥ 唐代高僧智升编撰的《开元释教录》谓翻译《无垢净光大陀罗尼经》的弥陀山是"睹货逻"（即"吐火罗"）人⑦。而《大正藏》所收《无垢净光大陀罗尼经》却题弥陀山为天竺三藏⑧。《慈云寺舍利塔记》言此经由"天竺三藏□□罗国沙门"翻译，则综合了两种说法。《塔记》所云"憩其塔影，传其塔名"⑨，也是根据《无垢净光大陀罗尼经》所说"逗塔影"能免于六道（分为三善道和三恶道。三善道为天道、人间道和修罗道；三恶道为畜生道、饿鬼道和地狱道。）轮回之苦，消除一切罪⑩。按碑文所述，建造此塔明显是依据《法华经》的舍利信仰和《无垢净光大陀罗尼

---

① 向南辑：《辽代石刻文编》，河北教育出版社1995年版，第157页。
② 同上。
③ 《大般涅槃经》卷下，[日]高楠顺次郎等编《大正藏》第1册，大正一切经刊行会1924年版，第207页。
④ 向南辑：《辽代石刻文编》，河北教育出版社1995年版，第157页。
⑤ 《宋高僧传》将此事系于武周天授（690—692）年间。（宋）赞宁：《宋高僧传》卷2《周洛京寂友传》，范祥雍点校，中华书局1987年版，第34页。
⑥ 向南辑：《辽代石刻文编》，河北教育出版社1995年版，第157页。
⑦ （唐）智升：《开元释教录》卷9，[日]高楠顺次郎等编《大正藏》第55册，大正一切经刊行会1928年版，第566页。
⑧ [日]高楠顺次郎等编：《大正藏》第19册，大正一切经刊行会1928年版，第717页。
⑨ 向南辑：《辽代石刻文编》，河北教育出版社1995年版，第158页。
⑩ [日]高楠顺次郎等编：《大正藏》第19册，大正一切经刊行会1928年版，第718—720页。

经》的内容。

《舍利塔记》记述建塔之缘由："有功德主沙门□□，蓟门人也。识□高远，行解淹通。杖锡而来，住持于此。遇前宰公文林郎、试大理评事、□天成县令、武骑尉刘□□，官于兹邑也。德树芳以荫人，学也清而鉴物。乃从异日，实启愿心。□谓诸英□□圣王恩在人伦，数若不竖于胜幢，即建于灵塔。"① 此段文字意为：来自辽朝南京道的僧人和当地地方官天成县令共同倡导建塔。在辽西京道云州（今山西大同）地区，有燕地僧人主持修造无垢净光舍利塔，可能采用了原唐幽州地区的造塔工艺和技术。

参与造塔的还有"诸维那等"、"推郎匠"②，即寺院的僧官和工匠。而且，该塔的装饰十分考究，采用"贞珉"，"彩笔结来银□布嵬峨□□□，映红日之□□，耸凌空□□□。□清风之韵□几乎"③？

（六）沈州无垢净光舍利塔

在沈州（今辽宁沈阳老城区）无垢净光舍利塔地宫中，有券顶封口砖阴面朱笔楷书封顶砖铭，部分字迹脱落，现可辩者75字，系信奉佛教的善男信女及塔院主僧题名④。在塔的腹宫内，有木函1件，长方形，长45厘米，宽28.6厘米，高27.5厘米，梳齿形榫铆交合。内盛舍利子、七珍、经卷、供香、药材等物。木函外用黄绫、丝带包裹，上墨书梵文。内装三个黄绫包，其中有两个包有黄釉瓷罐，罐内各装一白釉净瓶，净瓶内藏有舍利子⑤。

该舍利塔地宫内的石函顶面刻有如下文字：

维南瞻部州、大契丹国、辽东沈州西北丰稔村东，重熙十三年岁次甲申（1044）四月大壬辰朔莫生十五叶，藏□□佛舍利一千五百四十一课（颗）讫。军衔巡官张宁，故父张延进，妻杨氏，男匠人继从镌造此记。故昭军左衙康继□，妻田氏，母魏氏，男□□，妻刘

---

① 向南辑：《辽代石刻文编》，河北教育出版社1995年版，第157页。
② 同上书，第158页。
③ 同上。
④ 沈阳市文物管理办公室、沈阳市文物考古工作队：《沈阳塔湾无垢净光舍利塔塔宫清理报告》，《辽海文物学刊》1986年第2期，第35页。
⑤ 同上书，第42页。

第七章　唐幽州佛教对辽代佛教的影响　　　301

氏，男□家奴，□生奴。昭德军节度使、沈岩等州管内观察处置等使、崇禄大夫、检校太师、使持节沈州诸军事、行岩州事、兼御史大夫、上柱国、漆水郡开国侯、食邑一千五百户、实封一百五十户耶律庶几。昭德军节度副使、银青崇禄大夫、检校左散骑常侍、兼殿中侍御史、云骑尉李克永。观察判官、承奉郎、试大理评事、云骑尉贾佥。①

石函前面又载：

邑人李弘遂等百余人，见武家庄东坞上，地维爽凯，平坦如镜，以此众邑人请到前僧政沙门云秀为功德主，转请到僧法直为塔院主，共同发愿造无垢净光舍利佛塔一所。如有信心，请挂芳号。管内僧副政沙门德凝，讲《上生经》沙门智玄，僧惠奥，当院僧普润，僧道辛，僧愫邻，讲《上生经》沙门云净，僧崇直，僧道伦，僧藏俊，僧道言。都维那李弘遂，副维那、节度推官王筮从。②

上引材料显示：参与这次葬舍利、建无垢净光塔活动的有汉官、平民、僧人、僧官和契丹贵族，说明这一信仰超越阶层和族群。耶律庶几封"漆水郡开国侯"，应出自契丹皇族。按《耶律庶几墓志》所云，他出自"大横帐"③，即"横帐三父房"，指辽朝开国皇帝耶律阿保机及其两个伯父和诸弟的后裔，是阿保机成为契丹部落联盟首领后，耶律氏家族内具有世选可汗资格者的大致范围④。"重熙十一年（1042）八月日，耶律庶几任沈州。重熙十三年（1044）四月日，任兴中府（今辽宁朝阳）。"⑤ 照此推断，他参与沈州建造无垢净光塔的活动，当在辽兴宗重熙十一年至十三年这段任期内。此座塔的地宫封顶砖具有辽砖的特点，铭文书"塔院主僧法直为父母题名"，石函上刻有"请到僧法直为塔院主"，葬"佛舍

---

① 向南辑：《辽代石刻文编》，河北教育出版社1995年版，第237页。
② 同上书，第238页。
③ 同上书，第294页。
④ 刘浦江：《辽朝"横帐"考》，载刘浦江《松漠之间——辽金契丹女真史研究》，中华书局2008年版，第53—72页。
⑤ 《耶律庶几墓志》，向南辑《辽代石刻文编》，河北教育出版社1995年版，第295页。

利一千五百四十六颗"①。显然，僧人法直参与起塔藏舍利活动，还可能起了指导作用。

向南先生已经根据"蓂生十五叶"之语，考出沈州无垢净光塔建于重熙十三年（1044）四月十五日②。建塔藏佛舍利，乃根据《法华经》中的舍利信仰。石函前面云众邑人请到僧人，共同发愿选择爽垲之地造"无垢净光舍利塔"一所，表明亦同时按照《无垢净光大陀罗尼经》建塔。

此石函函身前面刻有"奉为太后、皇帝、皇后、太后万岁，诸王、公主千秋，文武百僚恒居禄位，州尊太师福寿延长，雨顺风调，国泰人安，万民乐业"③。"太后"两次出现，当是笔误。这段愿文先为钦哀皇太后、辽兴宗和仁懿皇后祈福，接着是皇室的诸王和公主，然后是文武百官，再是"州尊太师"。由此可见撰记者心目中的等级秩序。这一发愿包括国家经济和民生，带有浓郁的政治色彩。此亦与前文所论《无垢净光大陀罗尼经》的护国思想暗合。

在1953年，重熙十四年（1045）《沈州卓望山无垢净光塔石棺记》被发现于沈阳城南50里之陈相屯塔山上。石棺用滑石凿刻而成，身高22.6厘米。棺盖为平顶四周斜坡形，长43.5厘米，前宽35.2厘米，后宽25.5厘米。棺盖内外及棺身外部均刻有文字。除记文外皆是人名④。

《无垢净光塔石棺记》曰："南瞻部州、大契丹国、辽东沈州南卓望山上造无垢净光塔一所。奉为太后、仁圣昭孝皇帝、皇后、亲王、公主万岁千秋，文武百僚恒居禄位。维重熙十四年岁次乙酉（1045）癸丑朔十月一日丁时葬佛舍利讫。头陀僧去仙。"⑤ 建"无垢净光塔"以藏舍利，系依据《无垢净光大陀罗尼经》的说法和《法华经》宣扬的舍利信仰。这一愿文奉为的对象还是按照等级顺序排列：钦哀皇太后、辽兴宗、仁懿皇后，接着是皇室诸王、公主，然后是文武百官。

按《辽史·地理志》所记，"沈州，昭德军，中，节度。……统州

---

① 沈阳市文物管理办公室、沈阳市文物考古工作队：《沈阳塔湾无垢净光舍利塔塔宫清理报告》，《辽海文物学刊》1986年第2期，第51页。
② 向南辑：《辽代石刻文编》，河北教育出版社1995年版，第238页，注释1。
③ 同上书，第237—238页。
④ 同上书，第239页。
⑤ 同上。

一、县二：乐郊县。太祖俘蓟州三河民，建三河县，后更名。灵源县。太祖俘蓟州吏民，建渔阳县，后更名"①。蓟州三河县即今河北三河。蓟州本治渔阳县，即今天津蓟县。依此可知：沈州为原唐幽州地域的汉俘及其后代的集中居住地。修建沈州无垢净光塔可能就是依靠这批汉人，他们当采用了原来唐幽州地域的造塔工艺。

（七）玉田东上生院无垢净光舍利塔

辽道宗寿昌二年（1096）《蓟州玉田县东上生院无垢净光舍利塔铭》曰：玉田县（今河北玉田）"古城东关，有上生院，自统和元年（983）肇建。至统和三十年（1012），有游方僧至，所获无垢净光佛舍利一百粒，因窣堵坡（波）藏之。洎于咸雍间（1065—1074），地震所坏，及二十余载，未岁复修。昨于大安岁（1085—1094），有当院诵《法华经》沙门省孝，佛宇有缘，僧行无过，暗伤灵兆久摧，欲谋再建。……既而模材命匠，始务经营"②。"窣堵波"又作"率都婆"，为梵文的音译，意译为"浮图"或"塔"。从《塔铭》径称"无垢净光佛舍利"可知：《无垢净光大陀罗尼经》与《法华经》舍利信仰互融的观念已经深入人心。后来，在辽道宗大安年间（1085—1094），谙熟《法华经》的沙门省孝具体指导和负责修复被地震破坏的无垢净光舍利塔。因为《法华经》中的《药王菩萨本事品》和《见宝塔品》（见前文讨论庆州白塔时所引）对起塔藏舍利有具体规定，所以省孝乃合适的人选。

（八）燕京永安寺释迦舍利塔

据辽道宗寿昌三年（1097）《燕京永安寺释迦舍利塔碑记》所载，塔"内有舍利戒珠二十粒，香泥小塔二千，无垢净光等陀罗尼经五部，水晶为轴。大辽寿昌二年（1096）三月十五日，显密圆通法师道殿之所造也"③。此舍利塔内藏舍利，同时藏"无垢净光等陀罗尼经五部"，意味着同时受《法华经》和《无垢净光大陀罗尼经》之影响。而且此塔为辽朝著名的佛学大师道殿所造。道殿的著作"遥承唐密，融合华严之说"④，但并不排除他也精通《法华经》或杂密经典。这一例证说明：在佛教实践中，《法华

---

① （元）脱脱等：《辽史》卷38《地理志二》，中华书局2016年标点本，第528页。
② 向南辑：《辽代石刻文编》，河北教育出版社1995年版，第468—469页。
③ 同上书，第475页。
④ 吕建福：《中国密教史》第5章《宋辽时期无上瑜珈密教的流传》，中国社会科学出版社1995年版，第472—489页。

经》和《无垢净光大陀罗尼》两部经典的交融亦影响到学问僧。

综上所论,目前发现的辽代无垢净光舍利塔,要么位于长城以南的汉地(如盘山甘泉寺无垢净光舍利塔、顺义净光舍利塔、云州慈云寺舍利塔、玉田东上生院无垢净光舍利塔、燕京永安寺释迦舍利塔)。即便某些无垢净光舍利塔位于长城附近或长城以北(如庆州释迦佛舍利塔、朝阳东塔、沈州无垢净光塔),这些地域也皆为燕地汉俘及其后裔的聚居区,这批人可能参与了造塔活动。此充分体现出唐幽州地域佛教对辽代佛教艺术的影响。

## 二 《佛顶尊胜陀罗尼经》和《法华经》的合流

在唐代,密教佛顶尊胜陀罗尼信仰与舍利信仰交融已现端倪。如唐宣宗大中八年(854)侯剌史等经幢之上,除了刊刻《佛顶尊胜陀罗尼经并序》之外,又镌刻《妙法莲华经》的一部分[1],反映出佛顶尊胜信仰与《法华经》中的舍利塔信仰合流之观念。在辽朝社会,这两部经典的融合在实践中非常普遍。

(一)僧俗信徒所建塔幢

1. 房山北郑村辽塔中的石幢

1977年,北郑村辽塔中的幢石出土于北京房山县城西南40里之北郑村辽塔内。据平面图,北郑村辽塔的石函埋藏在地宫中,地宫之上立石幢[2]。法舍利塔文字砖长36.5厘米,宽18厘米,厚3.3厘米,红色,表面涂一层铅粉,砖正面塑塔形图案,塔身上刻四句《法华经》文:"诸法因缘生,我说是因缘,因缘尽故灭,我作如是说。"[3] 石塔内有石卧佛一件,为释迦牟尼涅槃像。在长方形石座上,释迦遗体侧卧其上,两目微闭,十分安详。石座为34.2乘以18乘以4.3厘米,佛高31厘米[4]。上文所引《法华经·药王菩萨本事品》正包含佛涅槃、荼毗后产生舍利,并起塔供养的内容。由此看来,北郑村辽塔中的布置正与经典吻合。

---

[1] 《侯剌史等经幢题名》,《八琼室金石补正》卷48,新文丰出版公司编辑部编《石刻史料新编》第1辑第7册,新文丰出版公司1977年版,第4769页。

[2] 齐心、刘精义:《北京市房山县北郑村辽塔清理记》,《考古》1980年第2期,第148页,图二。

[3] 同上书,第150页。

[4] 同上书,第156页。

这座辽塔中有石幢一件，造于辽穆宗应历五年（956）。幢由盖顶、幢身、基座三部分组成。平面作八角形，座高27.5厘米，幢身高1.64米，顶高1.21米，通高3.125米。下部为八面覆莲基座，幢身八面俱刻有楷书汉字经文《佛顶尊胜陀罗尼经序并真言》及《北郑院邑人起建陀罗尼幢记》等题记。幢顶由以下几部分组成：垂幔纹宝盖，长方八角形，八玻瓦顶形檐，卷云纹托，象征清净的莲花头顶[①]。

《北郑院邑人起建陀罗尼幢记》曰："应历五年岁次乙卯（956）肆月己亥朔八日丙午己时建陀罗尼幢"，题名有官员、僧人，还有参与建幢的邑人："青白军使、兼西山巡都指挥使、银青崇禄大夫、检校尚书右仆射、御史大夫、上柱国陈贞。郎君李五、菩萨留。……卢龙军随使押衙、兼衙前兵马使、充营田使刘彦钦。……北衙栗园庄官王思晓、妻都氏。北衙栗园庄官许行福、妻张氏，男重霸。前摄顺州长史郑彦周、母王氏、妻李氏、男马五、马六、忙儿。"僧人有"石经寺主、讲经论大德谦讽，都维那、院主僧惠信，门人僧审纹、门人僧审因"。另外，此《幢记》还有一连串男性、女性邑人的题名。书经人中有"乡贡学究韩承规"[②]。

这一经幢被置于北郑村辽塔的塔身中，原来矗立在地宫的盖板上[③]。《佛顶尊胜陀罗尼经》云：

> 佛告天帝："若人能书写此陀罗尼，安高幢上，或安高山，或安楼上，乃至安置窣堵波中，天帝，若有苾刍、苾刍尼、优婆塞、优婆夷、族姓男、族姓女，于幢等上或见或与相近，其影映身，或风吹陀罗尼上幢等上尘落在身上，天帝，彼诸众生所有罪业，应堕恶道、地狱、畜生、阎罗王界、饿鬼界、阿修罗身恶道之苦，皆悉不受，亦不为罪垢染污。"[④]

---

[①] 齐心、刘精义：《北京市房山县北郑村辽塔清理记》，《考古》1980年第2期，第150、152页。

[②] 北京辽金城垣博物馆编：《北京辽金元拓片集》，北京燕山出版社2012年版，第31页；向南辑：《辽代石刻文编》，河北教育出版社1995年版，第11—12页。

[③] 齐心、刘精义：《北京市房山县北郑村辽塔清理记》，《考古》1980年第2期，第150—152页。

[④] 佛陀波利译：《佛顶尊胜陀罗尼经》，[日]高楠顺次郎等编《大正藏》第19册，大正一切经刊行会1928年版，第351页。

据此视之，北郑村邑人合建的陀罗尼经幢，系按照《佛顶尊胜陀罗尼经》的规定，建在塔（即窣堵波）内地宫之上，形制高大，能达到感化信徒之效。

还有后唐明宗长兴三年（932）所制陶幢一件，位于这座辽塔的塔身。此幢由夹砂红陶烧造，由基座、幢身、幢顶三部分组成。平面为圆形，座高31厘米，顶高60厘米，通高1.875米，径62厘米。基座由周身塑水波纹的覆盆和塑弦纹的钵形器组成。幢身阴刻楷书汉字经文四种：《佛顶尊胜陀罗尼神咒》、《高王观世音经》一卷、《续命经》一卷和《烧香真言》。幢文首刻"长兴三年（932）五月十五日造尊胜陀罗尼幢，奉为皇帝万岁□□法界一切有情同占此福。功德主弟子刘儒"。幢顶部分为屋顶，正面辟一门，泥塑门楣和瓦当形门簪，四面塑带背光的菩萨六尊，上缘塑卷叶花纹一周，顶出檐施瓦垅并泥塑兽瓦头，顶端为十二瓣莲瓣组成的方形平座，座上刹柱已残①。毋须赘言，此陶幢的制作乃主要依据《佛顶尊胜陀罗尼经》。

2. 朝阳北塔

辽宁朝阳北塔出土的石函形制简单：门板下部镂刻假门，门板外面题写"塔下勾当邑人等"和"当寺塔下同勾当僧人等"，并记录施钱数额。北塔天宫后部正中置木胎银棺，棺内装舍利金塔。"七宝"装饰而成的宝盖罩在银棺四周。北塔内有金舍利塔1件，金片制成，方形单层檐式，高11厘米，重269克。其基座三层，为平台式。座上置单层八瓣金莲座，上承方形塔身。塔身四角刻出圆形倚柱，每面刻坐佛1尊，头戴宝冠，手结契印，结跏趺坐于莲座之上，佛像两侧饰祥云。塔檐单层，四角攒尖式顶，顶上安刹，由莲座、宝珠组成，脊上和檐下装饰珍珠串穿的流苏，多已残缺。北塔内还有金盖玛瑙舍利罐1件，罐内盛舍利2粒，置金塔内。另有鎏金银塔，第三节塔身刻写梵文"六字真言"。还有木胎银棺1件，东侧银片线刻释迦牟尼涅槃像：释尊头南足北，头枕右手，侧卧"七宝"床上，床侧天人异众皆作哀恸之相，并有娑罗树和狮、象各一，右上方置锡杖、钵盂。床脚站立护法天王一，双手执

---

① 齐心、刘精义：《北京市房山县北郑村辽塔清理记》，《考古》1980年第2期，第152页。

箭，脚踏夜叉①。由是观之，北塔的布置和装饰，显然是依据前文所引《法华经·药王菩萨本事品》：佛涅槃后，对之进行火葬，产生舍利，将舍利装入宝瓶，然后起塔供养。北塔中的鎏金银塔塔身又雕刻梵文"六字真言"，即陀罗尼咒语。

《都提点重修塔事》题记刻写于石函东面石板"三身佛"左侧，5行，楷书，下半部剥蚀无存，所录皆是主持修塔的朝廷命官：

都提点重修塔事、义成军节度、滑濮等州观□□
事行滑州刺史、判彰武军节度、霸州管内观察处置等□□
同提点上京管内僧录宣□□
彰武军节度副使、银青崇禄大［夫］□□
霸州观察判官、承务郎□□□②

《塔下勾当邑人僧人》题记刊刻于石函门板外面。其上半部题写："塔下勾当邑人等"，31行，楷书，记载邑社众人、勾当、施金人姓名，共46人，并记有施钱数额等。题记的下半部记载："当寺塔下同勾当僧人等"，共29人，都是参与重修塔寺活动的本寺和尚③。很明显，官僚、僧官、普通僧人和民间邑会成员共同参与建塔。

至于上引《都提点重修塔事》所记"都提点重修塔事、义成军节度"，实表明由义成军节度任"都提点"，即重修塔的总指挥。在唐代，义成军节度使"治滑州，管滑、郑、濮三州"④，分别相当于今河南滑县附近，河南郑州和山东甄城北旧城集。而这三州其实皆不在辽境，所以此人是遥领。

《重修塔事》又提及"行滑州刺史、判彰武军节度、霸州管内观察处置等"。滑州不在辽境，担任此职之人也系遥领，"判彰武军节度、霸州管内观察处置"才是实职。彰武军乃霸州（今辽宁朝阳）的军号⑤。这名

---

① 朝阳北塔考古勘察队：《辽宁朝阳北塔天宫地宫清理简报》，《文物》1992年第7期，第3—7页。

② 同上书，第15页。

③ 同上。

④ （后晋）刘昫等：《旧唐书》卷38《地理志一》，中华书局1975年标点本，第1389页。

⑤ （元）脱脱等：《辽史》卷39《地理志三》，中华书局2016年标点本，第550页。

官员与"彰武军节度副使、银青崇禄大夫"、"霸州观察判官、承务郎"均属于霸州地方官。

《重修塔事》中出现"同提点上京管内僧录",说明上京道地区的僧官亦同时指导和负责重修北塔工程。北塔出土的石函函盖上面刻一方塔,塔身刻写《般若波罗蜜多心经》,汉文,楷书,末尾题"都提点前上京管内僧录宣演大师、赐紫沙门蕴侄记"[1]。《都提点重修塔事》题记中的"同提点上京管内僧录宣",可能跟石函函盖方塔上的题名"都提点前上京管内僧录宣演大师"是同一人。石函函盖上的方塔后出,那时,宣演可能已经从上京管内僧录卸任,但因修塔之事尚未完成,请他继续负责。

据《辽史·地理志》所载,"兴中府,本霸州彰武军,节度。……太祖平奚及俘燕民,将建城,命韩知方择其处。乃完葺柳城,号霸州彰武军,节度。统和中(983—1012),制置建、霸、宜、锦、白川等五州。寻落制置,隶积庆宫。后属兴圣宫。重熙十年(1041)升兴中府。……统州二、县四",其中兴中县是"太祖掠汉民居此,建霸城县。重熙中(1032—1055)置府,更名"[2]。"韩知方"疑当作"韩知古"[3]。《塔下勾当邑人僧人》题记所载录的邑社众人、勾当、施金人姓名,参与重修塔寺活动的"当寺塔下同勾当僧人等",多半为霸州当地人。

北塔的石匣物帐与题名志石立于石函门板外侧,长方形,高1.26米,长0.85米,宽0.16米,一面刻字,楷书,另一面无字。志石末尾题有"大契丹国重熙十二年(1043)四月八日午时再葬。像法更有八年入末法,故置斯记"。志石下半部分刻写参加这次修塔活动的部分人名及职位,共39人,多为州或县的下级官吏,还有修塔工匠头目[4]。由此可见,霸州当地地方官和工匠参与了这项工程。在辽代,末法来临的年代是辽兴宗重熙二十一年(1052),照此,重熙十二年(1043)还处于像法时代,距离末法还有8年,正所谓"像法更有八年入末法"。

北塔的再葬舍利题记砖立在石函门外的砖墙上,记载了再葬舍利的时

---

[1] 朝阳北塔考古勘察队:《辽宁朝阳北塔天宫地宫清理简报》,《文物》1992年第7期,第23页。

[2] (元)脱脱等:《辽史》卷39《地理志三》,中华书局2016年标点本,第550页。

[3] (元)脱脱等:《辽史》卷39《地理志三》,校勘记二四,中华书局2016年标点本,第557—558页。

[4] 朝阳北塔考古勘察队:《辽宁朝阳北塔天宫地宫清理简报》,《文物》1992年第7期,第15—16页。

间和修塔工匠的姓名及住址，言辽代称此塔为"延昌寺塔"①。修塔工匠题名砖、石有3块，其中1块长条形砖准确记录重熙年间（1032—1055）重修此塔共用"砖五十六万二千四百七十三囗（块）"，可以想见维修规模之大②。另有《砌匠作头》题名砖，呈方形，长宽24厘米，厚8.2厘米，四面刻字，刻写砌匠作头、当寺僧人及居士姓名，末尾题"霸州都孔目官杨克从重熙十三年（1044）四月八日记"③。杨克从应为霸州管理文书档案的吏员之头目。由这样的人物亲自过问和记录修塔具体人员，可见当地官方重视此事。

霸州为燕地汉民及其后裔聚居之地。由此可以推断：参与修造北塔工程的当地僧俗信徒，很可能传承了原唐幽州地域的技术和工艺。

《第三度重修》题记砖为辽代沟纹青砖，长57厘米，宽30厘米，厚7.5厘米，一面阴刻楷书"霸州邑众诸官，同共齐心结缘，第三度重修。所有宝安法师奉随（隋）文帝敕葬舍利，未获请后知委"。显然，隋代已经在此建塔④。仁寿元年（601）六月，隋文帝向全国分舍利、建塔⑤。由此可知北塔始建于隋，本为埋藏舍利之用。

北塔地宫中有一所高5.26米的石经幢，砂岩雕制，八角形，基座和顶部缺失，但形体高大，雕刻精美⑥。这也是依照《尊胜经》的规定，置经幢于窣堵波（即佛塔）中。此座经幢的第二节幢座雕刻"过去七佛图"，第三节幢座刻有"八大灵塔、七佛名"图⑦，从塔身浮雕和密教法器、供养具等来看，延昌寺北塔属密宗寺院⑧。本系埋藏舍利之北塔，却又埋入经幢，可见《法华经》与佛顶尊胜信仰的交融。

这所石经幢第四节幢身的末尾题写："司司轩辕亨勘梵书东班小底张日新书。大契丹国重熙十三年岁次甲申（1044）四月壬辰朔八日己亥午

---

① 朝阳北塔考古勘察队：《辽宁朝阳北塔天宫地宫清理简报》，《文物》1992年第7期，第17页。
② 同上。
③ 同上书，第23页。
④ 同上书，第23、25页。
⑤ （宋）王钦若等编：《册府元龟》卷51《帝王部·崇释氏一》，中华书局影印明本1960年版，第574页。
⑥ 朝阳北塔考古勘察队：《辽宁朝阳北塔天宫地宫清理简报》，《文物》1992年第7期，第21—23页。
⑦ 同上书，第21—22页。
⑧ 同上书，第1—28页。

时再葬讫。像法更有七年入末法。石匠作头刘继克镌，孟承裔镌。"阴刻楷书①。重熙十三年（1044）之后，离末法重熙二十一年（1052）还有7年。至于"石匠作头刘继克镌，孟承裔镌"，从姓名来看，二人为汉人，而且很可能就是霸州当地的汉人。

3. 涿州新城县衣锦乡佛顶尊胜陀罗尼幢

辽道宗咸雍八年（1072），南京道涿州新城县（今河北新城）衣锦乡的佛教徒刘善等人建立一所佛顶尊胜陀罗尼幢，内藏舍利。《特建葬舍利幢记》曰："奉为皇太后、天佑皇帝、懿德皇后特建佛顶尊胜陀罗尼幢。涿州范阳乡贡进士段温恭撰。"②其后刻有一系列题名，包括燕京名僧、邑众，均为汉人。"皇太后"指道宗的母亲、兴宗仁懿皇后，她"崇大雄之妙教，通先哲之灵章，精穷法要，雅识朝纲，建宝塔而创精蓝百千处"③。"天佑皇帝"即辽道宗。这位皇帝与懿德皇后萧观音皆有极高的汉文化修养，俱为虔诚的佛教徒，他们推行了许多崇佛措施④。因此，南京道地区的汉人佛教徒在佛寺这样的公共空间为积极护法之帝后建经幢祈愿，可说是自然而然的事。由此亦可窥见：契丹统治者的崇佛政策达到了收服汉人之心的作用，从侧面反映出汉人对契丹统治的认同。

《幢记》开篇即云："夫以觉皇示灭于双林，遗骨争持于八国。洎捧瓯坛，咸兴窣堵。以至一丈六尺之金容，具瞻顿失；八万四千之宝级，相望而成。"⑤这是引用释迦在婆罗树（即双林树）下涅槃后，"八王分舍利"并各自起塔供养之典故⑥。同时，此段文字又征引了优填王铸金作佛像，阿育王造八万四千塔供养佛的故事。

这是刘善与邑众共同建造尊胜经幢藏舍利。《特建葬舍利幢记》言："若起塔则止藏其舍利，功德惟一。建幢则兼铭其秘奥，利益颇多。况尘

---

① 朝阳北塔考古勘察队：《辽宁朝阳北塔天宫地宫清理简报》，《文物》1992年第7期，第22页。
② 向南辑：《辽代石刻文编》，河北教育出版社1995年版，第350页。
③ 《兴宗仁懿皇后哀册》，向南辑《辽代石刻文编》，河北教育出版社1995年版，第376页。
④ 尤李：《守望传统——辽代佛教的历史走向》第3节《佛教信仰：不变的虔诚》，硕士学位论文，北京大学，2006年，第34—35页。已将相关材料析出，兹不赘述。
⑤ 向南辑：《辽代石刻文编》，河北教育出版社1995年版，第350页。
⑥ 《大般涅槃经》卷下，[日] 高楠顺次郎等编《大正藏》第1册，大正一切经刊行会1924年版，第207页。

扬影覆,恶脱福增,岂不谓最胜者欤?"① 起塔藏舍利,系根据《法华经》宣扬的舍利信仰。建经幢,以达到尘沾影覆之效,则是依据佛顶尊胜信仰。该《幢记》又谓"建尊胜幢葬□如来首于当村精舍内,前堂东南隅营其钜址。……屹尔耸擎天之势。……或瞻礼者永出迷津,或旋遶者当登彼岸"②。此尊胜幢形制高大,且矗立在"当村精舍"内,即位于公共空间,能感化信徒。《幢记》特意书写信徒绕塔礼拜之功效,显然也认定这一经幢具有舍利塔的功能。

按照刘淑芬先生的观点,在9世纪中,已经出现僧人遗骨埋在幢下,成为"下藏舍利、上建经幢"的墓幢。至11世纪才正式出现"舍利经幢"这个名词③。不过,从实质来讲,辽代涿州新城县《特建葬舍利幢记》已然显示出"下藏舍利,上建经幢"的方式。刘淑芬先生对这一《特建葬舍利幢记》分析道:造幢记明确说起塔不如建幢功能多,这是僧人选择建立舍利经幢的缘由④。其实,这一现象最本质还是体现密教陀罗尼信仰与《法华经》舍利信仰的交融。

美国的柯嘉豪先生指出:从隋文帝分舍利开始,舍利崇拜就融入了中国的政治。帝王、高官通过分舍利运动,提升自己的权威。而名寺的僧人、地方望族也做同样的努力将自身所在寺院或家族和神圣的佛物联系起来⑤。柯先生侧重于探讨精英层面的供奉舍利行为与政治功能的整合。其实,在辽道宗时期,南京道涿州新城县衣锦乡的汉族佛教徒建立经幢葬舍利,还公开表达自己的政治倾向,亦体现出佛教的神圣性与政治功能的整合。以是观之,下层民众在这一方面亦非完全没有行动。涿州新城县衣锦乡民众建立舍利经幢的主要落脚点在于为契丹统治者唱赞歌、祈祷、许愿。这样,《法华经》被赋予另外的意义,而《佛顶尊胜陀罗尼经》原有的内容和涵义却几乎被抽空了。精英创造、改造、提升、宣传某种文化

---

① 向南辑:《辽代石刻文编》,河北教育出版社1995年版,第351页。
② 同上。
③ 刘淑芬:《墓幢——经幢研究之三》,《中央研究院历史语言研究所集刊》第74本第4分,2003年,第687页。
④ 同上书,第688—689页。
⑤ John Kieschnick, "Sacred Power", *The Impact of Buddhism on Chinese Material Culture*, Princeton and Oxford: Princeton University Press, 2003, pp. 42 – 44. [美]柯嘉豪:《佛教对中国物质文化的影响》第1章《灵力》,赵悠、陈瑞峰、董浩晖、宋京、杨增译,祝平一、杨增、赵凌云、李玉珍、吴宓芩、丁一校,中西书局2015年版,第41—43页。

(其来源可能就是大众的俗文化),大众也不是完全被动地接受,而是根据自己的立场、兴趣和需求,对精英传布的文化进行"肢解"或"误读"。这就是文化"输出者"和"输入者"之间的互动关系。

(二) 高僧的塔幢

辽代高僧的塔幢体现《法华经》与《佛顶尊胜陀罗尼经》合流更为明显。

1. 香山澄赞上人塔记

辽圣宗开泰九年(1020)《澄赞上人塔记》出于北京香山,镂字八,文曰:"头陀遗身","舍利舌塔",分在两隅。中镂造像花纹、陀罗尼经文,下为塔记[①]。

《燃身头陀赞公舍利塔记》曰:

> 右街表白花严院讲经论沙门慧鉴述。……仰惟燃身头陀澄赞上人者,命世乘时,随机控物。生而混迹,愚智莫分。殁而逾神,灵感非一。至若旃檀藉上,璨五色之云容;舍利光中,涣如莲之舌相。[②]

此处称澄赞上人为"燃身头陀",即指他燃身供养佛,此出自《妙法莲华经》卷六《药王菩萨本事品第二十三》所载药王菩萨燃身供养佛的典故,前文讨论庆州白塔之时已经引用过。"头陀"即苦行。信徒烧身供养佛之举,在《高僧传》中常见,这是佛教徒往生净土、舍身造福他人的重要方式[③]。

《赞公舍利塔记》所云"至若旃檀藉上,璨五色之云容;舍利光中,涣如莲之舌相",系描述赞公烧身供佛的场景。其中"舍利光中,涣如莲之舌相",对应于塔上所雕刻的文字"舍利舌塔"。这种表述出自《妙法莲华经》卷六《随喜功德品第十八》:

> 有经名《法华》可共往听。即受其教,乃至须臾间闻。是人功德转身,得与陀罗尼菩萨共生一处。利根智慧,百千万世终不瘖哑。

---

① 向南辑:《辽代石刻文编》,河北教育出版社 1995 年版,第 165 页。
② 同上。
③ John Kieschnick, "Asceticism", *The Eminent Monk-Buddhist Ideals in Medieval Chinese Hagiography*, Honolulu: University of Hawaii Press, 1997, pp. 35–50.

口气不臭，舌常无病。口亦无病，齿不垢黑，不黄不踈。亦不缺落。……无有一切不可喜相。唇舌牙齿悉皆严好。①

早在南北朝时期，就出现高僧持诵《法华经》而唇舌不坏的记录。在北齐武帝时，"东山人握土见一物，状如两唇。其中舌鲜红赤色。以事奏闻。帝问道俗。沙门法尚曰：'此持《法华》者亡相不坏也。诵满千遍，其验征矣。'乃集持《法华》者围绕诵经。才发声，其唇舌一时鼓动。见者毛竖。以事奏闻，诏石函缄之"②。

在唐代社会，高僧或俗信徒诵持《法华经》而舌头不坏的观念也十分流行。

《宣室志》言：

唐贞观中（627—649），有王顺山悟真寺僧，夜如蓝溪。忽闻有诵《法华经》者。其声纤远。时星月回临，四望数十里，阒然无睹。其僧惨然有惧。及至寺，且白其事于群僧。明夕，俱于蓝溪听之，乃闻经声自地中发，于是以标表其所。明日穷表下，得一颅骨，在积壤中，其骨槁然，独唇吻与舌，鲜而且润，遂持归寺，乃以石函置于千佛殿西轩下。自是每夕，常有诵《法华经》声在石函中。长安士女，观者千数。后新罗僧客于寺，仅岁余，一日寺僧尽下山，独新罗僧在，遂窃石函而去。寺僧迹其往，已归海东矣。时开元（713—741）末年也③。

《法苑珠林》载：

贞观（627—649）之初，荆州（今湖北荆沙江陵区）有比丘尼姊妹，同诵《法华》，深厌形器，俱欲舍身。节约衣食，钦崇苦行，服诸香油，渐断粒食。后顿绝味，唯食香蜜。精力所被，神志鲜爽。

---

① ［日］高楠顺次郎等编：《大正藏》第9册，大正一切经刊行会1925年版，第47页。
② （宋）李昉等编：《太平广记》卷109《沙门法尚》条，中华书局1961年版，第742页。此条出自《高僧传》。
③ （宋）李昉等编：《太平广记》卷109《悟真寺僧》条，中华书局1961年版，第747页。此条出自《宣室志》。

周告道俗，克日烧身。以贞观三年（629）二月八日，于荆州大街置二高座，乃以蜡布缠身至顶，唯出面目。众聚如山，歌赞云会。诵《法华经》，至药王烧处。其姊先以火拄妹顶讫，妹又以火拄姊顶。清夜两炬，一时同曜。焰下至眼，声相转鸣。渐下鼻口，方乃歇灭。恰至明晨，合座洞举，一时火化，骸骨摧朽，唯二舌俱存。举众欣嗟，为起高塔。①

因此，《赞公舍利塔记》书写澄赞上人燃身时所现"舌相"，实源自唐人持诵《法华经》的行为和舍利的观念。澄赞上人塔中镂刻陀罗尼经文，又体现密教信仰。

《澄赞上人塔记》又称："粤有在京辽西坊内信士张从信者，早奉慈悲，狎为兰室。闻捐身命，造以香山，躬施毫珠，拟充路赆。"② 依此所见，俗信徒张从信居住在南京城辽西坊，他听说赞公燃身，特地施财供奉。

赞公火化后，僧人"琼素寻归竹户，见在香区。惊喜交集，发毛遍竖。因陈斋会，荷此灵通"③。此系琼素为赞公火化后产生灵异现象而专门设立斋会。琼素"遇见张公，得言圣迹。公亲蒙瑞应，难喻欣怡。特出玉帛，削成石塔。中安舍利，外镂总持"④。张从信听闻赞公燃身之神迹，又施玉帛为赞公起塔。塔中放置舍利，外部雕刻总持（即陀罗尼）。这也显示出舍利信仰和密教陀罗尼信仰的融合。陀罗尼咒语刊刻在塔的外部，供人瞻礼、诵读，能达到宣教和感化信徒之功能。

《澄赞上人塔记》又云："所主功德，乃用庄严。六种姻亲，并益三坚之福；七生父母，咸增六度之因。凡居随喜之间，尽用解脱之分。"⑤ 其中"随喜"谓见他人行善，随之心生欢喜。这段文字意在表明塔的施主张从信功德广大，遍及自己的家人。

《澄赞上人塔记》之末尾系施主的题名："建造塔施主张从信，同施

---

① （唐）释道世：《法苑珠林校注》卷96《舍身篇》，周叔迦、苏晋仁校注，中华书局2003年版，第2781页。
② 向南辑：《辽代石刻文编》，河北教育出版社1995年版，第165页。
③ 同上。
④ 同上。
⑤ 同上书，第165—166页。

刘氏。祖父银青崇禄大夫、检校国子祭酒、使持节昌州诸军事、昌州刺史、兼监察御史、武骑尉元□，母庞氏。长男吴越长生汤药都监辅翼，次男奴歌，次男栲栳，次男和尚奴，次男善孙，女祭哥，女药师女，长男新妇周氏。"① 显然，张从信的众多家人都参与了为澄赞上人造塔的活动。从张从信的祖父、长男的官职，以及前文所述他资助澄赞上人燃身之法事、施财帛助建赞公塔来看，张家当属于南京道的汉族上层，而张从信本人笃信佛教。他的其中一子名"和尚奴"、一女叫"药师女"，说明从信本人或他的子女信佛。

2. 平谷罗汉院八大灵塔记

辽兴宗重熙十三年（1044），《罗汉院八大灵塔记》在今北京平谷区三泉寺内建立，记文并额正书②。碑文曰：

>《罗汉院八大灵塔记》。□德郎、□□□直府、守□州录事参军、骑都尉、监知□张轮翼撰。金枝联七叶之荣，宝位禅千龄之运。谨按内典云，初地修一无数劫，受华报果，为自在身，今我皇帝是也。③

其中"七叶"指佛经第一结集会场七叶窟，因窟前有此大七叶树而得名。"自在身"指诸佛。十住诸佛于诸神通、自心、灭尽、圣如意、寿命等五事中得自在，故称"自在身"，又特作阿弥陀佛之别名。从下文看，这是将当朝皇帝辽兴宗比作阿弥陀佛（即无量寿佛）的化身。

《八大灵塔记》然后具体歌颂兴宗的文治武功：

>恒怀宵旰，肯构灵祠。系玉毫尊，恢八万四千定慧之力；继金轮职，威尘数万类束手而降。威加海表既如彼，恢张佛刹又若此。文武贤辅各代天行化，运掌上之奇兵；辅国济民，利域中之邦本。夫如是，黔首知力，白足荷恩。契经以尘合沙界，堪为如来法器也。④

---

① 向南辑：《辽代石刻文编》，河北教育出版社1995年版，第166页。
② 同上书，第233页。
③ 同上。
④ 同上。

持金轮宝之转轮圣王被称为"金轮王",亦略称"金轮"。无量寿佛有八万四千相。这段文字将兴宗说成是继承金轮王之职。转轮圣王与世俗政治的密切关系,上文在分析庆州白塔之时已经讨论过。由此视之,辽兴宗即为转轮圣王的观念在社会上有一定影响。此在一定程度上反映出当时的社会舆论和思潮。

关于灵塔的选址,《八大灵塔记》称:"地有胜境,贤圣棲神,即罗汉院者矣。控异俗一字之镇,枕蓟壤两川之心。沃土宜禾,居民则逸。壮千里侯甸之风,观万仞崆峒之气。以谓招提旧制,像运仍全。"① 依此可知,八大灵塔的地理位置非常优越,居于形胜之地。

《八大灵塔记》又曰:"沙门首座诵《法华经》绍凝,行超俗表,道冠权门。……坤旺之方,涌窣堵凌云之势。"②"窣堵"即"窣堵波"、佛塔。此又是依据《妙法莲华经》卷四《见宝塔品第十一》中的这段表述:

> 此宝塔从地踊出。又于其中发是音声。尔时佛告大乐说:"菩萨,此宝塔中有如来全身。……欲供养我全身者,应起一大塔。……今多宝如来塔,闻说《法华经》,故从地踊出。"赞言"善哉!善哉!"③

《八大灵塔记》又云:

> 法清与天水赵文遂于开泰大师处,请到遗留佛舍利数十尊,用七宝石函,葬塔基下。乃纠首陈寿、邑证□澄等,教化有缘,市肆村落,各赉润已(己),同办利他。④

此意为众人共同藏舍利于石函中,并葬于塔下。八大灵塔建在公共的寺院内,当然能教化众人。

《八大灵塔记》又载:"礼此塔者……尘沾出地狱之门,影覆入菩提之室。"⑤ 该塔具有"尘沾影覆"、破地狱、成菩提之功效,明显取自

---

① 向南辑:《辽代石刻文编》,河北教育出版社1995年版,第233页。
② 同上。
③ [日]高楠顺次郎等编:《大正藏》第9册,大正一切经刊行会1925年版,第32页。
④ 向南辑:《辽代石刻文编》,河北教育出版社1995年版,第234页。
⑤ 同上。

《佛顶尊胜陀罗尼经》。这一例证说明：在时人心目中，藏舍利之塔亦相当于尊胜经幢。

3. 奉为没故和尚特建陀罗尼塔记

辽道宗清宁六年（1060）建立的《奉为没故和尚特建陀罗尼塔记》，出土地点不详。没故和尚迁化后，"积薪焚□燃其舌乃不灰矣。□师可升□□思法乳之恩，每忆托□之德，遂建佛顶尊胜陀罗尼经塔，用资法识。伏愿永世胜因功德，累生罪障，随影覆已消除；宿□怨魂，逐尘沾而登彼岸"①。如前揭所示，"舌乃不灰"正是诵持《法华经》的威力。高僧荼毗后多有舍利产生。信徒为没故和尚所起之塔被视作"佛顶尊胜陀罗尼经塔"，以藏没故的舍利。不仅如此，此塔同时具有《尊胜经》所宣扬的灭罪、尘沾影覆之效。

4. 房山沙门可训造幢记

辽道宗清宁七年（1061），《沙门可训造幢记》在今北京房山被建立，八面刻，先经后记，正书②。可训的师父亡故后，"舌乃不灰。门人可训辈，时今□诚之恩，以建斯塔矣。清宁七年（1061）三月五日"③。"舌乃不灰"系诵持《法华经》之威力。《造幢记》又称可训造塔为"造幢"，说明在时人心目中，可训为师父所建之塔，即被视为尊胜经幢。

5. 固安广宣法师塔幢记

辽道宗大安七年（1091）四月十一日，广宣法师迁化于今河北固安，他的门徒建立经幢以埋藏其遗骨，经幢八面刻，六面刻陀罗尼经，另外两面所刻塔记云："刊贞珉以为塔，上镌秘语。"④ 这是内藏高僧的舍利（《法华经》的影响），外刻密教陀罗尼咒语。既然该塔题名为"广宣法师塔幢记"，表明此塔同时又被看成尊胜经幢（《佛顶尊胜陀罗尼经》的影响）。

6. 安次传戒法师法性石塔

辽天祚帝乾统四年（1104），今河北安次大五龙村建起传戒法师法性墓塔，八面刻，先经后记，正是法性的弟子"乃命匠卜地于当寺旧茔内，

---

① 向南辑：《辽代石刻文编》，河北教育出版社1995年版，第298页。
② 同上书，第304页。
③ 同上。
④ 《广宣法师塔幢记》，向南辑《辽代石刻文编》，河北教育出版社1995年版，第435页。

建立石塔一座，中藏灵骨，上列诸杂陀罗尼，功德资荐"①。此亦为塔内藏高僧的舍利，外部刻诸陀罗尼，体现《法华经》宣扬的舍利信仰与密教陀罗尼信仰合流。

### 7. 安次宝胜寺僧玄照坟塔记

乾统七年（1107），宝胜寺僧玄照的坟塔在今河北安次建立，八面刻，先经后记，经正梵间书，记正书②。《宝胜寺僧玄照坟塔记》曰："将期升莲花之台，不意报双林之兆。良由急于善道，积成今疾。"③《塔记》书写玄照的示灭，系模仿释迦涅槃的场景。如《大般涅槃经》所述，释迦正是在娑罗树（即双林树）下涅槃④。那么，玄照之坟塔中埋藏的遗骨就能被称为舍利，体现《法华经》的影响。《塔记》又谓"遂命哲匠，俄琢贞珉。特建石塔一所，上刻粹容，旁刊密印。所愿承此影覆尘沾之塔，转超圣位"⑤，显示出密教的理念。此塔上刊刻密印，又被视为"影覆尘沾之塔"，说明这也是尊胜经幢。玄照之塔安放在寺内，显然是供信徒瞻仰。

### 8. 朝阳灵感寺释迦佛舍利塔

辽天祚帝天庆六年（1116），《灵感寺释迦佛舍利塔碑铭》在兴中府建立。该碑铭先叙述佛法东来，塔庙之兴，又引用"八王分舍利"的故事⑥。辽圣宗太平九年（1029），已经出家的柳城（即兴中府）梁氏兄弟守奇、道邻得"舍利二粒，玉彩晶灿，不可正视，人争传戴之。由此乃舍衣盂，特兴塔像"。两兄弟向官吏、贵戚、豪族化得一大笔资金，募工造成舍利塔⑦。《灵感寺释迦佛舍利塔碑铭》铭文曰：感得舍利后，梁氏兄弟"以清净心，置琉璃器。藏此塔中，以福万世"⑧。舍利装入琉璃器

---

① 《安次县正觉寺传戒法师法性塔记》，向南辑《辽代石刻文编》，河北教育出版社1995年版，第542—543页。
② 《宝胜寺僧玄照坟塔记》，向南辑《辽代石刻文编》，河北教育出版社1995年版，第561页。
③ 同上。
④ 《大般涅槃经》卷下，[日] 高楠顺次郎等编《大正藏》第1册，大正一切经刊行会1924年版，第203—205页。
⑤ 《宝胜寺僧玄照坟塔记》，向南辑《辽代石刻文编》，河北教育出版社1995年版，第561页。
⑥ 向南辑：《辽代石刻文编》，河北教育出版社1995年版，第661页。
⑦ 同上书，第662页。
⑧ 同上书，第663页。

皿中，然后放于塔内。此显系根据《法华经》来起塔置舍利。此碑铭描述舍利塔之功能云："我所贵踊出三界，而为解脱之场也。"① 这是因为佛涅槃即意味得到解脱，超出三界。

灵感寺释迦佛舍利塔"有千岁灯，以然于内。有百炼镜，以悬于外。亦岂徒然哉？我所贵遍照十方，而破黑暗之狱也"②。塔内燃灯供养，外部悬挂镜子，具有破地狱的功能。这分明是佛顶尊胜陀罗尼经幢的功效。碑文又曰："故一尘所沾，一影所覆，其利乐信不虚矣！"③ 尘沾影覆亦属于尊胜经幢的功能。这是《法华经》舍利信仰与尊胜陀罗尼信仰交融的又一例证。

在古代，兴中府一直为农耕文化与游牧文化交汇之地。梁氏兄弟即出自这一地区。从梁氏兄弟之姓名来看，当系汉人。他们兄弟俩在造塔过程中发挥组织和指导作用。上文分析朝阳北塔之时已经论及：兴中府乃太祖平定奚和俘虏燕地之汉民而建。以是推之，建造兴中府的灵感寺释迦佛舍利塔，可能也多半由太祖俘虏的燕民的后代完成，他们可能采用了唐幽州地域的工艺。

9. 朝阳惠能建陀罗尼幢记

《惠能建陀罗尼幢记》出土于今辽宁朝阳县口北营子附近，八面刻，正书④。此陀罗尼幢蕴含多元文化因子，但最主要还是体现《法华经》信仰与佛顶尊胜信仰的交融。

《幢记》曰："佛顶尊胜陀罗尼幢塔。奉为龙头山燃身僧惠能建立。"⑤ 惠能燃身，取自《妙法莲华经》卷六《药王菩萨本事品第二十三》所载药王燃身供养佛的典故。

《幢记》又云："世尊宣娇尸迦为善柱天能灭七返傍生路，希总持秘法藏，能发圆明广大心。我今具足是，凡赞叹诵持萨婆，若愿我心眼常开，□所有功德施群生、十方列土。"⑥ "善柱天"实指善住天子。"总持秘法藏"即陀罗尼法。这段文字源于《尊胜经》中佛为善住天子说佛顶

---

① 向南辑：《辽代石刻文编》，河北教育出版社1995年版，第662页。
② 同上。
③ 同上。
④ 同上书，第696页。
⑤ 同上。
⑥ 同上。

尊胜陀罗尼法的故事：诵持此陀罗尼之后，善住天子免除七返恶道之身（猪、狗、野干、猕猴、蟒蛇、乌鹫等身），此法还能拯救一切众生[①]。

《幢记》又言：

> 弥陀佛窃闻大雄无上演说。西方佛号弥陀，国名安养，过十万亿佛土，则立净方。阔广无边，香花严饰。其无量寿佛者加夫月殿，手如五大须弥，目如四大海水，周回一国，尽布黄金，远转花都，如铺碎锦。赞曰：玉楼银阁自然成，乐器空中不鼓鸣。共赞甚深三宝德，花无雕（凋）变色长荣。[②]

其中"弥陀佛"为阿弥陀佛的简称，"无量寿佛"也是阿弥陀佛。《幢记》极力阐释净土世界富丽堂皇的盛况，实为歌颂惠能燃身供佛之举，暗示他已经往生西方极乐世界。此段表述对应于《尊胜经》中关于往生净土、成佛的内容。佛言：

> 若人能须臾读诵此陀罗尼者……诸佛刹土及诸天宫，一切菩萨所住之门，无有障碍，随意趣入。""若人能日日诵此陀罗尼二十一遍，应消一切世间广大供养，舍身往生极乐世界。若常诵念得大涅槃，复增寿命，受胜快乐。舍此身已即得往生种种微妙诸佛刹土。常与诸佛俱会一处。一切如来恒为演说微妙之义，一切世尊即受其记。身光照曜一切刹土。[③]

概括起来，《惠能建陀罗尼幢记》着重讲述善住天子从佛授尊胜陀罗尼法及尊胜陀罗尼成佛的功能，而略去《尊胜经》关于破地狱、现世利益的内容。

《幢记》的题名有："临海军节度副使夫人宋氏，比丘尼行□，院主

---

[①] 佛陀波利译：《佛顶尊胜陀罗尼经》，[日] 高楠顺次郎等编《大正藏》第19册，大正一切经刊行会1928年版，第350—351页。
[②] 向南辑：《辽代石刻文编》，河北教育出版社1995年版，第696页。
[③] 佛陀波利译：《佛顶尊胜陀罗尼经》，[日] 高楠顺次郎等编《大正藏》第19册，大正一切经刊行会1928年版，第350—351页。

西□□罗□继祖大师门人僧怀论。"① 临海军位于中京道,为锦州(今辽宁锦州)的军号,辽太祖以汉俘建州,隶属于太祖的斡鲁朵——弘义宫②。"临海军节度副使"负责管理当州汉人,其夫人宋氏亦当为汉人。题名中出现僧俗信徒,表明其认可和崇奉惠能燃身之举。

在佛教中,储存和供养舍利原本就是《法华经》所述建塔之缘由。至中古时期,陀罗尼经幢风靡于世,和塔渐渐趋同。因此,建经幢葬舍利与起塔实质一样。辽人常常建经幢来藏舍利,恰恰表明杂密陀罗尼信仰影响之大、深入人心。

上文所缕列《法华经》与《佛顶尊胜陀罗尼经》在实践中合流的例子,多数位于南京道,或者原唐幽州地区汉俘之后代聚居之地,足见唐幽州对辽代密教及佛教艺术之影响。

**三 塔幢的形制及装饰**

在辽代佛教实践中,同是依据《法华经》和《无垢净光大陀罗尼经》,或《法华经》和《佛顶尊胜陀罗尼经》所建之塔幢的形制,却呈现出不同的特点,大体而言,深受中原汉传佛教之影响。

(一)塔幢的形制

1. 塔身

庆州释迦佛舍利塔(庆州白塔)平面呈八边形,层高七级,在辽代始建之时塔高 69.47 米,重层台明高 3.8 米,总高 73.27 米。塔立面呈八棱锥状体。其结构由重层四方台明(台基)、基座、七级塔身(包括各层平座、塔檐)及塔顶、塔刹组成③。北宋使臣沈括所撰《熙宁使虏图抄》谓庆州的"塔庙尘庐,略似燕中"④。贾敬颜先生推测:庆州白塔可能即是沈括所见之塔⑤。

---

① 向南辑:《辽代石刻文编》,河北教育出版社 1995 年版,第 696 页。
② (元)脱脱等:《辽史》卷 39《地理志三》,中华书局 2016 年标点本,第 552 页。
③ 张汉君:《辽庆州释迦佛舍利塔营造历史及其建筑构制》,《文物》1994 年第 12 期,第 69 页。
④ 贾敬颜:《沈括〈熙宁使契丹图抄〉疏证稿》,载贾敬颜《五代宋金元人边疆行记十三种疏证稿》,中华书局 2004 年版,第 166 页。
⑤ 贾敬颜:《沈括〈熙宁使契丹图抄〉疏证稿》,载贾敬颜《五代宋金元人边疆行记十三种疏证稿》,中华书局 2004 年版,第 166 页,小注。

日本的古松崇志先生根据相关碑刻的题名只见汉人和渤海人，认为修建庆州白塔的主要是汉人、渤海人工匠，很可能是契丹统治者从华北地区招聘的汉人手工业组织集团，统治者还调集了归附契丹的汉人军队①。照此推断，白塔的建造可能受汉传佛教的影响。古松崇志先生还发现碑记中有"燕京悯忠寺抄主无碍大师门人苾刍智光集"，并推测这是来自契丹国燕京的核心寺院悯忠寺的僧人编集的②。笔者认为：碑文中既然出现燕京悯忠寺僧人，那么此寺僧人可能也具体参与了建造白塔的活动。至辽朝，唐将安禄山、史思明所建无垢净光塔仍然屹立在悯忠寺。悯忠寺僧人参加修造白塔的活动，可能将制作安、史二塔的某些工艺也传来了。修建庆州白塔或许汲取了悯忠寺造安、史二塔的经验或形制。遗憾的是，安禄山、史思明所造之塔现已不存，我们无法将其与庆州白塔对照比较。

沈州无垢净光舍利塔平面呈八角形，通高34.75米，由塔座、塔身、密檐、塔刹四部分组成。塔座为须弥座，高1.8米，边长6米，周边嵌以石条，上下边缘镶砌仰覆莲瓣，内砌青砖。塔身高6.3米，边长3.4米。每面各设有拱门式佛龛，龛高1.32米，宽0.95米，进深0.25米，内置坐佛一尊。在佛龛拱楣之上，各有砖雕横额，楷书佛名。东为"慈悲佛"、东南"阿閦佛"、南为"宝生佛"、西南"等观佛"、西为"平等佛"、西北"惠华佛"、北为"大慈佛"、东北"普济佛"。密檐部分共十三层，高17.85米，每层高约1.4米③。

房山北郑村辽塔系一座八角形十三层密檐式实心砖塔，残高21.3米，塔下部的基座直径长6.2米，塔身高14.3米。塔刹残损严重，原貌已不可知④。

照《蓟州玉田县东上生院无垢净光舍利塔铭》之铭文所示，"宝塔复修，制度逾旧。虬檐十三，旁罗星斗"⑤。可见重修之后的舍利塔达十三层，比原塔高大。

---

① [日]古松崇志：《庆州白塔创建之谜——11世纪契丹皇太后奉纳之佛教文物》，载《辽文化·辽宁省调查报告书》，京都大学大学院文学研究科2006年版，第146—148页。

② 同上书，第149页。

③ 沈阳市文物管理办公室、沈阳市文物考古工作队：《沈阳塔湾无垢净光舍利塔塔宫清理报告》，《辽海文物学刊》1986年第2期，第30—31页。

④ 齐心、刘精义：《北京市房山县北郑村辽塔清理记》，《考古》1980年第2期，第147页。

⑤ 向南辑：《辽代石刻文编》，河北教育出版社1995年版，第469页。

朝阳灵感寺释迦佛舍利塔"凡一十三级，通百有余尺。珠函之灵端，在乎其中"①。这座十三层的舍利塔"通百有余尺"，只是大致地估计。其碑文又言"彼土木有穹窿而崔巍者，勿谓我小，我小有可观。彼金碧有灿烂而陆离者，勿谓我俭，我俭能中礼"②，证明此舍利塔不算高大，装饰也不算豪华。

2. 塔刹

在辽代，根据《法华经》和《无垢净光大陀罗尼经》所建之塔，其顶部的塔刹主要有两种类型。

第一，圆形盖状塔刹。

蓟县盘山甘泉寺的无垢净光塔"上侵圆盖，视日月以相连；下镇方隅，得天龙之拥护。瞻礼者罪灭，敬仰者福生"③。其中"上侵圆盖"显示该塔顶部的塔刹为圆形盖状，从渊源来讲，系模仿北凉石塔的形制④。

平谷罗汉院八大灵塔"三级之危檐回起，遥拟帝幢。菱花鉴善恶于四隅，宝盖淡炎凉于九有。文楣接汉，枅柱倚天。风簧杂千变铃声，帝妃一唱；云盘落九霄甘露，天雨四花"⑤。其中"三级之危檐回起，遥拟帝幢"云云，反映此塔形制高大，类似经幢。"宝盖"实表明该塔的塔刹为圆形盖状。这也是模仿北凉石塔的形制。

第二，圆锥形塔刹。

同样依照《无垢净光大陀罗尼经》和《法华经》所造的庆州白塔和沈州无垢净光舍利塔之塔刹却是圆锥形。

庆州白塔塔刹以铸铜鎏金质地制成，塔刹由基座、覆钵、露盘、相轮、火焰、宝珠和华盖相间组成⑥。如前文所示，可能有悯忠寺僧人参与建造白塔，因此，该塔的塔刹很可能正是模仿安禄山、史思明在悯忠

---

① 向南辑：《辽代石刻文编》，河北教育出版社1995年版，第662页。
② 同上。
③ 同上书，第119页。
④ 参见宿白《凉州石窟遗迹与"凉州模式"》，原载《考古学报》1986年第4期，此据宿白《中国石窟寺研究》，文物出版社1996年版，第42—44页。宿白先生在此文中指出：酒泉、敦煌、吐鲁番所出北凉石塔，其形制皆八角基座、圆形塔身。其中保存较完整者，塔身之上雕有相轮和宝盖。
⑤ 向南辑：《辽代石刻文编》，河北教育出版社1995年版，第234页。
⑥ 张汉君：《辽庆州释迦佛舍利塔营造历史及其建筑构制》，《文物》1994年第12期，第69页图五、70页。

寺所造的无垢净光塔。倘若如是，安、史所造之塔的塔刹亦当与白塔相类似。

沈州无垢净光舍利塔的塔刹高6.2米，由露盘、大瓣仰莲、宝瓶式覆钵、宝珠、铁刹杆及八根铁索链等件组成①。这种塔刹与庆州白塔类似。如上文所论，沈州无垢净光塔也由燕地汉民俘虏的后代所建。以此推之，这类塔刹可能继承了唐幽州地域的佛教工艺。

（二）镜子

在辽代，根据《法华经》和《无垢净光大陀罗尼经》，或《法华经》与《佛顶尊胜陀罗尼经》所建之无垢净光舍利塔或尊胜塔幢，最具特色的装饰就是镜子。

庆州释迦佛舍利塔的斗拱、券门、经幢及塔刹等部位均嵌有大小不同规格、不同形状的铜镜千余枚，它们与塔檐角梁、檐缘、塔刹华盖悬挂的风铎交相辉映，更显得光彩夺目、金碧辉煌。此塔装饰手法的丰富和华美，为存世辽塔中罕见②。清格勒先生提出：从碑刻刻文得知，白塔塔身外部嵌镶1000多面铜镜是与建塔同时期完成的。其中有两面铜镜刻铭俱为辽乾统五年（1105），或许是塔体在乾统年间（1101—1110）曾进行过一次维修。其中一面镜子正中刻划释迦佛坐像一尊，身着袈裟，结跏趺坐于盛开的莲花座上。另一面镜子只有刻划的文字，无其他纹饰，可能是修塔工匠的题名③。古松崇志先生认为：庆州白塔碑文中的"勾当铸镜"是关于镜子铸造的文字。庆州白塔镶嵌的圆形和方形铜镜合计300枚以上，在朝阳和夕阳的光辉照耀下，能产生庄严的视觉效果④。

实际上，悬挂铜镜更重要、更本质的原因还是杂密陀罗尼信仰。密教陀罗尼道场中就存在悬挂镜子供养佛的情形。中天竺人阿地瞿多三藏于唐高宗永徽年间（650—655）所译《陀罗尼集经》载：在般若坛法中，"当

---

① 沈阳市文物管理办公室、沈阳市文物考古工作队：《沈阳塔湾无垢净光舍利塔塔宫清理报告》，《辽海文物学刊》1986年第2期，第31页、32页图三。

② 张汉君：《辽庆州释迦佛舍利塔营造历史及其建筑构制》，《文物》1994年第12期，第71—72页。

③ 清格勒：《辽庆州白塔塔身嵌饰的两件纪年铭文铜镜》，《文物》1998年第9期，第67—68页。

④ ［日］古松崇志：《庆州白塔创建之谜——11世纪契丹皇太后奉纳之佛教文物》，载《辽文化·辽宁省调查报告书》，京都大学大学院文学研究科2006年版，第144页。

设二十一种供养之具，作般若波罗蜜多法会。随力堪能，惟好精妙"。其供养具中含有"宝镜"①。《陀罗尼集经》记述用镜子严饰道场的情况云："佛说庄严道场及供养具支料度法"，其中"大镜二十八面，各阔一尺。小镜四十面"②。辽代庆州白塔镶嵌众多铜镜作为陀罗尼道场的供养具，充分体现唐代中原地区杂密的影响。

朝阳北塔内有铜镜9件，规格都很小，最小的如纽扣，直径2.6—7.5厘米③。沈州无垢净光舍利塔的密檐部分共十三层，高17.85米，每层高约1.4米。每层檐间壁正中各镶嵌铜镜三面，居中的铜镜较大④。这些铜镜亦为密教陀罗尼道场的供养法具。

朝阳灵感寺释迦佛舍利塔"有千岁灯，以然于内。有百炼镜，以悬于外。亦岂徒然哉？我所贵遍照十方，而破黑暗之狱也"⑤。此系宣称塔内燃灯供养，外部悬挂镜子，具有破地狱的功能。这再次证明：塔幢悬挂镜子其实具有信仰涵义。

总而言之，辽代很多塔幢悬挂密教陀罗尼道场的供养物镜子作为装饰，不仅是为了美观、庄严，还兼有信仰的涵义和功能。这充分证实辽代社会盛行杂密陀罗尼信仰。

**四 直接来自印度的密教**

除了来自中原的杂密和唐密，辽代密教还直接受印度密教的影响。

（一）房山石经中慈贤的译经

来自中天竺摩揭陀国的契丹国师慈贤活跃于辽圣宗时代，他正是辽代密教的印度来源的重要代表人物。

中原汉地流行的杂密经典《佛顶尊胜陀罗尼经》，慈贤也翻译过。金代房山刻经有《佛顶尊胜陀罗尼》一卷，具体年代不详，为大契丹国师

---

① 阿地瞿多：《陀罗尼集经》卷3，[日]高楠顺次郎等编《大正藏》第18册，大正一切经刊行会1928年版，第810页。
② 阿地瞿多：《陀罗尼集经》卷12，[日]高楠顺次郎等编《大正藏》第18册，大正一切经刊行会1928年版，第893页。
③ 朝阳北塔考古勘察队：《辽宁朝阳北塔天宫地宫清理简报》，《文物》1992年第7期，第12页。
④ 沈阳市文物管理办公室、沈阳市文物考古工作队：《沈阳塔湾无垢净光舍利塔塔宫清理报告》，《辽海文物学刊》1986年第2期，第30—31页。
⑤ 向南辑：《辽代石刻文编》，河北教育出版社1995年版，第662页。

中天竺摩竭陀国三藏法师慈贤译①。此拓片图录保存完整，书法不错，只有咒语，没有释迦教授《尊胜陀罗尼经》部分。这部分不知是慈贤本来就没有翻译，还是到金代散佚了。

房山石经中收录的慈贤的译经最全，几乎皆为密教经典：

《梵本般若波罗密多心经》一卷，全是汉文咒语，金刻，无刻印年代②。

《大随求陀罗尼》一卷，全是汉文咒语，金刻，无刻印年代③。

《佛顶尊胜陀罗尼》，全是汉文咒语，金刻，无刻印年代④。

《一切如来白伞盖大佛顶陀罗尼》一卷，全是汉文咒语，金刻，无刻印年代⑤。

《大悲心陀罗尼》，全是汉文咒语，金刻，无刻印年代⑥。

《佛说如意轮莲花心如来修行观门仪》一卷，有汉文经文，有汉文、梵文咒语，金刻，无刻印年代⑦。

《妙吉祥平等秘密最上观门大教王经》五卷，全是汉文，金刻，无刻印年代⑧。此经收入《大正新修大藏经》⑨。

《妙吉祥平等观门大教王经略出护摩仪》一卷，汉文经文，汉文、梵文咒语，金刻，无刻印年代⑩。此经收入《大正新修大藏经》，无梵文⑪。

《妙吉祥平等瑜伽秘密观身成佛仪轨》一卷，汉文经文、咒语，

---

① 中国佛教协会、中国佛教图书文物馆编：《房山石经（辽金刻经）》第27册，华夏出版社2000年版，第499页。

② 同上书，第493页。

③ 同上书，第494—498页。

④ 同上书，第499页。

⑤ 同上书，第500—506页。

⑥ 同上书，第507页。

⑦ 同上书，第508—514页。

⑧ 同上书，第515—550页。

⑨ 参见［日］高楠顺次郎等编《大正藏》第20册，大正一切经刊行会1928年版，第905—930页。

⑩ 中国佛教协会、中国佛教图书文物馆编：《房山石经（辽金刻经）》第27册，华夏出版社2000年版，第551—555页。

⑪ ［日］高楠顺次郎等编：《大正藏》第20册，大正一切经刊行会1928年版，第934—936页。

金刻，无刻印年代①。此经收入《大正新修大藏经》②。

《金刚摧碎陀罗尼》一卷，全是汉文咒语，金刻，无刻印年代③。

上引慈贤的译著中，陀罗尼经有5部：《大随求陀罗尼》、《佛顶尊胜陀罗尼》、《一切如来白伞盖大佛顶陀罗尼》、《大悲心陀罗尼》和《金刚摧碎陀罗尼》；瑜珈密典有4部：《佛说如意轮莲花心如来修行观门仪》、《妙吉祥平等秘密最上观门大教王经》、《妙吉祥平等观门大教王经略出护摩仪》和《妙吉祥平等瑜珈秘密观身成佛仪轨》。房山石经俱题为"大契丹国师中天竺摩竭陀国三藏法师慈贤译"。但是，《大正藏》却均题为"宋契丹国师中天竺摩竭陀国三藏法师慈贤译"，或"宋大契丹国师中天竺摩竭陀国三藏法师慈贤译"。"宋"字显然是后加的。慈贤的事迹，除此以外，没有其他材料。他来自"摩竭陀国"，即"摩揭陀国"。据玄奘《大唐西域记》所述，摩揭陀国乃释迦牟尼活动的主要地区，佛教隆盛，有众多佛教文化遗迹④。慈贤从佛教的故乡到辽朝，至少翻译了9部密教经典。以他国师的身份和地位，必定能对辽代密教产生影响。这是追寻辽代密教的西方渊源的一条重要线索。法号"慈贤"乃非常汉化的名字，而辽圣宗朝又恰为辽朝汉化的关键转折点。因此，这位国师起汉化的法号不足为怪。只是他的梵文原名已经不得而知了。

可是，《大正藏》中并未收录慈贤翻译的《佛顶尊胜陀罗尼》。《高丽大藏经》所收录的《佛顶尊胜陀罗尼经》也只有义净、地婆诃罗、杜行顗和佛陀波利的译本⑤，也没有收入慈贤的译本。既然如此，那么很可能《契丹藏》亦未收录此译本。因为《大正藏》是以《高丽藏》为底本编集的，而《高丽藏》又是参考了《契丹藏》而编撰的。辽刻房山石经也

---

① 中国佛教协会、中国佛教图书文物馆编：《房山石经（辽金刻经）》第27册，华夏出版社2000年版，第556—560页。

② [日]高楠顺次郎等编：《大正藏》第20册，大正一切经刊行会1928年版，第930—934页。

③ 中国佛教协会、中国佛教图书文物馆编：《房山石经（辽金刻经）》第27册，华夏出版社2000年版，第561页。

④ （唐）玄奘、辩机：《大唐西域记校注》卷8《摩揭陀国上》，卷9《摩揭陀国下》，季羡林等校注，中华书局2000年版，第619—776页。

⑤ 新文丰出版公司编：《高丽大藏经》第11册，新文丰出版公司1982年版，第1269—1293页。

没有慈贤的译著。而金代佛教信徒却大量镌刻他的译本。前引慈贤的译经可能在辽代已经译出，但是刊刻上石经还有一个时间过程。

辽史学界通常基于宋人的材料，对辽朝国号的变动做这样的判断：神册元年（916），耶律阿保机建国时，国号契丹；辽太宗大同元年（947）改国号为辽；辽圣宗统和元年（983）复称大契丹；辽道宗咸雍二年（1066）又复号大辽。吕建福先生据此推断：慈贤译经当在圣宗统和元年（983）至道宗咸雍二年（1066）之间[①]。实际上，辽朝国号的变动比这复杂得多。以往早就有学者提出：契丹文和女真文一直称辽朝为"契丹"或"哈喇契丹"，只是对汉人或汉化程度较深的胡人才有"契丹"和"辽"双重国号的问题。现在对此问题研究最深入的是刘浦江先生[②]。而且，房山石经中慈贤的译经均刊刻于金代，并不能证明生活于辽代的慈贤本人就署"大契丹国"。

（二）辽代梵字经幢

晚清金石学家叶昌炽先生注意到：唐代梵字经幢少见，而辽代梵字经幢流行。他在《语石》中说，"余著录辽幢五十余通，皆其时拓本也，其中多唐梵两体"，其格式为，"辽金梵字幢，大都题字年月真书，而咒梵书，亦有梵文一行，真书释文一行。书唐一人，书梵一人"[③]。内蒙古敖汉旗羊山第2号辽墓中出土的墓幢残石就是梵文，但墓主为汉人[④]。辽道宗大安二年（1086）河北永清茹荦村大寺的《郑□为亡人造经幢记》八面刻，先经后记，经正书间梵书，记正书[⑤]。大安八年（1092），易州涞水（今河北涞水）遒亭乡木井村邑人重修净戒院时，并造香幢一所，《木井村邑人造香幢记》云："若有人发大菩提心，依梵本书于壁上，又于版上。忽有人睹此陀罗尼，生信敬心，所有如上十恶等罪，悉皆消灭，何况一日诵一遍，其人增无量福德。临命终时，十方圣众，各持宝盖来迎，生

---

[①] 吕建福：《中国密教史》第5章《宋辽时期无上瑜珈密教的流传》，中国社会科学出版社1995年版，第464—465页。

[②] 刘浦江：《辽朝国号考释》，原载《历史研究》2001年第6期，此据刘浦江《松漠之间——辽金契丹女真史研究》，中华书局2008年版，第27—51页。

[③] 叶昌炽撰、柯维泗评：《语石·语石异同评》卷1、卷8，陈公柔、张明善点校，中华书局1994年版，第50、508页。

[④] 邵国田等：《敖汉旗羊山1—3号辽墓清理简报》，《内蒙古文物考古》1999年第1期，第8—10页。

[⑤] 向南辑：《辽代石刻文编》，河北教育出版社1995年版，第406页。

## 第七章 唐幽州佛教对辽代佛教的影响

于净土。佛舒金色臂，摩顶受记，速成无上菩提。"[1] 梵字陀罗尼经幢之功效跃然于上。

辽代出现大量梵文经幢，刘淑芬先生认为这和其时流行佛教有关，并引用了天祚帝乾统六年（1106）在涿州（今河北涿州）所立的《沙门即空造陀罗尼经幢记》[2]。此《幢记》称："若有人发大菩提心，依梵字本书于石塔幢子上，忽有睹此陀罗尼字生敬信心，所有如上十恶等罪，悉皆消灭。何况一日诵一遍，其人增无量福德，速成无上菩提也。"[3] 刘先生指出：辽代"依梵字本书于石塔幢子上"的观念可能是相当流行的[4]。其实，出现这种现象最本质的原因还是辽人对陀罗尼的崇奉。

在唐代，密教陀罗尼之声音具有法力。梵音陀罗尼与唐音不完全对应，难以掌握。不同的译本在文字、注音和句读方面存在差异，念诵陀罗尼又讲究复原梵音、要求陀罗尼完整[5]。其实，不仅中原汉人讲究纯正的原味的陀罗尼，同在东亚佛学圈内的日本僧人也十分看重这一点。入唐巡礼的日本僧人圆仁在长安的重要密宗寺院兴善寺、青龙寺学习密教的胎藏界法、金刚界法和苏悉地法[6]，这些仪轨均需要持诵陀罗尼真言。因此，我们不难理解圆仁在唐土所求之书的书目中包括许多梵文陀罗尼、真言佛经，还有很多唐梵两字的密教真言、陀罗尼经典[7]。由此可知：日本僧人圆仁亦追求纯正的梵音咒语。这种倾向在整个东亚地区应该都有影响。在

---

[1] 《木井村邑人造香幢记》，向南辑《辽代石刻文编》，河北教育出版社1995年版，第446页。

[2] 刘淑芬：《经幢的形制、性质和来源——经幢研究之二》，《中央研究院历史语言研究所集刊》第68本第3分，1997年，第676页。

[3] 向南辑：《辽代石刻文编》，河北教育出版社1995年版，第557页。

[4] 刘淑芬：《经幢的形制、性质和来源——经幢研究之二》，《中央研究院历史语言研究所集刊》第68本第3分，1997年，第676页；刘淑芬：《墓幢——经幢研究之三》，《中央研究院历史语言研究所集刊》第74本第4分，2003年，第699—700页。

[5] 刘淑芬：《〈佛顶尊胜陀罗尼经〉与唐代尊胜经幢的建立——经幢研究之一》，《中央研究院历史语言研究所集刊》第67本第1分，1996年，第157—162页。

[6] ［日］圆仁：《入唐求法巡礼行记校注》卷3，白化文、李鼎霞、许德楠修订校注，周一良审阅，花山文艺出版社2007年版，第337—348页。

[7] ［日］圆仁：《日本国承和五年入唐求法目录》，［日］圆仁：《入唐求法巡礼行记校注·附录一》，白化文、李鼎霞、许德楠修订校注，周一良审阅，花山文艺出版社2007年版，第523—524页；［日］圆仁：《入唐新求圣教目录》，［日］圆仁：《入唐求法巡礼行记校注·附录三》，白化文、李鼎霞、许德楠修订校注，周一良审阅，花山文艺出版社2007年版，第543—547、556—557页。

这种背景下，辽代众多佛教信徒在经幢上刊刻梵文咒语，当属自然而然之事。

那么，辽代梵字经幢的流行会不会跟中天竺三藏慈贤所译《佛顶尊胜陀罗尼》有关呢？他作为契丹国师，会不会秘密传授梵文陀罗尼咒语，对梵文经幢的流传起过推动作用呢？目前没有其他材料，对这些问题只能存疑。

（三）研习梵文的机构

辽朝还设有研习梵文的官吏。辽宁朝阳北塔内石经幢第四节幢身末尾题写："司司轩辕亨勘梵书东班小底张日新书。大契丹国重熙十三年岁次甲申（1044）四月壬辰朔八日己亥午时再葬讫。像法更有七年入末法。石匠作头刘继克镌，孟承裔镌。"阴刻楷书[①]。出现"司司轩辕亨勘梵书东班小底张日新书"，说明北塔中当有梵文咒语。如北塔内鎏金银塔第三节塔身有梵文"六字真言"[②]。而"司司轩辕亨勘梵书东班"可能系辽朝官方设置的研习梵文的机构，"小底"或许是其中的属官。从姓名来看，张日新是汉人。

辽道宗寿昌六年（1100）《朝阳凤凰山上寺塔八角石刻》为八角形刻石，径约1米，中刻大字梵文，上下周边刻："维大德皇朝建号寿昌六年岁次庚辰（1100）五月丁卯朔二十日丙戌建。唐梵书三学提点沙门智仞。"[③] 八角形刻石乃受密教"八大菩萨"、"八大灵塔"信仰的影响。辽朝官方设有"唐梵书三学提点"，应是教授汉语和梵文的学官。设置这一专职，亦从侧面反映出梵语陀罗尼和来自印度的密教因子的影响。

## 本章小结

中晚唐幽州地域流行的大众文化佛诞日巡礼，起佛名、佛号的习俗以及佛顶尊胜信仰，至辽朝均影响到契丹贵族。佛教信仰和习俗生命力顽强，能跨越朝代、超越阶层和族群。就辽代佛教文化来讲，阳春白雪和下里巴人之间其实并无泾渭分明的界限，精英和民众之间互动频繁，不少信

---

[①] 朝阳北塔考古勘察队：《辽宁朝阳北塔天宫地宫清理简报》，《文物》1992年第7期，第22页。

[②] 同上书，第7页。

[③] 向南辑：《辽代石刻文编》，河北教育出版社1995年版，第507页。

仰为各阶层人士所共有。

　　法国学者石泰安（Rolf Alfred Stein）先生在探讨2—7世纪的道教和民间宗教的关系时，谈到大众文化与精英文化的关系：民间故事首先是口口相传；接着由那些代表文化的文人加以收集、发表和传播；然后这种书写样式占了上风，它反过来再为民众所采纳。宗教也是如此。民间习俗或信仰曾被一种大的宗教借用或采纳。与其问在时间上谁先发生（一个常常不能解决的问题），不如去正视一种变化无定的辩证运动，它从来没有停顿。那些大宗教的教士们乐意采纳民间成分，将它们加以改变，以纳入自己的体系和术语中。反过来，当民众面临一个或几个大宗教时，容易拜倒在后者脚下，开始同化，确立身份，将多种宗教混在一起信仰；或用借自一个大教的新东西来取代旧的传统形式，因为这些东西威望更高[①]。法国学者石泰安先生运用这一模式仔细分析中国道教形成过程中对传统民间宗教成分的吸纳，道士把大众文化因素选择性地整理、规范化，写入道典，在实践中教化民众，民间宗教也采纳道教的形式[②]。法国学者石泰安先生虽然重在探索道教与民间宗教的关系，但这一路径对本书剖析上层贵族和平民的佛教之间的关系，还是颇有启发。

　　辽代密教的来源非常复杂。它不仅继承了唐密，也含有杂密和直接源于印度的因素。杂密经典《无垢净光大陀罗尼经》和《佛顶尊胜陀罗尼经》对辽朝社会各族群、各阶层民众影响甚巨。在实践中，这两部经典还与《妙法莲华经》合流，出现大量的无垢净光舍利塔和佛顶尊胜塔幢。这类佛教艺术品形制各异，深受唐幽州佛教之影响。这些塔幢的装饰中，最具特色的是陀罗尼道场的供养具铜镜。原来唐幽州地域的汉人及其后裔在辽朝的佛教精神文化和物质文化方面扮演着关键角色。

　　在辽朝，来自中天竺摩揭陀国的国师慈贤译出好些密教经典，这是探寻辽代密教的印度渊源的一条重要线索。在辽代社会，人们追求纯正原味的陀罗尼，常在经幢上刊刻梵字咒语。辽朝还设有研习梵文的机构，表明梵语陀罗尼和印度密教因子的影响。

---

　　① ［法］石泰安：《二至七世纪的道教和民间宗教》，吕鹏志译，《法国汉学》第7辑，中华书局2002年版，第39—40页。此文原载 *Facets of Taoism: Essays in Chinese Religion*, ed. H. Welch and A. Seidel, New Haven and London, 1979, pp. 53–81。

　　② ［法］石泰安：《二至七世纪的道教和民间宗教》，吕鹏志译，《法国汉学》第7辑，中华书局2002年版，第39—67页。

探讨辽代密教的来源，乃观察辽朝社会文化面貌和多元文化交融的一扇"窗口"。上文所引塔幢的例证多数修造于辽朝中后期。这正是一个佛教成为国家主流意识形态的时代，这也是契丹人和辽朝全面转向崇尚佛教和汉化的时期。原来唐幽州地域的佛教在这一进程中发挥了潜移默化的重要作用。辽代密教中包含直接源自印度的因子，印证了辽朝作为一个世界帝国在中西文化交流史上的重要地位和辽文化的包容性。

# 结　　论

　　唐代是幽州地域从政治次"边缘"向全国性政治"中心"转移的关键过渡阶段。佛教在这一历史进程中发挥着不容忽视的作用。在唐代幽州地区，强势的佛教文化渗入政治、军事、经济、文化和族群等诸层面，成为牵动社会变迁的重要动因。本书从佛教社会史角度出发，以佛教为主轴，运用微观与中观相结合的研究方法，同时关照宏观大背景，融合社会学、人类学、艺术史的方法和视角，对唐代幽州地域的佛教与社会进行了立体式、跨领域和跨朝代的考察，探讨了幽州地方社会与中央政府的关系、幽州地区的社会阶层、佛教寺院、功德事业、佛经流传、佛教习俗等诸方面问题。其中某些历史进程和社会变迁仅仅从唐朝200余年的历史还难以看清，只有当后来进入这一区域并建立稳固统治的契丹王朝的到来，我们前瞻后顾，方能更为清晰地认知这一历程。大体言之，唐代幽州地域佛教与社会的互动关系，以及对辽代的影响，主要表现在四个方面。

　　第一，幽州佛教与权力的关系。

　　唐代幽州地区佛教隆盛。佛教事业的主持者和捐赠人与政治格局变迁息息相关。唐中央政府介入当地佛教事务，系唐廷经营河北、伸展皇权的一个重要方面，此又与东北亚政局高度关联。粟特胡人安禄山和史思明充分利用佛教来凝聚幽州地区的汉人和汉化之胡人，巩固自身权位，发动叛乱，对唐朝的权力结构造成重大冲击，迫使唐后期国家的整个权力格局进行调整和重组。十一面观世音及僧伽信仰的流行也与幽州军事集团的现实利益和权力诉求有关。"安史之乱"后，藩镇势力成为当地权力结构的核心。幽州卢龙镇不仅牙兵势力不小，支州兵力量亦同样强大。这些将士同幽帅共同构成支持当地佛教事业的主要施主。幽州卢龙镇在佛教管理方面的自主权与它在"安史之乱"后政治上的相对独立一致。要言之，佛教不仅关涉信仰和教化问题，同时还成为国家权力与地方社会博弈的舞台。

第二，幽州佛教与族群关系。

在唐代幽州地区，佛教成为许多族群共同的宗教信仰。唐代的幽州地域处于中原与东北交通之咽喉，各族群杂居，多元文化交融。唐廷十分看重佛教在处理幽州地区族群关系方面的作用，介入和支持当地佛教事业。进入辽代，佛教更是广泛传播，深入人心。不仅上层贵族官僚、地方豪族钻研佛学、推崇佛教，而且一般平民也普遍信仰佛教。从长时段来看，幽州地域各族群、各阶层民众广泛参与佛教活动，充分显示出佛教在文化交流、族群融合方面的独特功效。

第三，幽州佛教与社会经济的关系。

佛教的发展离不开经济支撑。幽州地区农业、手工业发达，在整个唐朝的经济格局中占有重要地位。富庶的社会经济成为幽州当地人进行佛学研究、开展佛教活动的必要条件。无论在"安史之乱"前还是叛乱之后，均是如此。幽州卢龙镇经济繁荣，节度使财力雄厚，为佛学研究的延续和佛教事业的兴盛提供了良好的物质基础。在会昌毁佛时期，幽州地区由于受自然条件、手工业门类的限制，佛教功德事业受到影响。

第四，幽州佛教的社会整合功能。

禅宗在幽州地区扮演着重要的文化传播和敷导民众的角色。幽州地区的佛教与河东地区频繁交流、互相影响。在唐后期，幽州卢龙镇虽系割据之藩镇，却仍然与长安佛教有双向的沟通和交流。同为河朔藩镇，幽州镇与魏博镇在佛教文化方面亦存在竞争。幽州地区的佛教信仰和习俗，不少为各族群、各阶层人士所共有。汉人平民的佛俗后来影响到契丹贵族。辽代的文化面貌，尤其是佛教，深受唐幽州地域之影响。中晚唐汉族文化精英斥为"胡化"（"非主流"、"非正统"）的幽州地区，在契丹的统治之下，却成为汉文化的中心，并且为契丹人的汉化提供了资源。在辽朝这样一个多族群国家，佛教成为各族共同的精神纽带，具有不可取代的社会整合功能。

诚然，上文总结的几个方面不是截然分离的，而是相互影响、有机联系的，能够从不同角度具体而微地丰富我们对唐代幽州地域的认识。本书对唐代幽州地区佛教与社会的探讨并未囊括其所有范畴，只是选取一些典型问题，力图从多维视角进行论述，期冀相关研究能够继续。

# 附录一

## 论唐前期幽州地域羁縻州的佛教活动

在唐前期，许多从东北迁入的胡人聚居于幽州地区。唐中央政府为安置这部分内附胡人，在幽州地域设置大量的羁縻州。以往学界侧重于考证这些羁縻州的地理位置、政区变迁、人口分布，从中央政府的政策及羁控手段的角度进行探讨[①]。实际上，唐代幽州地区佛教色彩极为浓厚，良乡县（今北京房山）云居寺非常盛行刊刻佛教石经（即房山石经）。同时，在唐前期，良乡县也是幽州地域中羁縻州设置最多的地区。特别是唐玄宗天宝年间（742—756），良乡县种族众多，蕃族户口在幽州诸县中最为殷阜[②]。羁縻州的胡人亦受到当地浓郁的佛教氛围的影响，参与到刻经等佛教事业中。此系探究唐前期河北地区与北方族群的文化交流以及内附胡人的社会文化面貌时，值得关注的方面。

日本的气贺泽保规先生、中国的唐耕耦先生等诸位学者系统、具体地探讨过幽州地方势力与房山刻经的关系[③]。但是，他们唯独没有关照到唐前期刻经中来自羁縻州的胡人的题记。日本的森部丰先生虽然研究过石经中粟特人的题记[④]，可是并未关注其他胡人的题记。苏航先生重点分析过

---

[①] 如马驰《唐幽州境侨置羁縻州与河朔藩镇割据》，载荣新江主编《唐研究》第4卷，北京大学出版社1998年版，第199—213页；任爱君《唐代契丹羁縻制度与"幽州契丹"的形成》，《中国边疆史地研究》2008年第1期，第8—17页；陈倩《唐代幽州侨置羁縻州政区地理初探》，《北京文博》2015年第4辑，第42—52页；等等。

[②] 李松涛：《唐代前期政治文化研究》第6章《河北北部安史武装集团的形成》，台湾学生书局2009年版，第218—219、221页。

[③] [日] 气贺泽保规：《中国佛教石经的研究——特别以房山云居寺石经为中心》，京都大学学术出版会1996年版，第51—82页；唐耕耦：《房山石经题记中的唐代社邑》，《文献》1989年第1期，第74—106页。

[④] [日] 森部丰：《唐代河北地区的粟特人——以开元寺三门楼石柱题名及房山石经题记为中心》，《史境》第45卷，2002年，第20—36页。

唐廷为安置粟末靺鞨突地稽部而设置的羁縻州——燕州文化面貌的变迁，谈及突地稽部余裔帝示阶内附后入幽州出家，由不识佛像到宣扬佛教，文化形态发生显著变化①。宗教信仰的转变确为内蕃胡人②文化变迁的重要指标，可是，他并未讨论幽州地域羁縻州的胡人参加房山刻经的情况。

事实上，幽州地域羁縻州的不少胡人参与了刻经等佛教事业，此系一支不可忽视的佛教信仰群体。本书拟对此问题作一探索。

## 一　来自慎州的刻经

据苏航先生研究，除慎州（今北京房山区西南），幽、营其他各羁縻州都已找到州县化的例证，慎州可能也不会例外③。倘若慎州也如此，那么，它的政治结构和文化面貌亦相应会呈现汉化特征。来自慎州的胡人参加云居寺的刻经活动，此当为文化变迁的风向标。

房山石经《大乘大集地藏十轮经卷》题记曰：

> 云居寺寺主僧玄导供养。慎州刺史李怀仁、夫人靖、息文义府长上果毅师感、妻郡君严感、息上柱国㸑泰、刺史妹龙华寺尼善遇、女尼善贤、女净光寺尼善胜供养。大经主瀛州（今河北河间）常乐寺僧慧庆供养。仁弟高陵府长上左果毅道海、郡君刘、息上柱国师秀、妻孙海、女龙华寺尼善威供养。④

其中"云居寺寺主僧玄导"有助于我们判断雕造此经的大致年代。房山石经《总章二年题记》中记录"玄导□□□□生钟八苦……大唐总章二

---

① 苏航：《唐代北方内附蕃部研究》，博士学位论文，北京大学，2006年，第54—59页。
② 王小甫先生认为：所谓内蕃和外蕃，主要从政治关系着眼。唐代对周边族群实行羁縻制，当地族群在保留原有群体凝聚和权力基础的条件下，以地方政权的名义从形式上进入中央集权帝国的政治体系。内蕃胡人进入帝国的政治体系，从而促成其政治演进，同时也为帝国统治者提供新的自由流动资源（包括人力、物力）。外蕃胡人与中原王朝只是象征性的关系，在其实际控制之外。参见王小甫《唐五代北边的内外之际与国家认同》，原载荣新江主编《唐研究》第16卷，北京大学出版社2010年版，此据王小甫《中国中古的族群凝聚》，中华书局2012年版，第187—192页。
③ 苏航：《唐代北方内附蕃部研究》，博士学位论文，北京大学，2006年，第66页。
④ 北京图书馆金石组、中国佛教图书文物馆石经组编：《房山石经题记汇编》第3部分《诸经题记（唐）》，书目文献出版社1987年版，第200页。

年（669）［四］月己酉朔八日景［辰］▢▢▢▢"①。由此可以推定：石经《大乘大集地藏十轮经》中的"慎州刺史"亦当指唐前期的慎州刺史。

《旧唐书·地理志》云：

> 慎州，武德（618—626）初置，隶营州（今辽宁朝阳），领涑沫靺鞨乌素固部落。万岁通天二年（697），移于淄、青州（今山东淄博西南淄川和青州）安置。神龙（705—707）初，复旧，隶幽州。天宝（742—756）领县一，户二百五十，口九百八十四。逢龙，契丹陷营州后南迁，寄治良乡县之故都乡城，为逢龙县，州所治也。②

照此看来，慎州治逢龙县，其迁徙过程为：营州→淄州、青州→幽州良乡县之故都乡城。而且，慎州州治逢龙县正位于幽州良乡县，距离同在良乡县的云居寺及石经皆非常近。既然慎州系安置靺鞨乌素固部落的羁縻州，那么其刺史李怀仁也当是本部酋长。李姓应为唐朝的赐姓。唐初羁縻州"以其（部落）首领为都督、刺史，皆得世袭"③。

《旧唐书·地理志》又载：

> 黎州，载初二年（690），析慎州置，处浮渝靺鞨乌素固部落，隶营州都督。万岁通天元年（696），迁于宋州（今河南商丘南）管治。神龙（705—707）初还，改隶幽州都督。天宝领县一，户五百六十九，口一千九百九十一。新黎，自宋州迁寄治于良乡县之故都乡城。④

以是观之，黎州的迁移历程为：营州→宋州→幽州。在契丹李尽忠叛乱后，浮渝靺鞨乌素固部落仍然迁徙至幽州良乡县，与同在良乡县的云居寺及刻经可说是近在咫尺。

如前揭所示，李怀仁的妻子、儿女、媳妇、妹妹以及弟弟的家人与僧人

---

① 北京图书馆金石组、中国佛教图书文物馆石经组编：《房山石经题记汇编》第1部分《碑和题记（唐至民国）》，书目文献出版社1987年版，第2页。
② （后晋）刘昫等：《旧唐书》卷39《地理志二》，中华书局1975年标点本，第1522页。
③ （宋）欧阳修、宋祁：《新唐书》卷43下《地理志七下》，中华书局1975年标点本，第1119页。
④ （后晋）刘昫等：《旧唐书》卷39《地理志二》，中华书局1975年标点本，第1524页。

共同刊刻唐玄奘所译《大乘大集地藏十轮经》。《开元释教录》曰:"《大乘大集地藏十轮经》十卷",小注云:"永徽二年(651)正月二十三日,(玄奘)于西京(今陕西西安)大慈恩寺翻经院译。至六月二十九日毕。沙门大乘光等笔受。"①《大乘大集地藏十轮经》系赞叹地藏菩萨之功德,并叙述如来依地藏菩萨之问,而由本愿力成就十种佛轮,能破除末世之十恶轮。此经与破地狱思想密切相关。由此看来,这部佛经唐高宗初年在长安译出,不久便传播到幽州地区。慎州刺史李怀仁合家雕刻此经,可知内蕃靺鞨酋豪家族已然接受佛教的地狱观念。依上引《大乘大集地藏十轮经》题记所言,李怀仁还有1个妹妹、2个女儿和1个侄女出家为尼,其家族信佛之狂热,昭昭可见。

概括言之,李怀仁统率的靺鞨乌素固部落聚居于唐朝的羁縻州慎州,已经不再是"外蕃",而成为"内蕃"。李氏家族参与良乡县云居寺的佛教活动,乃接受汉文化的途径之一。

## 二　燕州的情况

《旧唐书·地理志》记述燕州的建置曰:

> 燕州,隋辽西郡,寄治于营州。武德元年(618),改为燕州总管府,领辽西、泸河、怀远三县。其年,废泸河县。六年(623),自营州南迁,寄治于幽州城内。贞观元年(627),废都督府,仍省怀远县。开元二十五年(737),移治所于幽州北桃谷山。天宝元年(742),改为归德郡。乾元元年(758),复为燕州。旧领县一,无实土户。所领户出粟皆靺鞨别种,户五百。天宝,户二千四十五,口一万一千六百三。两京道里,与幽州同。辽西,州所治县也。②

可见燕州的治所从营州南迁至幽州城内,再移至幽州北桃谷山(今北京昌平东)。该州也是安置内附靺鞨人的羁縻州③。该羁縻州具有怎样

---

① (唐)智升:《开元释教录》卷8,[日]高楠顺次郎等编《大正藏》第55册,大正一切经刊行会1928年版,第555页。
② (后晋)刘昫等:《旧唐书》卷39《地理志二》,中华书局1975年标点本,第1521页。
③ 陈倩探讨过燕州的行政区划变迁。陈倩:《唐代幽州侨置羁縻州政区地理初探》,《北京文博》2015年第4辑,第43—47页。

的文化特征呢？详见下文解析。

(一) 佛教信徒

苏航先生对燕州的政治及文化变迁做过个案研究，指出这是州县化羁縻州中的典型。粟末靺鞨突地稽部在隋朝已经内附，唐廷对其加强管理，其首领家族兼有部落首领和国家官员双重身份，具有汉化倾向。唐廷在燕州配置了全面、系统的汉官，他们在州行政事务中扮演着重要角色，按中原王朝标准实行一套相对完整的地方行政管理体系。燕州中有汉人百姓，具有国家正式子民的身份。唐代燕州居民混杂、文化融合。总之，唐朝行政控制日趋严密，燕州社会文化面貌不断改变，与汉人地方社会日益接近[①]。

良乡县云居寺有一座建于唐睿宗太极元年（712）的北塔，其东南角镌刻《大唐易州石亭府左果毅都尉蓟县田义起石浮图颂》，其题名有和州历阳（今安徽和县）丞王利贞之"弟燕州大云寺僧智崇"[②]。武则天在称帝之时，敕命各州修建大云寺，以从思想观念和舆论宣传层面证实自己取代李唐政权的合法性[③]。燕州的"大云寺"可能修建或改名于武周时期。倘若如是，那么地处东北边疆地区的羁縻州燕州仍然执行了中央政府的政策，建起了大云寺。

苏航先生引用《唐故居士河内常府君（俊）墓志铭并序》来论证燕州废罢前不久，居民常俊信奉佛教，隐居乡里，从文化面貌难分族属，说明唐后期的燕州居民混杂、文化融合[④]。不过，此问题犹存辩论发覆之空间。

据《常府君（俊）墓志铭并序》所述，常俊卒于唐代宗大历十四年（779）[⑤]，享年55岁，照此推断，他当出生于唐玄宗开元十三年（725），经历了"安史之乱"。他的曾祖、祖父均只任文散官，父亲官至"亲王亲

---

[①] 苏航：《唐代北方内附蕃部研究》，博士学位论文，北京大学，2006年，第49—59页。

[②] 《大唐易州石亭府左果毅都尉蓟县田义起石浮图颂》拓片，载云居寺文物管理处编《云居寺贞石录》，北京燕山出版社2008年版，第61页。

[③] 具体情况参见（后晋）刘昫等《旧唐书》卷6《则天皇后本纪》，中华书局1975年标点本，第121页；（宋）欧阳修、宋祁《新唐书》卷4《则天皇后本纪》，中华书局1975年标点本，第91页；（宋）司马光等《资治通鉴》卷204，则天后天授元年十月壬申条，中华书局1956年标点本，第6469页。《旧唐书·则天皇后本纪》将此事系于载初元年（690）七月，即武则天称帝前夕；而《新唐书·则天皇后本纪》和《通鉴》则将此事系于天授元年（690）十月，即武则天正式称帝之后不久。

[④] 苏航：《唐代北方内附蕃部研究》，博士学位论文，北京大学，2006年，第58页。

[⑤] 吴钢主编：《全唐文补遗》第4辑，三秦出版社1997年版，第62页。

事府典军"或"亲王帐内府典军①。该墓志的遣词造句体现出明显的儒家价值取向，如谓常俊之曾祖父、祖父及父亲"守位以仁，居敬行简。德以信成，正以从善"，常俊本人"修德闲耶养正"，常俊的夫人"彼美淑人，德佐君子"，"季弟光朝承重，哀过其礼，孝心天生"，"嗣子叔清，幼而冲和。以继父业，仁善本性，知之自然。薰杂恶闻，肌骨天净"②。

同时，《常府君（俊）墓志铭并序》的书写模式显示常俊及其家人十分崇尚佛教。这方墓志言常俊"亡忧乐天，默语行藏。常处中道而有妻子，俱修梵行而有尘劳，恒莹真性。府君形同于无形，心存于无相。净于无为，味于无事。知而不知，学而无迹。修之无因，果胡能测"？他临死前，"谓其妻子，诚念季弟：'尔等而一，其无二焉。始终念兹，无忝斯语。生死者幻，曷足悲乎？净尔意，焚宝香，于是乎大称十念，超间诸禅，俄然无心而归真也。'"常俊的"夫人太原王氏，同修梵行，尤精妙理"③。常俊及其弟为"世议二龙，花连一宝"④。毫无疑问，墓志的作者堆砌佛教词藻褒扬常俊及其妻子、弟弟的奉佛之举。

撮要言之，《常府君（俊）墓志铭并序》的表述虽有溢美之辞，但居住于燕州的常家既有儒学修养、又信奉佛教，当属实情。

唐玄宗天宝年间（742—756），刊刻在幽州良乡县一座石像上的《李时用德政记》云：

> 朝散大夫、守归德郡太守、兼诸军事、鲁国公、上柱国李公讳时用，武可济代，文以匡人。……公贤愚之道，或万有一通，而贵贱之阶，宛天将地□。德□淮海，禄重邱山。但窃慕公傥时济代之风，潜窥为政，未尝见公临人有一狱，不慎有一讼，不审有一屈，可谓德政也。公为国安人，雅风训俗。至于词人才子，渴咏公雄文硕德。……
> 
> 救□菩萨（王）晋长子英、次子萱、次子薰为母供养。⑤

---

① 吴钢主编：《全唐文补遗》第4辑，三秦出版社1997年版，第62页。
② 同上。
③ 同上。
④ 同上。
⑤ （清）陆增祥：《八琼室金石补正》卷58，新文丰出版公司编辑部编《石刻史料新编》第1辑第7册，新文丰出版公司1977年版，第4938页。

以此视之，李时用当系唐朝的羁縻州燕州（即归德郡）的长官，统领聚居于此的靺鞨人①。李时用可能本为靺鞨首领，被唐朝授予"朝散大夫、守归德郡太守、兼诸军事、鲁国公、上柱国"之官衔，并赐姓名李时用。由《李时用德政记》来看，李时用在当地兼管军事和民政，且在这两方面均有作为。他还"为国安人，雅风训俗"，亦即在当地传播汉文化、教化民众。王晋的家人借用佛教功德事业之机为李时用立德政碑，亦彰显汉文化因子在当地社会的影响。不过，这一举动其实并未遵循唐朝的制度规定。据《唐六典》所载，"凡德政碑及生祠，皆取政绩可称，州为申省，省司勘覆定，奏闻乃立焉"②，即地方官立德政碑必须经过从本州（郡）到中央尚书省的严格的申报和审批程序③。而《李时用德政记》的雕刻却未经过这一手续。此折射出这样一个事实：部分燕州民众完全接纳唐朝官僚体制的价值观而为地方官立德政碑，崇奉佛教的个体家庭完全能够以做佛教功德的方式践行立德政碑之举，体现出一定的自主性。

### （二）角社组织

房山石经题记中频频出现燕州角社的题名，我们能够结合地方社会探究其内涵。

石经《大般若波罗密多经》题记曰：唐玄宗"天宝三载（744），燕州角社官张子明合村人等每载共造石经一条"④。"燕州角诸社人等、社官张二朗合邑人等造经一条。天宝五载（746）四月八日供养。"⑤"燕州角邑社官张二朗、录事张庭宾等造经一条。天宝六载（747）四月八日

---

① 日本学者小川茂树先生指出：李时用为靺鞨酋长，可能是隋末内附的靺鞨酋帅突地稽的直系子孙。《李时用德政记》体现幽州地区华夷杂居，各族和谐共处。[日] 小川茂树：《房山云居寺石浮图记铭考》，载 [日] 塚本善隆、[日] 长广敏雄等《房山云居寺研究》，汪帅东译，北京联合出版公司2016年版，第393—396页。
② （唐）李隆基撰、李林甫注：《大唐六典》卷4《尚书礼部》，礼部郎中员外郎条，[日] 广池千九郎训点、[日] 内田智雄补订，三秦出版社1991年版，第96页。
③ 地方官的生祠与德政碑有密切关系，关于这一问题的专门研究，参见雷闻《生祠》，载雷闻《郊庙之外——隋唐国家祭祀与宗教》第3章《"祀典"与"淫祠"之间》，生活·读书·新知三联书店2009年版，第227—235页。
④ 北京图书馆金石组、中国佛教图书文物馆石经组编：《房山石经题记汇编》第2部分《大部经题记（唐至辽）》，书目文献出版社1987年版，第84页。
⑤ 同上书，第85页。

上。"① "燕州角社官张二朗、录事张庭宾合邑人等每载造石经一条。天宝七载（748）四月八日上。"② "燕州角石经邑社官张二朗等上经一条。"③ 从姓名来看，燕州角社官和录事皆为汉人，证实在唐玄宗时期，已经有汉人居住于此。

石经《大般若波罗密多经》的题名中还出现来自其他州郡的角社邑人。如"天宝九载（750）四月八日，顺义郡（即顺州，侨置幽州城内，今北京市城区）角社官张二朗、张庭宾合邑人等造经一卷"④。顺义郡的情况，下文将专门分析。

角社应是角抵力人组成的社邑，昭示当地存在胡化倾向，依然保持尚武传统⑤。而上引石经题记中，燕州角社的题名俱为汉人。依此视之，燕州居民混杂、文化融合，不仅胡人接受佛教，呈现汉化倾向，汉人也受靺鞨人尚武传统的影响，存在某些胡化特征。当然，燕州角社的成员可以既习角抵，同时亦参与佛教刻经活动，二者并非截然不相容。在多元文化交汇的幽州地域，当地民众能够同时具备两类特征，且并行不悖。

### （三）道士的刻经

房山石经《观世音经》一卷中出现题名："燕州白鹤观南岳子焦履虚。"⑥ 由此可见，燕州境内建有道观，道士还参与佛教刻经活动。这充分说明作为羁縻州的燕州具有多样性的文化面相。

---

① 北京图书馆金石组、中国佛教图书文物馆石经组编：《房山石经题记汇编》第 2 部分《大部经题记（唐至辽）》，书目文献出版社 1987 年版，第 87 页。
② 同上书，第 89 页。
③ 同上书，第 91 页。
④ 同上书，第 92 页。
⑤ 在"安史之乱"前，幽州地区已经沾染胡化之风。参见吴光华《唐代幽州地域主义的形成》，载淡江大学中文系主编《晚唐的社会与文化》，台湾学生书局 1990 年版，第 227—234 页；马驰《唐幽州境侨置羁縻州与河朔藩镇割据》，载荣新江主编《唐研究》第 4 卷，北京大学出版社 1998 年版，第 199—213 页；李鸿宾《安史之乱反映的蕃族问题》，载李鸿宾《唐朝中央集权与民族关系——以北方区域为线索》第 5 章，民族出版社 2003 年版，第 120—140 页；李松涛《唐代前期政治文化研究》第 6 章《河北北部安史武装集团的形成》，台湾学生书局 2009 年版，第 191—233 页。
⑥ 北京图书馆金石组、中国佛教图书文物馆石经组编：《房山石经题记汇编》第 3 部分《诸经题记（唐）》，书目文献出版社 1987 年版，第 204—205 页。

## 三　来自顺州的刻经

《旧唐书·地理志》云：

　　顺州下，贞观六年（632）置，寄治营州南五柳城。天宝元年（742），改为顺义郡。乾元元年（758），复为顺州。旧领县一，户八十一，口二百一十九。天宝，户一千六十四，口五千一百五十七。宾义，郡所理，在幽州城内。①

《新唐书·地理志》又载：

　　贞观四年（630）平突厥，以其部落置顺、祐、化、长四州都督府于幽、灵之境；……六年（632）顺州侨治营州南之五柳戍；又分思农部置燕然县，侨治阳曲；分思结部置怀化县，侨治秀容，隶顺州；后皆省。……而顺州侨治幽州城中。岁贡麝香。县一：宾义。②

由是可知：在唐前期，顺州本侨治营州境，后南迁，侨治幽州城内，以安置东突厥部落。

石经《御注金刚般若波罗密经注序》曰："顺义郡市令李大师、母高、弟小师合家每年造经三条。天宝□□。"③ 这说明至迟在唐玄宗天宝年间（742—756），作为羁縻州的顺州境内已经有汉人居住，而且有佛教徒的身影。综合上引材料推之，顺州的文化特征亦当是胡汉杂糅。

## 四　结语

　　在唐前期，幽州地域羁縻州的一些胡人和汉人参与良乡县云居寺的刻

---

① （后晋）刘昫等：《旧唐书》卷39《地理志二》，中华书局1975年标点本，第1520页。
② （宋）欧阳修、宋祁：《新唐书》卷43下《地理志七下》，中华书局1975年标点本，第1125页。
③ 北京图书馆金石组、中国佛教图书文物馆石经组编：《房山石经题记汇编》第3部分《诸经题记（唐）》，书目文献出版社1987年版，第211页。

经活动,做佛教功德。慎州的靺鞨酋长家族不仅参加刻经活动,还有家族成员出家。安置内蕃靺鞨的燕州胡汉混居,胡人、汉人和道士均参与刻经活动。安置内蕃突厥的顺州也是胡汉杂居,存在佛教信徒。这些羁縻州的文化面貌呈现多元化特征。这些都是我们观察唐朝前期幽州地域的文化特征和内蕃胡人的精神世界时,值得重视的现象,对我们理解原本信奉祆教的粟特胡人安禄山和史思明在幽州地区做佛教功德①之动机,大有裨益。

在中古时期,幽州地区一直位于农耕与游牧文化的交汇线,系中原地区与东北塞外的交通枢纽。对唐代幽州地域的文化,许多学者都强调当地居住着大量崇尚武力之胡人,汉人深染胡风。但是,诚如上文所论,在这一时期,不仅仅是羁縻州的内蕃诸族影响幽州地域的民俗民风,汉人所信奉的佛教的力量也十分强劲,渗入到部分胡人的信仰世界。历史是复杂多样的,对安史叛乱前的幽州地区,我们恐怕很难完全用"胡化"或"汉化"来一以概之。称之为胡汉文化双向互动,或许更接近历史的真相。

宗教信仰的转变乃内蕃胡人及羁縻州汉化的重要标志。在唐末五代之际,契丹勃兴,其势力进入华北地区,幽州地区完全纳入辽朝的版图。受当地强势的佛教文化的影响,契丹人也走上同样的道路,皈依了佛教。契丹贵族、官僚和平民对佛教顶礼膜拜,争相出资供奉佛教。作为异族统治者的契丹皇室,却在更大规模和更高层次上延续并大力支持原唐幽州地域的刻经事业②,为这一汉传佛教的标志性事业迈上新台阶作出重大贡献。从长时段眼光来看,唐幽州地域羁縻州内蕃胡人的佛教活动无疑具有开风气之先的作用。

---

① 详细情况参见本书第三章第一节、第二节。
② 具体研究情况参见尤李《辽代佛教研究评述》,原载《中国史研究动态》2009 年第 2 期,此据尤李《多元文化的交融——辽代历史与文化研究》,中国社会科学出版社 2013 年版,第 191、194 页。

# 附录二

# 安史集团与度牒

在"安史之乱"中，唐军收复两京之后，唐肃宗颁布《御丹凤楼大赦制》："其有受贼伪度人，宜令所司括责，并勒还俗。其僧及道士各收本色，所在寺观，勿许居止。"① 这份制书颁布于唐肃宗至德二载（757）十一月壬申朔②。此暗示安史叛军亦度僧尼、道士。由此观之，在唐肃宗时代，朝廷对叛军所度僧尼、道士一律不予承认。

不过，这项政策在唐代宗时期发生转变。唐代宗"广德元年（763）七月壬子大赦改元制：'河南、河北伪度僧尼、道士、女冠，并与正度。'"③ 此意味着代宗一改肃宗的政策，对叛军所度僧道采取"包下来"的方法，再由唐廷"正度"一次，等于正式承认叛军所度僧道。这无疑是一种妥协，或许与原有政策执行困难有关。

有一点需要特别关注：肃宗和代宗皆在行郊天大礼之后，亲自驾临大明宫南面的正门丹凤楼，在颁布的重要赦文中，将叛军伪度僧道问题郑重地提出。据研究，自肃宗起，历代皇帝常居之大明宫成为新的政治中心，大明宫南面的宫城正门丹凤门体制最尊，皇帝常常在此御楼宣赦。统治者有意识利用御楼这一手段来达成政治目的、强化皇权。而且，唐后期的丹凤楼宣赦与太庙、太清宫、南郊等一系列重要的祭祀活动紧密联系。在大

---

① （清）董浩等编：《全唐文》卷42，中华书局1983年版，第459页。
② （后晋）刘昫等：《旧唐书》卷10《肃宗纪》，中华书局1975年标点本，第248页。
③ （宋）王钦若等编：《册府元龟》卷51《帝王部·崇释氏一》，中华书局影印明本1960年版，第576页。又见于（宋）王钦若等编《册府元龟》卷54《帝王部·尚黄老二》，第606页，只是日期作"宝应二年（763）七月壬寅"。又见于（清）董浩等编《全唐文》卷49《册尊号赦文》，中华书局1983年版，第541页。

赦中，朝廷还赏赐王公臣僚、蕃客百姓，尤其是军队①。肃、代二帝在如此重要的场所、如此隆重的典礼上语及叛军所度僧道问题，可知叛军伪度之僧道数量不少，已然成为重大政治事件，唐廷不得不认真对待。

宝应元年（762）十二月，史朝义为李怀仙所杀，"安史之乱"结束②。至唐代宗时，朝廷与安史叛军妥协，继续任命安史旧部管辖河北地区。长达八年的"安史之乱"终于平息。在这样的政治背景下，我们不难理解在安史叛军伪度僧道的问题上，代宗对肃宗的政策进行调整。此举正体现出政治上的妥协伴随着宗教政策层面的退让。至于安史集团是否也像唐廷一样，依靠度僧尼的"香水钱"来筹集军费，不得而知③。

---

① 张凯悦：《唐长安城中的皇帝御楼——以御楼宣赦为主》，载荣新江主编《唐研究》第21卷，北京大学出版社2015年版，第205—214页。
② （唐）姚汝能：《安禄山事迹》卷下，曾贻芬点校，中华书局2006年版，第112页。
③ 葛兆光先生的意见与传统观点不同，他不认为僧人神会利用为朝廷募"香水钱"资助军饷来获得政治支持，是南北宗之争发生转折的一大关节。自安史叛乱开始，唐朝为筹集军费，很多地区都采用了这一策略，神会只是能采用这种方法，获取朝廷支持的众多僧人中的一位。他即使筹集"香水钱"，为自己洗脱罪名，但绝对不能让朝廷独尊荷泽宗，从根本上完全改变北宗与南宗的力量对比。参见葛兆光《增订本中国禅思想史——从六世纪到十世纪》第4章《重估荷泽宗》，上海古籍出版社2008年版，第280—284页。

# 参考文献

## 一 史料

白马精舍印经会编：《大藏新纂卍续藏经》，白马精舍印经会恭印 1989 年版。

（东汉）班固：《汉书》，中华书局 1962 年标点本。

北京辽金城垣博物馆编：《北京辽金元拓片集》，北京燕山出版社 2012 年版。

北京图书馆金石组、中国佛教图书文物馆石经组编：《房山石经题记汇编》，书目文献出版社 1987 年版。

北京图书馆金石组编：《北京图书馆藏中国历代石刻拓本汇编》，中州古籍出版社 1989 年版。

（元）孛兰肹等：《元一统志》，赵万里校辑，中华书局 1966 年版。

陈尚君辑订：《全唐文补编》，中华书局 2005 年版。

陈述辑：《全辽文》，中华书局 1982 年版。

（唐）道宣：《续高僧传》，郭绍林点校，中华书局 2014 年版。

（清）董浩等编：《全唐文》，中华书局 1983 年版。

（唐）杜佑：《通典》，王文锦、王永兴、刘俊文、徐庭云、谢方点校，中华书局 1988 年版。

（唐）段成式：《酉阳杂俎》，方南生点校，中华书局 1981 年版。

［日］高楠顺次郎等编：《大正新修大藏经》，大正一切经刊行会 1924—1932 年版。

（清）顾炎武：《日知录集释》，（清）黄汝成集释，栾保群、吕宗力校点，花山文艺出版社 1990 年版。

（清）顾祖禹：《读史方舆纪要》，贺次君、施和金点校，中华书局2005年版。

郭声波点校：《宋会要辑稿·蕃夷道释》，四川大学出版社2010年版。

郝春文主编：《英藏敦煌社会历史文献释录》第1卷，科学出版社2001年版；第2—3卷，社会科学文献出版社2003年版。

（清）和珅等奉敕撰：《钦定大清一统志》，影印文渊阁《四库全书》第474册，台湾商务印书馆1982年版。

（宋）洪皓：《松漠记闻》，《丛书集成初编》本，中华书局1985年版。

（宋）洪迈：《容斋随笔》，上海古籍出版社1996年版。

黄永武主编：《敦煌宝藏》，新文丰出版公司1986年版。

（唐）慧立、彦悰：《大慈恩寺三藏法师传》，孙毓棠、谢方点校，中华书局2000年版。

（唐）慧能：《坛经校释》，郭朋校释，中华书局1983年版。

（南唐）静、筠二禅师编撰：《祖堂集》，孙昌武、[日]衣川贤次、[日]西口芳男点校，中华书局2007年版。

（唐）李德裕：《李德裕文集校笺》，傅璇琮、周建国校笺，河北教育出版社2000年版。

（宋）李昉等编：《太平广记》，中华书局1961年版。

（宋）李昉等编：《文苑英华》，中华书局1966年版。

（唐）李吉甫：《元和郡县图志》，贺次君点校，中华书局1983年版。

（唐）李隆基撰、李林甫注：《大唐六典》，[日]广池千九郎训点、[日]内田智雄补订，三秦出版社1991年版。

（唐）李冗、张读：《独异志·宣室志》，张永钦、侯志明点校，中华书局1983年版。

（宋）李焘：《续资治通鉴长编》，中华书局2004年版。

（明）李贤等奉敕撰：《明一统志》，影印文渊阁《四库全书》第472册，台湾商务印书馆1982年版。

（唐）林宝：《元和姓纂·附四校记》，郁贤皓、陶敏整理，岑仲勉校记，孙望审订，中华书局1994年版。

（明）刘侗、于奕正：《帝京景物略》，北京古籍出版社1982年版。

刘开扬：《高适诗集编年笺注》，中华书局1981年版。

（后晋）刘昫等：《旧唐书》，中华书局1975年标点本。

# 参考文献

［日］龙谷大学佛教文化研究所编、［日］小田义久责任编集：《大谷文书集成》第1—3卷，法藏馆1984—2003年版。

（宋）欧阳修、宋祁：《新唐书》，中华书局1975年标点本。

（宋）欧阳修撰、徐无党注：《新五代史》，中华书局1974年标点本。

（清）彭定求等：《全唐诗》，中华书局1960年版。

齐文榜校注：《贾岛集校注》，人民文学出版社2001年版。

（清）清仁宗敕撰：《嘉庆重修一统志》，《四部丛刊续编》本。

（唐）权德舆：《权德舆诗文集》，郭广伟校点，上海古籍出版社2008年版。

［日］仁井田陞：《唐令拾遗》，东京大学出版会1983年版。

［日］仁井田陞著，［日］池田温等编：《唐令拾遗补》，东京大学出版会1997年版。

（明）沈榜：《宛署杂记》，北京古籍出版社1983年版。

（唐）沈佺期、宋之问：《沈佺期宋之问集校注》，陶敏、易淑琼校注，中华书局2001年版。

（唐）释道世：《法苑珠林校注》，周叔迦、苏晋仁校注，中华书局2003年版。

（宋）释道原编著：《景德传灯录》，财团法人佛陀教育基金会1999年版。

（梁）释慧皎：《高僧传》，汤用彤校注，汤一玄整理，中华书局1997年版。

（梁）释僧祐：《出三藏记集》，苏晋仁、萧炼子点校，中华书局1995年版。

（宋）司马光等：《资治通鉴》，中华书局1956年标点本。

（宋）宋敏求：《唐大诏令集》，商务印书馆1959年版。

（清）孙承泽：《天府广记》，北京古籍出版社1982年版。

（唐）唐临：《冥报记·广异记》，方诗铭辑校，中华书局1992年版。

（元）脱脱等：《辽史》，中华书局2016年标点本。

（宋）王溥：《唐会要》，上海古籍出版社2006年版。

（清）王琦注：《李太白全集》，中华书局1977年版。

（宋）王钦若等编：《册府元龟》，中华书局影印明本1960年版。

（宋）王钦若等编：《宋本册府元龟》，中华书局1989年版。

（宋）文惟简：《虏廷事实》，（明）陶宗仪《说郛》卷8，涵芬楼本，收入《说郛三种》，上海古籍出版社 1988 年版。

吴钢主编：《全唐文补遗》第 1—9 辑，三秦出版社 1994—2006 年版。

吴在庆：《杜牧集系年校注》，中华书局 2008 年版。

向南辑：《辽代石刻文编》，河北教育出版社 1995 年版。

向南、张国庆、李宇峰辑注：《辽代石刻文续编》，辽宁人民出版社 2010 年版。

（唐）萧嵩监修：《大唐开元礼·附大唐郊祀录》，民族出版社 2000 年版。

新文丰出版公司编辑部编：《石刻史料新编》，新文丰出版公司 1977 年版。

新文丰出版公司编：《高丽大藏经》，新文丰出版公司 1982 年版。

（元）熊梦祥著，北京图书馆善本组辑：《析津志辑佚》，北京古籍出版社 1983 年版。

（唐）玄奘、辩机：《大唐西域记校注》，季羡林等校注，中华书局 2000 年版。

（宋）薛居正等：《旧五代史》，中华书局 1976 年标点本。

（唐）姚汝能：《安禄山事迹》，曾贻芬点校，中华书局 2006 年版。

叶昌炽撰、柯昌泗评：《语石·语石异同评》，陈公柔、张明善点校，中华书局 1994 年版。

旧题（宋）叶隆礼：《契丹国志》，贾敬颜、林荣贵点校，上海古籍出版社 1985 年版。

（清）叶奕苞：《金石录补》，《丛书集成初编》本，中华书局 1985 年版。

（唐）义净：《南海寄归内法传校注》，王邦维校注，中华书局 1995 年版。

（清）于敏中等编纂：《日下旧闻考》，北京古籍出版社 1981 年版。

（明）袁宏道：《袁中郎全集》，伟文图书出版社有限公司 1976 年版。

［日］圆仁：《入唐求法巡礼行记校注》，白化文、李鼎霞、许德楠修订注，周一良审阅，花山文艺出版社 2007 年版。

（宋）乐史：《太平寰宇记》，王文楚等点校，中华书局 2007 年版。

云居寺文物管理处编：《云居寺贞石录》，北京燕山出版社 2008 年版。

云居寺文物管理处编：《云居寺老照片》，北京市京龙印刷厂印刷 2011 年版。

（宋）赞宁：《宋高僧传》，范祥雍点校，中华书局 1987 年版。

（宋）赜藏主编集：《古尊宿语录》，萧萐父、吕有祥点校，中华书局

1994年版。

（唐）张九龄：《张九龄集校注》，熊飞校注，中华书局2008年版。

（唐）张彦远：《历代名画记》，秦仲文、黄苗子点校，人民美术出版社1963年版。

（唐）长孙无忌等：《唐律疏议》，刘俊文点校，中华书局1983年版。

（清）赵翼：《廿二史札记校证（订补本）》，王树民校证，中华书局2001年版。

（清）赵翼：《陔余丛考》，中华书局2006年版。

郑炳林：《敦煌地理文书汇辑校注》，甘肃教育出版社1989年版。

中国佛教协会、中国佛教图书文物馆编：《房山石经》，华夏出版社2000年版。

中国历史博物馆、内蒙古自治区文化厅编辑：《契丹王朝——内蒙古辽代文物精华》，中国藏学出版社2002年版。

中国社会科学院历史研究所、英国图书馆等编：《英藏敦煌文献》，四川人民出版社1990—1995年版。

（清）周家楣、缪荃孙等编纂：《光绪顺天府志》，北京古籍出版社1987年版。

周绍良主编，赵超副主编：《唐代墓志汇编》，上海古籍出版社1992年版。

## 二　中文和日文论著

北京市文物工作队：《顺义县辽净光舍利塔基清理简报》，《文物》1964年第8期。

［法］费尔南·布罗代尔（Braudel, Fernand）：《菲利普二世时代的地中海和地中海世界》第1卷，唐家龙、曾培耿等译，吴模信校，商务印书馆1996年版。

蔡相煇：《以李邕（673—742）〈泗州临淮县普光王寺碑〉为核心的僧伽（628—709）信仰》，《空大人文学报》第14期，2005年。

朝阳北塔考古勘察队：《辽宁朝阳北塔天宫地宫清理简报》，《文物》1992年第7期。

陈登武：《从〈天圣·医疾令〉看唐宋医疗照护与医事法规——以"巡患

制度"为中心》,载荣新江主编《唐研究》第 14 卷,北京大学出版社 2009 年版。

陈海涛:《唐代入华粟特人的佛教信仰及其原因》,北京大学东方学研究院主办:《华林》第 2 卷,中华书局 2002 年版。

陈怀宇:《动物与中古政治宗教秩序》,上海古籍出版社 2012 年版。

陈金华、孙英刚编:《神圣空间:中古宗教中的空间因素》,复旦大学出版社 2014 年版。

陈倩:《唐代幽州侨置羁縻州政区地理初探》,《北京文博》2015 年第 4 辑。

陈翔:《陈翔唐史研究文存》,花木兰文化出版社 2013 年版。

陈寅恪著,陈美延编:《陈寅恪集》,生活·读书·新知三联书店 2001 年版。

陈垣:《二十史朔闰表》,中华书局 1962 年版。

程存洁:《唐代城市史研究初篇》,中华书局 2002 年版。

[日] 村井恭子:《唐代边境防卫城市幽州——以移动和流通为中心》,载 [日] 井上彻、杨振红编《中日学者论中国古代城市社会》,三秦出版社 2007 年版。

[日] 大村西崖:《密教发达志》,载《世界佛学名著译丛》第 74 册,华宇出版社 1986 年版。

[日] 大岛幸代:《唐代中期的毗沙门天信仰与造像活动——以长安的事例为中心》,载中山大学艺术史研究中心编《艺术史研究》第 9 辑,中山大学出版社 2007 年版。

[法] 戴密微（Demiéville, Paul）:《中国历史上的"会昌灭佛"》,邓文宽、吕敏译,《法国汉学》第 7 辑,中华书局 2002 年版。

丁煌:《汉唐道教史论集》,中华书局 2009 年版。

杜斌:《朝阳北塔——五世同堂宝塔》,《佛学研究》2007 年。

[英] 杜德桥（Dudbridge, Glen）:《用历史眼光看中国古典小说》,《文学遗产》1997 年第 3 期。

方广锠:《敦煌文献中的〈金刚经〉及其注疏》,《世界宗教研究》1995 年第 1 期。

冯金忠:《唐代幽州镇研究》,硕士学位论文,河北师范大学,2000 年。

冯金忠:《幽州镇与唐代后期人口流动——以宗教活动为中心》,《青岛大学师范学院学报》2007 年第 1 期。
冯金忠:《燕赵佛教》,中国社会科学出版社 2009 年版。
冯金忠:《唐代河北藩镇研究》,科学出版社 2012 年版。
高秀军、李向东:《新发现资中月仙洞两龛僧伽变相初考》,《敦煌研究》2016 年第 2 期。
葛兆光:《理论兴趣的衰退——八至十世纪中国佛教的转型之一》,《世界宗教研究》2001 年第 1 期。
葛兆光:《增订本中国禅思想史——从六世纪到十世纪》,上海古籍出版社 2008 年版。
宫万琳、宫大中:《儒释道三教合一与僧伽崇拜图像》,《美术学刊》2010 年第 4 期。
谷霁光:《谷霁光史学论文集》,江西人民出版社、江西教育出版社 1996 年版。
[日]古松崇志:《庆州白塔创建之谜——11 世纪契丹皇太后奉纳之佛教文物》,载《辽文化·辽宁省调查报告书》,京都大学大学院文学研究科 2006 年版。
[日]古松崇志:《辽庆州白塔创建之谜——从考古、石刻资料所见的辽代佛教史研究》,北京大学历史系学术讲座,2009 年 9 月 4 日。
古正美:《贵霜佛教政治传统与大乘佛教》,允晨文化实业股份有限公司 1993 年版。
[日]龟川正信:《关于会昌废佛》,《支那佛教史学》第 6 卷,1942 年。
韩国磐:《关于魏博镇影响唐末五代政权递嬗的社会经济分析》,《厦门大学学报》1954 年第 5 期。
何孝荣:《明代北京佛教寺院修建研究》,南开大学出版社 2007 年版。
侯仁之主编:《北京历史地图集》,北京出版社 1988 年版。
侯仁之主编:《北京城市历史地理》,北京燕山出版社 2000 年版。
侯旭东:《五六世纪北方民众佛教信仰——以造像记为中心的考察》(增订本),社会科学文献出版社 2015 年版。
侯旭东:《北朝村民的生活世界——朝廷、州县与村里》,商务印书馆 2005 年版。
胡适:《胡适文集》,北京大学出版社 1998 年版。
黄春和:《隋唐幽州佛教初探》,《佛学研究》1993 年第 2 期。

黄春和：《唐幽州禅宗的传播及其影响》，《法音》1994年第7期。
黄春和：《隋唐幽州城区佛寺考》，《世界宗教研究》1996年第4期。
黄启江：《泗州大圣僧伽传奇新论——宋代佛教居士与僧伽崇拜》，《佛学研究中心学报》第9期，2004年。
黄永年：《文史探微——黄永年自选集》，中华书局2000年版。
黄约瑟著、刘健明编：《黄约瑟隋唐史论集》，中华书局1997年版。
黄运喜：《会昌法难研究》，花木兰文化出版社2011年版。
黄征、吴伟：《敦煌愿文集》，岳麓书社1995年版。
黄征、张涌泉：《敦煌变文校注》，中华书局1997年版。
霍杰娜：《辽墓中所见佛教因素》，《文物世界》2002年第3期。
［日］吉川忠夫编：《唐代的宗教》，朋友书店2000年版。
季爱民：《北朝末至唐前期长安社会中的佛教与道教关系》，博士学位论文，北京大学，2009年。
季爱民：《隋唐长安佛教社会史》，中华书局2016年版。
［日］加藤繁：《唐宋时代金银之研究——以金银之货币机能为中心》，中华书局2006年版。
贾二强：《唐宋民间信仰》，福建人民出版社2002年版。
贾敬颜：《五代宋金元人边疆行记十三种疏证稿》，中华书局2004年版。
介永强：《唐代胡僧僧伽生平事迹考索》，《史学集刊》2016年第5期。
康乐：《转轮王观念与中国中古的佛教政治》，《中央研究院历史语言研究所集刊》第67本第1分，1996年。
［美］柯嘉豪（Kieschnick, John）：《佛教对中国物质文化的影响》，赵悠、陈瑞峰、董浩晖、宋京、杨增译，祝平一、杨增、赵凌云、李玉珍、吴宓芩、丁一校，中西书局2015年版。
［日］堀敏一：《藩镇亲卫军的权力构造》，索介然译，载刘俊文主编《日本学者研究中国史论著选译》第4卷，中华书局1992年版。
劳允兴：《谈房山石经山之金仙公主塔》，载郑学檬、冷敏述主编，陈明光、潘泰泉副主编《唐文化研究论文集》，上海人民出版社1994年版。
雷闻：《石刻所见隋唐民间之佛道关系》，中国社会科学院历史研究所学刊编委会编辑：《中国社会科学院历史研究所学刊》第5集，商务印书馆2008年版。
雷闻：《郊庙之外——隋唐国家祭祀与宗教》，生活·读书·新知三联书店2009年版。

黎虎:《唐代的押蕃使》,《文史》2002年第2辑。

李宝臣:《北京城市发展史(明代卷)》,北京燕山出版社2008年版。

李芳民:《唐五代佛寺辑考》,商务印书馆2006年版。

李凤先:《唐代幽州地区的人口流动与社会变迁》,硕士学位论文,北京师范大学,2005年。

李桂清、王得军主编:《房山云居寺画册》,方志出版社2016年版。

李鸿宾:《唐朝中央集权与民族关系——以北方区域为线索》,民族出版社2003年版。

李鸿宾:《隋唐五代诸问题研究》,中央民族大学出版社2006年版。

李鸿宾主著:《隋唐对河北的经营与双方的互动》,中央民族大学出版社2008年版。

李鸿宾:《唐幽州雄武军(城)位置再考》,载荣新江主编《唐研究》第16卷,北京大学出版社2010年版。

李锦绣:《唐代财政史稿》,社会科学文献出版社2007年版。

李清泉:《宣化辽墓——墓葬艺术与辽代社会》,文物出版社2008年版。

李松涛:《唐代前期政治文化研究》,台湾学生书局2009年版。

李裕群:《第四批全国重点文物保护单位石窟及石刻综述》,《文物》1997年第5期。

李志生:《"立塔写经"与"内外之际":唐代妇女的佛教功德活动》,载常建华主编《中国社会历史评论》第17卷,天津古籍出版社2016年版。

林悟殊:《波斯琐罗亚斯德教与中国古代的祆神崇拜》,余太山编:《欧亚学刊》第1辑,中华书局1999年版。

林晓君:《泗州佛信仰研究》,硕士学位论文,福建师范大学,2007年。

林晓君:《古代福建的泗州僧伽信仰》,《福建文博》2012年第4期。

林子青:《名山石室贝叶藏》,法鼓文化事业股份有限公司2000年版。

[日]铃木大拙:《铃木大拙全集》,岩波书店1971年版。

[日]铃木哲雄:《唐五代禅宗史》,山喜房佛书林1997年版。

刘康乐、杨玉辉:《从泗州大圣到僧伽信仰》,《重庆文理学院学报》2006年第4期。

刘浦江:《松漠之间——辽金契丹女真史研究》,中华书局2008年版。

刘琴丽：《中晚唐河北举子研究》，《史学集刊》2009年第4期。

刘琴丽：《唐代幽州军人与佛教——以〈房山石经题记汇编〉为中心》，《世界宗教研究》2011年第6期。

刘青莉：《晚唐至宋川渝地区的圣僧造像及圣僧信仰——以僧伽、宝志、万回造像为例》，硕士学位论文，中山大学，2010年。

刘青莉、姚崇新：《四川安岳西禅寺石窟僧伽三十二化变相及相关问题》，载中山大学艺术史研究中心编《艺术史研究》第13辑，中山大学出版社2011年版。

刘淑芬：《五至六世纪华北农村的佛教信仰》，《中央研究院历史语言研究所集刊》第63本第3分，1993年。

刘淑芬：《〈佛顶尊胜陀罗尼经〉与唐代尊胜经幢的建立——经幢研究之一》，《中央研究院历史语言研究所集刊》第67本第1分，1996年。

刘淑芬：《经幢的形制、性质和来源——经幢研究之二》，《中央研究院历史语言研究所集刊》第68本第3分，1997年。

刘淑芬：《墓幢——经幢研究之三》，《中央研究院历史语言研究所集刊》第74本第4分，2003年。

刘淑芬：《中古的佛教与社会》，上海古籍出版社2008年版。

刘淑芬：《灭罪与度亡——佛顶尊胜陀罗尼经幢之研究》，上海古籍出版社2008年版。

刘素琴：《儒、释、道与玉文化》，载刘乃和、周少川、王明泽、邓瑞全编《历史文献与民族文化研究》，高等教育出版社1994年版。

刘晓燕：《僧伽信仰背后的社会风情画》，硕士学位论文，兰州大学，2007年。

[日] 柳田圣山：《初期禅宗史书之研究——中国初期禅宗史料的形成之考察》，禅文化研究所1966年版。

[日] 柳田圣山：《唐代之禅宗》，大东出版社2004年版。

鲁晓帆：《唐幽州诸坊考》，《北京文博》2005年第2期。

罗桑彭错述：《北平法源寺沿革考》，吴柳隅主编《正风半月刊》第1卷第10期，1935年。

罗世平：《敦煌泗州僧伽经像与泗州和尚信仰》，《美术研究》1993年第1期。

罗炤：《〈山顶石浮图后记〉的三个问题》，《纪念房山石经与云居寺创建

1400周年暨中国佛教协会发掘拓印房山石经60周年国际学术讨论会论文集》，北京，2016年9月。

吕建福：《中国密教史》，中国社会科学出版社1995年版。

吕铁钢主编、中国佛教文化研究所编：《房山石经研究》第1—3册，中国佛教文化出版有限公司1999年版。

马驰：《唐幽州境侨置羁縻州与河朔藩镇割据》，载荣新江主编《唐研究》第4卷，北京大学出版社1998年版。

[美] 马克瑞（McRae, John）：《北宗禅与早期禅宗的形成》，韩传强译，上海古籍出版社2015年版。

马世长：《大足北山佛湾176与177窟——一个奇特题材组合的案例》，载重庆大足石刻艺术博物馆编《2005年重庆大足石刻国际学术研讨会论文集》，文物出版社2007年版。

马世长：《泗州和尚、三圣像与僧伽三十二化变相图》，载中山大学艺术史研究中心编《艺术史研究》第11辑，中山大学出版社2009年版。

马世长：《中国佛教石窟考古文集》，商务印书馆2014年版。

毛汉光：《中国中古政治史论》，上海书店出版社2002年版。

[日] 牧田谛亮：《中国民俗佛教成立的一个过程——关于泗州大圣、僧伽和尚》，《东方学报》（京都）第25册，1954年。

[日] 牧田谛亮：《疑经研究》，临川书店1976年版。

牛长立：《论古代泗州僧伽像僧、佛、俗神的演化过程》，《宗教学研究》2016年第2期。

蒲慕州：《追寻一己之福——中国古代的信仰世界》，上海古籍出版社2007年版。

齐东方：《唐代金银器研究》，中国社会科学出版社1999年版。

齐心、刘精义：《北京市房山县北郑村辽塔清理记》，《考古》1980年第2期。

[日] 气贺泽保规：《唐代幽州的地域与社会——以房山石经题记为中心》，载唐代史研究会编《中国都市的历史的研究》，《唐代史研究会报告》第VI集，刀水书房1988年版。

[日] 气贺泽保规编：《中国佛教石经的研究——特别以房山云居寺为中心》，京都大学学术出版会1996年版。

[日] 气贺泽保规：《金仙公主和房山云居寺石经——唐代政治史的一个

侧面》，载中国唐代学会编辑委员会编《第三届中国唐代文化学术研讨会论文集》，乐学书局1997年版。

［日］气贺泽保规：《从房山石经隋唐刻经看唐朝后期的河北社会》，打印稿，2009年。

清格勒：《辽庆州白塔塔身嵌饰的两件纪年铭文铜镜》，《文物》1998年第9期。

邱瑞中：《从庆州、雷峰二塔经卷看佛教功德观与印刷术产生发展之关系》，《内蒙古师大学报》1996年第4期。

邱瑞中：《辽庆州白塔佛教文物安置规矩与建塔缘起考》，《内蒙古社会科学》1996年第6期。

任爱君：《唐代契丹羁縻制度与"幽州契丹"的形成》，《中国边疆史地研究》2008年第1期。

［日］日野开三郎：《日野开三郎东洋史学论集》，三一书房1980年版。

荣新江：《归义军史研究——唐宋时代敦煌历史考索》，上海古籍出版社1996年版。

荣新江：《中古中国与外来文明》，生活·读书·新知三联书店2001年版。

荣新江：《敦煌学新论》，甘肃教育出版社2002年版。

荣新江：《安史之乱后粟特胡人的动向》，《暨南史学》第2辑，暨南大学出版社2003年版。

荣新江主编：《唐代宗教信仰与社会》，上海辞书出版社2003年版。

荣新江、张志清主编：《从撒马尔干到长安——粟特人在中国的文化遗迹》，北京图书馆出版社2004年版。

荣新江：《安禄山叛乱的种族与宗教背景》，载中国社会科学院历史所隋唐宋辽金元史研究室编《隋唐辽宋金史论丛》第1辑，紫禁城出版社2011年版。

［日］森部丰：《唐代河北地域的粟特系住民——以开元寺三门楼石柱题名及房山石经题记为中心》，《史境》第45卷，2002年。

邵国田等：《敖汉旗羊山1—3号辽墓清理简报》，《内蒙古文物考古》1999年第1期。

申秦雁：《唐代荐福寺》，《文博》1991年第4期。

沈睿文：《安禄山服散考》，上海古籍出版社2015年版。

沈阳市文物管理办公室、沈阳市文物考古工作队：《沈阳塔湾无垢净光舍利塔塔宫清理报告》，《辽海文物学刊》1986 年第 2 期。

石建刚、高秀军、贾延财：《延安地区宋金石窟僧伽造像考察》，《敦煌研究》2015 年第 6 期。

[法] 石泰安（Stein, Rolf Alfred）：《二至七世纪的道教和民间宗教》，吕鹏志译，《法国汉学》第 7 辑，中华书局 2002 年版。

石云涛：《唐代幕府制度研究》，中国社会科学出版社 2003 年版。

[日] 松井秀一：《卢龙藩镇考》，《史学杂志》第 68 编第 12 号，1959 年。

[日] 松浦典弘：《唐代河北地域的藩镇与佛教：以幽州（卢龙军）节度使为例》，《大手前大学论集》第 10 号，2009 年。

苏航：《唐代北方内附蕃部研究》，博士学位论文，北京大学，2006 年。

宿白：《中国石窟寺研究》，文物出版社 1996 年版。

宿白：《宣化考古三题——宣化古建筑·宣化城沿革·下八里辽墓群》，《文物》1998 年第 1 期。

孙昌武：《唐长安佛寺考》，载荣新江主编《唐研究》第 2 卷，北京大学出版社 1996 年版。

孙晓岗：《僧伽和尚像及遗书〈僧伽欲入涅槃说六度经〉有关问题考》，《西北民族研究》1998 年第 2 期。

孙英刚：《想象中的真实——隋唐长安的冥界信仰与城市空间》，载荣新江主编《唐研究》第 15 卷，北京大学出版社 2009 年版。

孙英刚：《转轮王与皇帝：佛教对中古君主概念的影响》，《社会科学战线》2013 年第 11 期。

孙英刚：《从五台山到七宝台：高僧德感与武周时期的政治宣传》，载荣新江主编《唐研究》第 21 卷，北京大学出版社 2015 年版。

孙应杰：《僧伽生平和僧伽信仰考》，《世界宗教研究》2017 年第 1 期。

汤用彤：《隋唐佛教史稿》，中华书局 1982 年版。

唐耕耦：《房山石经题记中的唐代社邑》，《文献》1989 年第 1 期。

唐长孺：《山居存稿》，中华书局 1989 年版。

[日] 田村实造、[日] 小林行雄：《庆陵——东蒙古辽代帝王陵及其壁画》，京都大学文学部、座右宝刊行会 1953 年版。

[日] 田村实造：《中国征服王朝的研究》，京都大学东洋史研究会 1964

年版。

［日］田村实造：《庆陵的壁画》，同朋舍 1977 年版。

［日］田村实造：《庆陵调查纪行》，平凡社 1994 年版。

佟洵主编：《佛教与北京寺庙文化》，中央民族大学出版社 1997 年版。

汪篯著，唐长孺、吴宗国等编：《汪篯隋唐史论稿》，中国社会科学出版社 1981 年版。

王承文：《论唐代岭南地区的金银生产及其影响》，《中国史研究》2008 年第 3 期。

王岗：《北京城市发展史（元代卷）》，北京燕山出版社 2008 年版。

王虎：《宋代僧伽信仰研究》，硕士学位论文，上海师范大学，2014 年。

王惠民：《唐东都敬爱寺考》，载荣新江主编《唐研究》第 12 卷，北京大学出版社 2006 年版。

王翔：《贝叶与写经——唐代长安的寺院图书馆》，载荣新江主编《唐研究》第 15 卷，北京大学出版社 2009 年版。

王小甫主编：《盛唐时代与东北亚政局》，上海辞书出版社 2003 年版。

王小甫：《中国中古的族群凝聚》，中华书局 2012 年版。

王永兴：《关于唐代后期方镇官制新史料考释》，载王永兴编《纪念陈寅恪先生百年诞辰学术论文集》，江西教育出版社 1994 年版。

王永兴：《唐代经营西北研究》，兰州大学出版社 2010 年版。

王重民：《敦煌变文研究》，《中华文史论丛》1981 年第 2 辑。

王重民：《敦煌遗书总目索引》，中华书局 1983 年版。

［美］史丹利·外因斯坦（Weinstein, Stanley）：《唐代佛教——王法与佛法》，释依法译，佛光文化事业有限公司 1999 年版。

魏来、翟杜鹃：《房山云居寺开元十年造石塔相关问题初探》，《纪念房山石经与云居寺创建 1400 周年暨中国佛教协会发掘拓印房山石经 60 周年国际学术讨论会论文集》，北京，2016 年 9 月。

吴光华：《唐代卢龙镇之研究》，硕士学位论文，台湾大学，1981 年。

吴光华：《唐代幽州地域主义的形成》，载淡江大学中文系主编《晚唐的社会与文化》，台湾学生书局 1990 年版。

吴建雍、王岗、姜纬堂、袁熹、于光度、李宝臣：《北京城市生活史》，开明出版社 1997 年版。

吴建雍：《北京城市发展史（清代卷）》，北京燕山出版社 2008 年版。

吴玉贵：《突厥汗国与隋唐关系史研究》，中国社会科学出版社 1998年版。

吴宗国：《唐代科举制度研究》，辽宁大学出版社 1992 年版。

夏炎：《唐代州级官府与地域社会》，天津古籍出版社 2010 年版。

向达：《唐代长安与西域文明》，生活·读书·新知三联书店 1957 年版。

[日] 小野胜年：《〈入唐求法巡礼行记〉的研究》全 4 册，铃木学术财团 1964—1969 年版。

谢重光：《唐代的庙市》，《文史知识》1988 年第 4 期。

[法] 谢和耐（Gernet, Jacques）：《中国 5—10 世纪的寺院经济》，耿昇译，上海古籍出版社 2004 年版。

辛德勇：《论宋金以前东北与中原之间的交通》，《陕西师范大学学报》1984 年第 2 期。

邢义田：《画为心声：画像石、画像砖与壁画》，中华书局 2011 年版。

徐俊纂辑：《敦煌诗集残卷辑考》，中华书局 2000 年版。

徐苹芳：《僧伽造像的发现和僧伽崇拜》，《文物》1996 年第 5 期。

徐汝聪：《试论僧伽造像及僧伽崇拜》，《东南文化》2014 年第 5 期。

（清）徐松撰，李健超增订：《增订唐两京城坊考》（修订版），三秦出版社 2006 年版。

徐威：《北京汉传佛教史》，宗教文化出版社 2010 年版。

徐文明：《东塔宗的传承与流布》，《戒幢佛学》第 2 卷，2002 年。

许辉：《隋唐时期幽州军事防御研究——兼论幽州与中央关系》，博士学位论文，北京师范大学，2005 年。

荀德麟：《僧伽与泗州普照王寺》，《江苏地方志》2003 年第 4 期。

严耕望：《唐史研究丛稿》，新亚研究所 1969 年版。

严耕望：《唐代交通图考》，上海古籍出版社 2007 年版。

颜娟英：《唐代十一面观音图像与信仰》，《佛学研究中心学报》第 11 期，2006 年。

严耀中：《汉传密教》，学林出版社 1999 年版。

严耀中：《会昌灭佛后的湖州唐陀罗尼经幢——兼论武宗灭法对佛教的影响》，《佛学研究》2000 年第 6 期。

[美] 杨庆堃：《中国社会中的宗教——宗教的现代社会功能与其历史因素之研究》，范丽珠等译，上海人民出版社 2007 年版。

杨效俊:《武周时期的佛教造型——以长安光宅寺七宝台的浮雕石佛群像为中心》,文物出版社 2013 年版。

杨亦武:《云居寺》,华文出版社 2003 年版。

姚崇新:《观音与神僧——观音化身问题再考察》,载中山大学艺术史研究中心编《艺术史研究》第 15 辑,中山大学出版社 2013 年版。

［日］野上俊静:《辽金的佛教》,平乐寺书店 1953 年版。

［日］衣川贤次:《唐玄宗〈御注金刚般若经〉的复原与研究》,载项楚、郑阿财主编《新世纪敦煌学论集》,巴蜀书社 2003 年版。

尤李:《守望传统——辽代佛教的历史走向》,硕士学位论文,北京大学,2006 年。

尤李:《〈悯忠寺宝塔颂〉考释——兼论安禄山、史思明宗教信仰的多样性》,《文史》2009 年第 4 辑。

尤李:《唐代僧伽信仰考》,《北大史学》第 15 辑,北京大学出版社 2010 年版。

尤李:《多元文化的交融——辽代历史与文化研究》,中国社会科学出版社 2013 年版。

于德源、富丽:《北京城市发展史(先秦—辽金卷)》,北京燕山出版社 2008 年版。

于杰、于光度:《金中都》,北京出版社 1989 年版。

［美］于君方:《观音——菩萨中国化的演变》,陈怀宇、姚崇新、林佩莹译,商务印书馆 2012 年版。

余欣:《神道人心——唐宋之际敦煌民生宗教社会史研究》,中华书局 2006 年版。

郁贤皓:《唐刺史考全编》,安徽大学出版社 2000 年版。

袁刚:《会昌毁佛和李德裕的政治改革》,《中国史研究》1988 年第 4 期。

袁进京、赵福生:《北京丰台唐史思明墓》,《文物》1991 年第 9 期。

袁进京:《唐史思明玉册试释》,载于炳文主编《跋涉集——北京大学历史系考古专业七五届毕业生论文集》,北京图书馆出版社 1998 年版。

袁熹:《北京城市发展史(近代卷)》,北京燕山出版社 2008 年版。

张达志:《唐代后期藩镇与州之关系研究》,中国社会科学出版社 2011 年版。

张东光:《唐代的内供奉官》,《社会科学辑刊》2005 年第 1 期。

张广达：《西域史地丛稿初编》，上海古籍出版社1995年版。

张国刚：《唐代藩镇研究》，湖南教育出版社1987年版。

张国刚：《唐代藩镇军将职级考略》，《学术月刊》1989年第9期。

张国刚：《唐代藩镇的统兵体制》，《晋阳学刊》1991年第3期。

张国刚：《唐代世俗家庭的宗教生活——跋房山石经题记〈故上柱国庞府君金刚经颂〉》，《中华文史论丛》1999年第3辑。

张汉君：《辽庆州释迦佛舍利塔营造历史及其建筑构制》，《文物》1994年第12期。

张箭：《三武一宗抑佛综合研究》，世界图书出版广东有限公司2015年版。

张建设：《唐代雄武军考》，《历史地理》第12辑，上海人民出版社1995年版。

张凯悦：《唐长安城中的皇帝御楼——以御楼宣赦为主》，载荣新江主编《唐研究》第21卷，北京大学出版社2015年版。

张明悟：《〈显密圆通成佛心要集〉与辽晚期密教之流行》，《纪念房山石经与云居寺创建1400周年暨中国佛教协会发掘拓印房山石经60周年国际学术讨论会论文集》，北京，2016年9月。

张天虹：《唐代藩镇研究模式的总结和再思考——以河朔藩镇为中心》，《清华大学学报》2011年第6期。

张天虹：《唐代河北藩镇研究的最新进展——冯金忠〈唐代河北藩镇研究〉评介》，《兴大历史学报》第26期，2013年。

张天虹：《中晚唐幽州城的"坊市"与"街市"——从"房山石经题记"谈起》，《纪念房山石经与云居寺创建1400周年暨中国佛教协会发掘拓印房山石经60周年国际学术讨论会论文集》，北京，2016年9月。

张天虹：《也释唐幽州卢龙节度使刘济的"最务恭顺"》，《北京社会科学》2017年第6期。

张艳丽主编：《北京城市生活史》，人民出版社2016年版。

张泽洪：《道教斋醮科仪研究》，巴蜀书社1999年版。

张泽咸：《汉晋唐时期农业》，中国社会科学出版社2003年版。

［日］长部和雄：《唐宋密教史论考》，《神户女子大学东西文化研究所丛书》第Ⅰ册，永田文昌堂1982年版。

赵超：《唐代墓志中所见到的幽州城》，《考古与文物》1990年第2期。

赵世瑜：《小历史与大历史——区域社会史的理念、方法与实践》，生活·读书·新知三联书店2006年版。

郑阿财：《敦煌本〈持诵金刚经灵验功德记〉综论》，《敦煌学》第20辑，1995年。

郑炳林：《论〈诸山圣迹志〉的成书年代》，《中国历史地理论丛》1989年第1期。

郑炳林主编：《敦煌吐鲁番文献研究》，兰州大学出版社1995年版。

郑弌：《佛装与佛化——中古时期泗州僧伽信仰与图像的在地化》，《中国国家博物馆馆刊》2016年第12期。

中国佛教协会编：《房山石经之研究》，中国佛教协会1987年版。

[日] 塚本善隆：《石经山云居寺与石刻大藏经》，《东方学报》（京都）第5册副刊，1935年。

[日] 塚本善隆：《塚本善隆著作集》，大东出版社1975年版。

[日] 塚本善隆、长广敏雄等：《房山云居寺研究》，汪帅东译，北京联合出版公司2016年版。

周西波：《敦煌写卷P.2354与唐代道教投龙活动》，《敦煌学》第22辑，1999年。

朱希祖：《营国匠意——古都北京的规划建设及其文化渊源》，中华书局2007年版。

朱溢：《隋唐时代的山岳信仰》，硕士学位论文，北京大学，2005年。

[日] 竹岛卓一、岛田正郎：《中国文化史迹增补》，法藏馆1976年版。

[日] 竺沙雅章：《宋元佛教文化史研究》，汲古书院2000年版。

# 三 西文论著

Barrett, Timothy. H., *Taoism under the T'ang*, London: Wellsweep Press, 1996.

Ch'en Kenneth, "The Economic Background of the Hui-Ch'ang Suppression of Buddhism", *Harvard Journal of Asiatic Studies*, 19, 1956.

Chen Huaiyu, *The Revival of Buddhist Monasticism in Medieval China*, New York: Peter Lang Publishing, 2007.

Chen, Jinhua, "A Daoist Princess and a Buddhist Temple: a New Theory on the Causes of the Canon-Delivering Mission Originally Proposed by Princess Jinxian (689 – 732) in 730", *Bulletin of the School of Oriental and African Studies*, 69. 2, 2006.

Ebrey, Patricia B. and Gregory, Peter N. eds., *Religion and Society in T'ang and Sung China*, Honolulu: University of Hawaii Press, 1993.

Kieschnick, John., *The Eminent Monk-Buddhist Ideals in Medieval Chinese Hagiography*, Honolulu: University of Hawaii Press, 1997.

—— *The Impact of Buddhism on Chinese Material Culture*, Princeton and Oxford: Princeton University Press, 2003.

SΦrensen, Henrik H., "Book Article: Buddhism and Material Culture in China", *Acta Orientalia*, 68, 2007.

Levi Giovanni, "On Microhistory", Peter Burk ed., *New Perspective on Historical Writing*, University Park, Pennsylvania: Pennsylvania State University Press, 1992.

Mair, Victor, "Records of Transformation Tableaux", *T'oung pao*, 72, 1986.

—— *T'ang Transformation Texts: A Study of the Buddhist Contribution to the Rise of Vernacular Fiction and Darma in China*, Cambridge. Mass: Harvard University Press, 1989.

McDermott, Joseph. P., *State and Court Ritual in China*, Cambridge: Cambridge University Press, 1999.

Mollier, Christine, "Les Cuisines de Laozi et du Buddha", *Cahiers d'Extrême-Asie*, 11, 1999 – 2000.

Overmyer, Daniel. L., with Keightley, David N, Shaughnessy, Edward L., Cook, Constance A., and Harper, Donald, "Chinese Religions—The State of the Field, Part I, Early Religious Traditions: The Neolithic Period through the Han Dynasty (ca. 4000 B. C. E. to 220 C. E.)", *The Journal of Asian Studies*, 54. 1, 1995.

Overmyer, Daniel. L., with Arbuckle, Gary., Gladney, Dru C., McRae, John R., Taylor, Rodney L., Teiser, Stephen F., and Verellen, Franciscus., "Chinese Religions—The State of the Field, Part II, Living Religious Traditions: Taoism, Confucianism, Buddhism, Islam and Popular Religion", *The Journal of Asian Studies*, 54. 2, 1995.

Schipper, Kristofer. , Translated by Karen C. Duval, *The Taoist Body*, Berkeley and Los Angeles: University of California Press, 1993.

Shen, Hsueh-man, "Realizing the Buddha's *Dharma* Body during the *Mofa* Period: A Study of Liao Buddhist Relic Deposits", *Artibus Asiae*, 61, 2, 2001.

Steinhardt, Nancy Shatzman, *Liao Architecture*, Honolulu: University of Hawaii Press, 1997.

Twitchett, Denis, *The Birth of the Chinese Meritocracy: Bureaucrats and Examinations in T'ang China*, Delivered to the China Society in London on 17th December, 1974.

Yanagida, Seizan, "The Life of Lin-chi I-hsuan", *The Eastern Buddhist*, n. s. 5, 2, 1972.

Zürcher, Eirk , "Perspectives in the Study of Chinese Buddhism", *Journal of the Royal Asiatic Society*, 1982.

# 索 引

## A

安东都护府 38,41

安禄山 4,5,18,21,22,33,35,36,37,38,52,54,81,82,86,97—100,102,104,107,113,114,115,124,125,126,127,190,192,322,323,333,344

安史集团(安史武装集团) 33,97,126,127,345,346

安史之乱(安史叛乱) 13,21,22,23,27,28,35,36,37,38,39,48,87,89,92,94,95,96,98,118,124,126—129,140,192,196,199,201—218,222,226,231,232,247,260,275,288,291,333,334,339,345,346

## B

宝积 57,257—258

渤海 41,94

不空 288

布罗代尔(Fernand Braudel) 27

## C

禅宗 18,22,69,204,205,233—273,334

朝阳北塔 25,71

陈金华 12,205

陈寅恪 27,136,142,147,151,199,228

成德(成德镇) 3,209,213

承天后(承天太后) 295

慈贤 325—328,330,331

## D

道宣 205,206,209

道宗 50,195,230,250—255

杜德桥(Glen Dudbridge) 9

## F

《法华经》(《妙法莲华经》) 221,240,

291—300,302—304,307,309,
311—314,316—319,321,323,
324,331
法藏 12,80,81,85,95,105,106,118,
124,125,216,291
《法苑珠林》111,182,244,313
房山石经(房山刻经) 6,10,12,14—
18,20,21,22,43,46,48,50,54,
60,61,62—65,69,72,73,82,96,
100,115,128—200,207,222,
225,233—243,275,280,281,
325—327,335—336,341,342
冯金忠 3,19,20,23,128,219,275
佛顶尊胜陀罗尼 25,26,287—291,
304—306,309—312,317,319—
321,324—327,330,331

## G

高丽 11,34,52,76—78,95,119
葛兆光 246,247
归义军 3,4,218
归义寺 47—48,115—116

## H

韩森(Valerie Hansen) 7
何孝荣 11,42,54,73
华严宗(华严学) 18,23,44,205,216
怀素 83,205
黄春和 11,22,42,73
黄永年 38
黄约瑟 3

回鹘 39,41,94,181
会昌法难(会昌灭佛、会昌毁法、会昌
毁佛、唐武宗毁佛) 21,23,24,
201,216,218—220,226—232,
260,334
慧能(惠能、六祖) 233,245,246,255,
256,260
慧远 248,249

## J

羁縻 13,18,29,71,79,94,95,121,
335—344
监军 135—136,198
《金刚经》22,233—245,271,272
金仙公主 12,13,16,82,83,84,85,
96,205
晋高祖(石敬瑭) 28,59,274
《景德传灯录》246,257,258,259,
269,270
静琬 14,224

## K

《开元释教录》83,105,233,299,338
柯嘉豪(John Kieschnick) 8,198,311
可突于(可突干) 32,34,39,94
孔存奖(奖公)66,69,171,250,261—
269,272
堀敏一 2,145—146,147
窥基 55

## L

雷闻 17
李白 30,65
李德裕 187,211,212,228,229
李芳民 11,42,60,64,67,73
李过折 39,94
李鸿宾 28
李怀仙 36,87,104,346
李可举 180—181,191
李克用 54,269,270
李德裕 187,190,214,228
李尽忠 12,35,38,79,81,95,105,118,124,125,291,337
李匡筹 191,192,269
李匡威 53,54,89,181—183,191,269
李载义 136—145,147,148,186,190
李茂勋 180,191,266
李志生 17
辽道宗 286,289,310,328
辽景宗 286
辽穆宗 279
辽圣宗 46,70,195,274,286,289,295,325,328
辽世宗 286
辽太祖（耶律阿保机）5,127,274,289,296,301,303,308,328
辽太宗（耶律德光）274,328
辽兴宗 302,315,316
良乡 1,12,13,15,49,60,70,78,80,93—96,124,128,151,166,171,201,205,209,217,224,243,247,275,277,278,279,335,337,338,339,340,343
临济宗（临济禅）261—270
临济义玄（义玄、临济大师）261—265,268—272
林元白（林子青）14,19,22
刘浦江 328
刘琴丽 20,128
刘淑芬 6,7,10,23,25,84,291,311,329
刘济 19,46,56,82,87—89,129—136,185,190,210,211,213,224
刘总 19,28,45,88,89,129,133,136,190,194,211,213
刘仁恭 53,54,183,184,191,192,194,195,196,269,270
刘守光 58,59,194—196,269,270
柳田圣山 261,263,264—266
路振 36,53
律宗（律学）22,44,47,203—207,216,231,250,256,269,276

## M

马祖（大寂禅师）263
马祖道（马祖禅）249,256,257,259,264,272
鞑鞨 13,29,34,37,41,71,76,78,79,94,95,112,336—339,341,344
悯忠寺 12,21,22,52—54,76,77,79,80,89,95,98,104,114,115,181,183,206,216,217,220,227,254,291,322—324

《悯忠寺宝塔颂》100—104,106—114,291

梅维恒(Victor Mair) 7

## N

南叙 53,68,89,114,181,182,227,254

牛僧孺 39,147,213

## P

盘山 22,50,65,66,68,195,230,247,249—257,259—262,272,296

平卢(平卢节度使) 3,41,106,107

## Q

契丹 4,5,12,13,23,25,26,29,32,34,35,37—41,73,74,76,78—81,84,94—96,98,107,112,113,118,124,125,127,178,184,188,190,199,200,260,272,274,280,285—287,289—334,337,344

《契丹藏》16,17,84,327

气贺泽保规 12,15—20,22,23,84,97,128,129,224,227,240,275,335

钦哀后 25,291,302

## R

仁德后(齐天皇后)25,286,291

仁懿后 302,310

荣新江 3,37,97,113

## S

三阶教 85—87,96

森部丰 2,18,97,335

僧伽 65,118—127,333

神秀 22,249

沈佺期 63—64

十一面观世音(十一面观音) 65,80,118,121,122,124—127,333

史思明 5,18,21,22,33,35,36,48,52,54,98—108,112—118,124,125—127,192,291,322,323,333,344

史朝义 35,36,104,113,117,346

史元忠 151—168,186,190,249

室韦 29,37,78,94

松井秀一 2,192

《宋高僧传》9,11,43,55,58,68,72,73,83,105,120,121,124,125,130,183,205,206,216,245,246,253,254,258,265

宿白 121

粟特 18,21,34,37,48,54,97,98,100,105,113,116,118,120,125—127,291,333,344

隋文帝 71,72,84,294,309,311

隋炀帝 77,78

孙万荣 12,38,79,81,105,125,291

孙英刚 121,234

## T

太行山 40,50,51,224

太史文(Stephen F. Teiser) 7

汤用彤 23,219

唐高宗 90,93,240,242,243

唐耕耦 16,222,335

唐睿宗 12

唐中宗 121,123,216

唐太宗 12,47,52,67,75—78,95

唐玄宗 12,13,15,22,27,35,51,81—83,85,90—96,98,103,113,205,241—243,342

唐肃宗 35,48,103,116,345,346

唐代宗 205,207,288,345,346

唐德宗 87,205,215

唐宪宗 88,132—134,211,213,215,223

唐穆宗 45,88

唐敬宗 212

唐文宗 38,147,151,214,215,221,244

唐武宗 23,52,151,218—221,226,228

唐宣宗 55,68,208,226,227,230

唐懿宗 178

唐昭宗 216,269

天长观 90—93,98

天祚帝 256

投龙 93—95

突厥 13,33,34,76,84,94,95,105,112,121,151,343

## W

王小甫 97

王永兴 3,145,150,189

魏博(魏博镇) 2,214,264—268,272,334

无垢净光大陀罗尼 25,104—106,109,110,112—114,291—300,302—304,321,323,324,331

吴光华 3,28,35

五台山 21,195,208,228—231,251,252

武则天(武后、武太后、天后) 12,17,78—80,90,95,105,118,124,242,243,294,299,339

## X

奚 13,29,32,34,35,37—41,73,76,78,94—96,98,107,112,113,124,125,144,151,178,184,188,190,199,308

夏南悉(Nancy Shatzman Steinhardt) 24,293

祆教(祆神) 18,37,97,112,113,118,126

萧皇后 12,223

萧瑀 12,223

新罗 13,34,95,119

雄武城(雄武军) 35,36,190

秀璋(秀章)83,84,205,206

许理和(Eirk Zürcher) 9

玄奘 338
巡礼 275—279,284—285,330

## Y

严耕望 140,142,146,187,203
杨庆堃 7
杨志诚 40,144,146—151,157,186,190
野上俊静 275,280
曳落河 35,36
一行 58,212
义净 117,163,216
营州都督府 38,107
幽州城（范阳）12,15,21,29,30,35,36,71,76,79,92,95,98,104,114,115,125,190,197,204,207,256,260,272,274,338,343
幽州大都督府 1,11,28,62,73,103
幽州节度使（卢龙节度使、幽州卢龙节度使、范阳节度使）1,11,20,21,28—30,33—36,38—40,45,46,54,56,59,62,65,68,69,73,86—89,92,104,124,128—200,210,211,213,219,220,224,227,228,231,249,254,255,264,270,277,279
幽州卢龙镇（幽州镇、卢龙镇、卢龙军）3,4,19—21,28,38—40,45,72,73,87,88,125,128—200,210,212,213,215—218,229,231,244,261,266,272,279,333,334

虞世南 57,76
尉迟敬德 47,50,55,68
圆仁 23,195,208,209,212,214,216,218,221,227,228,251,329
云居寺（石经寺）1,6,12—16,18,20—23,60,61,70,72,78,82,83,99,128,151,201,204,205,207,209,210,220,224,227,228,247—249,266,272,275,279,280,284,335—339,343

## Z

张不矜 102,103,108,111,112,291
张公素 191,266,277
张国刚 2,16,38,164,193,229,238
张九龄 32—34,41,241
张守珪 33,34,39,94,113
张广达 120
张仲武 22,39,52,54,69,168—170,186,190,191,204,219,220,226—230,254,255
张允伸 22,55,56,58,69,89,92,170—180,186,191,194,204,213,254,255,264
掌书记 86,96,103,111,154,155,169
昭义 2,213
赵翼 4,178
赵朴初 10
真性 60,151,152,201—220,226,227,231,247,249
智苑 217,223
智升 12,13,16,82—85,96,205,

206,299
塚本善隆 14,128,129
朱希彩 68,140
竺沙雅章 16,17,84,260

转轮圣王(转轮王,金轮,金轮王) 294,295,315,316
《祖堂集》256,258,259

# 后　　记

　　本书在我的博士论文的基础上修改增订而成。蓦然回首，已11载，渐行渐远的大学生活、师友的奖掖与关怀仿佛历历在目，奋斗和辛劳化为丝丝记忆，萌生的感恩、感谢之情犹如潮起潮涌……

　　2006年，北京大学历史系的王小甫教授宽容地接纳了我，悉心教诲，指点迷津，带我走进了攻读隋唐史博士学位的大门。王老师不仅授我以文，而且教我做人，帮助我树立并坚定了学术自信和自觉，赋予我终生受益无穷之道。我既收获了真知，更得到了比知识和研究方法更重要的，作为一名真正的学者所需的素质和品质。博士论文得以顺利完成，我首先要感谢恩师王小甫老师的精心指导。在博士论文的撰写过程中，导师没有给我任何压力，释放了我的发挥空间。历四年攻博之载，能够在隋唐史研究上完成这样的答卷，收获的却远不止这篇论文，其中不乏某些治学之道。

　　感谢北京大学的荣新江教授、辛德勇教授、李孝聪教授、陈苏镇教授、李志生教授、薄小莹教授、北京师范大学历史学院的宁欣教授、中国社会科学院历史所的黄正建研究员、首都师范大学历史文化学院的郝春文教授、中央民族大学历史文化学院的李鸿宾教授，他们参加我的综合考试、博士论文开题、预答辩和答辩……给我的学习与思考和论文的撰写提供了许多中肯而宝贵的意见，指明了努力的方向。

　　2007年，我获得国家留学基金委高水平大学建设项目资助，到剑桥大学访学半年。在这段时间，我在周绍明（J. P. McDermott）先生的指导下系统阅读了西方著名唐史学者杜希德（Denis, Twitchett）先生的一些论著，并用英文撰写读书报告。周先生还用心批改。在剑桥大学图书馆茶房，我有幸跟麦大维（David, McMullen）教授有过多次交流，感受到这位著名学者的治学风范。2009年，我得到北京大学学术交流基金的资助，到台湾成功大学参加"东亚历史变迁博士生工作坊",宣读论文《论唐廷对幽州宗教事务的介入》,并有幸与海峡对岸的学术界同仁们进行了面对面交流。台北大学的陈俊强教授对本文提出了很好的建议。后来,该文成为我的博士论文的一部分。

承蒙清华大学人文学院圣凯教授的邀请,我参与了北京市社会科学基金重点项目"北京佛教通史"的研究,负责撰写隋唐五代卷和辽金卷。这一写作过程拓展了我的视野,促进我更深入地思考某些学术问题,继而对博士论文进行了必要的改写和补充。

我从北京大学毕业后,到北京市海淀区圆明园管理处工作已近10年。有幸入职于此,我一直心怀感激。在自由宽松的学术氛围下,我能够在完成工作事务之余,抽出时间和精力反复修改与琢磨博士论文。

最后,我要特别感谢多年来全力支持我的学业的父母。在我的学习生涯中,他们一直无微不至地支持我、关怀我,默默地为我付出。而我却无以回报,只能希冀此书的出版能带给他们些许欣慰。

尤 李

2018年9月